Baie de Saint-Paul, Rhodes.

QUAND Y ALLER

JANVIER

5° / 14°

ÉPIPHANIE

© VERVERIDIS VASILIS - SHUTTERSTOCK.COM

On célèbre à cette date le baptême de Jésus et dans toutes les îles le pope lance une croix à la mer en signe de bénédiction.

FÉVRIER

6° / 15°

MARS

7° / 16°

FÊTE NATIONALE
C'est la fête nationale grecque, en commémoration du début de la guerre d'indépendance contre l'Empire ottoman. C'est un jour férié.

JUILLET

20° / 32°

PANIGYRIA DE JUILLET
Le Dodécanèse célèbre toute une série de saints, patrons et coutumes religieuses locales au cours de *panigyri* de juillet.

AOÛT

21° / 32°

DORMITION
La Dormition est célébrée dans tout le pays, avec particulièrement d'entrain dans les églises et monastères dédiés à la Vierge.

SEPTEMBRE

17° / 28°

FESTIVAL DE MUSIQUE SACRÉE
Depuis plus de 20 ans, l'île mythique de Patmos accueille ce festival de musique sacrée avec des artistes venus du monde entier.

La saison dure de mai à octobre, quand l'humidité commence à tomber. Juillet-août est considéré comme la haute saison, avec une affluence bien plus importante que le reste de l'année. Ceux qui préfèrent les périodes calmes tout en profitant de journées chaudes, opteront pour les mois de juin et septembre. Les fêtes religieuses rythment le calendrier, avec une importance particulière à accorder à Pâques, en mars-avril tandis que l'été est l'occasion de grandes fêtes traditionnelles.

AVRIL

10° / 20°

PÂQUES

La plus grande fête religieuse de l'année, célébrée dans tous les villages de Grèce, marque le début de la saison estivale.

MAI

15° / 24°

MEDIEVAL ROSE FESTIVAL
(RHODES VILLE)

© BAROMB - SHUTTERSTOCK.COM

Tous les ans a lieu cette grande célébration médiévale dans la vieille ville de Rhodes : spectacles de rue, musique, défilés.

JUIN

17° / 29°

HIPPOCRATIA FESTIVAL
(KOS VILLE)

Un festival qui célèbre Hippocrate de juin à fin octobre. Toute l'île de Kos est à la fête : foires gastronomiques, concerts, lectures, rencontres sportives.

OCTOBRE

14° / 23°

KALYMNOS CLIMBING FESTIVAL

Depuis 20 ans, un des plus grands rendez-vous internationaux d'escalade a lieu le sur l'île de Kalymnos, la reine de la grimpe.

NOVEMBRE

10° / 19°

CUEILLETTE DU SAFRAN

© GEORGE TSARTSIANIDIS - ISTOCKPHOTO.COM

L'occasion unique de découvrir la cueillette du safran sur l'île d'Astipalaia, une tradition ancienne et spécifique à l'île-papillon.

DÉCEMBRE

7° / 15°

FÊTES DE FIN D'ANNÉE

Durant la Saint Basile (Agios Vassilis, le père Noël grec), les enfants grecs font le tour des maisons en chantant des *kalanda*.

LES BONNES RAISONS D'Y ALLER

© VLADISLAV ZOLOTOV - ISTOCKPHOTO.COM

UNE DESTINATION VARIÉE

Mosaïque de paysages et d'ambiances : la découverte des îles du Dodécanèse semble infinie.

SOLEIL ET CLIMAT DE L'OLIVIER

Le soleil ne fera pas faux bond : le Dodécanèse est l'archipel grec le plus ensoleillé.

© TETIANA MASLOVSKA - SHUTTERSTOCK.COM

© ANTONY MCAULAY - SHUTTERSTOCK.COM

UNE HISTOIRE MILLÉNAIRE

Le patrimoine artistique et culturel du Dodécanèse est immense : l'histoire est partout.

Rhodes/ Dodécanèse

KALOS IRTHATE !

Dans les îles du Dodécanèse, la mer Egée nous ballotte entre mythe et réalité. Elle baigne les côtes de Rhodes, Symi, Karpathos, Astypalaia, Patmos, Kastellorizo, Leros, Tilos, Kos, Kassos, Nissiros, Kalymnos ou encore Lipsi. Autant de joyaux léchés par les flots égéens qui réservent une expérience unique au visiteur qui voudra bien prendre le temps de pousser ces portes du paradis. Au-delà du sceau mythologique, les douze îles de Rhodes et du Dodécanèse sont marquées par un patrimoine exceptionnel et des paysages époustouflants, d'une diversité surprenante. Ainsi, les vieilles villes de Rhodes et Patmos sont classées au patrimoine mondial de l'UNESCO alors qu'ailleurs la nature offre tout à la fois des plages de sable fin, des eaux turquoise et translucides, des montagnes acérées, des paysages arides ou foisonnants, des criques solitaires, des cratères lunaires... Chaque topographie est unique et détermine une ambiance spécifique. Ainsi, vous vivrez différemment selon que vous choisirez la douceur de Tilos, le traditionalisme de Karpathos, la rudesse de Leros, l'orientalisme de Kastellorizo ou encore la bienveillance de Kalymnos. La région bénéficie d'un ensoleillement quasi permanent, le plus élevé d'Europe, et d'un climat agréable tout au long de l'année. Elle offre une gastronomie riche et variée, des activités sportives, des lieux branchés pour boire et danser jusqu'au bout de la nuit ou bien une sérénité et un calme olympiens. De quoi satisfaire les envies de chacun !

Retrouvez cette offre en page 86

SOMMAIRE

Le port de Gialos sur l'île de Symi. © VLADIMIR_TIMOFEEV

6 INSPIRER

Une mise en bouche pratique et descriptive pour inspirer un séjour unique dans les îles du Dodécanèse, selon les envies de chacun : quand y aller, quel itinéraire choisir, fiches pratiques.

35 DÉCOUVRIR

Des dossiers thématiques pour découvrir en profondeur l'archipel du Dodécanèse et ses spécificités dans le monde grec d'hier et d'aujourd'hui. Une plongée dans ses traditions, héritages et renouvellements.

Escalade sur l'île de Kalymnos. © PHOTOBAC - ISTOCKPHOTO

87 RHODES

Visitez Rhodes, l'île principale du Dodécanèse et ses trésors historiques et naturels : de la cité médiévale inscrite sur la liste du patrimoine de l'UNESCO à ses bords de mer ventés, vous pourrez pousser jusqu'à la douce île de Halki.

Visite de l'Acropole de Lindos, Rhodes. © IMGORTHAND - ISTOCKPHOTO.COM

Plage d'Apella, île de Karpathos. © BORUT TRDINA - ISTOCKPHOTO

153 DODECANÈSE SUD

Les îles de Karpathos, Kassos et Kastellorizo cultivent leurs différences dans l'archipel : fortes de leur isolement, elles offrent au voyageur curieux la possibilité de s'immerger dans un monde préservé.

177 DODECANÈSE CENTRE

Les îles du centre du Dodécanèse offrent des possibilités variées : nature et espaces intouchés à Nissiros et Tilos, convivialité et villages préservés à Symi et Astypalaia, trésors d'archéologie et fête à Kos.

Lindos, Rhodes. © FREEARTIST - ISTOCKPHOTO.COM

229 DODECANÈSE NORD

Les îles du nord Dodécanèse sont ancrées dans une histoire vécue au quotidien : mysticisme et sacré infusent encore à Patmos et Lipsi, héritages géopolitiques sont inscrits à Léros et récits de la mer bercent Kalymnos.

269 ORGANISER SON SÉJOUR

Retrouvez toutes les informations pratiques pour organiser un séjour sans heurts dans les îles de l'archipel du Dodécanèse.

L'île de Kos. © SALARKO - ISTOCKPHOTO.COM

Rhodes - Dodécanèse
Île d'Agathonissi
MEGALO HORIO
ÎLE DE PATMOS
Île d'Arki
Arki
KAMBOS
LIPSI
SKALA
LIPSI CHORA
GRIKOS
TURQUIE
Le Pirée
Île de Farmakonissi
PARTHENIS
ÎLE DE LEROS
AGIA MARINA
LAKKI
XIROKAMBOS
Île de Levitha
EMPORIOS
Arginonta
MYRTIES
VATHI
ÎLE DE KALYMNOS
Île de Kinaros
POTHEA
Pserimos
Zipari
Kos Chora
MASTIHARI
Aghia Fokas
Mer Egee
Andimahia
ÎLE DE KOS
KARDAMENA
Kamari
Aghia Ioanis
Île de Nimos
ÎLE D'ASTYPALAIA
Île de Giali
Giali
ÎLE DE NISSIROS
NIMBORIOS
EMPORIOS
PEDI
Lutra
MANDRAKI
ASTYPALAIA
CHORA
NIKIA
ÎLE DE SYMI
SYMI
Île de Kounoupi
Panormitis
Île de Pahia
Avlaki
AGHIOS EMILIANOS
Amorgos
Île de Kandelioussa
RHODES
Aghia
Pandeleimonas
MEGALO HORIO
IALYSSOS
ÎLE DE TILOS
LIVADIA
Île de Sirna
ÎLE DE RHODES
KALLITHEA
Îles de Tria Nissia
Île d'Alimia
AFANDOU
HALKI
ARCHANGELOS
TSAMBIKA
MONOLITHOS
LINDOS
PRASSONISSI
DIAFANI
OLYMBOS
Megisti
ÎLE DE KARPATHOS
LEFKOS
APERI
KARPATHOS
ARKASSA
Île d'Armathia
AMOUPI
30 KM
AGHIA MARINA
FRI
Sithia (Crète)
ÎLE DE KASSOS

UNE TERRE MAJESTUEUSE

Le Dodécanèse est riche de reliefs variés, pour des vacances nature tournées vers la terre.

DES PLAGES PROPRES ET SOMPTUEUSES

La plupart des plages des îles, diverses et aux eaux claires, ont gardé leur beauté sauvage.

LA FÊTE AU QUOTIDIEN

Toute occasion est bonne pour danser et écouter de la musique en buvant un raki ou un ouzo.

UN PARADIS POUR LES SPORTS NAUTIQUE

Plongée à Leros, windsurf à Karpathos, kitesurf à Rhodes ou à Kos et, partout, la voile.

LES BONNES RAISONS D'Y ALLER

LOIN DES FOULES

Excepté Rhodes et Kos, le Dodécanèse est largement préservé du tourisme de masse.

© HERACLES KRITIKOS - SHUTTERSTOCK.COM

© PEOPLEIMAGES - ISTOCKPHOTO.COM

UN ARCHIPEL CHALEUREUX

Les habitants du Dodécanèse peuvent être fiers de leur hospitalité légendaire, qui perdure.

© KIME AIT - SHUTTERSTOCK.COM

LES PLAISIRS DE LA TABLE

Chaque île abrite son lot de spécialités ancrées dans une solide tradition du bien-manger.

LES 12 MOTS-CLÉS

#BASILIC

Le basilic tient une place particulière dans la vie du Dodécanèse. Vous en verrez partout, à toutes les fenêtres, devant tous les restaurants, sur toutes les terrasses… mais rarement dans votre assiette car il n'est pas utilisé dans la cuisine locale. C'est une plante que l'on offre, pour remercier quelqu'un de son hospitalité, protéger sa maison.

© ELENI MAVRANDONI - SHUTTERSTOCK.COM

#FREDDO OU FRAPPÉ ?

On confond souvent ces deux boissons glacées, symboles de l'été en Grèce. L'*espresso freddo* est préparé sur la base d'un double espresso à l'italienne tandis que le *frappé* est une dilution de Nescafé à laquelle on rajoute parfois du lait. La dose de sucre varie selon chacun, du très sucré *glyko* au sans sucre *sketo*, en passant par le modéré *metrio*.

© URBAZON - ISTOCKPHOTO.COM

#CHATS

On connaît tous ce cliché des îles grecques : un petit port, une chapelle blanche et des chats alanguis. Ces félins sont effectivement partout, surtout auprès des tavernes de poissons qui bordent les ports du Dodécanèse. Si vous leur donnez quelques arêtes à la fin du repas, tentez de le faire discrètement, pour éviter l'œil réprobateur du taulier.

© ESIN DENIZ - SHUTTERSTOCK.COM

#COLOSSE DE RHODES

Représentation du dieu soleil Hélios, cette statue géante se trouvait sur le port de Rhodes et mesurait 32m de haut. Considérée comme l'une des 7 Merveilles du monde antique, elle fut édifiée pour commémorer le siège et la victoire de Rhodes en 304 av. J.-C. Détruite par un séisme moins d'un siècle après, il est parfois question de la reconstruire !

#GEIA SAS

On vous gratifiera partout d'un *geia sas,* à prononcer « ya sas », pour vous accueillir et vous dire au revoir. Parfois, un simple *geia,* plus familier et plus amical, peut également suffire, une fois que la relation est un peu établie. Vous utiliserez ce salut à toutes les sauces, et très souvent au cours de votre séjour. A retenir obligatoirement !

#HORAIRES

On le sait, le temps prend une autre valeur dans les îles grecques. En saison, quasiment tous les horaires sont flexibles et dépendent autant de l'affluence et des clients que de l'humeur du taulier. Il faut s'y plier, plutôt que de s'énerver : cela fait partie de l'expérience. Prenez donc votre temps, tranquillement, et apprenez à vivre *siga siga* !

#KAMAKI

Littéralement, *kamaki* veut dire « harpon ». Par extension, il s'agit de ces hommes grecs passés maîtres dans le harponnage de touristes de passage. S'ils existent encore dans les zones les plus touristiques de Rhodes ou Kos et peuvent être lourds comme les machos savent l'être, c'est un cliché plutôt révolu ailleurs, où la réserve est de mise.

LES 12 MOTS-CLÉS

#LIMANI

Le port, en grec : c'est bien sûr un lieu central de toutes les îles, notamment pour les plus isolées du Dodécanèse qui ne reçoivent pas tous les jours les ferries d'Athènes ou de Rhodes. Quand le bateau arrive, l'excitation, ou la tristesse de se quitter, monte : chaque départ est un petit déchirement, chaque arrivée promet une nouvelle aventure.

#MYTHOLOGIE

Une fois dans les îles du Dodécanèse, on comprend que la Grèce fut le pays de la mythologie. On imagine partout des dieux aimants, colériques, jaloux, hédonistes... en un mot : passionnés ! Les îles de l'archipel ont souvent des origines mythologiques, ce qui vous permettra de réviser vos classiques, à Rhodes, Nissiros, Karpathos ou encore Lipsi.

© CLU - ISTOCKPHOTO.COM

#RÉFUGIÉS

En 2015, au pire de la crise humanitaire, les îles du Dodécanèse étaient plus connues pour l'afflux de migrants sur leurs côtes que pour le tourisme. Kos a été l'une des plus marquées mais toutes les îles ont recueilli (et continuent de recueillir) les réfugiés fuyant les conflits du Moyen-Orient, faisant souvent preuve d'une solidarité exemplaire.

#SIRTAKI

Le *sirtaki* est – à tort – considéré comme une danse traditionnelle et populaire grecque : en réalité, il a été créé pour le film de Cacoyannis, *Zorba le Grec*, en 1964. Les vraies danses folkloriques du Dodécanèse sont nombreuses : vous aurez l'occasion de rentrer dans la ronde au cours des nombreuses célébrations estivales, les *panigyria*.

#TAVERNA

Une taverne sur la mer Egée, voilà à peu près ce à quoi peut se résumer le bonheur dans le Dodécanèse. On y mange à toute heure des plats préparés maison, traditionnels et simples. A ne pas confondre avec un restaurant, *estiatório*, un peu plus recherché, ou avec une *ouzeri*, dédiée à la consommation d'ouzo que l'on accompagne de *mezzedes* à partager.

VOUS ÊTES D'ICI, SI...

▸ **vous lâchez prise** sur les horaires rigides : le déjeuner se prend à toute heure de l'après-midi et le dîner ne commence pas avant 21h30 mais peut se poursuivre tard dans la nuit ; un rendez-vous pris ne garantit pas que l'heure en soit respectée : ce n'est pas si grave ; les arrivées et départs des ferries sont soumis au *meltemi* qui ralentit les transports : rien ne sert de s'énerver, il suffit d'attendre...

▸ **vous respectez les célébrations religieuses** qui rythment le calendrier insulaire. Si l'occasion se présente, joignez-vous aux festivités pour faire l'expérience de ces rassemblements avec danse, musique et banquets au programme.

▸ **vous prenez le temps de boire le café** pendant des heures, attablé à la terrasse d'un *kafeneion* : observez patiemment les allers-retours du village, lancez quelques *geia sou* bien placés, jouez au *tavli* (backgammon) en faisant claquer vos pions et, surtout, sirotez votre *freddo* ou votre *frappé* lentement, en laissant la fin trop diluée au fond du verre.

MON RHODES

avec Joanna DUNIS, auteure

© DR

Interview

Joanna Dunis est auteure de guides depuis 2008. Pour le *Petit Futé*, elle a couvert de nombreuses destinations aux Etats-Unis et en Europe, au Proche-Orient et en Asie centrale. Installée une partie de l'année à Athènes, elle se concentre aujourd'hui sur les îles grecques. Le Dodécanèse a marqué sa première rencontre avec la Grèce : ces îles gardent une place particulière dans son parcours nomade.

Baie d'Agathi, île de Rhodes.

IDÉES DE SÉJOUR

Le Dodécanèse est une destination où l'on est comme attiré, encore et encore chaque année. Impossible de se lasser de l'archipel, tant chaque île est unique et offre de multiples possibilités de vacances, que ce soit pour un séjour à la découverte d'un patrimoine historique et culturel exceptionnel, une escapade « nature » et active, entre terre et mer, des vacances *siga siga*, l'équivalent du *farniente* en Grèce... ou pour combiner tout cela ! Les amoureux de la mer et des sports nautiques s'en donneront évidemment à cœur joie, entre eaux cristallines, plongée sous-marine, windsurf, kitesurf et bateau à voile. Mais les amateurs de marche et d'escalade seront également ravis, à la découverte des terres majestueuses de l'archipel. Enfin, le Dodécanèse abrite deux sites inscrits au patrimoine mondial de l'UNESCO ainsi qu'une quantité de lieux historiques d'importance et de traditions locales dont les férus d'histoire(s) pourront se gorger.

UN GRAND WEEK-END À RHODES

Vous découvrirez une ambiance toute particulière, riche de milliers d'histoires, dans le cœur de Rhodes. Admirez des palais du XIVe siècle, des mosquées ottomanes, des églises byzantines, profitez de petites places animées, découvrez le quartier juif et sa belle synagogue... Un mélange d'Orient et d'Occident d'une richesse inégalée qui mérite bien un long week-end de découverte en profondeur.

› La cité médiévale de Rhodes

La principale île du Dodécanèse conserve un héritage médiéval sans pareil, notamment la cité de **Rhodes** ★★★ (p.87). Les Chevaliers de Saint-Jean ont façonné le visage de la ville fortifiée : pour s'en convaincre, il faudra emprunter la **rue des Chevaliers** (p.101) et s'arrêter pour une visite au **Palais du Grand-Maître** (p.101), le plus bel exemple architectural de cette époque. Rendez-vous ensuite dans l'ancien hôpital qui abrite aujourd'hui le **Musée archéologique** (p.102). La cité médiévale, classée au patrimoine mondial de l'UNESCO, mérite bien qu'on lui consacre une journée pleine.

› Ville ottomane et ancien quartier juif

Ce sont les ruelles ottomanes de Rhodes-ville qui retiendront votre attention en cette 2e journée : dans la vieille ville, le quartier que l'on appelle « le Bourgos » offre un témoignage saisissant avec sa mosquée Soliman le Magnifique, sa bibliothèque ou bien encore ses bains. L'ancien quartier juif (*juderia*) est également à parcourir depuis la **place Martyron Evreon** (p.106) ; le **Musée juif** (p.106) de Rhodes dans la belle synagogue rappelle combien la communauté juive était importante avant la tragédie de la Seconde Guerre mondiale.

› Mandraki et Lindos

Pour découvrir la ville nouvelle de Rhodes, rien de mieux que de parcourir le quartier autour du port de **Mandraki** (vieux port) (p.106).

Vous y verrez la marque de l'architecture italienne et pourrez faire une pause sur une plage ensoleillée. N'oubliez pas d'accorder une demi-journée au magnifique village de **Lindos** ★★★ (p.132) où l'acropole est indiscutablement le point d'intérêt à ne pas manquer. Les plages qui cernent le village seront un autre argument de poids en faveur de cette excursion.

SITES MAJEURS DU DODÉCANÈSE EN UNE SEMAINE

Un itinéraire pour découvrir les deux sites majeurs du Dodécanèse, inscrits au patrimoine mondial de l'UNESCO, à Rhodes et à Patmos – tout en profitant de quelques îles au passage, propices au farniente. Pour gagner du temps dans les trajets, optez pour le catamaran rapide plutôt que le ferry.

› La vieille ville de Rhodes

Balade dans la cité médiévale et la ville fortifiée de **Rhodes** ★★★ (p.87) : admirez les palais du XIVe siècle des Chevaliers de Saint-Jean sur la rue Ippoton, dont le Palais des Grands-Maîtres, arpentez l'ancien quartier ottoman autour de Sokratous avec ses mosquées, profitez des petites places organisées autour d'églises byzantines et déambulez dans l'ancien quartier juif avec sa belle synagogue.

› Rhodes : Mandraki et Lindos

Pour découvrir la ville nouvelle de Rhodes, rien de mieux que de parcourir le quartier autour du port de **Mandraki** (vieux port) (p.106).

Vous y verrez la marque de l'architecture italienne et pourrez faire une pause sur une plage ensoleillée. N'oubliez pas d'accorder une demi-journée au magnifique village de Lindos ★★★ (p.132) où l'acropole est indiscutablement le point d'intérêt à ne pas manquer. Les plages qui cernent le village seront un autre argument de poids en faveur de cette excursion.

› Découverte de Symi

La petite perle du Dodécanèse est gagnée en 1 heure de bateau seulement depuis Rhodes. On découvre l'architecture néoclassique du port de Gialos (p.186) et on monte dans la vieille ville et les ruelles blanches de Chora pour une vue imprenable sur le port.

› Plages et églises à Symi

Empruntez un *taxi-boat* pour rejoindre une plage, un monastère, une église. Certains se rendront au paradis perdu d'Agios Emilianos ★★ (p.192), alliant beauté des paysages, baignade et spiritualité. Les plages de l'île sont toutes remarquables : on s'y ressource sans complexe.

› Découverte de Kalymnos

Depuis Symi ★★, comptez 2 heures de traversée en catamaran jusqu'à Pothia, le port de Kalymnos ★★. Cette île est connue de tous les Grecs comme l'île des pêcheurs d'éponges. Sincère et charmante, elle est une incitation au farniente sur ses belles plages de la côte ouest ou aux activités sportives pour découvrir sa nature unique (plongée ou escalade).

› Patmos, l'île de l'Apocalypse

Depuis Kalymnos, comptez 1h40 de traversée en catamaran jusqu'à Skala (p.257), le port de Patmos ★★★. L'île de la Révélation de St-Jean saura vous envoûter : visite du monastère de St-Jean-le-Théologien (p.263)et de la Grotte de l'Apocalypse (p.262) inscrits au patrimoine mondial de l'UNESCO, balade dans les ruelles blanchies de la ville haute et dans les rues animées de Skala.

› Farniente et retour

Pour votre dernier jour, profitez des agréables plages de Patmos : si le temps le permet, découvrez Psili Ammos (p.267), sinon optez pour les plages du nord-est. Embarquez dans la nuit vers Athènes, pour le chemin de retour et la fin des vacances.

LE DODÉCANÈSE EN DEUX SEMAINES

En deux semaines, vous aurez le temps d'allier une visite de Rhodes et de partir à la découverte du Dodécanèse, en vous arrêtant dans des îles parfois moins visitées sur la dorsale sud-nord de l'archipel. Pour s'imprégner de l'ambiance d'une île, rien de tel que d'y dormir ! Pour découvrir une des îles les plus excentrées (Astypalaia ★, Kastellorizo ★★ (p.171) ou Karpathos ★), rajoutez une semaine au programme.

› La cité médiévale de Rhodes

La principale île du Dodécanèse conserve un héritage médiéval sans pareil, notamment la cité de Rhodes ★★★ (p.87). Les Chevaliers de Saint-Jean ont façonné le visage de la ville fortifiée : pour s'en convaincre, il faudra emprunter la rue des Chevaliers (p.101) et s'arrêter pour une visite au Palais du Grand-Maître (p.101), le plus bel exemple architectural de cette époque. Rendez-vous ensuite dans l'ancien hôpital qui abrite aujourd'hui le Musée archéologique (p.102). La cité médiévale, classée au patrimoine mondial de l'UNESCO, mérite bien qu'on lui consacre une journée pleine.

› Ville ottomane et ancien quartier juif

Ce sont les ruelles ottomanes de Rhodes-ville qui retiendront votre attention en cette 2e journée : dans la vieille ville, le quartier que l'on appelle « le Bourgos » offre un témoignage saisissant avec sa mosquée Soliman le Magnifique, sa bibliothèque ou bien encore ses bains. L'ancien quartier juif (*juderia*) est également à parcourir depuis la place Martyron Evreon (p.106) ; le Musée juif (p.106) de Rhodes dans la belle synagogue rappelle combien la communauté juive était importante avant la tragédie de la Seconde Guerre mondiale.

› Mandraki et Lindos

Pour découvrir la ville nouvelle de Rhodes, rien de mieux que de parcourir le quartier autour du port de Mandraki (vieux port) (p.106).

Vous y verrez la marque de l'architecture italienne et pourrez faire une pause sur une plage ensoleillée. N'oubliez pas d'accorder une demi-journée au magnifique village de Lindos ★★★ (p.132) où l'acropole est indiscutablement le point d'intérêt à ne pas manquer. Les plages qui cernent le village seront un autre argument de poids en faveur de cette excursion.

› Découverte de Symi

La petite perle du Dodécanèse est gagnée en 1 heure de bateau seulement depuis Rhodes. On découvre l'architecture néoclassique du port de Gialos (p.186) et on monte dans la vieille ville et les ruelles blanches de Chora pour une vue imprenable sur le port.

› Plages et églises à Symi

Empruntez un *taxi-boat* pour rejoindre une plage, un monastère, une église. Certains se rendront au paradis perdu d'Agios Emilianos ★★ (p.192), alliant beauté des paysages, baignade et spiritualité. Les plages de l'île sont toutes remarquables : on s'y ressource sans complexe.

IDÉES DE SÉJOUR

› Loin des foules à Tilos

Depuis le port de **Livadia** (p.193), sillonnez Tilos ★ en minibus collectif pour soutenir les efforts de protection de la nature mis en place dans cette île pionnière en la matière. Découvrez le village de **Megalo Horio** ★ (p.198) et son église, le calme du monastère d'Agios Panteleimon, les ruines de Mikro Horio ★ ou du **Kastro** (p.246) et le musée paléontologique.

› Nature, plages et randonnées

Découvrez les beautés naturelles de Tilos, qui a su sauvegarder son authenticité et ses sites naturels intacts grâce à de nombreuses initiatives de protection de l'environnement. Prenez le temps de vous imprégner d'un style de vie plus lent et de vous isoler dans des criques paradisiaques, à rejoindre à pied au cours de randonnées plus ou moins faciles.

› Kos l'antique

Si l'île de Kos ★★ est saturée par le tourisme de masse, elle vaut vraiment la visite pour ses sites antiques, en premier lieu desquels l'**Asclepieion** (p.216) où enseigna et pratiqua le père de la médecine moderne, Hippocrate. À Kos-ville, découvrez également l'ancienne agora et le quartier gréco-romain dont la **Casa Romana** (p.217).

› À l'assaut du volcan de Nissiros

Rejoignez l'île de Nissiros en excursion à la journée depuis le port de **Kardamena** (p.228), au sud de Kos. La traversée dure environ 1h. Sur place, montez sur la caldeira du **volcan** (p.205) pour une vue époustouflante depuis le joli village de **Nikia** ★ (p.205) et visitez le musée volcanologique avant de descendre au fond du cratère en activité.

› Découverte de Kalymnos

Depuis Kos comptez 45 min de traversée en catamaran jusqu'à Pothia, le port de Kalymnos ★★. Cette île est connue de tous les Grecs comme l'île des pêcheurs d'éponges. Sincère et charmante, elle est une incitation au farniente sur ses belles plages de la côte ouest ou aux activités sportives pour découvrir sa nature unique (plongée ou escalade).

› Kalymnos et Telendos

Prenez le temps d'une journée pour faire tout le tour de l'île et pour découvrir surtout la **route du nord** (p.243), du côté d'**Emporios** ★★ (p.243) et jusqu'à **Vathi** ★ (p.244). S'il vous reste du temps, faites une petite excursion sur l'îlot de Telendos ★, au large de la côte ouest.

› Patmos, l'île de l'Apocalypse

Depuis Kalymnos, comptez 1h40 de traversée en catamaran jusqu'à **Skala** (p.257), le port de Patmos ★★★. L'île de la Révélation de St-Jean saura vous envoûter : visite du **monastère de St-Jean-le-Théologien** (p.263)et de la **Grotte de l'Apocalypse** (p.262) inscrits au patrimoine mondial de l'UNESCO, balade dans les ruelles blanchies de la ville haute et dans les rues animées de Skala.

› Excursion sur un îlot

Profitez d'une journée pour faire une excursion vers un des îlots alentour comme Arki ou pour découvrir Lipsi ★. Cette petite île se visite depuis Patmos ★★★ en une journée ou plus si affinités (comptez 45 min de traversée). On y mange bien, on y vit au rythme des locaux et les plages sont splendides.

› Farniente et retour

Pour votre dernier jour, profitez des agréables plages de Patmos : si le temps le permet, découvrez **Psili Ammos** (p.267), sinon optez pour les plages du nord-est. Embarquez dans la nuit vers Athènes, pour le chemin de retour et la fin des vacances.

Le port de Kardamena, Kos.

DE L'AÉROPORT AU CENTRE-VILLE

Le Dodécanèse a deux aéroports principaux, aux connections internationales, ainsi que quelques petits aéroports qui assurent la liaison avec Athènes. Les aéroports internationaux de Rhodes et de Kos proposent des connexions très régulières avec Athènes et des vols charters vers l'Europe en été. Des services de bus font la navette régulièrement entre ces aéroports et leurs centres-villes.

Les îles d'Astipalaia, Kastellorizo, Kassos, Karpathos, Kalymnos et Leros abritent également de petits aérodromes pour des vols domestiques réguliers vers Athènes. A moins d'être motorisé, il faut prendre un taxi pour s'y rendre.

ARRIVÉE EN BATEAU

Les îles habitées du Dodécanèse sont toutes reliées par un service de bateau plus ou moins régulier. De grands ferries font l'aller-retour entre le Pirée (le port d'Athènes) et toutes les îles décrites dans ce guide : ils embarquent passagers et véhicules. Cette liaison peut avoir lieu une fois par semaine pour les plus petites îles ou les plus isolées, et jusqu'à une fois par jour pour les îles plus importantes. La fréquence de ces ferries dépend également de la saison, avec plus de bateaux en été. Blue Star Ferries (parfois en partenariat avec Hellenic Seaways) est la compagnie principale qui dessert le Dodécanèse.

En saison, les hydroglisseurs de la compagnie Dodekanisos Seaways relient les îles du Dodécanèse entre elles, à l'exception de Karpathos et Kassos. Ils sont plus rapides et plus chers que les ferries et lorsque la mer est mauvaise, ils secouent également un peu plus. Ils n'offrent qu'un nombre très réduit de place pour les voitures – voire pas du tout sur certains catamarans.

Pour ces deux types de bateaux, vous pouvez réserver vos billets à l'avance, en ligne (http://openseas.gr) ou auprès des agences de voyage qui bordent les ports. Les billets sont à retirer 1h avant le départ du bateau au guichet de la compagnie de bateau, sur le quai.

Il existe également tout un réseau de bateaux locaux et caïques qui assurent la navette entre îles voisines, reliant parfois des ports peu fréquentés ou des îlots isolés. Ces bateaux sont opérés par les locaux, en saison majoritairement, et sans avoir nécessairement d'horaires préétablis. Les prix sont réduits, comme les trajets qui permettent souvent de faire une excursion à la journée. Les billets s'achètent le jour même, dans le bateau.

TRANSPORTS EN COMMUN

Le réseau de bus n'est pas uniformément développé sur toutes les îles. Il existe des cars réguliers et bus urbains sur les plus grandes îles, comme Rhodes, Kos ou Karpathos, qui assurent les déplacements toute l'année. Sur les autres îles, les bus sont peu fréquents, voire inexistants hors saison. En été, un bus local, parfois le bus de ramassage scolaire, marque l'arrêt aux principaux sites d'une île, de manière plus ou moins régulière. Certaines îles n'ont pas de système de bus. Vous trouverez parfois un système de taxi-boat : il s'agit de petites barques motorisées qui font office de bus vers des plages inaccessibles par la terre. C'est le cas à Symi et à Kastellorizo notamment.

VÉLO, TROTTINETTE & CO

Le Dodécanèse, et la Grèce en général, ne sont pas très intéressés par le sort des cyclistes. A l'exception de Kos où vous trouverez quelques pistes cyclables autour de Kos-ville, ne vous attendez à aucune infrastructure spécifique pour la pratique du vélo.

© IANWOOL - ISTOCKPHOTO.COM

Ferry sur l'île de Symi.

Dans quasiment toutes les îles, on pourra louer des motos ou des scooters et vivre le mythe de la liberté au guidon. Cependant, ce n'est pas toujours très rentable car les prix ne sont pas forcément intéressants par rapport à une voiture premier prix. Dans tous les cas, n'imitez pas les locaux et portez le casque... sur la tête ! Les routes ne sont pas forcément bien entretenues, le vent souffle fort et un accident est vite arrivé : sans casque, l'assurance ne vous prendra pas en charge. Beaucoup de loueurs n'insistent pas sur le port du casque, demandez donc expressément d'en avoir un.

Information importante : le permis B classique français intégrait la conduite de scooters jusqu'à 125cc. Pourtant certains loueurs refuseront de vous laisser un scooter (même un 50cc) si vous n'avez pas un permis moto/scooter spécial ou que vous ne pouvez pas prouver que vous avez suivi la formation deux-roues dorénavant obligatoire en France. Là encore, en cas d'accident, l'assurance grecque pourrait ne pas vous couvrir. La législation nationale est assez floue à ce sujet mais un nombre grandissant de loueurs ne veulent plus prendre le risque.

AVEC UN CHAUFFEUR

Dans les îles, et suite à des abus réguliers, les tarifs pratiqués par les taxis sont forfaitaires et établis tous les ans par l'administration nationale. Ce qui signifie que tout trajet correspond à un tarif préétabli et fixe. Certaines îles n'ont pas de chauffeurs de taxi, d'autres en ont quelques-uns mais, en haute saison, ils sont toujours en sous-nombre. Résultat : il faut prendre son mal en patience, attendre son tour au café pendant parfois une heure et accepter le covoiturage de taxi. Seul endroit où le compteur est encore utilisé pour les petites distances : Rhodes-ville. Pensez à surveiller le compteur même si les arnaques sont de moins en moins fréquentes.

EN VOITURE

La voiture est sans doute le moyen de locomotion le plus efficace pour découvrir les plus grandes îles comme Rhodes ou Karpathos mais n'est pas forcément nécessaire sur les plus petites îles. Nous vous recommandons la plus grande prudence au volant : les Grecs interprètent souvent le code de la route comme bon leur semble et ne portent jamais la ceinture. Le secret pour conduire en toute sécurité : conduire lentement ! De toutes les façons, les routes sont souvent mal entretenues et étroites donc vous n'aurez pas vraiment le choix que de limiter votre vitesse. Et en vacances sur une île, rien ne presse... Si vous demandez votre chemin, on vous dira tout le temps : rien de plus simple, il n'y a qu'une seule route. S'il y a en effet

Sur l'île de Kos.

peu de routes sur les îles, c'est un étonnement permanent que de voir à quel point elles sont mal indiquées et à quel point il est facile de s'y perdre...

ACCESSIBILITÉ

Le sort des personnes à mobilité réduite et des poussettes n'est malheureusement pas une priorité en Grèce, loin s'en faut. Il en résulte une accessibilité réduite, notamment dans tous les transports publics intra-îles, les bus locaux donc.

En ce qui concerne les transports inter-îles, les ferries et autres bateaux qui sillonnent le Dodécanèse ne sont pas toujours très accessibles non plus : sur les grands ferries, l'accès est théoriquement assuré pour tous ; dans la pratique, c'est une autre histoire. Ainsi, les escalators sont mis en route pour monter dans le bateau mais sont désactivés quand il s'agit de débarquer. Des ascenseurs sont prévus, mais ne desservent pas nécessairement tous les étages des ferries. Le personnel à bord saura toujours vous assister mais mieux vaut s'y prendre bien à l'avance, pour éviter la panique et le chaos des arrivées et des départs. Pour les catamarans, l'accès se fait avec l'aide de l'équipage. Enfin, rien n'est prévu pour les caïques et autres bateaux locaux.

LES PHRASES CLÉS

Bonjour, comment puis-je me rendre à…
Παρακαλώ, πώς θα *μ*πορούσα να πάω στο…

Est-ce loin à pied ? Y a-t-il le métro ou un bus... pour y aller ?
Είναι *μ*ακρυά *μ*ε τα πόδια; Μπορώ γα πάρω το *μ*ετρό ή το λεωφορείο για να πάω εκεί;

Pouvez-vous me montrer cet endroit sur la carte s'il vous plait ?
Μπορείτε να *μ*ου δείξετε το *μ*έρος αυτό στον χάρτη;

Où puis-je acheter les tickets de transport ? Est-ce que je peux payer en carte de crédit ?
Πού *μ*πορώ να αγοράσω εισιτήρια για τα *μ*έσα *μ*αζικής *μ*εταφοράς; Μπορώ να πληρώσω *μ*ε πιστωτική κάρτα;

Où est la sortie ? A gauche, à droite ou tout droit ?
Πού είναι η έξοδος Αριστερά, δεξιά ή ευθεία;

Je suis perdu et je suis en retard, s'il vous plait, aidez-moi ! Merci beaucoup !
Χάθηκα και έχω καθυστερήσει, βοηθήστε *μ*ε σας παρακαλώ! Σας ευχαριστώ πολύ!

HORAIRES

Les horaires sont une perpétuelle source d'angoisse pour les auteurs de guides sur la Grèce : ils changent constamment, parfois plusieurs fois par an, souvent ils n'existent même pas réellement. Une seule chose à retenir donc : restez flexible ! Un musée fermé aux horaires d'ouverture est monnaie courante, notamment dans les plus petites îles où l'affluence est limitée. Donc tentez votre chance en vous basant sur les indications données dans ce guide ou appelez avant de passer : ce sera plus sûr ! Hors saison, partez du principe que les sites et musées sont fermés mais qu'en tombant sur le bon vieux du village, on vous donnera peut-être les clefs…

BUDGET / BONS PLANS

A Rhodes, un billet combiné inclut l'entrée à plusieurs des sites principaux de la vieille ville mais, au-delà, aucun *pass* ou billet réduit à signaler pour les visites sur les autres îles : les tarifs d'entrée sont habituellement limités à quelques euros, parfois une donation suffit.

LES ÉVÉNEMENTS

Il faut prévoir une tenue correcte pour visiter les nombreux monastères et églises du Dodécanèse : on ne s'y rendra évidemment pas en bikini, et les tenues trop courtes ou trop décolletées sont à bannir. A l'entrée de certains sites religieux particulièrement importants, comme les monastères de Patmos ou le monastère Panagia Spiliani de Nissiros, de longs tissus sont à disposition pour se couvrir les épaules et les jambes.

VISITES GUIDÉES

A Rhodes et à Kos, les îles les plus touristiques du Dodécanèse, les offices de tourisme proposent des visites thématiques soit autoguidées, soit avec un guide. Ceci étant dit, la plupart du temps les municipalités des îles ne proposent rien. Trop petites, trop isolées, trop peu visitées, trop pauvres… : les raisons sont nombreuses. Hôtels et particuliers organisent des visites à titre privé mais votre meilleure option restera de demander autour de vous, au café, à la taverne, pour entendre les histoires des lieux que vous aurez visités. En revanche, vous trouverez souvent des bateaux locaux qui proposent des excursions dans les îlots alentour ou dans des criques inaccessibles par la terre.

FUMEURS

Tous les espaces publics extérieurs sont fumeurs, qu'il s'agisse de parcs, de plages voire de certains sites archéologiques. En revanche, l'intérieur des musées, églises, monastères est non-fumeur. Respectez les lieux et ne jetez pas vos mégots par terre. Faites particulièrement attention en été, un feu est trop vite parti...

LES PHRASES CLÉS

Bonjour, puis-je avoir deux entrées adultes et un enfant s'il vous plait ?
Θα ήθελα δύο εισιτήρια για ενήλικες και δύο για παιδιά παρακαλώ.

Le tarif enfant est jusqu'à quel âge ? Et pour les seniors, est-ce qu'il y a une réduction ?
Μέχρι ποια ηλικία θεωρείται κανείς παιδί; Υπάρχει έκπτωση για τους συνταξιούχους;

Est-ce qu'il y a des visites guidées en français ou un audioguide ?
Υπάρχει ξενάγηση στα γαλλικά ή ηχητική ξενάγηση;

Combien de temps faut-il pour faire la visite ?
Πόσο διαρκεί η επίσκεψη;

J'ai du mal à monter les escaliers, avez-vous un ascenseur ?
Οι σκάλες *με* δυσκολεύουν, υπάρχει ασανσέρ;

Excusez-moi, pouvez-vous me dire où sont les toilettes ? Merci beaucoup.
Με συγχωρείτε, πού είναι οι τουαλέτες; Σας ευχαριστώ πολύ.

SE RÉGALER

HORAIRES

Les restaurateurs et propriétaires des tavernes et ouzeries du Dodécanèse doivent assurer la saison estivale pour survivre toute l'année : ils sont donc ouverts tous les jours, du matin au soir, en service continu, et les horaires dépendent de l'affluence. Les heures de service durent en moyenne 15 heures, parfois plus. Certains restaurants un peu plus haut de gamme ne sont ouverts que le soir, pour le dîner. En été, les serveurs attendent simplement que le dernier client parte pour fermer tandis que hors saison, la plupart des établissements sont tout bonnement fermés.

BUDGET / BONS PLANS

Si les restaurants (*estiatório*) sont légèrement plus chers que les tavernes ou les ouzeries, se restaurer reste très abordable dans les îles du Dodécanèse. A moins d'aller dans un restaurant branché ou très chic - ils sont plutôt rares – il faudra compter environ 15-20 € par personne pour un repas complet avec une carafe de vin local ou de raki/ouzo. A noter cependant : le poisson frais, vendu au kilo, est toujours cher. Pour éviter les mauvaises surprises au moment de l'addition, allez choisir votre poisson en cuisine et demandez le prix avant de le commander car la note monte rapidement. Enfin, il est tout à fait habituel de commander beaucoup trop et de demander les restes à emporter. Pour payer, prévoyez toujours des espèces car la carte bleue n'est pas acceptée partout, et laissez un pourboire d'environ 10 %.

EN SUPPLÉMENT

Certaines tavernes et restaurants appliquent un supplément d'environ 1 € pour le couvert et le pain, qui n'est pas systématiquement proposé. L'eau en carafe est gratuite mais, dans les îles, l'eau du robinet n'étant pas potable, on vous servira souvent d'office une bouteille d'eau minérale.

C'EST TRÈS LOCAL

Le service peut être très long : rien ne sert de s'énerver mais prévoyez large et n'attendez pas d'être affamé pour vous attabler, notamment avec des enfants. A noter également : les plats arrivent au fur et à mesure de la préparation donc ne comptez pas manger d'abord une entrée puis un plat. Un petit dessert ou un verre de liqueur est bien souvent offert en fin de repas.

En Grèce, on ne vous mettra jamais la pression pour quitter la table ou recommander, une fois votre repas terminé. A moins que vous ne demandiez l'addition, on vous laissera tranquillement en profiter, sans nécessairement débarrasser la table. Il faut malgré tout raison garder : si vous voyez que des gens attendent alors que vous avez fini votre repas depuis un moment, laissez votre place !

A ÉVITER

Si vous allez au restaurant avec des Grecs, payez la note ou faites-vous offrir le repas, mais évitez de faire le décompte de ce que chacun a mangé pour payer uniquement votre part. Cette pratique n'est pas répandue, voire carrément impolie. A savoir également : si vous célébrez votre anniversaire au restaurant pendant votre séjour, ce sera à vous d'inviter et non l'inverse.

ENFANTS

En Grèce, l'attitude envers les enfants au restaurant est radicalement différente de la nôtre : ici, on ne sépare pas les générations, on ne cherche pas à faire taire les enfants trop bruyants ou à leur imposer de rester assis. Les enfants sont conviés à la table des adultes et mènent leur train, sans chercher à se contenir et sans que les adultes les contiennent. Ce qui donne un joyeux – parfois bruyant ! – brouhaha. Et le soir, lorsque le dîner s'éternise, ils peuvent jouer dans les rues jusqu'à bien après minuit, le temps que les parents finissent tranquillement leur ouzo.

Restaurant à Symi.

FUMEURS

La loi anti-tabac dans les espaces publics existe depuis 2008 mais n'avait jamais été respectée dans les restaurants et les cafés avant 2019. C'est le gouvernement de K. Mitsotakis qui fait en sorte que la loi soit respectée, peu de temps après son élection. Aujourd'hui, il est donc effectivement interdit de fumer à l'intérieur des tavernes, restaurants et autres cafés. Les fumeurs se limiteront aux terrasses.

LES ATTRAPE-TOURISTES

Ce n'est pas un attrape-touriste à proprement parler, c'est plutôt une ignorance des touristes qui provoque parfois de mauvaises surprises et la sensation de s'être fait arnaquer : comme nous le disions plus haut, le poisson frais coûte (très) cher et il faut donc choisir sa bête et en valider le prix avant de passer commande.

Demandez s'il s'agit vraiment de poisson pêché en mer ou de poisson d'élevage car il y a des fermes piscicoles dans le Dodécanèse, autour de Kalymnos notamment.

Quant au poulpe « frais » qui sèche devant les ouzeries et tavernes, il a sûrement été pêché il y a quelques mois puis congelé car les pêcheurs ne peuvent pas soutenir la demande en été. Il n'en reste pas moins délicieux et pêché localement.

LES PHRASES CLÉS

Bonjour, je voudrais réserver une table pour deux personnes pour ce midi ou ce soir.
Γεια σας, θα ήθελα να κλείσω ένα τραπέζι για δύο σήμερα το μεσημέρι ή το απόγευμα

Avez-vous un menu en français ou en anglais ?
Υπάρχει μενού στα Γαλλικά ή τα Αγγλικά;

Je suis végétarien, y a t-il des plats sans viande ?
Είμαι *vegetarian*, έχετε πιάτα χωρίς κρέας;

Je n'ai vraiment plus faim mais avez-vous une carte des desserts ?
Έχω χορτάσει αλλά θα ήθελα να δω το μενού με τα επιδόρπια.

Puis-je avoir l'addition s'il vous plait ? Je peux payer par carte ou en espèces ?
Τον λογαριασμό παρακαλώ. Μπορώ να πληρώσω με κάρτα ή μόνο μετρητά;

C'était très bon, nous reviendrons. Merci et à bientôt.
Ήταν πεντανόστιμα, θα έρθουμε ξανά. Ευχαριστούμε πολύ, εις το επανιδείν.

FAIRE UNE PAUSE

HORAIRES

Les tenanciers et propriétaires des bars et cafés du Dodécanèse doivent assurer la saison estivale pour survivre toute l'année : ils sont donc ouverts tous les jours, du matin au soir et les horaires dépendent de l'affluence. Certains bars de nuit n'ouvrent qu'à partir de 18-19h et restent ouvert jusqu'au petit matin. Certains *kafeneio* traditionnels ouvrent tôt le matin et à nouveau vers 18h mais ferment quelques heures après le déjeuner. Mais la plupart du temps ces lieux sont ouverts en continu : en été, les serveurs attendent simplement que le dernier client parte pour fermer. En revanche, hors saison, la majorité des établissements est fermée.

BUDGET / BONS PLANS

Boire le café est une institution en Grèce : vous pourrez rester des heures avec un *freddo* ou un frappé pour quelques euros, sans avoir à renouveler votre commande.

A PARTIR DE QUEL ÂGE

Il n'y a pas d'âge légal pour consommer de l'alcool en privé en Grèce. Pour boire et consommer de l'alcool dans un café ou un lieu public, il faut avoir 18 ans mais cette loi n'est pas très suivie et personne ne demandera de carte d'identité à un jeune qui commande un verre d'alcool.

C'EST TRÈS LOCAL

Le café traditionnel, le *kafeneio*, est bien souvent le cœur de la vie locale dans les îles. Plus exactement, c'est bien souvent le cœur de la vie publique et donc de la vie masculine... En effet, les femmes vivent encore largement au sein du foyer pendant que les hommes se retrouvent au café pour se tourner les pouces et refaire le monde, bien campés dans leurs fauteuils… Le *kafeneio* ouvre tôt le matin, on vient y prendre son premier café pour voir le village qui se réveille doucement. Parfois, il reste ouvert pour le déjeuner mais habituellement, il ferme entre midi et 17h, pour la sieste. Il rouvre sur les coups de 18h pour un dernier café ou un jeu de *tavli* de fin de journée. Plus tard, il se transforme en *ouzeri*, où l'on boit ouzo, bière et raki en partageant de petits plats, les *mezzedes*, sur fond de *rebetiko*, la musique populaire grecque par excellence.

ENFANTS

Les enfants sont acceptés absolument partout, accompagnés de leurs parents.

© MARJAN_APOSTOLOVIC-ISTOCKPHOTO.COM

FUMEURS

La loi anti-tabac dans les espaces publics existe depuis 2008 mais n'avait jamais été respectée dans les restaurants et les cafés avant 2019. C'est le gouvernement de K. Mitsotakis qui fait en sorte que la loi soit respectée, peu de temps après son élection. Aujourd'hui, il est donc effectivement interdit de fumer à l'intérieur des cafés, bars et ouzeries. Les fumeurs se limiteront aux terrasses.

LES PHRASES CLÉS

Bonjour, quelle est la spécialité de la maison ? Nous voulons découvrir.
Γεια σας, ποια είναι η σπεσιαλιτέ σας; Θέλουμε να τη δοκιμάσουμε.

Avez-vous de la place en terrasse ?
Έχετε δωμάτιο στην αυλή;

Quel est votre nom ? Je m'appelle … Ravi de vous rencontrer !
Πώς λέγεστε; Το όνομά μου είναι... Χάρηκα πολύ που σας γνώρισα!

A votre santé ! Zut, j'ai renversé mon verre… pouvez-vous m'aider ?
Στην υγειά μας! Ωχ, έχυσα το ποτό μου, μπορείτε να με βοηθήσετε;

C'était très bon. Nous allons reprendre la même chose s'il vous plait.
Ήταν νοστιμότατο. Θέλουμε άλλο ένα παρακαλώ.

(SE) FAIRE PLAISIR

HORAIRES

Les commerces sont généralement ouverts du lundi au samedi, de 8h à 20h, avec une période de fermeture à l'heure du déjeuner. Toutefois, les horaires s'adaptent à la fréquentation touristique : il n'est pas rare qu'un magasin ferme à 22h, voire plus, durant la saison haute. Hors saison, c'est généralement l'inverse, avec de nombreux magasins touristiques tout simplement fermés, notamment dans les petites îles.

SOLDES

Les grandes périodes de soldes sont en janvier-février puis à nouveau en juillet mais les îles ne suivent pas nécessairement ces calendriers, notamment en haute saison quand il s'agit de gagner de quoi assurer le reste de l'année. Résultat : vous ferez de bonnes affaires pour les soldes de fin de saison à Rhodes-ville, qui ne dépend pas que de la saison touristique, mais ailleurs il y a peu d'espoir que les soldes constituent un grand moment de shopping à moindres frais.

C'EST TRÈS LOCAL

Vous pourrez acheter toutes sortes de produits locaux dans les épiceries, boulangeries et supérettes des îles. Les produits frais (légumes, fruits) sont parfois difficiles à trouver : les habitants des îles cultivent leurs petits jardins pour leur consommation propre. Quelques agriculteurs vendent parfois l'excédent à l'arrière de leurs camionnettes. Quant à la pêche, elle va souvent directement aux tavernes et restaurateurs des îles mais certains pêcheurs accepteront de vous vendre ce qu'il reste. Il suffit de demander gentiment.

LES ATTRAPE-TOURISTES

Attention aux faux souvenirs locaux : bracelets contre le mauvais œil, éponges, pierres ponces, reproductions d'icônes ou de statuettes antiques sont rarement de production grecque. Optez toujours pour un artisan, plutôt que pour les boutiques de souvenirs *made in China*. Celles-ci inondent les rues de Rhodes et de Kos notamment.

Si vous vous rendez en Turquie depuis Kastellorizo, n'oubliez pas qu'il vous faudra déclarer les biens de valeur à votre retour sur le territoire européen.

LES PHRASES CLÉS

Bonjour, c'est superbe, mais combien ça coûte ?
Αυτό είναι πολύ όμορφο, πόσο κοστίζει;

Vous auriez ma taille ? Où se trouvent les cabines d'essayage ?
Το έχετε στο μέγεθός μου; Πού είναι τα δοκιμαστήρια;

Est ce que je pourrai vous le rapporter et l'échanger si ça ne va pas ?
Εάν δεν μου κάνει μπορώ να το επιστρέψω;

J'ai trop dépensé aujourd'hui, pouvez-vous me faire une réduction sympa ?
Έχω ξοδέψει πολλά σήμερα, θα μπορούσατε να μου κάνετε έκπτωση;

Je prendrai celui-ci. Pouvez-vous me faire un paquet cadeau ?
Θα πάρω αυτό. Θα μου το τυλίξετε για δώρο;

Vous prenez la carte de crédit ? Où puis-je trouver un distributeur de billets ?
Δέχεστε πιστωτικές κάρτες; Πού μπορώ να βρω ATM;

BOUGER & BULLER

BUDGET / BONS PLANS

La nature du Dodécanèse est riche de mille possibilités : la majorité des activités de plein-air ne vous coûtera pas un centime, que ce soit la nage, la randonnée, le snorkeling… Pour l'escalade, la plongée, le windsurf et le kitesurf, à moins de venir équipé, il faudra louer le matériel : de nombreuses écoles proposent également du matériel de qualité à la location.

C'EST TRÈS LOCAL

La danse est pratiquée par tous au cours des grandes célébrations qui rythment la vie insulaire : vous pourrez apprendre quelques pas traditionnels en rentrant dans la ronde à l'occasion de ces *panigyria*.

VOS PAPIERS SVP

Le permis bateau est obligatoire pour louer un voilier ou un bateau à moteur en Grèce : normalement, le permis côtier est suffisant pour le seul capitaine mais certains loueurs demanderont une garantie supplémentaire, avec une deuxième personne sachant naviguer à bord. La plongée sous-marine est réglementée pour éviter le pillage des épaves antiques notamment : toute trouvaille archéologique doit être signalée aux autorités portuaires ou à la police. La législation a été revisitée afin de faciliter la création de musées sous-marins, notamment dans les eaux de Kalymnos, et de développer le tourisme lié à la pratique de la plongée. La plongée en solo est interdite, ainsi que la chasse sous-marine (même si vous verrez des locaux le harpon à la main), mais la visite des épaves sous-marines est maintenant autorisée sans accompagnement d'un archéologue. Enfin, la pratique du windsurf et du kitesurf est interdite aux enfants de moins de 16 ans, sans l'accord d'un parent.

A RÉSERVER

Pour tous les cours d'escalade, de plongée, de kitesurf ou de windsurf, il vous faudra réserver à l'avance. Nul besoin de s'y prendre des semaines avant votre séjour, mais la haute saison peut être un peu remplie, notamment à Rhodes et Kos pour le kitesurf et le windsurf, donc mieux vaut se renseigner en amont.

LES ÉVÉNEMENTS

Le plus grand événement sportif qui se déroule dans le Dodécanèse est sans conteste le Kalymnos Climbing Festival, une compétition d'escalade de renommée internationale qui se tient tous les ans au mois d'octobre sur l'île de Kalymnos. Sinon, des régates sont régulièrement organisées, tout comme des traversées à la nage, notamment entre Symi et la Turquie (avril). Enfin, des festivals culturels sont organisés tout l'été : festival international du film à Patmos, festival du documentaire à Kastellorizo, Medieval Rose Festival à Rhodes-ville ou Hippocratia Festival à Kos-ville…

Escalade à Kalymnos.

LES ATTRAPE-TOURISTES

Certaines pratiques sportives peuvent s'avérer dangereuses. C'est le cas notamment pour l'escalade à Kalymnos, le windsurf et le kitesurf à Karpathos, Rhodes et Kos et la plongée sous-marine à Leros. Il est donc primordial de s'adresser à des écoles et loueurs professionnels. Nous avons indiqué les adresses sûres dans ce guide.

LES PHRASES CLÉS

Bonjour, comment puis-je me rendre à… ? Est-ce loin ?
Παρακαλώ, πώς θα μπορούσα να πάω στο...; - Είναι μακρυά;

J'aimerais aller courir. Il y a un coin sympa pour cela dans la ville ?
Θα ήθελα να πάω για τρέξιμο. Υπάρχει κάποιο όμορφο μέρος για τρέξιμο στην πόλη;

J'adore cuisiner. Savez-vous où je peux trouver des cours de cuisine ?
Μου αρέσει η μαγειρική. Πού θα μπορούσα να παρακολουθήσω μαθήματα μαγειρικής;

Vous pourriez m'indiquer une salle de sport pas très loin ?
Μπορείτε να μου πείτε πού είναι το πιο κοντινό δημόσιο γυμναστήριο;

Quel est le sport national ?
Ποιο είναι το εθνικό άθλημα;

Pensez-vous que nous pourrions voir cela ou même participer ?
Θα μπορούσαμε να το παρακολουθήσουμε ή να το δοκιμάσουμε;

PRATIQUE

SORTIR

HORAIRES

Les cinémas d'été, en plein-air, proposent habituellement une séance autour de 22h car il faut qu'il fasse nuit noire pour la projection. Les clubs et boîtes de nuit ouvrent vers minuit et restent ouverts jusqu'au petit matin, autour de 5-6h et selon l'affluence dans les plus petites îles.

BUDGET / BONS PLANS

Sur les îles, les entrées dans les bars ou clubs sont gratuites - à l'exception de quelques clubs à Rhodes ou à Kos. Pour les cinémas d'été, il faudra compter environ 5-8 € la séance, selon l'île.

TRANSPORTS NOCTURNES

Le réseau de bus étant très limité sur les îles, vous ne pourrez pas compter sur les transports publics pour rentrer de soirée, à moins qu'une navette privée ait été prévue. Pour les sorties, prévoyez d'appeler un taxi, en vous assurant qu'il pourra vous raccompagner plus tard dans la nuit. Sinon, vous devrez dépendre de vos petites jambes ou de la bonne volonté motorisée – mais non alcoolisée ! – d'un(e) partenaire de soirée.

A PARTIR DE QUEL ÂGE

Il n'y a pas d'âge légal pour consommer de l'alcool en privé en Grèce. Pour boire et consommer de l'alcool dans un café ou un lieu public, il faut avoir 18 ans mais cette loi n'est pas très suivie et personne ne demandera de carte d'identité à un jeune qui commande un verre d'alcool.

C'EST TRÈS LOCAL

Les insulaires ont le sens de la fête et toute occasion est bonne pour se rassembler et danser jusqu'au bout de la nuit. Notamment au cours des festivités estivales des *panigyria*, pour célébrer le saint patron de l'île notamment. A ces occasions, vous verrez toute l'île et toutes les générations manger, boire, danser et chanter pendant parfois plusieurs jours !

FUMEURS

Aujourd'hui, la loi anti-tabac dans les espaces publics s'applique enfin. Il est donc interdit de fumer à l'intérieur des bars, discothèques et autres lieux nocturnes. Les fumeurs se limiteront aux terrasses.

LES PHRASES CLÉS

Bonsoir, comment puis-je me rendre à…
Καλησπερα, πώς μπορώ να πάω στο…

Est ce que cet endroit est tranquille ? Il n'y a pas de problème de sécurité ?
Είναι ησυχο μερος; Υπάρχουν θέματα ασφαλειας;

J'aimerais voir un spectacle typique ! Qu'est-ce qu'il y a en ce moment ?
Θα ήθελα πολύ να δω μια παραδοσιακή παράσταση! Ποιες παραστάσεις ανεβαίνουν τωρα;

Je ne comprends pas… pouvez-vous répéter s'il vous plait ? Merci.
Δεν σας κατάλαβα, μπορείτε να επαναλάβετε; Σας ευχαριστώ.

Est-ce que je peux vous offrir un verre ? Quel est le meilleur cocktail de la maison ?
Θα μπορούσα να σας κεράσω ένα ποτό; Ποιο είναι το καλύτερο κοκτέιλ σας;

J'ai la gueule de bois, auriez-vous quelque chose pour que j'aille mieux ?
Έχω πολύ δυνατό πονοκέφαλο, έχετε να μου δώσετε κάτι που θα με βοηθήσει;

SE LOGER

BUDGET / BONS PLANS

Les prix peuvent varier du simple au triple entre la basse et la haute saison. Notez qu'en basse saison, les prix sont ouverts au marchandage, ce qui devient impossible en haute saison. A cette période, il est fortement conseillé de réserver. Les hôtels de luxe affichent des prix comparables à ceux du reste de l'Europe tandis que les petits hôtels de charme proposent des prix plus abordables. La solution la plus économique reste les *domatia*, studios à louer chez des particuliers. Dernière option, gratuite : le camping sauvage. Il est interdit partout en Grèce, et dans le Dodécanèse, mais certaines îles le tolèrent. C'est le cas de Tilos et Nissiros, réputées auprès des *free campeurs* grecs et internationaux.
Les fourchettes de prix utilisées dans ce guide sont basées sur les tarifs en haute saison, pour une chambre double. Bien et pas cher : moins de 90 € la nuit. Confort ou charme : de 90 à 140 € la nuit. Luxe : au-delà de 150 € la nuit.

A RÉSERVER

Il est impératif de réserver en été, notamment au moment de la Pâque orthodoxe et entre le 15 juillet et la fin août, notamment dans les sites les plus touristiques.

C'EST TRÈS LOCAL

Les *domatia*, ou chambres chez l'habitant, se sont professionnalisées : aujourd'hui ce sont surtout de petits ensembles de studios aménagés par les locaux (chambre double avec kitchenette et salle de bain privative). Hors saison, ou dans les îles les mois visitées, vous verrez certains propriétaires proposer leurs studios à louer à l'aide de pancartes, à l'arrivée des ferries. Sinon, réservation en ligne ou par téléphone, comme à l'hôtel.

POUR LES GOURMANDS

Les petits déjeuners sont rarement les points forts de la gastronomie grecque. Parmi les erreurs à ne pas commettre, attention avec le mot « toast » qui signifie « croque-monsieur » et non « pain grillé » en Grèce.
Goûtez sans modération aux yaourts arrosés de miel (local si possible) ou de confitures maison. Des options salées (œufs, fromage, charcuterie) sont souvent proposées au petit-déjeuner. Quant aux fruits frais, vous n'en trouverez pas facilement : ils ne sont pas fréquents sur les îles, à moins de dormir chez l'habitant et que votre hôte vous propose des fruits du verger.

© HARMATOSLABU - ISTOCKPHOTO.COM

Hôtel sur l'île de Rhodes.

FUMEURS

Dans les hôtels, veillez à scrupuleusement respecter les interdictions de fumer à l'intérieur des chambres. Pour les fumeurs invétérés, beaucoup de chambres offrent des balcons où il est possible de fumer, très souvent avec vue !

LES ATTRAPE-TOURISTES

Dans les petites îles les moins visitées, les hôteliers et aubergistes locaux attendent souvent sur le port avec une pancarte promotionnelle pour offrir des chambres aux vacanciers qui débarquent du ferry. Ce n'est pas forcément un mauvais plan, au contraire, mais demandez bien des photos, le prix et la distance de cet hébergement avant de monter dans un véhicule.

LES PHRASES CLÉS

Bonjour, avez-vous de la disponibilité pour une chambre double pour ce soir ou demain soir ?
Γεια σας, υπάρχει διαθέσιμο δίκλινο δωμάτιο για σήμερα ή αύριο;

Avez-vous un code wifi… les enfants ne tiendront pas sans !
Έχετε κωδικό για το *Wi-Fi*, αλλιώς τα παιδιά μου θα τρελαθούν!

C'est bruyant, est ce que je peux changer de chambre ?
Το δωμάτιό μου έχει θόρυβο, μπορώ να μετακινηθώ σε άλλο;

Jusqu'à quelle heure est-ce que nous pouvons aller à la salle de sport et à la piscine ?
Τι ώρα κλείνουν η πισίνα και το γυμναστήριο;

Est-ce que je peux laisser mon bagage et revenir plus tard le récupérer ?
Μπορώ να αφήσω τις αποσκευές μου και να τις πάρω αργότερα;

Est-ce que vous pouvez nous appeler un taxi ? Merci beaucoup.
Μπορείτε να μας καλέσετε ένα ταξί; Σας ευχαριστώ πολύ.

ALLO ?

Pour appeler de la Grèce vers la France, composez le +33 suivi du numéro de votre correspondant sans le 0. Pour appeler de France vers la Grèce, composez le +30, suivi du numéro. Depuis juin 2017, lorsque vous utilisez votre téléphone portable français dans un pays membre de l'UE, vous ne payez pas la communication, que vous émettiez l'appel ou que vous le receviez.
De même, le *roaming* (Internet sur votre téléphone) est gratuit dans l'UE. Faites simplement attention lorsque vous serez dans les îles du Dodécanèse car elles sont si proches des côtes turques pour certaines, qu'elles captent le réseau mobile turc. Dans ce cas-là, n'oubliez pas de désactiver vos données mobiles.

ACCESSIBILITÉ

Les îles du Dodécanèse, à la géographie volcanique et aux reliefs accidentés, ne sont malheureusement pas très accessibles aux personnes à mobilité réduite ou aux poussettes : villages perchés, boyaux de ruelles médiévales, studios étriqués chez l'habitant, sites historiques isolés, escaliers raides un peu partout sont le lot de toutes les îles.

SANTÉ

Rhodes et les îles du Dodécanèse ne présentent aucun risque majeur sur le plan sanitaire. Cependant, l'eau n'est pas potable et faites attention aux piqûres de moustiques, d'oursins et aux brûlures du soleil. Il est important de bien s'hydrater en été et de toujours partir avec une bouteille d'eau sur soi.

URGENCES SUR PLACE

Il y a peu d'hôpitaux dans le Dodécanèse : sur les grandes îles, vous trouverez cliniques et établissements hospitaliers tandis que les petites îles ont parfois, mais pas nécessairement, un dispensaire. Pour les urgences graves, chaque île dispose d'un héliport pour rapatrier les blessés ou malades vers Rhodes, où les hôpitaux sont performants et compétents dans tous les domaines.

SÉCURITÉ

Partout dans l'Union européenne, un seul numéro d'appel d'urgence : le 112.
Dans chaque île, vous trouverez un poste de police et les autorités portuaires. Certaines îles abritent également une base militaire. En effet, l'archipel du Dodécanèse est frontalier avec la Turquie, le voisin dont la Grèce se méfie en permanence : il y a régulièrement des incidents concernant les eaux territoriales des deux pays dans la zone.

LGBTQ

Les droits LGBTQIA+ sont encore limités en Grèce, du fait de l'omniprésence de la religion orthodoxe et d'un fort sentiment traditionaliste. Les îles du Dodécanèse, conservatrices dans leur ensemble, font cependant un peu exception, sous l'influence conjointe d'un esprit de solidarité particulièrement prononcé et d'une forme d'avant-garde humaniste. Ainsi, les voyageurs LGBTQIA+ pourront visiter les îles du Dodécanèse en toute sécurité, sans rencontrer d'hostilité particulière.

AMBASSADE ET CONSULATS

L'ambassade de France est située dans le centre d'Athènes (7, avenue Vassilis Sofias - +30 21033 91000 – www.ambafrance-gr.org – accueil du public à la section consulaire, accès par le 6, rue Akadimias, du lundi au vendredi 8h30-13h30) et est représentée dans le Dodécanèse par l'agence consulaire de Rhodes, située dans l'Auberge de France (rue Ippoton - +30 22410 33360) : Aliki Moschis-Gauguet est la consule honoraire de France depuis 2006. Vous pourrez contacter le consulat par téléphone pour tout souci concernant la perte ou le vol de vos papiers d'identité, des questions de rapatriement ou des problèmes graves de santé.

POSTE

Vous trouverez un bureau de poste sur chaque île habitée mais ne comptez pas sur la rapidité des envois : le courrier n'est pas nécessairement collecté tous les jours, et doit être envoyé par ferry à Athènes ou Rhodes avant d'y être trié et enfin expédié en Europe. Ne soyez donc pas pressé : vos cartes postales arriveront sûrement après votre retour de vacances… Ceci étant dit, la poste grecque est fiable et, a priori, les courriers ne se perdent pas en route. Les bureaux de poste ferment à 14h au plus tard, du lundi au vendredi, et sont normalement fermées le week-end. Un timbre pour une carte postale envoyée dans un pays de l'UE coûte 1€ : vous trouverez les boîtes aux lettres peintes en jaune à l'extérieur des bureaux de poste.

MÉDIAS LOCAUX

Vous trouverez toute la presse internationale à Rhodes et dans certaines îles les plus visitées, comme Kos ou Patmos, souvent avec un jour d'écart. En revanche, dans les petites îles isolées ou moins touchées par le tourisme, il faudra faire sans votre quotidien papier et vous référer aux versions électroniques de vos journaux préférés. La couverture internet étant bonne dans la plupart des îles du Dodécanèse, vous ne devriez avoir aucun mal à trouver les informations en ligne, dans votre langue.
Pour la presse locale, sachez que l'on trouve quelques médias grecs anglophones dans les îles, notamment le grand quotidien *Kathimerini* qui publie une version anglaise synthétique de ses articles du jour. Là encore, vous ne la trouverez que dans les îles les plus visitées. Sinon, voici quelques sites internet locaux et incontournables qui vous donneront une mine d'informations culturelles et pratiques sur le Dodécanèse.

- **www.visitgreece.gr** - Le très beau site officiel de l'Office du tourisme grec. Disponible uniquement en anglais ou en grec, il regorge d'informations sur les îles, les hôtels et les différents moyens de transport inter et intra îles.
- **odysseus.culture.gr** - Le site officiel du ministère de la Culture est disponible en anglais et liste tous les sites archéologiques de Grèce et du Dodécanèse, avec descriptif détaillé et informations pratiques. Particulièrement utile pour pister les nombreux changements d'horaires des grands sites historiques.
- **www.greece-is.com** - Un site *lifestyle* complet sur la Grèce, en anglais, qui propose un dossier spécial sur le Dodécanèse : gastronomie, patrimoine, sites à visiter, anecdotes et portraits de la vie locale. Il existe aussi en magazine papier, distribué gratuitement dans certains établissements touristiques.

LES PHRASES CLÉS

Bonjour, mon téléphone ne fonctionne pas, pouvez-vous m'aider s'il vous plait ?
Γειά σας, το τηλέφωνό *μ*ου δεν λειτουργεί, *μ*πορείτε να *μ*ε βοηθήσετε;

Je ne me sens pas bien, pouvez-vous m'amener à l'hôpital le plus proche ?
Δεν νιώθω καλά, *μ*πορείτε να *μ*ε πάτε στο πιο κοντινό νοσοκο*μ*είο;

Est-ce que vous avez un médecin qui parle français ?
Υπάρχει γιατρός που να *μ*ιλάει γαλλικά;

Je viens de me faire voler mes papiers, où est le poste de Police le plus proche ?
Μόλις *μ*ου έκλεψαν το διαβατήριο, πού είναι το πιο κοντινό αστυνο*μ*ικό τ*μ*ή*μ*α;

Est-ce un quartier dangereux ou je peux y aller sans crainte ?
Αυτή η περιοχή είναι επικίνδυνη ή *μ*πορώ να κάνω βόλτα χωρίς να ανησυχώ;

Avez-vous des timbres pour une carte postale à envoyer en France ? C'est combien ?
Έχετε γρα*μμ*ατόση*μ*α για τη Γαλλία; Πόσο κοστίζουν;

DÉCOUVRIR

Le Dodécanèse est un archipel unique dans l'ensemble grec par sa situation excentrée au sud-est de la mer Egée et sa géologie fracturée ; son microclimat ensoleillé et sa biodiversité inégalée ; son histoire, ses histoires ! ; ses joies et ses traumas ; son respect des traditions locales et son irrespect des conventions rigides ; son hospitalité et son esprit solidaire ; son folklore et sa gastronomie ; son ouverture héritière de son isolement ; sa rudesse et sa douceur de vivre ; ses eaux cristallines et ses flots houleux ; sa méfiance pour le voisin turc et son patrimoine tourné vers l'Anatolie ; ses superstitions et ses mythes ; ses célébrations folles et son austérité monastique... Ces dernières terres grecques, terres de contrastes, se révèlent avec délicatesse et se découvrent avec délice.

LES CHEVALIERS DE RHODES

La cité médiévale de Rhodes est classée au Patrimoine mondial de l'UNESCO depuis 1988 et offre une plongée unique dans l'histoire des Chevaliers de l'ordre de Saint-Jean. Si la plupart des archives furent perdues lors du siège de 1522 qui marque la fin de la domination de l'Ordre sur Rhodes, une balade dans les ruelles tortueuses de la ville fortifiée fera resurgir cette époque révolue. Partout on retrouve les traces que les Chevaliers laissèrent derrière eux. Installés à Rhodes vers 1309, ils transformèrent radicalement la ville pendant deux siècles et malgré les occupations successives, c'est toujours la cité médiévale que l'on admire aujourd'hui. Au-delà du patrimoine historique que l'on ne manquera pas de visiter, il faut se perdre dans les ruelles pavées du bourg, monter sur ses hautes murailles fortifiées et festoyer, dormir, boire et manger dans des auberges rénovées pour goûter à la permanence du temps des Chevaliers.

Histoire de l'Ordre, de Jérusalem à Malte

Les Chevaliers de l'ordre de Saint-Jean de Jérusalem, pour commencer par leur dénomination complète, appartiennent à un ordre religieux fondé à Jérusalem après la prise de la ville par les croisés, au XIe siècle. A sa fondation, l'ordre est établi pour accueillir et héberger les pèlerins dans la Ville sainte ainsi que pour les soigner en cas de blessures ou de maladies, d'où l'appellation de frères hospitaliers parfois utilisée. Très vite, cet ordre religieux se double d'une fonction militaire : dès 1121, les Chevaliers de Saint-Jean se chargent de protéger les pèlerins par les armes contre les attaques sarrasines. L'ordre devient ainsi une puissance militaire sous contrôle du pape, tout en conservant son rôle hospitalier d'origine.

Après la prise de Jérusalem par Saladin (1188), les Hospitaliers se retirent à Saint-Jean-d'Acre puis sont finalement expulsés hors de Terre sainte, avec l'ensemble des croisés (1291). L'ordre s'établit quelques années sur l'île de Chypre avant de conquérir Rhodes et de fonder son siège dans la cité byzantine (1309). Les années suivantes, les Chevaliers de Rhodes mènent une guerre maritime incessante et prennent possession d'autres îles du Dodécanèse, où ils fortifient des châteaux byzantins existants, comme au kastro de Leros, ou érigent de nouveaux bâtiments défensifs, comme à la citadelle Neratzia de Kos.

Ruines de Neratzia, Kos.

Les deux siècles de domination sur Rhodes seront fastes pour les Chevaliers de l'ordre de Saint-Jean. Rapidement, ils acquièrent l'autonomie puis la souveraineté qui leur permet de battre monnaie. L'ordre est déjà l'un des plus puissants de la chrétienté lorsqu'il profite de la chute des Templiers, autre ordre religieux et militaire majeur. En 1312, le pape Clément V transfère une grande partie des biens de l'ordre du Temple tombé en disgrâce aux Chevaliers de Rhodes, dont la puissance et la richesse ne cessent alors de s'accroître. La majesté du Palais du Grand Maître (p.101) et des auberges de la rue des Chevaliers (p.101) témoigne encore de cette grandeur aujourd'hui.

Mais les attaques ottomanes perdurent sans relâche jusqu'en 1522, date à laquelle la cité de Rhodes tombe sous le joug du sultan Soliman le Magnifique et de ses 200 000 hommes. Après un bref repli en Crète puis une errance européenne, l'ordre défait se reconstitue à Malte en 1530, grâce au don généreux (bien qu'intéressé) de l'empereur Charles-Quint qui leur cède l'île. Les anciens Chevaliers de Rhodes prennent alors le nom de Chevaliers de Malte et continuent à lutter en mer. La guerre de conquête terrestre est enterrée et fait place à une stratégie navale défensive contre les flottes ottomanes et, de plus en plus, à une nouvelle fonction de police maritime en Méditerranée, prétexte vite

Rue des chevaliers

abandonné pour mieux supplanter corsaires et pirates dans les commerces lucratifs de la région.
C'est notamment à cette époque que les Chevaliers de Malte développent leur puissance économique et navale en reprenant le commerce des esclaves déjà bien implanté sur l'île. Pendant un peu plus de deux siècles, l'ordre vit ainsi une période de calme relatif et de grande richesse, basée sur un système esclavagiste inédit et sur le brigandage en mer, appelé le *corso*. A la veille de la Révolution française, Malte est ainsi au cœur du trafic d'esclaves en Méditerranée, les Chevaliers en tirant tous les bénéfices. Mais la chute de la monarchie française annonce une ère mouvementée pour l'ordre qui perd progressivement ses privilèges et ses possessions françaises.
En 1798, en route pour l'Egypte, le général Bonaparte envahit Malte et obtient l'abdication du Grand Maître Hompesch. Le tsar de Russie Paul Ier se présente comme protecteur de l'ordre et accueille les Chevaliers déboutés à Saint-Pétersbourg, en Russie. Bien qu'orthodoxe et marié, le tsar est élu Grand Maître pour quelques années, avant que son successeur ne délaisse rapidement la grande maîtrise. C'est la fin de l'ordre de Saint-Jean de Jérusalem tel qu'il existe depuis sa fondation au XIe siècle.
Au cours du XIXe siècle, des associations religieuses et caritatives se réclamant de l'ordre voient le jour un peu partout en Europe mais il faut attendre 1879 pour que le pape approuve sa reconstitution : il prend le nom d'Ordre souverain de Malte et établit son siège à Rome. Depuis, l'Ordre de Malte œuvre pour différentes causes humanitaires, notamment la lutte contre la lèpre, et dispose d'un siège d'observateur permanent à l'ONU et dans les instances européennes.

Organisation et règles de l'Ordre

A l'origine, les Hospitaliers sont astreints à suivre la règle de Saint Augustin : ils font ainsi vœu de pauvreté, de chasteté et d'obéissance. Avec l'enrichissement significatif de l'ordre et de certains Chevaliers au fil des siècles et l'ajout de nouvelles règles, les Grands Maîtres successifs ont remanié et redéfini les impératifs auxquels les religieux étaient soumis. La structure de l'ordre et son organisation interne, quant à elles, sont restées quasiment intactes au fil du temps.
Devenu rapidement un ordre militaire, l'ordre comprend trois catégories de Frères. Les Chevaliers ou Frères-soldats, bras armés de l'ordre, sont chargés des fonctions militaires. Ils descendent impérativement de l'aristocratie européenne et doivent prouver au moins 16 quartiers de noblesse, pour les Chevaliers de justice, ou se distinguer par un mérite exceptionnel, pour les Chevaliers de grâce. Les prêtres ou Frères-aumôniers officient et servent les églises de l'ordre. Ils ne sont pas nécessairement nobles et représentent le bras religieux et spirituel de la hiérarchie. Enfin, les sergents d'armes ou Frères-servants, d'origine roturière, s'occupent de soigner les malades en temps de paix et les blessés lors des batailles et sont appelés à prendre les armes, si nécessaire.
Les Frères, originaires des grands pays européens catholiques, sont divisés en sept groupes linguistiques distincts, les « Langues », qui se répartissent le pouvoir, dans leurs Auberges respectives. Ainsi, à Rhodes, on retrouve les Auberges des Langues de Provence, d'Auvergne, de France, d'Allemagne, d'Italie, d'Angleterre et d'Espagne (pendant un temps subdivisée en Langue d'Aragon et Langue de Castille). La langue commune à tous est le latin à l'écrit, et le français à l'oral.

La Langue de France, soutenue par la Langue d'Auvergne et la Langue de Provence, est majoritaire : sur les 19 Grands Maîtres qui se succèdent pendant la période rhodienne, 14 sont français. Le Grand Maître est élu à vie, domine la pyramide hiérarchique de l'ordre et occupe le même rang ecclésiastique qu'un cardinal au sein de l'Église catholique.

Vivre la cité médiévale aujourd'hui

Lorsque les Hospitaliers envahissent Rhodes, la ville byzantine comprend trois zones fortifiées qui seront conservées par les Chevaliers : au nord, le kastro, *castrum* ou *collachio*, devient le centre du pouvoir ; au sud, le *burgus* est habité par la population rhodienne à majorité grecque et orthodoxe ; à l'est, la *giudecca* est peuplée par la communauté juive de Rhodes, l'une des plus anciennes communautés israélites de Grèce, comme en témoigne aujourd'hui le musée de la synagogue Kahal Shalom.

Après le grand siège de 1480 et la tentative d'invasion presque victorieuse des forces ottomanes, le Grand Maître Pierre d'Aubusson décide de renforcer les fortifications existantes et de les étendre. De nouvelles portes sont érigées aux entrées de la cité remaniée et trouent des murailles pouvant aller jusqu'à 12 mètres d'épaisseur. Chaque Auberge ou Langue est chargée de surveiller et défendre une section de ces fortifications. Aujourd'hui, on ne cesse d'admirer cet ouvrage impressionnant qui semble surgir partout lorsque l'on se promène dans la vieille ville. Un tour des remparts (p.111) donne la pleine mesure du système défensif mis en place pour assurer la sécurité de la ville.

Pierre d'Aubusson revoit plus globalement l'organisation urbaine de la cité. Ainsi, le déplacement des Grecs hors du *castrum* et dans le *burgus*, déjà initié à l'arrivée des Hospitaliers, s'accélère : les deux zones sont séparées par une enceinte interne et par la rue du marché qui suivent plus ou moins le tracé de la rue Sokratous actuelle. La population grecque locale, expropriée, doit également abandonner un certain nombre d'églises byzantines transformées en lieu de culte catholique. Elle fonde de nouvelles églises orthodoxes dans le *burgus*. Aujourd'hui, 27 églises subsistent de cette époque, certaines à l'état de ruines.

Dans le *castrum*, les Auberges de l'ordre se succèdent dans la rue des Chevaliers (p.101) ou rue Ippoton, lieu central du pouvoir. On y admire encore aujourd'hui, d'ouest en est : le Palais du Grand Maître (p.101) et les ruines de l'église Saint-Jean, principal lieu de culte de l'ordre, les Auberges de Provence et d'Espagne face à face, l'Auberge de France et sa chapelle de la Sainte-Trinité, l'Auberge d'Italie située face à l'Hôpital des Chevaliers qui abrite aujourd'hui le Musée archéologique (p.102) et enfin, à l'extrémité est, la cathédrale Notre-Dame du Château (p.102) avec, sur la place Mousson, l'Auberge d'Angleterre et, un peu en retrait, l'Auberge d'Auvergne. Aujourd'hui, l'Auberge d'Allemagne a disparu et certains de ces bâtiments historiques ont été transformés en musées que l'on peut visiter, même s'ils sont en grande partie occupés par des administrations diverses. Ainsi, le consulat de France à Rhodes est toujours logé au sein de l'Auberge de France d'origine.

Pour vivre pleinement l'ambiance unique qui règne encore dans la cité médiévale, le mieux est de s'y promener à l'aube ou tard dans la nuit, quand les boutiques de souvenirs sont fermées et que la plupart des touristes ont regagné la nouvelle ville, hors des fortifications. Le *must*, si votre budget le permet, est encore de séjourner dans un des bâtiments médiévaux rénovés et transformés en hôtels de charme. Les adresses ne manquent pas, mais on notera Avalon Boutique Hotel (p.113), bien caché derrière la rue des Chevaliers qui retrouve son silence de couvent une fois la nuit tombée. Un agréable café est ouvert à tous, résidents ou non, dans la cour intérieure de l'hôtel et offre un moment hors du temps et loin de l'agitation en journée.

Pour faire une pause dans un lieu imprégné d'histoire médiévale, on pourra également s'arrêter au Café Auvergne (p.122), à l'ombre d'un gigantesque platane planté dans la cour de l'Auberge d'Auvergne. L'occasion de goûter à un cépage local, le *mandilaria* parfois appelé *amorgiano*. Les vignobles de la CAIR produisent un rouge sec, petit vin de table appréciable en soirée : optez pour un *Chevalier de Rhodes*, pour pousser le thème jusque dans la bouteille. Enfin, un rendez-vous incontournable fait revivre l'époque des Chevaliers tous les ans : le Medieval Rose Festival propose concerts, spectacles, fanfares et festivités médiévales au cours d'un week-end unique. Un événement à ne pas rater.

Remparts de la vieille ville de Rhodes.

Rue Sokratous à Rhodes.

WINDSURF ET KITESURF DANS LE DODÉCANÈSE

Au-delà de son patrimoine historique unique, la Grèce s'est affirmée comme destination mondialement reconnue pour ses spots de windsurf dès les années 1980, et plus récemment pour ses spots de kitesurf. Depuis, les amateurs de sensations fortes et de glisse viennent profiter des conditions exceptionnelles qu'offrent les mois d'été pour ces deux pratiques cousines : un vent continu et stable de mai à octobre, particulièrement fort entre juin et août, des possibilités variées, des eaux chaudes couplées d'un ensoleillement assuré et une douceur de vivre avant et après les sessions. Parmi les spots grecs, ce sont les îles du Dodécanèse qui tiennent le haut du pavé, avec certains des meilleurs sites du pays concentrés sur les trois plus grandes îles de l'archipel : Rhodes, Kos et Karpathos. Petit tour d'horizon des spots qui feront le bonheur des windsurfers et kitesurfers, tous niveaux confondus.

DÉCOUVRIR

Rhodes

La plus grande île du Dodécanèse est également celle qui propose le plus de spots, à la fois en windsurf et en kitesurf. Ses kilomètres de côte sont exposés au *meltemi* et bénéficient d'excellentes conditions de navigation, notamment au nord-ouest de l'île qui reçoit le plus de vent. C'est sur la côte occidentale que la plupart des clubs et écoles se sont installés pour répondre aux besoins de tous, parmi les *resorts* qui ponctuent la région.

Lorsque l'on quitte la ville de Rhodes vers l'ouest, les baies d'Ixia et de Ialyssos offrent des conditions idéales de kitesurf et de windsurf, avec un vent qui se renforce dans le courant de l'après-midi. On y distingue trois zones, aux difficultés variées : le spot de Kremasti est particulièrement adapté au kitesurf (tous niveaux) tandis que le spot de Ialyssos à proprement parler est tourné vers le windsurf. On y trouve une zone de niveau avancé à expert et une zone pour débutants, mieux protégée du vent. Windsurfers' World et ProCenter Rhodos, deux clubs professionnels de kitesurf et windsurf proposent des stages, cours et location de matériel sur l'ensemble de ces spots.

© LUBOS KOVALIK - ISTOCKPHOTO.COM

Kiteboarders sur la plage de Prasonisi.

En poursuivant vers le sud sur la côte occidentale, la longue plage de sable de Theologos accueille les *riders* de kite ou de planche à voile qui recherchent des conditions de glisse plutôt plates, parfaites pour les débutants et pour ceux qui souhaitent se perfectionner. Quant aux experts de freeride et slalom, ils se régaleront lorsque le vent forcit dans l'après-midi. Le centre Surf & Kite Theologos, très professionnel, répond aux besoins de tous, dans les deux pratiques, tandis que le club de kitesurf WetSkillz se distingue par son ambiance décontractée.

Enfin, la presqu'île de Prasonisi abrite deux spots de windsurf incontournables, répartis de chaque côté de la langue de sable qui pointe au sud de Rhodes. Le côté occidental reçoit le plus de vent et est apprécié des amateurs de vagues, particulièrement rares en Grèce. Le côté oriental, mieux protégé du *meltemi*, bénéficie de conditions plus plates et sera donc une meilleure option pour les débutants ou les amateurs de free-ride et vitesse. Deux spots en un qui rassemblent donc toutes les possibilités : vagues, vitesse, slalom et free-ride ! Depuis plus de 20 ans, le Prasonisi Center et le ProCenter C. Kirschner constituent une étape majeure du circuit windsurf en Grèce. Le kitesurf se développe progressivement mais ce sont surtout les véliplanchistes qui apprécient ce petit bout du monde, loin des foules. En effet, pas de complexes hôteliers ou de plages bondées dans ce coin isolé de Rhodes : les *riders* se retrouvent dans les villages voisins une fois le vent tombé et la nuit venue, pour passer des soirées au calme, comme au Kafeneio Louis de Kattavia.

© BASTIANLINDER - ISTOCKPHOTO.COM

DÉCOUVRIR

Kos

Proposant sensiblement le même profil que Rhodes, à savoir une grande île aux infrastructures touristiques (sur)développées, facilement accessible en avion et en ferry et aux conditions de navigation idéales, Kos attire également les amateurs de kitesurf et de windsurf. L'île, moins ventée que Rhodes, propose moins de spots mais ils sont d'égale qualité. Les *riders* qui viennent ici profitent également d'une solide vie nocturne après les sessions, Kos étant réputée pour ses folles soirées en saison.

Le spot de Psalidi, situé à la pointe nord-est de l'île, juste en face de la Turquie, est le *must* en termes de navigation à Kos. Exposé au *meltemi* tout l'été, de manière quasi incessante et progressive au fil de la journée, il est adapté à la fois au kitesurf et au windsurf, et à tous les niveaux. Paradis du plat pour les débutants et ceux qui cherchent à se perfectionner sur les premiers 100 mètres, le spot se transforme au-delà et laisse place à une houle appréciée des free-riders plus expérimentés. Le club Windzone, plus convivial que ses voisins mais tout aussi professionnel, s'adresse aux amateurs des deux sports : situé au niveau du spot de windsurf, il assure les liaisons avec le spot de kitesurf, un peu plus au nord, vers le phare, et propose tout le matériel et l'assistance nécessaires aux deux pratiques.

La baie de Kefalos se trouve dans la partie sud de Kos, après l'aéroport, soit à l'opposé de Psalidi mais abrite l'un des meilleurs spots de l'île pour le windsurf, avec des eaux plutôt plates parfaitement adaptées aux débutants qui souhaitent s'initier à la planche à voile. Les experts voulant travailler leurs manœuvres apprécieront également. Le club Vetratoria fait référence dans la zone, avec des cours et formations de qualité, ainsi qu'un matériel performant et bien entretenu.

Karpathos

Deuxième île du Dodécanèse par la taille, située loin des circuits touristiques, Karpathos propose un profil très différent de Rhodes et Kos. Les visiteurs n'y trouveront pas de grands *resorts* hôteliers ou une animation nocturne débordante, mais plutôt le calme d'une île tournée vers les activités de plein air, la nature et les traditions. Les amateurs de windsurf y trouveront également leur paradis sur mer.

En effet, le *meltemi* est roi dans le sud-est de l'île, soufflant sans interruption sur la baie d'Afiartis, devenue en peu de temps un des centres majeurs du windsurf international. C'est en effet un des spots les plus ventés de Grèce et d'Europe, et si la pratique du kitesurf s'y développe doucement, c'est surtout le windsurf qui règne ici en maître.

Trois baies successives constituent le spot d'Afiartis, chacune étant adaptée à un niveau ou une pratique différente de windsurf. Chicken Bay est une zone d'eau peu profonde, pratiquement plate et donc idéale pour les débutants et amateurs de freestyle. Au-delà, Gun Bay se prête mieux à la pratique du free-ride et aux sauts, lorsque la houle se forme au large. Enfin, Devil's Bay, aussi appelée Paradise Bay, est réservée aux experts. Les vents violents qui balaient ce spot raviront ceux qui recherchent l'adrénaline de la vitesse. Le centre ION CLUB, sérieux et convivial, est situé sur Gun Bay et dispose également d'une antenne à Chicken Bay.

Les jours où le vent souffle trop, ou pas assez pour les vraies têtes brûlées, Karpathos offre de nombreuses alternatives actives avec notamment de belles randonnées, mais les *riders* en profiteront peut-être pour assouvir leurs envies de patrimoine au village d'Olymbos ou de farniente sur les plages de la côte est.

GÉOGRAPHIE

Certaines îles du Dodécanèse ont des origines mythologiques qui tentent d'expliquer leur géographie unique avec poésie. A titre d'exemple, l'île de Nissiros ne serait pas simplement un volcan endormi, mais bien une île qui rugit des plaintes du géant Polybotès, emprisonné dans ses entrailles par Poséidon. C'est également à ce dernier, « l'ébranleur du sol », que l'on doit les nombreux tremblements de terre qui agitent la région. De manière plus prosaïque, le Dodécanèse est un archipel au sud de la mer Egée qui regroupe plus de 160 îles et îlots, pour la plupart inhabités. Son nom signifie « douze îles », composé des mots grecs *dhodheka* (douze) et *nissi* (îles), mais en réalité un peu plus de 25 îles sont actuellement habitées. Rhodes est l'île-capitale de cet archipel qui ne fut rattaché que très tardivement à la Grèce, en 1947-48 : il s'agit en effet des dernières terres intégrées au territoire national grec.

Un ensemble aux possibilités variées

Volcaniques et calcaires, les îles du Dodécanèse offrent des paysages diversifiés au sud-est de l'Egée : collines douces à Leros et à Astipalaia, montagnes impressionnantes au cœur de Karpathos et de Kos, volcan aux pentes abruptes à Nissiros, cavités calcaires à n'en plus finir sur les falaises de Kalymnos, anses tranquilles et ports naturels à Lipsi ou encore côtes accidentées à Kastellorizo... Le point culminant de l'archipel, le mont Atáviros, domine Rhodes du haut de ses 1 215 mètres.

Les douze îles principales se répartissent le long d'un axe sud-nord, de Kassos jusqu'à Patmos. Elles sont si éparpillées dans les mers égéennes qu'il faut autant de temps pour aller d'Athènes à Patmos que pour rallier Rhodes depuis Patmos, soit environ 9 heures de ferry ! Les îles d'Astipalaia et de Kastellorizo, hors de cette dorsale, offrent une échappée belle vers l'ouest et les Cyclades pour Astipalaia, et vers l'Orient et les terres anatoliennes pour Kastellorizo.

En termes de superficie, l'île de Rhodes couvre à elle seule 1 400 km² sur un total d'environ 2 700 km² et compte approximativement 220 kilomètres de côtes. Viennent ensuite, par ordre décroissant, Karpathos, Kos, Kalymnos, Astypalaia pour les plus grandes ; Kassos, Tilos, Symi, Leros, Nissiros et Patmos pour les îles de superficie moyenne ; et enfin Kastellorizo et Lipsi pour les plus petites. Au-delà de Rhodes, présentée en priorité avec son île « satellite » Halki, nous avons suivi l'axe sud-nord pour présenter les îles dans ce guide.

La mer, la mer, la mer

Dans ce coin au sud-est de la mer Egée, les courants dangereux sont rares mais le *meltemi*, vent qui souffle en été, peut se faire violent et rendre la navigation impraticable. Ceci étant dit, la plupart du temps vous pourrez profiter sans contrainte des kilomètres de côtes qui s'offrent au visiteur.

Le Pavillon Bleu flotte sur un grand nombre de plages du Dodécanèse : ce label international valorise les îles les plus touristiques qui mènent, malgré l'afflux important de visiteurs, une politique de développement touristique durable et offrent des eaux de qualité et des plages propres. Ainsi, en 2021, 49 plages de la côte est de Rhodes et 12 plages de l'île de Kos ont reçu le label Pavillon Bleu. Les eaux des autres îles du Dodécanèse sont également très propres, mais ne rentrent pas dans la démarche Pavillon Bleu, étant beaucoup moins touristiques.

Un risque accru de séisme

La Grèce est le pays européen qui enregistre la plus forte activité sismique, et le Dodécanèse est particulièrement sujet aux secousses du dieu Poséidon. Les plaques tectoniques eurasienne et africaine convergent en effet au niveau de la faille égéenne, qui s'étend entre la Turquie et l'Afrique du Nord et passe sous les îles du Dodécanèse. Ceci explique l'activité sismique accrue de la région : l'île de Kos est particulièrement touchée, avec des tremblements de terre réguliers, mais Rhodes est également à risque.

Ainsi, le dernier séisme d'importance enregistré sur Kos a eu lieu en juillet 2017 : avec une magnitude de 6,7 sur l'échelle de Richter, il a causé de nombreux dégâts sur l'île et deux morts. Une puissance comparable avait été ressentie lors du grand tremblement de terre de 1933 qui avait fait près de 200 morts, faute de préparation adaptée à l'époque. Rhodes est également sujette aux séismes, avec le dernier grand tremblement de terre enregistré sur l'île en 2008, d'une magnitude de 6,4 sur l'échelle de Richter, tandis que bien plus loin dans l'histoire, le tremblement de terre de 226 apr. J.-C causa l'effondrement du mythique Colosse de Rhodes.

Cratère du volcan de Nissiros.

NATURE

L'archipel du Dodécanèse jouit d'un climat méditerranéen particulier, qui le préserve d'une trop grande aridité, à l'inverse d'autres archipels grecs comme les îles des Cyclades. L'humidité hivernale et la richesse relative des sols entretiennent une végétation diversifiée, quasiment toute l'année, ce qui permet à la faune locale de s'y maintenir. Par leur isolement, les îles du Dodécanèse abritent de nombreuses espèces endémiques, qui soutiennent une biodiversité riche et, fort heureusement, de plus en plus préservée. Pourtant, l'habitat naturel du Dodécanèse est remis en question par la pression touristique accrue et les effets du changement climatique. La plupart des îles de l'archipel ont pris conscience de la nécessité de préserver la faune et la flore et de nombreuses initiatives ont été mises en place ces dernières années, au niveau local comme international.

Richesse d'un paradis fragile…

Le printemps, qui commence dès début mars dans ces régions chaudes, offre des visions enchanteresses, notamment au mois de mai où environ 2 000 espèces de fleurs sauvages tapissent les quatre coins de l'archipel. Si cette richesse florale ne survit pas à la chaleur de l'été, on assiste à une sorte de second printemps avant l'hiver, avec la multiplication de fleurs automnales dont les lys des sables ou les orchidées, particulièrement à Rhodes. Concernant le monde des arbres, l'intérieur de Rhodes offre une succession de pins et de cyprès, la vallée de Vathi, à Kalymnos, fait la part belle aux agrumes, les oliveraies de Kos donnent une huile réputée tandis que la vallée d'Eristos, à Tilos, est remplie d'amandiers.

Mais ce qui fait la particularité du Dodécanèse, c'est la richesse de sa faune ornithologique. L'archipel est en effet un lieu de passage obligé pour plus de la moitié des oiseaux migrateurs connus en Europe. Ils sont particulièrement protégés à Tilos qui accueille chaque année 140 paires de faucons d'Eléonore sur les 3 000 recensés dans le monde : en provenance de Madagascar, ils nidifient sur l'île. Parmi les autres curiosités ornithologiques de Tilos, il faut noter trois couples d'aigles de Bonelli sur les 800 qui restent en Europe, quelques aigles royaux et vautours fauves. L'interdiction de la chasse, depuis 1993, a favorisé la reproduction des espèces sur cette île-refuge.

Si des sites préservés Natura 2000 couvrent quasiment toutes les terres de l'archipel, ses eaux sont également très bien fréquentées. Cependant, la pression touristique affecte la fréquentation des mers par les dauphins en saison : vous aurez plus de chance de les observer hors saison, lorsque les ferries perturbent moins la mer Egée. Autre option : rendre visite au premier Centre mondial de réhabilitation de dauphins nés en captivité, ouvert en 2019 sur l'île de Lipsi.

…malheureusement en danger

L'archipel abrite les derniers phoques moines de Méditerranée, espèce en danger critique d'extinction. Il s'agit de l'un des mammifères les plus menacés de la planète, avec tout juste 300 à 400 individus recensés en mer Egée. Les îles du Dodécanèse abritent également une population non négligeable de tortues de mer, les *Caretta caretta*, en danger à cause de la raréfaction de leurs lieux de ponte, notamment sur l'île de Rhodes. Vous observerez sans difficulté ces grands reptiles marins dans le port de Kastellorizo.

Le réchauffement climatique est une menace constante sur la faune endémique, notamment marine. Avec le réchauffement des eaux, quelques espèces invasives considérées comme tropicales ont commencé à pulluler et à détruire l'équilibre marin local, véritable bombe à retardement écologique. Ce phénomène, s'il est commun à l'ensemble de la Méditerranée, est particulièrement frappant dans les eaux du Dodécanèse qui reçoivent les espèces de la mer Rouge, par le Canal de Suez, de manière accélérée depuis 30 ans. Parmi les espèces invasives les plus problématiques dans les eaux du Dodécanèse, on note le poisson-flûte, le poisson-ballon et le coquillage *Conomurex persicus*.

Enfin, la pression touristique déstabilise la vallée de Petaloudes, « vallée des papillons » à Rhodes, qui accueille un grand nombre de papillons *Callimorphia quadripunctaria* ou écaille chinée, pendant la saison estivale. A l'abri de sous-bois rafraîchissants, ces délicats papillons, qui s'agglutinent en grappes impressionnantes, sont devenus une attraction majeure et l'attitude de touristes irrespectueux détruit progressivement l'habitat naturel et le calme nécessaires à la bonne évolution de ces insectes.

On ne saurait trop le répéter : même en vacances, préservez votre environnement !

CLIMAT

Les îles du Dodécanèse jouissent d'un climat à dominante méditerranéenne, que l'on appelle parfois « climat de l'olivier ». L'humidité ambiante permet d'éviter une trop grande aridité des terres ou des chaleurs insoutenables. Si l'on dit souvent que la Grèce offre le climat le plus doux du bassin méditerranéen, Rhodes est en réalité l'île qui enregistre les températures moyennes les plus élevées de toute la Grèce. Avec seulement quelques mois par an à éviter au cœur de l'hiver (décembre-février), le dieu-soleil Hélios ne vous fera pas faux bond : le Dodécanèse est l'archipel le plus ensoleillé du pays ! Présent partout dès les premiers jours du printemps, le soleil se fait parfois féroce au cours de l'été. Heureusement, vous pourrez toujours faire la sieste à l'ombre d'un tamaris ou profiter du souffle rafraîchissant du *meltemi*, vent qui règne en maître sur les côtes du Dodécanèse.

Royaume du soleil

Avec environ 300 jours d'ensoleillement par an, Rhodes est l'île du soleil par excellence : Hélios, dieu tutélaire de l'île, y est vénéré depuis l'Antiquité. Dans la mythologie grecque, le dieu-soleil choisit en effet l'île pour résidence et lui donna le nom de sa bien-aimée, la nymphe Rhodos. La mythique statue du Colosse de Rhodes, considérée comme l'une des Sept Merveilles du monde antique, rendait hommage à cet astre, que les touristes du nord de l'Europe idolâtrent encore aujourd'hui.

Dans tout le Dodécanèse, le soleil chauffe fort dès avril-mai et jusqu'aux mois d'octobre-novembre, même si les soirées peuvent se faire fraîches pendant ces mois de demi-saison : n'oubliez pas de partir avec un pull en laine ! Les hivers sont plutôt doux mais attention toutefois, ils peuvent être très humides et donc assez froids malgré une température affichée clémente. Aussi, les habitations n'étant pas chauffées en hiver, il peut être particulièrement rude de se rendre dans les îles à cette période. Les précipitations y sont importantes sur l'ensemble de l'archipel, ce qui assure une végétation diversifiée, particulièrement éclatante au printemps.

Empire du meltemi

L'été, les températures moyennes oscillent entre 27 et 35 °C, le mercure atteignant parfois les 40 °C. Très souvent, cette chaleur est atténuée par un puissant vent étésien nord-ouest, le *meltemi*. Il souffle sur les côtes du Dodécanèse de mai à octobre, et de manière particulièrement forte en juillet et août, apportant alors un peu de fraîcheur, une bonne visibilité en mer et un temps sec. Parfois vraiment violent, le *meltemi* perturbe alors les arrivées et départs des ferries et avions : prévoyez d'être un peu flexible sur vos déplacements car un avion ou un bateau annulé est vite arrivé et il n'y aura pas grand-chose à faire que d'attendre que le vent se calme... Dans les cas extrêmes, le *meltemi* peut souffler plusieurs semaines d'affilée mais il se calme généralement après 3 ou 4 jours.

Vous apprendrez à le décrypter, voire même à en jouer, choisissant la plage du jour selon son exposition au vent : les baies exposées à l'ouest peuvent vite devenir impraticables, à moins que vous n'aimiez les vagues qui s'y forment, tandis que les plages à l'est sont souvent à l'abri du vent. Les amateurs de kitesurf et de windsurf trouveront aussi leur bonheur éolien, selon leur niveau de maîtrise et la pratique qu'ils chérissent le plus, notamment à Karpathos, Rhodes et Kos.

Dangers du climat

Si l'on peut se réjouir de conditions climatiques quasi idéales dans le Dodécanèse, elles sont mises à mal par des dérèglements dramatiques. Les eaux de l'archipel ont déjà gagné près de 1 °C en 20 ans, provoquant des déséquilibres dangereux pour la faune marine endogène. Le dernier rapport du GIEC indique que la température de la mer Egée devrait encore augmenter de 1,2 °C à 2,5 °C à moyen terme. Les températures de l'air augmentent également, tandis que les précipitations se réduisent rapidement : ces effets conjoints devraient induire des périodes de sécheresse accrue, assombrissant encore l'avenir climatique du Dodécanèse.

Des feux de forêt ont été déplorés à l'été 2019 sur l'île de Leros et surtout en 2021 sur l'île de Rhodes, ravageant des hectares de terres, tandis qu'en mars 2019, l'état d'urgence avait été déclaré à Karpathos et Kassos suite à des pluies torrentielles qui ont causé glissements de terrain et inondations. Face à l'urgence climatique, certaines îles du Dodécanèse cherchent à assurer leur transition énergétique, Tilos et Astipalaia étant pionnières en la matière.

ENVIRONNEMENT

De manière générale, on ne peut pas dire que la Grèce fasse partie des pays les plus engagés et sensibles aux questions d'environnement. La protection de ses espaces naturels, sa politique énergétique dépendante du pétrole et sa gestion des déchets sont souvent pointés du doigt. Si Rhodes et les îles du Dodécanèse n'échappent pas à ces écueils, l'archipel fait pourtant figure de pionnier dans le paysage national, européen et international. En effet, les îles de Tilos, Halki et Astipalaia ont lancé leur transition énergétique afin d'accéder à l'autonomie en énergie propre et renouvelable. Ces trois îles pionnières donnent le la pour l'ensemble du pays et de l'UE avec des solutions innovantes de production et stockage d'énergie alternative et hybride, afin de préserver paysages, bien-être de la population et du vivant. Le Dodécanèse a encore une fois des leçons à nous donner, notamment en termes de protection de l'environnement.

La protection des espaces naturels

Si la protection de la faune et la flore est un sujet urgent, il en est de même pour la protection des espaces naturels du Dodécanèse. Les initiatives Natura 2000 et Pavillon Bleu ont aidé en la matière mais restent encore trop marginales dans des îles de plus en plus sujettes à la pression touristique dans les mers et sur terre. La protection de l'environnement est apparue d'autant plus cruciale suite aux feux de forêt et incendies tragiques qui ont ravagé des hectares de terres sur l'île de Rhodes, à l'été 2021. Si le gouvernement a pris acte de dysfonctionnements dans la réponse aux incendies, il faut croire que l'urgence climatique et la protection des lieux naturels est maintenant devenue une priorité pour tous.

Une politique énergétique en mouvement

L'un des gros points noirs de la politique environnementale de la Grèce est sa dépendance aux énergies fossiles. Un tiers de son électricité provient de la combustion du lignite, une forme appauvrie de charbon. Pourtant, le pays a développé depuis plus de dix ans les énergies renouvelables. Des barrages hydroélectriques, ainsi que des installations solaires et éoliennes lui permettent de produire un autre tiers de son électricité. Le solaire, notamment, est bien développé en Grèce. Mais le doute plane sur sa capacité à fermer toutes ses centrales à charbon d'ici à 2028, comme l'a promis le gouvernement. Dans ce contexte, trois îles du Dodécanèse font figure de pionnières au niveau national et international. Tilos se démarque, ayant mis en place un système hybride de production, stockage et distribution d'énergie verte (éolienne et panneaux photovoltaïques) dès 2017 dans le but d'atteindre l'autonomie en énergie renouvelable. Ce projet-pilote a été sélectionné pour représenter la Grèce à la COP 21. Deux autres îles de l'archipel qui font parler d'elles : Astipalaia et Halki. Conjointement avec le gouvernement grec et les entreprises Volkswagen et Citroën respectivement, elles opèrent leur transition énergétique en passant au tout-électrique renouvelable (éolienne et solaire) en termes de transport, mettant aussi l'accent sur le co-voiturage.

Des déchets mal gérés

L'autre gros point noir de la politique environnementale de la Grèce est sa gestion des déchets. Les décharges illégales sont nombreuses, et même si cela s'est amélioré ces dernières années, les infrastructures des déchets dangereux sont jugées insuffisantes. Les Grecs ne trient pas assez sérieusement et seuls 16 % des déchets sont recyclés alors que la moyenne européenne est de 44 %. Les touristes ont aussi leur part de responsabilité, en laissant mégots, bouteilles et canettes sur les plages. Trente-six tonnes de plastique atterrissent dans les mers de Grèce chaque jour, selon le gouvernement, qui s'est engagé dans un plan de réduction de ces déchets. En 2018, les sacs plastiques sont devenus payants dans les supermarchés, ce qui a réduit de 90% leur utilisation auprès d'une population pourtant peu encline à ces changements. Le gouvernement actuel a lancé une politique de réduction des plastiques à usage unique, les interdisant en juillet 2021 afin de réduire les micro-plastiques retrouvés dans les mers avec pour objectif de réduire de 60 % leur usage d'ici à 2026.

HISTOIRE

Berceau de la civilisation occidentale et de la démocratie, la Grèce a plus d'un récit à nous raconter. Que ce soit face à des ruines antiques ou sur la terrasse d'un kafeneion, l'histoire est omniprésente et fièrement entretenue par les Grecs qui se feront un plaisir de vous conter grandes épopées et petites anecdotes. A moins que vous ne préfériez entendre les récits mythologiques qui partout affleurent sur ces terres chargées. Le Dodécanèse, largement tourné vers l'Asie Mineure et dernier archipel rattaché au territoire national, offre un patrimoine historique unique dans le paysage grec. Dans ces îles, le moindre village regorge de trésors antiques, de chapelles byzantines, de forteresses croisées, d'anciennes mosquées ottomanes ou de cavernes cachant des hydres invincibles... L'histoire n'y est pas vécue au passé mais imprègne chaque moment de la vie : il suffit de tendre l'oreille et d'ouvrir les yeux pour en trouver les traces.

2000 AV. J.-C.

La civilisation minoenne, née en Crète, conquiert une grande partie des terres insulaires de la mer Egée et développe un quasi-monopole sur le commerce maritime en Méditerranée : les îles du Dodécanèse se retrouvent dans la zone d'influence de ces puissants et brillants navigateurs. C'est une époque d'intenses échanges commerciaux avec l'ensemble des populations méditerranéennes : l'archipel se trouve sur la route de l'Asie Mineure entre l'Egypte et la Crète au sud, et la Phénicie et l'Anatolie à l'est. A la même époque, les îles sont régulièrement envahies par les Lyciens, peuple anatolien, comme en atteste la tombe lycienne à Kastellorizo.

1500 AV. J.-C.

Après la disparition mystérieuse de la civilisation minoenne, la tribu des Achéens, venue du nord, conquiert une grande partie de la Grèce, dont les îles du Dodécanèse. Elle fonde Mycènes, la plus florissante des cités achéennes : c'est le début de la civilisation mycénienne dont on trouve les traces sur l'île de Rhodes, à Ialyssos, Lindos et Kamiros. Les Mycéniens s'installent en Asie Mineure vers le XIe siècle, à peu près à la même époque où les féroces Doriens conquièrent l'archipel, mettant un terme à la civilisation mycénienne. Le Dodécanèse continue alors à bénéficier de sa position stratégique sur les grandes routes maritimes de la Méditerranée.

Fresque représentant la civilisation minoenne.

VERS -1200

© NASTASIC - ISTOCKPHOTO.COM

Homère.

La guerre de Troie

Vers -1200, unies pour la première fois, les tribus grecques partent à la conquête de la ville de Troie, dont le siège durera 10 ans. Selon la légende, l'objet de cette guerre est l'enlèvement de la belle Hélène, épouse de Ménélas, roi de Sparte, par Pâris, fils de Priam, roi de Troie. Homère a conté dans l'*Illiade* les détails de cette aventure, indiquant que Rhodes, Nissiros, Karpathos, Kassos et Kos auraient fourni 30 navires pour combattre.

550 AV. J.-C.

Vers -550, les îles du Dodécanèse sont conquises par l'Empire perse, alors en pleine expansion, et qui se heurte aux cités grecques : c'est le début des Guerres Médiques. L'archipel est d'abord obligé de fournir hommes et navires aux armées de Xerxès mais, face aux victoires successives des Athéniens, le Dodécanèse est finalement intégré à la Ligue de Délos, prêtant allégeance à Athènes… avant de changer son fusil d'épaule pour soutenir Sparte dans la guerre meurtrière du Péloponnèse. C'est au cours de cette période dite classique que les îles du Dodécanèse se munissent d'impressionnantes citadelles, comme le Paleokastro de Nissiros, et de lieux de culte et de savoir, comme l'Asclépieion d'Hippocrate, à Kos.

330 AV. J.-C.

L'unification des terres grecques a lieu sous l'impulsion militaire d'Alexandre le Grand qui ne se contente pas de conquérir les îles égéennes, mais fonde un des plus grands empires de l'histoire. Cette unité ne survivra pas à l'empereur : à sa mort, le monde grec entre dans une période de décadence. Les destins des terres grecques divergent : les îles du Dodécanèse tombent sous suzeraineté égyptienne, dominées par la dynastie des Ptolémées, tandis que Rhodes se constitue en cité-Etat indépendante qui domine la côte carienne d'Asie Mineure et les mers orientales de la Méditerranée.

356-323 AV. J.-C.

© KENWIEDEMANN - ISTOCKPHOTO.COM

Alexandre le Grand

Alexandre le Grand, dont le précepteur fut Aristote, succède à son père Philippe II à l'âge de 20 ans. Après avoir vaincu les peuples révoltés de Grèce, il conquiert l'Egypte où il fonde Alexandrie, et s'empare de Babylone et Persépolis qu'il fait brûler. Il traverse le Tigre et l'Euphrate, soumet les Perses, puis entreprend l'étonnante expédition qui le mène au-delà de l'Indus, en Inde du Nord. Miné par la maladie (certains historiens affirment qu'il fut assassiné), Alexandre le Grand meurt à Babylone, dont il rêvait de faire la capitale de son empire.

30 AV. J.-C

Les conflits internes ont laissé la Grèce affaiblie, une proie facile pour la nouvelle puissance naissante, Rome. Les îles du Dodécanèse ne tombent sous la coupe de l'Empire romain qu'en -30, en même temps que l'Egypte, tandis que Rhodes, toujours indépendante, s'y associe librement en 74 apr. J.-C. L'archipel est intégré aux provinces romaines d'Asie Mineure : le quartier gréco-romain de Kos témoigne de cette période faste. Entretemps, l'apôtre Paul a introduit le christianisme dans les terres grecques, en débarquant à Lindos, et les Evangiles, écrits en grec, détrônent le panthéon olympien. En 95, saint Jean est envoyé en exil à Patmos : il a la Révélation de l'Apocalypse dans la grotte que l'on visite encore aujourd'hui.

330 APR. J.C

Fondateur de Constantinople en 330, l'empereur Constantin met en place les bases du grand Empire byzantin auquel est intégré le Dodécanèse et qui, durant quelque onze siècles d'existence, devra affronter maints ennemis. Fer de lance de cet empire, l'Eglise byzantine – sa rupture avec Rome date de 1054 – est très puissante et ses monastères prospèrent, dont le monastère de Saint-Jean-le-Théologien, fondé à Patmos en 1088. Il faut lutter contre les incursions barbares et pirates en mer mais, face à l'insécurité permanente, le Dodécanèse se vide au cours de cette période plutôt terne pour l'archipel.

1204

En 1204, les croisés prennent Constantinople et y fondent un Empire latin qui annonce la déchéance de l'Empire byzantin. Les îles du Dodécanèse sont disputées par cet empire affaibli et les puissantes cités latines de Gênes et Venise. Suite à l'expulsion des croisés hors de Terre sainte, les Chevaliers de l'ordre de Saint-Jean-de-Jérusalem s'installent dans la cité médiévale de Rhodes (1309) et prennent position dans les îles du Dodécanèse pour lutter contre les attaques ottomanes. En 1453, Constantinople tombe aux mains de l'Empire ottoman qui conquiert progressivement l'ensemble des territoires grecs. Les îles du Dodécanèse, en ligne de mire des côtes turques, tombent malgré la puissance des Chevaliers : en 1522, ils doivent abandonner leurs positions à Rhodes.

© SERGEY KOHL- SHUTTERSTOCK.COM

L'Empereur Constantin.

1522

Après la chute de Rhodes sous les attaques de Soliman le Magnifique, l'ensemble du Dodécanèse est intégré à l'Empire ottoman (1537). Maîtres pour près de quatre siècles, les Ottomans font preuve d'une plus grande tolérance envers la religion orthodoxe que les occupants latins précédents. Certaines îles grecques du Dodécanèse participent au mouvement de libération nationale, notamment Kassos qui est détruite en représailles (1824). A partir du 25 mars 1821, date qui marque le début de la guerre d'indépendance grecque, la destinée de l'archipel diverge de celle du reste du pays : alors que le traité d'Andrinople signé entre l'Empire ottoman d'une part et le Royaume-Uni, la Russie et la France d'autre part garantit l'indépendance grecque, le Dodécanèse est maintenu hors du nouvel Etat grec (1830).

1830

Les îles du Dodécanèse restent sous domination ottomane pendant plus de 80 ans après la création de la jeune monarchie grecque qui récupère progressivement des terres hellènes : les îles Ioniennes, sous domination britannique, sont rendues à la Grèce en 1862 ; en 1878, la Thessalie et une partie de l'Epire rejoignent le pays. Durant la guerre des Balkans (1912-1913), l'armée grecque commandée par E. Vénizelos regagne la Macédoine, l'ensemble de l'Epire, la Crète et les îles de la mer Egée... hormis les îles du Dodécanèse ! Celles-ci sont occupées dès 1912 par le royaume italien, nouvel envahisseur qui déboute l'Empire ottoman : l'archipel passe d'une domination à une autre.

1864-1936

© NENAD NEDOMACKI - SHUTTERSTOCK.COM

Eleftherios Vénizelos

Eleftherios Vénizelos, crétois d'origine, est le fondateur du parti libéral grec. Attaché à l'idée d'une nation hellénique renforcée et agrandie, il œuvre pour que la Grèce s'engage auprès de l'Entente pendant la Première Guerre mondiale, ce qui lui vaudra de nouveaux territoires à la signature des traités de Sèvres et de Lausanne. Il est l'un des plus proéminents Premiers ministres de la Grèce moderne, adulé par de nombreux partisans. Il fera notamment en sorte d'apaiser les relations avec la jeune République turque. Il meurt en exil à Paris en 1936.

1922

L'entre-deux-guerres est, comme partout en Europe, une période d'instabilité politique chronique pour la Grèce. Elle reçoit la Thrace et Smyrne mais la guerre gréco-turque se poursuit en Asie Mineure. En 1922, les forces grecques sont défaites par l'armée turque qui expulse des flots de réfugiés hors du pays, massacrant les Grecs de Smyrne. C'est la Grande Catastrophe qui donne lieu à un échange massif de populations entre Turcs musulmans et Grecs chrétiens : les Turcs du Dodécanèse, sous domination italienne, sont exclus de ces échanges. La période italienne, devenue période fasciste dès 1922, est ambivalente dans le Dodécanèse : au départ, les archéologues italiens lancent de nombreuses excavations et travaux de préservation à travers l'archipel, tout en modernisant les infrastructures, comme dans la nouvelle-ville de Rhodes et les environs de Kallithea. Mais bientôt, les pressions fascistes prennent de l'ampleur contre les populations locales.

1935 A Athènes, le coup d'Etat de 1935 voit le général Metaxas s'attribuer les pleins pouvoirs : c'est le début d'une dictature inspirée de l'Italie fasciste. Alors que la Seconde Guerre mondiale embrase l'Europe, le dictateur grec refuse pourtant de laisser passer les troupes italiennes qui avancent dans la région d'Epire : le « non » prononcé le 28 octobre 1940 marque le basculement de la Grèce dans les nations alliées. En 1943, les troupes de l'Axe détiennent la mer Egée : le Dodécanèse, par sa position stratégique, devient le théâtre de violents bombardements, notamment à Leros et à Kastellorizo, alors que la quasi-totalité des populations juives de Kos et de Rhodes sont exterminées à Auschwitz.

1947 A la fin de la guerre, le traité de Paris rattache enfin l'archipel du Dodécanèse à la Grèce, qui rejoint officiellement le territoire national en mars 1948. Mais le pays enfin unifié n'est pas au bout de ses souffrances puisque aussitôt commence la guerre civile entre la nouvelle armée grecque et les résistants communistes de l'ELAS. Cette guerre aux conséquences tragiques dure deux ans (1947-1949) et laisse des séquelles qui influencent encore la vie politique du pays aujourd'hui. Avec l'aide des Britanniques qui refusent de voir la Grèce basculer vers un régime communiste, l'armée grecque vainc l'armée communiste dont les partisans, pourtant vainqueurs des nazis, sont exécutés, exilés ou emprisonnés.

1967 A la sortie de la guerre civile, le pays est politiquement instable et doit affronter une situation économique tragique, marquée par l'émigration massive des populations insulaires vers Athènes. C'est dans ce contexte d'instabilité et de changements sociologiques que se produit un coup d'Etat militaire, en avril 1967. Les colonels procèdent à des arrestations ciblées et à des déportations, notamment vers Leros : le bond en avant vers le progrès doit passer par l'élimination de toute tendance parlementariste. La junte gardera le pouvoir sept longues années, contraignant à l'exil de nombreux intellectuels et opposants. Le 17 novembre 1973, les étudiants de l'Ecole Polytechnique lancent une révolte armée, permettant un retour progressif à la démocratie.

17 NOVEMBRE 1973

La révolte du 17 novembre

Le 17 novembre 1973 est une grande date de l'histoire moderne grecque, commémorée tous les ans avec ferveur. L'insurrection étudiante qui dénonce la dictature des colonels et leurs soutiens américains prend ce jour-là une tournure tragique : la junte envoie un blindé pour évacuer l'Ecole Polytechnique occupée, faisant plusieurs morts et des milliers de blessés. La révolte réveille les consciences et gagne rapidement l'ensemble du pays : c'est le début de la fin de la dictature en Grèce.

1974 La dictature des colonels tombe en 1974, suite à l'invasion de Chypre par la Turquie. Un référendum est aussitôt organisé pour décider du système politique du pays : ce sera une République ! Constantin Caramanlis est élu premier président de la République : respecté par tous et farouchement pro-européen, il sera l'artisan de l'entrée de la Grèce dans la CEE (1981).

1981

Les années 1980 sont marquées par la victoire historique du Parti socialiste (PASOK) d'Andréas Papandréou dont le gouvernement est finalement impliqué dans des scandales politico-économiques. Ceux-ci se poursuivent au cours des années 1990 et 2000, touchant les deux grandes familles politiques qui se partagent le pouvoir en alternance, le PASOK de Papandréou et le parti néo-libéral Nouvelle Démocratie de K. Mitsotakis. Les années 1990 et 2000 sont fastes pour la Grèce qui semble crouler sous l'argent « gratuit » de Bruxelles. Corruption et népotisme battent leur plein alors que le pays rejoint l'Union monétaire européenne en trafiquant ses résultats économiques.

AUJOURD'HUI

De 2009 à 2019, le pays est confronté à l'une des plus graves crises de son histoire. Cette décennie est marquée par une crise économique massive, l'accumulation de plans d'austérité dont la population est sortie exsangue et une crise humanitaire sans précédent liée à l'arrivée massive de réfugiés sur les côtes grecques. 2019 a marqué le retour des grandes familles politiques en partie responsables de la crise, avec le Parti conservateur Nea Demokratia, après les années du Parti radical de gauche, Syriza. En 2021-22, même si l'horizon semble s'éclaircir, le malaise social et politique est profond et il faut prévoir encore plusieurs années avant d'envisager une réelle reprise.

© ARVNICK - SHUTTERSTOCK.COM

Aléxis Tsípras, Premier ministre grec de 2015 à 2019.

LES ENJEUX ACTUELS

Depuis 2009, la Grèce est confrontée à l'une des plus graves crises de son histoire. Le Dodécanèse, qui tire ses revenus du tourisme saisonnier auquel il dédie plus du quart de ses emplois, a été en partie préservé de la crise économique. Mais la crise politique et sociale a touché l'ensemble du pays, au cours de dix années marquées par le désaveu des partis traditionnels de gauche, la montée du parti radical Syriza et, finalement, un revirement vers une droite conservatrice, héritière des grandes familles politiques des décennies précédentes. Sur le plan international, la Grèce a revisité les relations de voisinage avec ses rivaux historiques, la Turquie et la Macédoine, tandis qu'elle a dû faire face, en partie seule, à une crise humanitaire d'ampleur inédite, recevant des milliers de réfugiés fuyant les guerres du Moyen-Orient. Le Dodécanèse a vécu cette dernière crise plus fortement que d'autres.

La scène politique grecque

Le vote est obligatoire en Grèce, pour tout citoyen de plus de 18 ans. Le Parlement, la *Vouli,* est élu pour 4 ans au suffrage universel : il élit le président de la République, dont le rôle est surtout représentatif, pour une période de 5 ans, renouvelable une fois. Le Premier ministre et le gouvernement détiennent le pouvoir exécutif.

Les années de crise ont bouleversé l'échiquier politique grec et redistribué les cartes du pouvoir. Les dynasties Papandréou (PASOK, parti socialiste) et Caramanlis/Mitsotakis (Nouvelle Démocratie, parti conservateur) régnaient en maîtresses sur la scène politique depuis la restauration de la démocratie : la crise a fait basculer ce jeu de ping-pong imbibé de népotisme.

Le parti Syriza, coalition de la gauche radicale menée par Alexis Tsipras, remporte les élections de janvier 2015 à la surprise générale. Au pic de la crise économique, il doit faire face à une situation désastreuse et tenter de trouver un équilibre entre une population poussée à bout et des créanciers exigeant toujours plus d'austérité. S'il est finalement détrôné par Nouvelle Démocratie aux dernières élections (2019), sa percée fulgurante, qui enterre le PASOK au passage, n'en reste pas moins un événement historique marquant dans le paysage politique contemporain. Aujourd'hui principal parti d'opposition, Syriza forme toujours une large coalition à gauche de l'échiquier politique.

Depuis 2019, la victoire de K. Mitsotakis remet la droite conservatrice et libérale sur le devant de la scène, tandis que les socialistes du PASOK traditionnel peinent à se regrouper dans une multitude de petits partis. Parmi les mesures phares de Nouvelle Démocratie, on peut noter une politique économique basée sur l'entreprise - le tourisme et la construction notamment - mais également un positionnement très droitier sur le statut de l'Eglise orthodoxe, le nationalisme politique et l'accueil des réfugiés.

Les défis politiques de demain

Un des enjeux majeurs de la politique actuelle concerne en effet la gestion des réfugiés qui arrivent en Grèce. Les îles du Dodécanèse sont les premières concernées car elles constituent la porte d'entrée de l'UE la plus proche de la Turquie et des zones de conflit. A l'été 2015, alors que la Grèce vit les pires heures de la crise économique, la crise humanitaire menace d'imploser : des négociations avec la Turquie calment le flux d'arrivants en 2016-2017 mais ne constituent pas une solution durable à un problème géopolitique global, qui reprend de l'ampleur à l'été 2019 et après le retour des Talibans en Afghanistan (2021). Le gouvernement Mitsotakis a fait ériger un mur de 40 km le long de la frontière turque pour empêcher les futurs migrants d'entrer sur le territoire.

Les sujets de tension avec la Turquie ne manquent pas, notamment dans les îles frontalières du Dodécanèse, toujours méfiantes à l'égard du grand voisin. Les contentieux portent sur la souveraineté de certaines îles égéennes, face à l'extension des eaux territoriales grecques près des côtes turques. Aussi, la Grèce accueille des réfugiés kurdes, position mal vue par Ankara tandis que l'occupation turque du nord de Chypre reste toujours une raison de ne pas s'entendre.

En revanche, les relations historiquement conflictuelles avec la « Macédoine » semblent être enfin pacifiées. Depuis 1991, la Grèce refusait que ce pays balkanique et slave issu de l'implosion de l'ex-Yougoslavie prenne le nom de la dynastie d'Alexandre le Grand. De tous les débats nationalistes depuis plus de 25 ans, la question macédonienne est enfin résolue : le 25 janvier 2019, le parlement grec ratifie l'accord historique de Prespa qui rebaptise l'ex-République de Macédoine en République de Macédoine du Nord… Deux mots qui closent, on l'espère à jamais, cet épineux différend.

LA CRISE GRECQUE

COMPRENDRE LES CAUSES ET LE DÉROULÉ DE LA CRISE

Ces dix dernières années, la crise grecque a fait la une des journaux, sans que l'on en saisisse nécessairement la réalité ou les enjeux. A l'origine de la crise : des chiffres falsifiés pour entrer dans la zone euro et couvrir un déficit public au-delà des limites autorisées par les critères de Maastricht. Avec une économie fragile, fortement dépendante des subventions européennes et largement souterraine, la Grèce n'est pas épargnée par la crise mondiale de 2008 et connaît la récession. A l'automne 2009, le gouvernement du socialiste Georges Papandréou décide de faire la vérité sur le déficit budgétaire du pays : 12,7 % du PIB et non 3 % comme le prévoient les accords de Maastricht.

Des politiques d'austérité drastiques

Les marchés perdent confiance : le pays emprunte à des taux de plus en plus prohibitifs et la dette ne cesse d'augmenter. Dès décembre 2009, le gouvernement de Papandréou lance le tout premier plan de rigueur, suivi quelques mois plus tard par un autre plan d'austérité pour couper les dépenses de l'Etat et combattre la fraude fiscale et l'économie parallèle. Rapidement, ces mesures drastiques provoquent des manifestations de mécontentement citoyen.

Pour éviter la faillite imminente de la Grèce, les pays de la zone euro lancent un premier plan de sauvetage international en mai 2010 : 110 milliards d'euros sont prêtés sur trois ans, dont 30 milliards pris en charge par le FMI. Malgré les réformes, le pays frôle le défaut de paiement en juillet 2011 : les créanciers internationaux approuvent un nouveau plan d'aide mais la Grèce doit montrer sa volonté de réformer l'économie et de rembourser ses créanciers. S'enchaînent alors les plans d'austérité : la Grèce met en œuvre 7 plans de rigueur entre 2011 et 2015. La colère d'une population asphyxiée prend de plus en plus d'ampleur et l'instabilité gouvernementale devient chronique.

Le bras de fer

En janvier 2015, le parti radical de gauche Syriza remporte les élections sur son programme anti-austérité. Le nouveau gouvernement dirigé par Alexis Tsipras entend tenir une position ferme face aux bailleurs internationaux et à l'UE pour renégocier les accords. Il demande de nouvelles aides, un allégement de la dette et l'arrêt des plans d'austérité. Mais les créditeurs n'entendent pas sauver la Grèce sans contreparties : en juin 2015, le pays fait officiellement défaut. Les banques sont fermées, le cap de la faillite, jusqu'alors évité, est franchi, et des émeutes se répandent partout.

Alexis Tsipras organise un référendum : la population rejette le dernier plan de rigueur exigé par les créanciers internationaux. Se pose alors la question d'un Grexit, sortie de la zone euro, finalement évitée par la négociation d'un nouvel accord avec l'UE. Il est évidemment assorti d'un nouveau plan d'austérité, le plus dur depuis le début de la crise, ce qui apparaît comme un échec de la politique de renégociation et un reniement des résultats du référendum populaire. Le gouvernement s'attelle aux réformes avec plus de vigueur que jamais, suscitant partout le désenchantement d'une société désabusée et qui se sent maintenant trahie.

Un avenir incertain

En 2017, la croissance se stabilise autour de 0 % et l'UE et le FMI acceptent enfin de renégocier un allégement de la dette grecque qui prévoit des facilités de remboursement. En août 2018, la Grèce quitte la tutelle financière qui l'étouffe depuis près de 10 ans et la reprise semble s'amorcer. Le taux de chômage, qui avait atteint 25,6 % en 2015 (47,7 % chez les jeunes), se stabilise autour de 16 % en 2020. Les exportations reprennent et le salaire minimum est augmenté, entraînant une certaine amélioration du revenu des ménages. Le nouveau gouvernement de K. Mitsotakis, en tête du parti conservateur, mène une politique favorisant les entreprises et l'investissement privé et se remet à payer une partie des retraites.

Mais malgré la reprise, la situation reste fragile : les structures mêmes de l'Etat et du service public ont été mises à mal par dix ans de coupes budgétaires. Ainsi les écoles et les hôpitaux ont payé un lourd tribut qui ne sera pas comblé rapidement, et la fuite des cerveaux de la jeunesse se poursuit, avec des répercussions sur l'avenir du pays. Le traumatisme est profond, pour toutes les générations : pour les plus âgés qui se sont retrouvés sans retraite, pour les actifs qui ont subi l'humiliation de ne plus pouvoir subvenir aux besoins de leur foyer, mais surtout pour les jeunes, véritable génération sacrifiée. Les stigmates sociaux, sociologiques et psychologiques de la crise sont partout : il faudra encore de nombreuses années pour les identifier et les analyser réellement.

ARCHITECTURE

Que tous ceux qui pensaient ne trouver dans les îles du Dodécanèse que ruines et vestiges antiques soient ici détrompés : l'archipel est un étonnant *patchwork* architectural où les styles et les époques se côtoient dans une étonnante harmonie. Observer l'architecture de ces îles magnifiques, à commencer par celle de la légendaire Rhodes, c'est voir leur histoire s'écrire à nouveau sous nos yeux. Chaque vestige, chaque monument illustre les jeux de pouvoir et de conquêtes dont les îles furent l'objet. De l'Antiquité à la domination italienne de la première moitié du XXe siècle, l'archipel a connu mille vies que racontent ses églises byzantines, ses forteresses médiévales, ses mosquées ottomanes et ses maisons néoclassiques. Véritable millefeuille architectural, le Dodécanèse est une source infinie de découvertes et d'étonnement. Si pour faire face à la pression touristique, l'archipel s'est doté d'un certain nombre de complexes hôteliers oubliables, il a su malgré tout protéger ses trésors architecturaux dont deux sont classés au patrimoine mondial de l'UNESCO.

Témoins antiques et byzantins

L'Antiquité grecque se caractérise par une quête du rationnel et de l'harmonie. Une grande importance est donnée à la recherche des proportions idéales, cette recherche formelle ayant donné naissance aux ordres grecs. L'ordre dorique s'illustre par sa simplicité. L'ordre ionique, au contraire, se manifeste par son élégance, sa légèreté et ses chapiteaux à volutes. Ces deux premiers ordres seront suivis par les feuilles d'acanthe de l'ordre corinthien, caractéristique de la période hellénistique. On quitte le rationalisme pour le grandiose et désormais tous les édifices, et non plus les temples, bénéficient de cette recherche formelle. Ainsi théâtres et portiques (galeries de colonnes) se multiplient. Parmi les chefs-d'œuvre de l'Antiquité grecque à ne surtout pas manquer : l'Agora (p.216) (marché et lieu de commerce) de l'île de Kos et surtout le vaste ensemble de l'île de Lindos composé de l'Acropole (p.100) (centre religieux et politique) et du Temple d'Athéna fermé par d'impressionnants propylées (porche monumental). L'Antiquité romaine reprend les codes formels grecs mais dans une recherche permanente d'ostentation : à Kos et Rhodes-ville, théâtres, temples et villas romaines le montrent bien.

L'époque byzantine marque une rupture dans la continuité. Si le christianisme devient la source et la finalité de toute architecture, l'architecture byzantine n'en épouse pas moins certains codes formels grecs. Ainsi les édifices religieux byzantins reprennent le plan basilical en croix grecque. Ils se caractérisent également par l'emploi de coupoles et de chœurs à absides multiples. Les nombreuses églises byzantines de Patmos ou de Rhodes, en sont de beaux exemples.

Puissance médiévale

Les îles du Dodécanèse furent l'objet de toutes les convoitises. Les Vénitiens et les Génois, adeptes de fortifications et châteaux défensifs, y ont laissé leur marque. Mais ce sont surtout les Chevaliers de l'Ordre de Saint-Jean-de-Jérusalem qui marquèrent durablement les îles, où l'on visite encore certaines de ces forteresses. Les plus beaux exemples de cette architecture médiévale se trouvent à Rhodes et Patmos. Présents à Rhodes entre 1309 et 1522, les Chevaliers ont construit le *castrum* au sein de la cité, considérée comme l'un des plus beaux ensembles urbains de la période gothique. Parmi les monuments à ne pas manquer : le Palais des Grands Maîtres (p.101), l'hôpital et les auberges de la rue des Chevaliers (p.101). Dans le *burgus*, zones commerçantes et résidentielles côtoient les églises byzantines. L'ensemble de la cité médiévale est ceint par des remparts longs de 4 km. Observez notamment la Porte d'Amboise, construite en 1512, et sa courtine (mur joignant les flancs de deux bastions voisins) épaisse de 12 m.

© HARIS VYTHOULKAS - SHUTTERSTOCK.COM

Pera Panagia.

DÉCOUVRIR

Temple d'Athéna à Lindos.

Mosquée Soliman.

Le joyau médiéval de Patmos, lui, est immanquable puisqu'il surplombe la ville du haut de ses remparts : c'est le **monastère de Saint-Jean-le-Théologien** (p.263) dont les arrêtes crénelées et les tours fortifiées surplombent toute l'île, depuis la ville haute perchée sur une colline. A l'intérieur du monastère, on observera certains éléments primitifs du XIe siècle, dans l'église principale ou *catholicon*.

Influence ottomane et richesse néoclassique

Pragmatiques, les Ottomans cherchent principalement à adapter les structures et le bâti existants. Ainsi, les églises se transforment en mosquées, mais les minarets ajoutés se fondent harmonieusement dans le paysage. De même, les villes se dotent de bains publics et hammams, ainsi que de superbes maisons témoignant de l'identité sociale de leurs propriétaires, le plus souvent de riches marchands. Cette architecture est l'un des vecteurs utilisés par l'Empire ottoman pour manifester sa puissance. Parmi les très beaux témoins de la présence ottomane, notons les bains et mosquées de la ville de Rhodes, notamment la mosquée de Soliman. De très belles maisons de marchands sont à voir dans le quartier ottoman de la vieille ville, le **Bourgos** (p.100), autour de la rue Sokratous.

Le tournant du XXe siècle est une époque de relative richesse, grâce au calme retrouvé dans la région. Le style néoclassique est alors en vogue en Europe, notamment dans la capitale du nouvel Etat grec où le roi Othon Ier fait venir un architecte allemand, Ernst Ziller, pour marquer l'urbanisme d'Athènes. Signe d'opulence et de réussite sociale, l'architecture néoclassique est reprise un peu partout dans le Dodécanèse. Demeures patriciennes aux frontons sages, mosaïques folles et façades colorées fleurissent dans les îles de Symi, Halki ou encore Kastellorizo.

Domination italienne

En 1912, l'archipel passe sous domination italienne. En matière architecturale, cette présence italienne peut se diviser en deux grandes périodes. Jusqu'en 1936, certaines îles vont se parer aux couleurs de l'éclectisme italien, tout en restant dans la lignée du *Novecento*. On voit ainsi fleurir des édifices aux allures de palais vénitiens ou décorés d'arabesques et coupoles à la mode ottomane, sans oublier les styles gothique et roman qui font leur grand retour. Le port de Mandraki et la **cathédrale catholique de Rhodes** (p.102) en sont de très beaux exemples. A cette époque, les fronts de mer de Kos et Rhodes sont transformés en grandes promenades le long desquelles on retrouve hôtels et bâtiments administratifs. Durant cette période, l'esthétisme se fait l'égal de la fonctionnalité. Puis, de 1936 à 1941, le rationalisme supplante l'éclectisme. Certains parlent même de purification architecturale tant le nouveau pouvoir veut gommer toute trace d'éclectisme. L'Hôtel des Roses de Rhodes se voit ainsi dépouillé de ses arabesques et de ses balustres. Simple, massive et standardisée, telle est l'architecture de l'époque, comme en témoignent le Musée archéologique de Kos, les bâtiments administratifs de Rhodes-ville ou le port de Lakki à Leros (Porto Lago).

Tour de la cloche à Rhodes.

BEAUX-ARTS

La Grèce, territoire à l'histoire éclatante et turbulente, a traversé les siècles pour offrir aujourd'hui un patrimoine culturel inégalable et passionnant dans toute son hétérogénéité. De ses sculpteurs antiques à ses peintres modernes, le pays est doté de talents singuliers et regorge de lieux où admirer leurs œuvres. Si c'est bien entendu à Athènes que se concentre l'essentiel de l'activité artistique du pays, l'archipel du Dodécanèse n'est pas en reste, et demeure un des lieux incontournables pour comprendre la culture grecque. Ce chapelet d'îles traversé au fil des siècles par les influences perses, romaines, byzantines, ottomanes ou encore italiennes est doté d'une culture riche de ses hybridations. Les îles, et notamment Rhodes, ancien chef-lieu de la région, sont dotées, en plus de leur patrimoine naturel et architectural, de plusieurs musées et galeries où découvrir le travail des artistes de différentes époques, de l'Antiquité à aujourd'hui.

Art et sculpture antiques

Rhodes est une ville majeure de l'art antique et a abrité d'excellents artistes qui y ont développé un style propre, notamment dans le domaine de la sculpture et de la mosaïque. On les reconnaît aujourd'hui comme les penchants « baroques » et « rococos » de l'art grec antique. Les sculpteurs rhodiens ont joué un rôle central dans le développement de nouvelles valeurs esthétiques et la tradition sculpturale rhodienne a rapidement été intégrée dans le reste de la région, en Grèce continentale puis par la Rome impériale. Pour admirer ces œuvres, on recommande bien évidemment le **musée archéologique de Rhodes** (p.102), doté d'une très belle collection qui rassemble les merveilles des îles de la région.

La mosaïque est considérée comme l'une des formes d'art les plus anciennes du monde. Déjà populaire pour sa résistance dans le monde mésopotamien, plus que pour des raisons décoratives, cet art put démontrer sa qualité durable plus que de raison. C'est vers le VIIIe siècle avant notre ère que les Grecs s'emparent de cette technique et la modernisent en développant un processus de fabrication beaucoup plus élaboré, et Rhodes est l'un des foyers de cet art. L'utilisation d'unités très petites et l'introduction de la géométrie et de la symétrie permettent de faire apparaître des images complexes, véritables chefs-d'œuvre, le plus souvent réalisés au sol. Elles représentent principalement des dieux païens, des hommes ou des animaux, et nous en apprennent beaucoup sur la culture et les modes de vie locaux pendant l'Antiquité.

Une sculpture marque tout particulièrement l'histoire du Dodécanèse ; malheureusement, celle-ci a disparu depuis plusieurs siècles. La légende est intéressante et continue de hanter les esprits locaux, des projets de reconstitution seraient même en débat ! Il s'agit du colosse de Rhodes, une statue du dieu grec Hélios, érigée par Charès de Lindos, sculpteur rhodien de l'école de Lysippe, au IIIe siècle av. J.-C. Considérée comme l'une des sept merveilles du monde antique, elle a été construite pour célébrer la victoire de Rhodes sur le général macédonien Démétrios Ier Poliorcète, et pour célébrer la prospérité économique de la ville. Selon les descriptions historiques, cette immense statue de bronze mesurait environ 33 mètres de haut, ce qui en fait la plus haute sculpture antique (pour comparaison, la statue de la Liberté actuelle en fait 46 sans son socle !). Sa construction dure douze ans (304-292 av. J.-C.). Elle s'est effondrée lors du séisme de 226 av. J.-C. Conformément aux dires de l'oracle de Delphes, les Rhodiens ne la reconstruisirent jamais.

Art byzantin

L'art byzantin est essentiellement caractérisé par des œuvres et des édifices religieux orthodoxes (églises, monastères, basiliques, fresques, icônes…). Les églises byzantines répondent toujours aux mêmes formes architecturales : un plan en croix grecque avec une coupole centrale. Elles représentent l'univers, la création divine. Ces microcosmes sont ornés par des fresques, des mosaïques et des icônes. Dans la religion orthodoxe, l'icône est vénérée comme une image sacrée : plus qu'une simple représentation, elle incarne un saint ou une divinité. Dans les églises et les foyers, elle est sollicitée pour ses miracles et ses pouvoirs de guérison. Pour découvrir l'art byzantin à Rhodes, rendez-vous à la **cathédrale Notre-Dame du Château** (p.102). Un temps transformée en mosquée, celle-ci est désormais devenue un musée d'icônes byzantines, avec des œuvres datant des premiers chrétiens et de magnifiques mosaïques.

© STARCEVIC - ISTOCKPHOTO.COM

Musée archéologique de Rhodes.

Un art moderne foisonnant connecté au continent

Après la période des peintures religieuses datant de l'époque byzantine, les influences se sont multipliées, notamment italiennes. À partir du XIXe siècle, les artistes grecs, très attachés à leur culture et à leur héritage, s'expriment à travers leur histoire. Les peintres grecs célèbres des XIXe et XXe siècles sont fortement influencés par les écoles de Munich puis, courant XXe siècle, on laisse peu à peu plus de place et d'influence aux impressionnistes et modernes. On abandonne pour un temps la représentation d'événements historiques pour préférer des paysages de la Grèce remplis de couleurs et de lumière. Outre ces évolutions tournées vers l'Occident, les influences byzantines et orientales persistent, notamment dans les arts populaires et les arts naïfs. Pour découvrir l'art moderne grec, Rhodes-ville est dotée d'un **musée d'art moderne grec** (p.104) réparti sur trois sites différents et comportant une collection assez variée.

L'une des figures de la sculpture grecque moderne est Nikos Perantinos (1910-1991), profondément influencé par la sculpture antique et le classicisme européen. Après avoir étudié aux côtés de Thomas Thomopoulos à l'École des Beaux-Arts d'Athènes, il travaille dans l'atelier de Michael Tombros, sculpteur d'avant-garde très renommé. En 1941, il est nommé sculpteur au Musée archéologique national d'Athènes, mais quitte finalement la Grèce pour poursuivre ses études à Paris.

Une scène contemporaine variée et dynamique

Du point de vue de l'art contemporain, Rhodes compte quelques espaces où l'on peut admirer les œuvres d'artistes actuels, comme le Artistic Village, une galerie axée sur la céramique. À ne pas manquer sur l'île de Nissiros : le très pointu Sterna Art Project, regroupant résidence d'artistes, ateliers et expositions temporaires.

L'art contemporain s'expose aussi sur les murs, où l'on peut admirer des œuvres de street art, une pratique qui se développe depuis quelques années en Grèce et qui, auparavant considérée comme du vandalisme, se normalise peu à peu. Certaines municipalités en font même des commandes pour égayer leurs rues, comme au port de Lipsi. Les peintures murales évoluent sans cesse : à vous de vous aventurer dans les ruelles des îles pour dénicher la perle !

Pour les férus de photographie, il est bon de savoir qu'un festival du nom de Photosphere prend place depuis quelques années à Patmos. Sa particularité : exposer en plein air des photographes professionnels et amateurs pendant une durée d'un mois. Des manifestations parallèles sont organisées pour un public de tout âge : séminaires de photographie, ateliers, soirées musicales, etc.

MUSIQUES ET SCÈNES

Si la danse et la musique continuent de jouer un rôle important dans le quotidien des Grecs, c'est aussi parce qu'elles conservent – tel un musée vivant – les spécificités régionales. Eparpillées dans la mer Egée face aux côtes turques, les îles de l'archipel du Dodécanèse sont unies par une personnalité forte, faite d'influences de la Crête et d'ailleurs. Ici aussi, comme sur le continent, on trouve le *rebetiko* ou le *syrtos*. Mais les *mantinades*, le *nisiotika* ou le *pentaszoli* nous emmènent dans une autre Grèce. Et même si les différentes crises qu'a connues le pays ont accéléré les changements de la société, le pays et ses îles préservent et valorisent leur patrimoine comme un trésor. Tradition et modernité sont toujours les deux jambes sur lesquelles avance la culture de la Grèce et ses îles.

La musique classique

Existe-t-il une musique classique ou savante grecque ? Voilà une question qui a longtemps taraudé de nombreux experts et artistes locaux. Très schématiquement, la période ottomane en Grèce (entre les XVe et XIXe siècles) cantonne le pays à la musique byzantine ecclésiastique. Il faut attendre la création du conservatoire d'Athènes en 1871, et surtout un homme, Manolis Kalomiris (1883-1962), pour envisager l'établissement d'une « école nationale grecque » en musique. Dans le même esprit qu'un Bartok en Hongrie, Kalomiris rêvait d'une musique nationale, basée sur les chants populaires. Considéré comme la figure de proue de la musique savante grecque du XXe siècle, il a surtout marqué celle-ci par la création d'institutions importantes, dont le Conservatoire national. Son héritier le plus immédiat est sans aucun doute Nikos Skalkottas (1904-1949). Nom révéré, cet élève de Schoenberg concrétise le rêve de Kalomiris via les *36 Danses grecques* où il marie folklore local et avant-garde musicale. Dans un même esprit, le compositeur de musique classique, pianiste et chef d'orchestre grec Kostas Giannidis (1903-1984) a immortalisé l'archipel dans ses *Suite du Dodécanèse N° 1* et *Suite du Dodécanèse N° 2* ainsi que ses compositions pour musique de chambre *22 Chants et danses du Dodécanèse* et *Petite suite sur des thèmes du Dodécanèse*.

À l'international, le nom le plus prestigieux est de loin Mikis Theodorakis (1925-2021). Célèbre auteur de la musique de *Zorba le Grec*, on connaît moins ses cinq opéras, quatre ballets et sept symphonies traversés par une écriture puissante, pleine de grandiose et de démesure. Theodorakis fut aussi le chef de file du « Éntekhno », ce mouvement des années 1950 introduisant des mélodies et rythmes folkloriques grecs dans la musique orchestrale. Citons encore Thanos Mikroutsikos, grand nom de la musique atonale, Dimitris Mitropoulos (1896-1960) - le Mahler du pays -, à la fois pianiste étonnant et chef d'orchestre exigeant, et Yannis Xenakis (1922-2001), célèbre pour ses travaux sur l'électroacoustique.

Les musiques traditionnelles et populaires

Dès que l'on parle de musiques traditionnelles, ou populaires, en Grèce, viennent immédiatement en tête des images de *sirtaki* ou des échos de *bouzouki*, la mandoline grecque. Si ces deux aspects monopolisent l'imaginaire, un monde d'une profondeur fabuleuse se dissimule derrière. Carrefour de la Méditerranée, envahi à maintes reprises, l'histoire du pays est imprimée dans ses musiques traditionnelles et populaires. Cela s'entend dans la richesse de ses influences, à la fois slaves, turques, vénitiennes ou arabes. Si toutes les îles, par leur passé, connaissent des folklores propres, la Grèce dans son ensemble partage trois grands piliers musicaux : le *dimotiko*, le *rebetiko* et le *laïko*.

Mikis Theodorakis.

© MICHELANGELOOP - ISTOCKPHOTO.COM

Bouzouki.

Le *dimotiko*, c'est le chant populaire grec le plus ancien, particulièrement intéressant d'un point de vue documentaire car il relate une part importante et sombre de l'histoire grecque (via des histoires d'amour, d'exil, de liberté, de mort, etc.). Le *dimotiko* est aussi l'occasion d'entendre tous les instruments piliers de la musique folklorique : la *gaida* (cornemuse), la *lira*, le *laouto* (le luth grec), le *tambouras* (un autre luth grec), le *daouli* (tambour)… Mais le genre grec emblématique par excellence (classé patrimoine culturel immatériel de l'humanité), c'est le *rebetiko*. C'est par lui que la musique populaire a pris son essor, au début des années 1960. Ce « blues grec », chant des déracinés, des exclus, des marginaux, est né dans les cafés souterrains du quartier du Pirée à Athènes ainsi qu'à Thessalonique. Il raconte le quotidien fait de pauvreté, de douleur, de faim ou de toxicomanie des « Micrasiates », ces réfugiés grecs expulsés d'Asie Mineure en 1922. Une très belle musique gorgée de spleen qui a connu son heure de gloire entre les mains de Vassilis Tsitsanis, Markos Vamvakaris ou Marika Ninou. Plus récemment est apparu le *laïko*. Signifiant « populaire », le mot désigne un style de musique pop, descendant du *rebetiko*, apparu dans les années 1950 et 1960. Il a évolué avec le temps et qualifie désormais la pop moderne grecque dans son ensemble.

Le *nisiotika* est la musique des îles de la mer Egée, des Cyclades, du Dodécanèse et des Sporades. Si elles détiennent un noyau commun, toutes les îles connaissent des variantes propres associées à leur histoire. Par exemple, dans les Cyclades et le Dodécanèse, le *nisiotika* est un petit frère de la tradition crétoise, occidentalisé par l'usage des violons. Dans l'ensemble, les *nisiotika* sont des airs légers, au pouls très doux et mettant généralement d'excellente humeur. Dans les années 1970, il y eut en Grèce une nouvelle vague de *nisiotika*, rajeuni par des interprètes comme Mariza Koch, Yiannis Parios ou Domna Samiou. Proche géographiquement et culturellement de la Crète, le Dodécanèse pratique aussi une forme de *mantinades*, un chant déclamé accompagné d'une musique très dansante jouée à la *lyra* et au *laouto*. Pour écouter du *rebetiko* – un rituel incontournable que l'on découvre sur les îles de Kassos et Karpathos –, une bonne adresse est l'Argo Kafeneio d'Astypalaia, un café-ouzerie où l'on mange et boit très agréablement, accompagné de *rebetiko* en *live* certains soirs.

La danse

Fait amusant, le *sirtaki* n'est pas une danse traditionnelle... mais elle est l'est devenue avec le temps. Créée en 1964 par Jean Vassilis (sur une musique de Théodorakis) pour le film *Zorba le Grec* de Michel Cacoyannis, elle s'inspire néanmoins d'une danse traditionnelle, le *hasápikos* (ou *hasaposerviko*) de Constantinople mais n'existait pas à proprement parler avant ça. Et pourtant des danses folkloriques, en Grèce, il y a en a énormément – on en dénombrerait même 10 000 différentes sur tout le territoire. Et si elles sont le reflet des spécificités régionales, elles partagent un socle commun. Par exemple, à l'instar du *syrtos*, de nombreuses danses sont exécutées en rond. En effet, à l'origine, en formant un cercle, les danseurs entendaient se protéger des influences néfastes. Dans le Dodécanèse, on danse le *trata* qui est une variante de *syrtos*, le *ballos*, une danse en couple pour se séduire, ou le très viril *pentozali* et ses inspirations guerrières. Pour savourer des danses traditionnelles à Rhodes, direction Chorospito. Ecole de danse, compagnie et salle de spectacle, Chorospito propose un large panel de danses du Dodécanèse.

LITTÉRATURE

Que ce soit face à ses vestiges, ses ruines antiques, son architecture, ses lieux de culte, le patrimoine artistique du Dodécanèse, à l'image de celui de la Grèce entière, est remarquable, et l'on pense bien évidemment à la littérature antique. Socrate, Platon et Aristote marquent aujourd'hui encore les œuvres contemporaines. Fondateurs de la philosophie occidentale, leurs pensées ont influencé de nombreux domaines : religion, politique, sciences, art. Parmi eux, les dramaturges antiques tiennent aussi une place particulière. Le théâtre grec serait né à la faveur de cérémonies religieuses en l'honneur de Dionysos au Ve siècle av. J.-C. De leurs plumes sont nées des œuvres majeures, qui ont rayonné sur l'Europe et sur le monde, et qui restent aujourd'hui une immense source de fierté pour les habitants.

L'héritage homérique

Impossible de parler de la Grèce sans évoquer Homère, auteur de l'*Iliade* et de l'*Odyssée,* qui marque le passage d'une littérature orale à une littérature écrite. Ces deux œuvres évoquent principalement les thèmes de l'épopée, du voyage et de l'altérité. Elles rappellent les rapports entre les Anciens et les morts, basés essentiellement sur le souvenir du défunt et les offrandes. On sait très peu de choses sur la vie de cet aède, si ce n'est qu'il vécut dans la première moitié du VIIIe siècle av. J.-C., à Smyrne notamment. Certains ont d'ailleurs émis l'hypothèse que la figure d'Homère aurait été inventée de toutes pièces et que l'*Iliade* et l'*Odyssée* seraient le fruit de plusieurs auteurs anonymes. Une chose est sûre : le succès de ces deux épopées ne s'est jamais démenti. L'*Iliade*, qui trouva chez les Anciens la plus grande faveur, retrace la guerre de Troie et célèbre la prouesse individuelle, dans un style fougueux et abondamment fleuri. L'inspiration héroïque éclate aussi dans l'*Odyssée,* parcours initiatique d'un homme qui, en vingt ans de guerres et d'aventures, ne désespéra jamais : Ulysse absent ou présent, rusé et invincible, reste, même misérable, le héros humain par excellence.

Littérature antique

Regardons de plus près qui sont ces auteurs qui ont marqué toute la littérature de leur génie et qui continuent encore à influencer les artistes et à imprégner les penseurs contemporains. Commençons par le philosophe Héraclite (vers 540-480 av. J.-C.) : il nous reste des fragments de son ouvrage *De l'Univers* qui aborde autant la physique ou la politique que la théologie. Il y définit le feu comme l'élément primitif de la matière. Le monde, perpétuellement en mouvement et en devenir, trouve son origine et son harmonie dans le conflit des contraires.

Cheval de Troie.

© MATIASENELMUNDO - ISTOCKPHOTO.COM

Œdipe face au Sphinx.

De son côté, Eschyle (vers 525-456 av. J.-C.) est considéré comme le fondateur de la tragédie grecque. De ses 90 œuvres nous n'en connaissons que sept, dont *Les Perses* et *Prométhée enchaîné*. Il a donné au drame ses lois rigoureuses en faisant une plus grande place aux dialogues et à l'action aux dépens du coryphée (chef de chœur en scène). Connaissez-vous *Œdipe roi*, *Antigone* ou encore *Électre* ? Ce sont les pièces les plus célèbres du poète tragédien Sophocle (entre 496 et 494-406 av. J.-C.). Sur plus d'une centaine de pièces créées, sept nous sont connues. Contrairement à Eschyle chez qui les dieux jouent un rôle primordial dans les affaires humaines, l'œuvre de Sophocle semble influencée par le spectacle d'une Athènes démocratique à l'apogée de son système social et politique.

C'est d'ailleurs dans une Athènes déclinante, où les classes sociales, les traditions et les institutions deviennent vacillantes, qu'Euripide (480-406 av. J.-C.) compose ses 92 pièces, dont 18 seulement nous sont parvenues. C'est une œuvre qui rompt avec la célébration traditionnelle du passé et qui innove en s'interrogeant sur les passions des hommes de son temps. La modernité de son œuvre lui a valu une gloire posthume. De lui sont connues les pièces *Les Bacchantes*, *Médée*, *Électre*... Venons-en maintenant à Socrate (vers 470-399 av. J.-C.). Ce philosophe athénien, hostile à tout enseignement dogmatique, n'a jamais écrit aucun traité de philosophie. Sa pensée est surtout connue par *Les Dialogues* de Platon, *Les Nuées* d'Aristophane et *Les Mémorables* de Xénophon. Sa méthode repose sur des interrogations qui doivent amener ses interlocuteurs à dépasser leurs propres contradictions. En résumé, il s'efforce de perfectionner la devise : Connais-toi toi-même. Accusé d'impiété envers la religion d'État et de corruption de la jeunesse, il est condamné à boire la ciguë (plante toxique des chemins et des décombres) après avoir refusé de s'enfuir par respect des lois de la cité. De son côté, Démocrite (vers 460-370 av. J.-C.) hérite de la tradition philosophique d'Ionie. Aucun texte original ne nous étant parvenu, c'est Aristote et Diogène Laërce qui nous ont fait connaître sa philosophie. Fondateur de son école, sa pensée définit la nature comme une infinité d'atomes, particules invisibles, indestructibles et complémentaires entre elles, dont le mouvement dans le vide est à l'origine des êtres, des mondes et de l'univers. Pour lui, le bonheur est à rechercher dans la modération des désirs. Peut-être moins connu du grand public, Aristophane (vers 445-380 av. J.-C.) est un poète satirique fort apprécié de son temps. Il critique avec un humour caustique l'actualité sociale et politique. De son œuvre de 44 pièces, appartenant à la comédie ancienne, 11 pièces seulement nous sont parvenues. De tendance conservatrice, il attaque les démocrates en guerre contre Sparte dans *Les Acharniens*, raille les philosophes tels que Socrate ou Euripide dans *Les Nuées* et *Les Grenouilles* ou encore traite de problèmes sociaux dans *L'Assemblée des femmes*. Pour ce qui est de Platon (vers 428-348 av. J.-C.), on l'imagine dispensant son enseignement dans les jardins d'Académos, là où il avait créé son académie, le doigt levé, comme nous le montre

Raphaël dans *L'Ecole d'Athènes*. La connaissance pour lui n'est concevable que si l'on dirige l'âme vers la contemplation du Bien et du Vrai. Toute son œuvre s'applique à transmettre cet idéal : *L'Apologie de Socrate*, *Le Banquet* (sur l'amour), *La République* (sur l'organisation de l'Etat), *Les Lois* (sur celles de la cité). Quant à Aristote (384-322 av. J.-C.), il fut le précepteur d'Alexandre le Grand à partir de 342 mais, plus encore, l'élève brillant de Platon. Très vite, pourtant, il crée sa propre école à Athènes, rivale de l'académie de Platon : le Lycée ou Peripatos, sorte de péristyle où l'on apprend en discutant et en se promenant. Aristote s'intéressera à la physique, à la métaphysique, aux sciences naturelles, à la littérature.

Littérature moderne

L'histoire de la littérature grecque moderne est étroitement dépendante de la question de la langue. Au IIIe siècle av. J.-C., quelques linguistes décident de figer le grec littéraire dans une sorte de crispation archaïsante. C'est la *catharévoussa* qui s'oppose totalement au grec vivant qui, lui, évolue au fil des siècles et qu'on appelle la langue démotique. Cette dernière triomphera dans la littérature à partir du XIXe siècle. Mais cette opposition linguistique a largement paralysé l'expression littéraire grecque. Forme du nationalisme, la littérature grecque a par ailleurs pâti d'un manque d'identification nationale face à de multiples occupants (Vénitiens, Génois, croisés, Ottomans). La poésie orale grecque est la première forme littéraire moderne à se structurer. On note ici le rôle du poète du XVIIe siècle Vitsentzos Cornaros qui, dans son *Erotokritos,* reprend la tradition des chants populaires crétois et rejette une langue figée et savante. Ces chants populaires locaux ont une importance primordiale dans l'émergence d'une littérature grecque moderne et permettent l'utilisation de la langue démotique, vivante et parlée, comme langage poétique et littéraire. Le clivage entre libéraux et réactionnaires perdure jusqu'au XIXe siècle. Le poète Dionysios Solomos (1798-1857) s'inscrit dans la lignée du chant populaire et réalise la synthèse poétique qui permet la victoire du démoticisme. La littérature grecque moderne est née ! Une figure domine cette nouvelle génération qui va s'illustrer jusque vers 1920, c'est le poète Costis Palamas (1859-1943), dont l'œuvre est le reflet du lyrisme nationaliste en vogue dans le nouvel Etat grec. La génération de 1880 puise allègrement dans le folklore populaire, comme A. Papadiamantis (1851-1911), maître en la matière.

Littérature contemporaine

Comme pour mieux faire écho à ses ancêtres, la Grèce a hébergé deux prix Nobel de littérature en 1963 et 1979, respectivement Georges Seféris et Odysseus Elytis. Le premier a reçu cette distinction pour « son exceptionnel lyrisme, inspiré par un profond sentiment de l'hellénisme ». Le second, proche de nos poètes surréalistes et ami de René Char et d'Albert Camus, a débuté en publiant ses premiers poèmes dans des revues, puis a édité en 1939 son premier grand recueil nommé *Orientations*. Son expérience de la Seconde Guerre mondiale sera évoquée dans *Axion Esti* (1951). Il reçoit en 1979 le prix Nobel « pour sa poésie qui, sur le fond de la tradition grecque, dépeint avec une force sensuelle et une clarté intellectuelle le combat de l'homme moderne pour la liberté et la créativité. »

Citons également Nikos Kazantzakis qui doit sa renommée à son œuvre la plus célèbre, *Alexis Zorba* (1946), adaptée au cinéma sous le nom de *Zorba le Grec*, avec Anthony Quinn dans le rôle titre. De son côté, Constantin Cavafy (1863-1933) continue à donner à la poésie grecque ses lettres de noblesse. Il a fait l'objet d'un ouvrage de Marguerite Yourcenar, en 1958 : *Présentation critique de Constantin Cavafy 1863-1933, suivie d'une traduction intégrale de ses poèmes*. Voilà peut-être une bonne façon de découvrir cet auteur. Enfin Stratis Tsirkas (1911-1980) est considéré comme l'un des meilleurs romanciers contemporains. Sa trilogie *Cités à la dérive* (1960-1965) a remporté en France le prix du meilleur livre étranger. Des écrivains encore plus contemporains comme Vassilis Alexakis, Takis Théodoropoulos, Alexis Stamatis, Ersi Sotiropoulos ou Petros Markaris ont une production littéraire également remarquable. Avec son dernier livre, *La Clarinette* (2015), Vassilis Alexakis reste un écrivain apprécié en Europe.

Statue d'Alex Papadimientos.

TOP 10

LECTURE

Mythologie, philosophie, voilà de quoi se nourrir de la richesse littéraire de la Grèce... La littérature antique sait également laisser sa place aux plumes modernes et contemporaines qui ne manquent pas de caractère !

PAR UN GRAND AUTEUR

Miller nous propose ici les souvenirs de son séjour de 9 mois en Grèce. *Le colosse de Maroussi,* Henri Miller, *Stock, 1941.*

UN RÉCIT

© GALLIMARD

Un joli rendez-vous à travers les îles grecques dont Rhodes et surtout Patmos. *Le Rendez-vous de Patmos.* Michel Déon, *Gallimard.*

UN CLASSIQUE

© LES BELLES LETTRES - SCOTT PENNOR'S

Par le poète et grammairien grec, une épopée en quatre chants. *Les Argonautiques.* Apollonios de Rhodes, *FB Éditions.*

UN POLICIER

Une intrigue sur l'île de Rhodes, pour les amateurs du genre. *Heather Mallender.* Robert Goddard, *Livre de poche, 2013.*

UNE BD

© ÉDITIONS DELCOURT, 2015 – BLENGINO, PALMA

Très belles illustrations, un petit bijou à découvrir. *Les 7 Merveilles, Tome 7 Le Colosse de Rhodes.* Blengino, Palma, *Delcourt, 2015.*

POUR APPROFONDIR

© GALLIMARD

Preuve que la littérature moderne a de beaux jours devant elle. *Anthologie de la poésie grecque contemporaine (1945-2000).* Collectif, *Gallimard.*

POUR LES ENFANTS

Très ludique et très sympathique pour les plus jeunes. *La Grèce des enfants.* Bioret et Godefroy, *Editions Bonhomme de Chemin.*

SPLENDEURS

L'un des plus beaux livres sur la Grèce existant à ce jour. *La Grèce vue d'en haut.* Yann Arthus-Bertrand, *La Martinière.*

LA BASE

Pour découvrir les plus grands poètes grecs. Incontournable. *Anthologie de la poésie grecque.* Robert Brasillach, *Stock.*

UN CLASSIQUE

Rhodes après la fin de la Seconde Guerre mondiale, un portrait intéressant. *Vénus et la mer.* Lauwrence Durrell, *Le Livre de Poche.*

A L'ÉCRAN

Depuis longtemps, il n'y a plus de colosse à Rhodes, mais il reste le soleil, des paysages aux airs de paradis immuable et une constellation d'îles appréciées des touristes à la belle saison, dont le cinéma a tiré parti avec parcimonie. Cette frugalité sied à ces terres légèrement arides, porte entre Occident et Orient. Tombé sous domination italienne en 1912, le Dodécanèse n'a rejoint le giron grec qu'à la fin de la Seconde Guerre mondiale. Dans la ville de Lakki sur l'île de Leros, de singuliers legs architecturaux, dont un cinéma Art déco, témoignent de ce passage. L'un des premiers films tournés sur l'île de Rhodes, *Anna Roditi* (1948), évoque d'ailleurs cette libération du joug italien. Il est coréalisé par Mihallis Gaziádis, l'un des trois frères qui, en fondant la Dag-Film en 1927, avaient posé les jalons d'un cinéma grec véritablement professionnel.

Le temps de l'innocence

Nul chef-d'œuvre n'a vu le jour dans le Dodécanèse, plus propice, semble-t-il, aux vacances et à l'oisiveté qu'à de laborieux tournages. Mais des films plaisants, comme le premier film hollywoodien tourné en Grèce sur l'île d'Hydra mais aussi à Rhodes, *Ombres sous la mer* (1957), où Sophia Loren, qui faisait ses débuts à Hollywood, s'improvise pilleuse d'épaves. Le film, aux couleurs éclatantes, s'inscrit dans cette veine joyeusement touristique dont Jean Negulesco s'était fait le spécialiste (comptant entre autres Rome, Lisbonne et Madrid à son tableau de chasse). Ce cadre enchanteur se retrouve peu de temps après dans un classique du cinéma d'action hollywoodien de l'époque, *Les Canons de Navarone* (J. Lee Thompson, 1961). *Le Colosse de Rhodes* (Sergio Leone), un flamboyant péplum, rend un hommage mérité à la beauté de la région même s'il est tourné entre l'Espagne et l'Italie. Au même moment, le cinéma grec connaît une sorte de premier âge d'or. Rhodes prête alors ses panoramas immaculés à une fable sur la fin de l'innocence se déroulant dans une Antiquité lointaine, un thème cher au réalisateur Nikos Koundouros, dans *Les Petites Aphrodites* (1963). Elle s'inscrit dans la filiation d'un chef-d'œuvre du muet grec, *Daphnis et Chloé* (Orestis Laskos, 1931), avec qui elle partage une inspiration commune et un érotisme qui est un trait typique du cinéma hellène. Erotisme que l'on retrouve dans les films qui le rendent célèbre aux yeux du monde, *Stella* (1955) puis *Zorba le Grec* (Michael Cacoyannis, 1964) ou bien *Jamais le dimanche* (Jules Dassin, 1960). *La Sueur sur la peau* (Dinos Dimopoulos, 1963) possède un peu de cette force tellurique. Nikos Koundouros avait signé quelques années auparavant un des classiques du cinéma grec de l'époque, *L'Ogre d'Athènes*. Autre film digne de mention, *Ce chaud mois d'août* (Sokrates Kapsaskis, 1966), distrayant film noir que distinguent ses visions d'une Méditerranée enchanteresse des pittoresques fortifications de la ville de Rhodes et autres moulins de Mandraki.

DÉCOUVRIR

© RVBOX - ISTOCKPHOTO.COM

Baie Anthony Quinn renommée suite au film, Les Canons de Navarone de J. Lee Thompson.

A L'ÉCRAN

Port de Mandraki, filmé dans Ce chaud mois d'août de Sokrates Kapsaskis.

Le premier film de Werner Herzog, ***Signes de vie*** (1968), tourné sur l'île de Kos, en magnifie les paysages primitifs au milieu desquels le personnage principal croise une nuée de moulins à vent, comme point de départ approprié à une carrière peuplée de personnages donquichottesques qui mènera le réalisateur allemand aux quatre coins du monde. Vient la dictature des colonels et une production cinématographique qui s'en accommode tant bien que mal. L'archipel du Dodécanèse, qu'on appelle parfois les Sporades méridionales, est pris de torpeur, attendant que quelque baiser vienne l'en réveiller.

Escapades égéennes

Bons baisers d'Athènes (George P. Cosmatos, 1979) dont le titre français joue sans vergogne sur sa star Roger Moore, qui endossait alors le rôle de James Bond, est un passable film d'action qui ne vaut le détour que pour les vues qu'il offre de la Grèce, une course-poursuite à travers le village de Lindos ou celles d'un spa au bord de la plage Kallithea qui continue d'exister aujourd'hui. Par un curieux jeu de coïncidences dont le septième art a le secret, 1987 voit la sortie de deux films qui en célèbrent les attraits : la mer azurée, l'architecture pittoresque et les glorieux couchers de soleil. ***L'Ile de Pascali*** (James Dearden) offre un portrait de Rhodes et de Symi, le joyau du Dodécanèse, en 1908, aux derniers jours de l'Empire ottoman. Situé à Lindos, ***Soleil grec*** (Clare Peploe) est une délicieuse comédie moins légère qu'elle n'en a l'air et reléguée dans un oubli immérité. Elle évoque les désagréments liés à l'invasion touristique, qui est aussi le principal gagne-pain de la région. La star grecque Irene Papas fait partie de la distribution avant qu'on ne la retrouve un an plus tard dans ***Island*** (Paul Cox, 1989), tourné sur l'île d'Astypalée. ***Mediterraneo*** (Gabriele Salvatores, 1991) raconte comment des soldats envoyés à Kastellorizo pendant la Seconde Guerre mondiale (officiellement Megísti et accessoirement l'île dont est originaire la famille de l'actrice française Anna Mouglalis) décident de prendre congé de la guerre. Le film remporte l'Oscar du meilleur film étranger. Non loin de là, l'archipel de Santorin a accueilli nombre de films plutôt médiocres. Depuis, rares sont les films tournés à Rhodes qui valent la peine qu'on les cite : ***L'Eté d'Anna*** (Jeanine Meerapfel, 2001) qui se passe dans la communauté juive implantée de longue date à Rhodes qui lui a valu jadis le surnom de petite Jérusalem, ou une biographie du peintre El Greco dans un film éponyme en 2007 de Yannis Smaragdis. Le titre français, ***El Greco, les ténèbres contre la lumière qui y fait un tour***, en dit suffisamment long sur son caractère grandiloquent.

Irène Papas.

POPULATION

La Grèce a connu de nombreux brassages de populations depuis l'Antiquité et le Dodécanèse ne fait pas exception, avec les occupations des Doriens, Génois, Vénitiens, Croisés, Ottomans, pour n'en nommer qu'une petite poignée… Les populations façonnées par ces périodes successives de l'histoire font aujourd'hui partie de *l'elleniki ethniki koinonia* : la communauté nationale grecque. Celle-ci englobe les citoyens du Dodécanèse à partir de 1947, date à laquelle l'archipel est rattaché à la Grèce. Quelques chiffres significatifs à noter : la population nationale s'élève à environ 11 millions, dont 3 millions pour la seule agglomération d'Athènes. A cela il convient d'ajouter environ 6,5 millions de Grecs vivant à l'étranger. On voit ici la marque de l'exode rural et de l'émigration qui ont lourdement frappé le pays, dont le Dodécanèse, dès le début du XXe siècle, et de manière accélérée dans les années 1950 et 1960.

Exode et retour

L'exode rural vers Athènes a profondément marqué la démographie du Dodécanèse, bien qu'on ait vu un certain ralentissement de la tendance pendant la crise, avec de plus en plus de jeunes rentrant sur les îles. La démographie de l'archipel est très fortement marquée par les saisons touristiques : de nombreux insulaires passent l'hiver à Rhodes ou Athènes et reviennent à partir de Pâques pour travailler au cœur de la saison estivale. Aujourd'hui, l'on compte environ 190 000 habitants dans le Dodécanèse, dont à peu près 115 000 pour l'île de Rhodes.

L'émigration vers l'étranger a également largement affecté les îles du Dodécanèse, notamment les plus reculées ou les plus pauvres – ceci engendrant souvent cela dans ces îles parfois rudes. C'est le cas de Kastellorizo dont la population a largement immigré en Australie ou encore de Karpathos qui a nourri les rangs des émigrés vers les Etats-Unis et le Canada. L'attachement qui relie les descendants de ces émigrés à leurs îles d'origine est très fort : ils viennent repeupler le Dodécanèse régulièrement, suivant également les cycles saisonniers.

Minorités ethniques

La seule minorité ethnique reconnue officiellement par l'Etat grec est celle des « Turcs », une dénomination floue qui inclut tous les citoyens musulmans de Thrace occidentale, pas nécessairement turcs, qui bénéficient d'un statut particulier (enseignement bilingue à l'école publique, application du droit islamique dans certains cas), en vertu du Traité de Lausanne (1923). Les Turcs du Dodécanèse, à la fois musulmans et ethniquement turcs, ont reçu la citoyenneté grecque comme l'ensemble des populations de l'archipel lorsque celui-ci fut rattaché à la Grèce (1947) mais ne sont pas reconnus comme « minorité turque » sous le Traité de Lausanne, puisqu'ils ne faisaient pas partie de l'Etat grec à l'époque. En 1974, suite à l'invasion du nord de Chypre par la Turquie, et dans un contexte de discriminations et de tensions croissantes, de nombreux Turcs du Dodécanèse fuient en Turquie : la citoyenneté grecque leur est alors retirée. Ceux qui décident de rester constituent aujourd'hui une communauté d'environ 5 000 citoyens grecs, répartis entre Rhodes et Kos, où la langue turque et la religion musulmane sont toujours pratiquées.

Immigration et réfugiés

L'immigration dans le Dodécanèse a connu une période noire avec la crise des réfugiés qui prend des proportions dramatiques au cours de l'année 2015. En 8 mois, plus de 230 000 migrants rallient les îles de la mer Egée, en majorité de l'archipel du Dodécanèse dont les côtes sont très proches de celles de la Turquie. Chaque île, aussi petite soit-elle, accueille son lot de réfugiés, principalement du Moyen-Orient et fuyant la guerre pour rejoindre le nord de l'Europe. Kos reçoit le plus grand nombre de demandeurs d'asile, se faisant rapidement débordée par l'ampleur de la crise humanitaire. Depuis 2016, des accords avec la Turquie ont quelque peu tari cette immigration forcée, mais la situation reste très fragile, avec notamment le retour des Talibans en Afghanistan à l'été 2021.

Alors que les années s'écoulent, certains migrants sont restés dans le Dodécanèse mais la grande majorité a rejoint Athènes ou le reste de l'Europe. L'île de Tilos fait une fois encore figure de précurseur avec son programme d'intégration des réfugiés soutenu par le HCR, tandis que les camps de Kos et de Rhodes affichent des conditions de vie déplorables. Aujourd'hui, il est toujours très difficile d'obtenir des papiers en règle, et la droite conservatrice de Mitsotakis se prononce régulièrement pour un durcissement de la politique contre les réfugiés et des patrouilles en mer.

SOCIÉTÉ

C'est indéniable : la société grecque est encore largement traditionnelle, notamment dans les îles où l'exode rural et l'arrivée du tourisme n'ont que partiellement affecté les piliers de la vie sociale insulaire. La famille hétéroparentale, la vie en communauté, l'entraide transgénérationnelle et la religion orthodoxe constituent toujours les fondements de la structure sociale. Ces permanences conservatrices résistent parfois à une modernisation en profondeur de la société. Pourtant, les îles du Dodécanèse étonnent par leur ouverture d'esprit sur certains sujets contemporains, devançant parfois même le reste du pays. Ici, le respect de la tradition ne rime pas nécessairement avec refus de la modernité ou rejet de l'altérité. Chaque île syncrétise à sa manière héritage et évolution, mettant souvent l'un au service de l'autre pour créer un microcosme unique. Prenez le temps de le décrypter : il saura parfois vous étonner !

Famille et solidarités

La famille forme la cellule de base de la société insulaire et centralise un important réseau de solidarité qui comble une insuffisance de prise en charge au niveau national, encore accrue par les récentes années de crise. Il s'agit d'une réalité séculaire qui prédominait déjà dans les structures traditionnelles du Dodécanèse : isolées et confrontées à des conditions de vie difficiles, les îles ont développé une tradition d'entraide familiale qui s'applique encore aujourd'hui. Avec la crise, de nombreux jeunes adultes sont retournés vivre sur leur île d'origine, chez leurs parents, pour aider pendant la saison estivale et s'épargner le chômage. Ce système de solidarité économique leur permet de gagner leur vie tout en rendant service à la famille.

Cette tradition d'entraide au sein du réseau familial contribue à entretenir une solidarité élargie. Elle s'est presque naturellement imposée face à l'afflux de réfugiés en provenance du Moyen-Orient dès 2015, palliant le manque de prise en charge de cette crise humanitaire au niveau national et international. Partout sur les îles du Dodécanèse, des initiatives individuelles et collectives ont germé spontanément pour soulager au mieux les migrants, multipliant les gestes solidaires en dépit de la crise économique, lorsque d'autres, aux moyens incomparablement plus élevés, faisaient et font encore la sourde oreille.

Au sein de la famille, c'est l'entraide entre générations qui prime. Les enfants sont souvent les rois et les adultes se montrent avec eux d'une grande générosité et affectivité. Là encore, cette attitude n'est pas limitée au seul cercle intime mais est ouvert aux autres : vous le remarquerez avec vos propres enfants si vous voyagez en famille. Symboles d'une filiation qui perdure entre générations, les nouveaux-nés sont encore majoritairement baptisés du prénom de leurs grands-parents, ce qui explique que l'on retrouve souvent la même poignée de prénoms sur les îles. Ceci n'a rien d'une obligation et on voit chez les jeunes couples refleurir la mode des prénoms antiques.

De l'autre côté de la vie, lorsque la vieillesse s'installe, l'aïeul est à son tour pris en charge par ses enfants qui l'aideront à se nourrir, à se vêtir, à faire ses courses : notre concept de maison de retraite en fait hurler plus d'un ! Les retraités qui ont quitté l'île natale pendant tout ou partie de leur vie active prennent habituellement le chemin du retour pour y vivre tranquillement leurs années plus avancées. En effet, le village et l'île d'origine canalisent un fort attachement et le retour à la terre natale demeure souvent dans la psyché de ceux qui en sont partis et souhaitent y finir leurs jours.

C'est le cas de ceux qui ont émigré en masse pendant l'exode rural des années 1950 et 1960,

Quatre générations vivant ensemble.

Village de Olymbos sur l'île de Karpathos.

quittant les îles du Dodécanèse dans l'espoir de trouver une vie meilleure à l'étranger ou à Athènes. L'archipel perd à cette époque une part significative de sa population, des villages entiers tombant à l'abandon comme Mikro Horio, sur l'île de Tilos. Mais l'attachement à l'île d'origine demeure à travers les âges et les kilomètres : on assiste souvent à un retour massif de la diaspora nationale et internationale au moment des fêtes locales majeures, à Pâques et pour le 15 août notamment. Ainsi, vous entendrez sûrement l'accent australien dans les ruelles de Kastellorizo et vous croiserez de grandes tablées d'Américains dans les tavernes de Karpathos.

Société hétéronormée

Le rôle de la femme dans les îles, et plus généralement dans la société grecque, est une réalité complexe qu'on ne saurait réduire aux images simplistes de la femme soumise par la religion et la tradition ou de la femme libérée par la modernité. La misogynie grecque, comme la misogynie française, s'inscrit dans la vie des femmes de manière plus insidieuse. Les femmes sont considérées comme le pilier de la vie familiale, ce qui implique à la fois énormément de respect mais également beaucoup d'obligations et de contraintes sociales pour celles qui se doivent de se réaliser et s'épanouir dans un cadre familial. Ainsi les femmes s'affairent en cuisine, s'occupent des plus jeunes et des plus âgés, veillent au bien-être de tous, sans que ce rôle d'assistance ne soit jamais réellement remis en question. L'île de Karpathos a inscrit cette réalité en instaurant un système traditionnel matriarcal : la propriété et le patrimoine se transmettent de mère en fille, comme en témoigne le petit musée de Menetes.

La cellule familiale hétéroparentale reste indétrônable dans un pays où la religion orthodoxe est encore très présente : les discussions sur l'adoption par des couples homosexuels sont encore loin d'aboutir. Malgré tout, le pays a connu des avancées historiques sous le gouvernement d'Alexis Tsipras (Syriza) qui a fait voter l'équivalent du PACS en décembre 2015, alors que la Grèce avait été condamnée par la Cour européenne des Droits de l'Homme pour avoir refusé d'ouvrir l'union civile aux couples homosexuels. Dans ce contexte, l'île de Tilos a su mettre sa tradition d'ouverture au service d'une politique sociale progressiste, en avance sur le reste du pays : dès 2008, le maire de l'île avait été le premier à célébrer une union homosexuelle en Grèce. En octobre 2017, Syriza fait également voter une loi permettant aux citoyens transgenres de changer de sexe sur leur état civil.

Le mariage homosexuel semblait à portée de main mais les élections de juillet 2019 et l'avènement de la droite conservatrice de Nouvelle Démocratie semblent avoir stoppé cette évolution pour le moment. Quant au mariage hétérosexuel, il n'apparaît plus comme une obligation et le divorce n'est plus mal vu : la vie en concubinage se fait de plus en plus fréquente, notamment parce que les mariages coûtent cher et que les jeunes couples n'ont plus les moyens d'organiser de grandes festivités depuis la crise. En effet, il est habituel de faire de grands mariages où tous sont conviés, notamment dans les petites îles : toutes les fêtes, qu'elles soient religieuses ou non, sont l'occasion d'un grand moment de partage, et s'inscrivent dans la tradition de communauté et d'hospitalité qui caractérise le Dodécanèse. Les occasions ne manqueront pas pour vous plonger dans cette ambiance unique, spécifique à chaque île.

RELIGIONS

La population grecque est composée à 88 % de chrétiens orthodoxes, la plupart croyants : la religion détient encore une place centrale dans la société. Partout, même dans les coins les plus reculés des plus petites îles du Dodécanèse, vous trouverez moult chapelles et monastères. Mais vous remarquerez très vite que si l'orthodoxie est omniprésente, elle s'enrichit de pratiques pré-chrétiennes ou de superstitions solidement ancrées, on ne peut plus… hétérodoxes ! La religion est avant tout affaire de réflexe traditionnel et de festivités : dans le Dodécanèse, les occasions ne manquent pas de célébrer le saint patron de l'île ou une icône miraculeuse au cours de grands *panigyria*. Ces fêtes traditionnelles rassemblent souvent toute l'île autour d'une célébration religieuse vite expédiée pour faire place à la musique, à la danse et surtout à de grands banquets bien arrosés qui peuvent parfois durer plusieurs jours.

L'Eglise et l'Etat

L'Eglise n'est pas séparée de l'Etat : le clergé a un statut de fonctionnaire et l'influence politique et économique de l'Eglise orthodoxe est indéniable. Il est d'usage de consulter le patriarche pour les grandes décisions politiques et de nombreux représentants de l'Eglise siègent aux conseils d'administration des grandes entreprises grecques. La religion orthodoxe est enseignée dans les écoles publiques, même si, depuis 2015, les élèves peuvent en être dispensés avec l'accord de leurs parents.

L'Eglise demeure également le premier propriétaire foncier du pays, elle est encore largement exemptée des taxes foncières, à la fureur de nombreux citoyens qui ont payé le prix fort des politiques d'austérité pendant la crise. Face à ce mécontentement, une révision constitutionnelle avait été lancée par le gouvernement d'A. Tsipras, proposant enfin une vraie révolution politique et économique des liens entre Eglise orthodoxe et Etat. Mais l'une des premières mesures prises par le gouvernement conservateur de K. Mitsotakis a été un rétropédalage total sur ces sujets.

© KONSTIK - ISTOCKPHOTO.COM

Monastère Panormitis dans l'île de Symi.

Un syncrétisme typiquement grec

Dès le Ier siècle apr. J.-C., la Grèce devient un centre actif du christianisme et ce sont les îles du Dodécanèse qui, les premières, sont évangélisées. Saint Paul débarqua à Lindos, et saint Jean eut la révélation de l'Apocalypse à Patmos. Aujourd'hui, l'île demeure un haut lieu de pèlerinage chrétien : on y vient pour se recueillir au monastère Saint-Jean-le-Théologien (p.263) (XIe siècle) et visiter la Grotte de l'Apocalypse (p.262) où les visions de saint Jean se manifestèrent en 95 apr. J.-C.

Les autres îles du Dodécanèse ne sont pas en reste en ce qui concerne la pratique religieuse et les lieux de culte, qui varient en taille et en importance. Ainsi, vous pourrez visiter d'imposants monastères comme le monastère Panaghia Spiliani (p.202)sur l'île de Nissiros, ou le monastère de l'Archange-Michel (p.186) à Symi mais également de minuscules chapelles semées à tout vent, aux quatre coins de l'archipel. Ces églises sont souvent dédiées aux saints patrons locaux et aux grandes familles du coin : on s'y rend pour allumer un cierge ou déposer un ex-voto dans l'espoir de régler des problèmes de la vie courante et éloigner le mauvais sort.

Déjà très forte il y a plus de 2 000 ans, la notion de « mauvais œil » (*kako mati*) est profondément ancrée dans les croyances païennes qui se maintiennent sur les îles. On le craint et on s'en protège de mille manières. Ainsi, à Gialos, le port de Symi, les frontons des maisons néoclassiques sont souvent ornés d'un œil-de-bœuf : à l'origine, ces ouvertures avaient une fonction pratique pour laisser passer air et lumière, tout en répartissant le poids du toit. Dans les constructions modernes, ils n'ont plus qu'une fonction symbolique, protégeant la maisonnée du *mati*.

Procession de l'epitafios, pendant les Pâques.

Célébrations religieuses

Croyants sans être très pratiquants, les Grecs respectent les fêtes religieuses traditionnelles qui rythment le calendrier orthodoxe. Pâques est la plus importante célébration, à peine concurrencée par le 15 août (Dormition de la Vierge). A ces occasions, les îles se remplissent de tous les natifs partis dans les grandes villes de Grèce ou à l'étranger : c'est le grand retour et un rituel de retrouvailles très suivi. Il vous faudra prévoir bien à l'avance votre séjour pour espérer avoir une place de ferry et un logement. Pendant quelques jours, les prix flambent mais c'est une plongée dans le monde grec à ne pas rater.

Pour la Pâque orthodoxe, et pendant près d'une semaine, les îles du Dodécanèse reprennent vie après l'hiver, avec des banquets ritualisés et des processions où tous sont conviés. La plus importante procession est celle de l'*epitafios*, dédiée à la Descente de la Croix, le Vendredi saint. Patmos, l'île la plus fervente de l'archipel, offre également les plus solennelles célébrations pascales, avec notamment le rite du lavement des pieds le Jeudi saint.

Au-delà de ces grandes dates, les îles du Dodécanèse célèbrent toute une série de saints et de coutumes religieuses locales au cours de *panigyria*, qui se tiennent surtout l'été. Ces fêtes rassemblent l'île autour d'un grand repas pris en commun et de chants et danses traditionnels qui se poursuivent parfois jusqu'au matin. Vous ne pourrez pas y couper, où que vous soyez dans le Dodécanèse : que ce soit pour célébrer saint Panteleimon au monastère du même nom à Tilos (25 juillet), l'icône miraculeuse de Panagia tou Harou à Lipsi (23 août), la décapitation de saint Jean-Baptiste au monastère Agios Ioannis à Halki (29 août) ou dans l'église troglodyte du site antique de Vrokounda à Karpathos… Les occasions de bien boire, bien manger et bien se réjouir égrèneront votre été !

Judaïsme et Islam

Dans ce panorama très chrétien à l'apparente homogénéité, Rhodes fait figure d'exception : île-capitale historique, cosmopolite, elle abrite une communauté musulmane, les Turcs du Dodécanèse, et quelques rares descendants de Juifs Romaniotes. Kos offre une histoire religieuse semblable : elle abrite encore quelque 2 000 Turcs du Dodécanèse mais la quasi-totalité de la communauté juive a été assassinée dans les camps nazis.

La riche histoire des juifs de Rhodes et Kos est racontée au **Rhodes Jewish Museum** (p.106), dans la synagogue Kahal Shalom, la plus ancienne de Grèce encore en activité. Vous y découvrirez les traditions et le mode de vie d'une communauté séfarade pluriséculaire, parlant le *ladino* (langue judéo-espagnole) et intégrée à la vie locale, jusqu'à la déportation massive du 23 juillet 1944 : 90 % des femmes, hommes et enfants furent exterminés à Auschwitz. Une célébration commémorative est tenue tous les ans à cette date tragique sur les deux îles.

Les Turcs du Dodécanèse, installés dès 1522, constituent aujourd'hui une communauté d'environ 5 000 musulmans, entre Rhodes et Kos. Malgré des départs forcés vers la Turquie dans les années 1970, la communauté musulmane tente de maintenir un petit réseau de mosquées historiques. C'est le cas de la mosquée Soliman, dans le **Bourgos** (p.100)de la ville de Rhodes, et de la mosquée Defterdar, à Kos, très endommagée. Dans le quartier ottoman de Rhodes, ne manquez pas la bibliothèque Hafiz Ahmed Agha pour admirer des trésors de connaissance et de théologie musulmanes, tandis qu'à Kos, vous pourrez rencontrer la communauté contemporaine dans le village de Platani-Kermetes.

QUE RAPPORTER ?

Envie de rapporter un petit souvenir de votre séjour dans le Dodécanèse ? Les possibilités ne manquent pas dans ces îles à l'identité forte, notamment pour les amateurs de bonne chère. En effet, l'archipel est connu pour ses spécialités culinaires et ses alcools, dont vous pourrez charger vos valises sur le chemin du retour. Au-delà de la gastronomie, l'histoire unique de l'archipel a façonné un artisanat particulièrement riche, tandis que sa géographie volcanique offre quelques trésors à rapporter… et d'autres, protégés, à surtout laisser sur place ! Sur les îles les plus touristiques, vous trouverez inévitablement des flopées de boutiques de souvenirs « locaux ». Attention ! La plupart de ces bibelots de piètre qualité sont fabriqués de manière industrielle, souvent en Chine. Donc, à moins de vouloir rapporter un peu de plastique polluant et sans valeur, tournez-vous plutôt vers des échoppes d'artisans et de créateurs locaux.

Souvenirs gastronomiques

Parmi les grandes richesses du Dodécanèse, la gastronomie arrive sûrement en tête d'affiche. Certaines de ces spécialités se consomment uniquement sur place, et vous ne pourrez garder que le souvenir des crevettes rosées de Symi ou du poulpe grillé de Lipsi, sans les rapporter de vacances dans vos bagages. Pourtant, ne désespérez pas trop vite car il existe tout un éventail de spécialités gastronomiques faciles à emporter pour s'en régaler une fois de retour à la maison.

Du côté de Karpathos et Kassos, vous pourrez faire le plein de *makarounes*, ces délicieuses pâtes faites à la main, à partir de farine locale. Plat traditionnel de ces deux îles plus tournées vers les produits de la terre que vers la mer, les *makarounes* s'achètent en sachet dans tous les villages. Autre produit à base de farine à ne pas manquer : les biscottes d'*eptazimo*, le pain traditionnel de Kalymnos, monté sept fois et parfumé à l'ouzo et à l'anis.

© PHILIPPOS PHILIPPOU - SHUTTERSTOCK.COM

Melekouni.

Parmi les sucreries traditionnelles de l'archipel, le beignet frit de Symi, l'*akoumia*, est peut-être le moins évident à rapporter. Préparé à partir de farine, de riz et d'ouzo ou d'eau de rose selon les variantes, il est normalement consommé pour le Premier de l'An. De Rhodes, vous pourrez rapporter du *melekouni*, gâteau traditionnel à base de sésame, de miel, d'amandes et d'aromates que l'on offre notamment lors des mariages et baptêmes. Vous pourrez également tenter de rapporter des *katoumaria* de Kastellorizo, sortes de tartelettes saupoudrées de cannelle et de clou de girofle.

Parmi les autres douceurs sucrées typiques du Dodécanèse que vous pourrez embarquer, il faut savoir qu'une cuillère de fruits confits est habituellement servie pour recevoir les invités chez soi. A Kos, n'hésitez pas à acheter des bocaux de tomates cerises confites, tandis qu'à Leros, vous trouverez agrumes, coings et aubergines confits à rapporter. Enfin, vous ne pourrez résister à la tentation de rapporter du miel de thym, particulièrement réputé et parfumé à Rhodes, Tilos et Kalymnos.

Côté boissons, le Dodécanèse offre une vraie palette de saveurs. Rhodes est réputée pour ses vins dont la vinification a bénéficié de l'expertise des occupants italiens. Vous pourrez ainsi rapporter une variété de vins produits à partir de cépages locaux dont l'*amorgiano* ou *mandilaria* (rouge) et l'*athiri* (blanc). A Lipsi, vous découvrirez le cépage *fokiano* et le vin doux Aposperitis à la Lipsi Winery, tandis que Patmos redécouvre progressivement ses traditions viticoles en développant les cépages *assyrtiko* (blanc) et *mavrothiriko* (rouge). Au-delà du vin, vous pourrez rapporter quelques bouteilles de liqueur de figue de Barbarie de Symi ou de la *souma* de Rhodes, distillée à partir de raisins et qui prend une couleur blanchâtre lorsqu'on la dilue dans de l'eau. L'abus d'alcool étant dangereux pour la santé, vous pourrez plutôt raisonnablement opter pour une boisson traditionnelle sans alcool, la *soumada* de Nissiros, préparée à base d'amandes.

DÉCOUVRIR

Eponges naturelles.

Souvenirs géologiques

Les îles du Dodécanèse, à la géologie unique, abritent quelques trésors d'origine volcanique que vous pourrez – en partie – rapporter chez vous. Insistons dès l'abord sur ce « en partie ». En effet, il n'est pas recommandé voire il est carrément interdit d'emporter les galets multicolores des plages de l'archipel, comme ceux de Lampi, à Patmos. Ils sont certes très jolis, mais ils sont surtout nécessaires pour contenir les affronts de la mer. Il en va de même avec les galets noirs des plages volcaniques de Nissiros : aucune interdiction formelle sur cette île, mais une éthique individuelle à respecter pour préserver l'environnement.

A Nissiros justement, les options de souvenirs volcaniques sont nombreuses. Vous trouverez toutes sortes de produits cosmétiques et thérapeutiques dans les boutiques de Mandraki qui feront de sympathiques cadeaux à offrir de retour de vacances. Vous pourrez également craquer pour des pierres ponces de Gyali, l'îlot-carrière au large de Nissiros.

Les fonds marins du Dodécanèse sont d'une richesse particulière, notamment autour de Kalymnos, l'île aux éponges de mer. Les Anciens attribuaient à ces animaux marins des vertus médicales et Kalymnos s'est développée autour de leur pêche et de leur commercialisation. Aujourd'hui, l'industrie périclite doucement, mais vous pourrez toujours y acheter ces produits naturels, héritiers d'un long savoir-faire local.

Artisanat et création

Autre témoin de traditions et patrimoines anciens, l'artisanat du Dodécanèse constitue de jolis cadeaux et souvenirs à rapporter d'un séjour dans l'archipel. A Karpathos, vous pourrez acheter toute une variété de foulards traditionnels aux mille couleurs. Ils sont encore portés par les dames d'Olymbos et à toutes les grandes célébrations de l'île, par toutes les générations. Craquez également pour la vannerie locale, qui s'éteint malheureusement petit à petit : les paniers réalisés à la main dans les villages comme Menetes sont d'une beauté touchante.

Un séjour à Kastellorizo ne saurait être complet sans un petit tour à Kaş, côté turc. Rendez-vous en Turquie le jour de marché et rentrez avec toutes sortes de trésors locaux : tissus, cotonnades, céramiques et tapis. Evidemment, si vous sortez de l'Union européenne pour rentrer chargé de produits turcs de valeur, vous devrez les déclarer. C'est le cas notamment des beaux tapis et kilims sur lesquels vous serez susceptible de craquer.

Parmi les belles pièces d'artisanat local, vous pourrez également vous offrir une icône de Patmos, l'île religieuse par excellence de l'archipel. L'art des icônes date de l'époque byzantine, et s'est maintenu dans les monastères de l'île. Aujourd'hui, deux ateliers à Skala proposent de belles icônes à l'achat et vous trouverez toutes sortes de souvenirs religieux dans les boutiques des monastères.

Enfin, à Rhodes, si vous vous intéressez aux objets d'art, regardez également dans les boutiques des grands musées qui recèlent les plus belles reproductions de bijoux, icônes et autres statues antiques. La création contemporaine propose aussi plein de belles choses donc n'hésitez pas à faire marcher l'économie locale en achetant bijoux et vêtements de créateurs grecs dans les ruelles de la vieille ville.

SPORTS ET LOISIRS

Rhodes et les îles du Dodécanèse offrent de multiples possibilités de loisirs, à commencer par l'indémodable baignade. Evidemment tourné vers la mer, l'archipel est LA destination balnéaire par excellence. On y pratiquera toutes sortes de sports nautiques dont la planche à voile et le kitesurf, de plus en plus apprécié, particulièrement à Rhodes, Kos ou Karpathos. Mais plongée sous-marine, ski nautique, wakeboard, jet-ski, bouées tractées, parachute ascensionnel ont aussi leurs adeptes. La randonnée attire également de nombreux amateurs au printemps et à l'automne. Par ailleurs, le pays est le berceau des Jeux olympiques et reste un lieu idéal pour l'exercice physique, la célébration des valeurs sportives et le culte du corps. Qu'il s'agisse de basket, de football, d'athlétisme, de volley ou de tennis, de golf, de navigation ... les Grecs sont de grands sportifs.

Des sports collectifs très populaires

Football. Dans toute l'Europe, les bouillants stades d'Athènes ont acquis une solide réputation. Le Karaïskakis qui accueille l'Olympiakos du Pirée ou le Stade olympique du Panathinaïkos promettent l'enfer aux visiteurs et le « derby des éternels ennemis » est toujours très chaud. Mais dans tout le pays, le ballon rond est une vraie folie. La Superleague Ellada (la 1re division) pulvérise les audiences télé et draine les parieurs dans les bureaux de l'Opap. La suprématie démographique de la capitale se ressent et plus de la moitié des clubs sont issus de l'agglomération d'Athènes. Si bien que seul le PAOK Thessalonique a créé la surprise en 2019, mettant fin à trente années de règne des Athéniens.
Du côté de l'équipe nationale, le principal fait d'arme de la sélection est sa victoire surprise lors de l'Euro 2004 (après avoir notamment éliminé la France en quart de finale).

Basket. Le basket-ball est l'autre grand sport populaire dans le pays et les deux clubs phares sont... le Panathinaïkos et l'Olympiakos ! La sélection, elle, a été championne d'Europe en 1987 et en 2005 et vice-championne du monde en 2006. Et aujourd'hui, l'équipe est portée par la nouvelle star de la NBA, née à Athènes, Gianni Antetokounmpo qui évolue à Milwaukee et qui a été élu meilleur joueur de la prestigieuse ligue pour la saison 2018-2019.

© BASTIANLINDER - ISTOCKPHOTO.COM

Planche à voile.

Des vacances actives

Sur (ou sous) l'eau. Le moins que l'on puisse dire, c'est que sur ces côtes de rêve, il y a de quoi faire pour en profiter ! La plongée sous-marine y est très pratiquée et les clubs nautiques sont légion et proposent jet-ski, ski nautique, wakeboard et toutes les activités nautiques possibles.

Sur terre. En Grèce, on peut profiter des grandes étendues naturelles pour pratiquer de nombreux sports, extrêmes ou non. Dans le Dodécanèse, la randonnée se développe de plus en plus à Tilos, Karpathos, Kassos ou encore Nissiros. Les îles cherchent à promouvoir ce nouveau type de tourisme qui allonge la saison au-delà des seuls mois de plein été, trop chauds pour pratiquer la randonnée. C'est par ailleurs une activité excellente pour découvrir des endroits moins visités et la faune et la flore endémiques. Enfin, Kalymnos est le temple de l'escalade grecque et on y vient de partout dans le monde pour s'attaquer à ses parois sur fond de mer Egée. Sublime !

Le tavli, le passe-temps préféré des locaux

Enfin, mention spéciale au tavli, une variante locale du backgammon et dont les Grecs raffolent. On y joue entre amis ou en famille à chaque fois que l'occasion se présente : au café, en terrasse, sur une place, au bord de la mer... Avec un petit café ou un ouzo, accompagné d'olives et de mezzés, un seul but : jeter les dés, ramener tous ses pions dans son camp et... recommencer une partie !

GASTRONOMIE

Rhodes est de loin l'île la plus grande et la plus peuplée de cet archipel où la cuisine mélange habilement légumes, poissons, fruits de mer, viandes, fromages avec une foule d'épices et d'herbes aromatiques savamment dosées pour préserver la saveur naturelle des aliments. Si on retrouve dans la région de nombreux classiques de la cuisine grecque, de la *moussaka* au *baklava* en passant par le *tzatziki* ou le *gyros*, chaque île a ses propres spécialités. Sans oublier bien sûr les vins qui comptent de nombreux cépages méconnus mais pleins de richesse et des liqueurs étonnantes comme l'ouzo dont les Grecs raffolent avec les *mezzedes*.

Les essentiels de la cuisine grecque

Bien que Rhodes et l'ensemble du Dodécanèse possèdent des spécialités qui leur sont propres, on retrouve évidemment des classiques de la cuisine grecque largement répandus dans le pays. Et cela fonctionne bien sûr pareillement pour le déroulement des repas. Si le petit déjeuner est souvent frugal, le déjeuner reste plus copieux. Tradition méditerranéenne oblige, il est pris plus tard qu'en France, souvent à partir de 14h voire jusqu'à 15h30. A part dans les restaurants destinés plus spécifiquement aux touristes, il n'est pas rare que les mets soient présentés dans de grands plats, les convives se servant ainsi dans leur assiette de petites portions de tout ce qui est sur la table : le sens du partage et de la convivialité à la grecque. Les desserts ne sont pas nécessairement consommés en fin de repas, mais plutôt au cours de la journée, avec un café par exemple. On dîne également tard entre 21h et 22h. C'est le moment gastronomique de la journée. Les touristes mangeant ainsi souvent plus tôt que les locaux, beaucoup de restaurants servent toute la journée. Comme dans le reste de la Méditerranée, les Grecs commencent les repas par des *mezzedes*. Comparables aux tapas espagnoles, les *mezzedes* (le pluriel de *mezze*) sont une habitude gastronomique méditerranéenne. C'est une partie du repas très conviviale : on cuisine divers plats qui seront disposés au centre de la table, laissant chacun choisir ce qu'il veut. Les fameux *tzatziki* et *tarama* ne sont pas les uniques délices. D'ailleurs les Grecs ne mangent du *tarama* qu'une fois par an, à Pâques, le lundi... Le reste de l'année, ce sont les touristes qui s'en chargent ! Les *mezzedes* s'accompagnent de quelques verres de vin local ou d'ouzo. L'ouzerie est un lieu spécialisé pour les amateurs d'ouzo, que l'on sert abondamment avec les *mezzedes*. Cette eau-de-vie à l'anis est servie glacée et souvent allongée avec de l'eau comme le pastis, dont le goût s'en rapproche. Parmi les *mezzedes* les plus connus, évoquons évidemment la fameuse *horiatiki* ou salade grecque à base de tomate, concombre, oignon, olive et feta, le tout couvert d'huile d'olive et d'origan. Ensuite vient le *tzatziki*, une délicieuse crème au yaourt, avec concombre, aneth et ail pilé. Il est d'ailleurs servi aussi bien comme hors-d'œuvre que pour accompagner des viandes grillées. Le *tarama* est une purée à base d'œufs de poisson fumés et d'huile d'olive. Ne vous étonnez d'ailleurs pas s'il est jaune pâle lorsqu'on vous le sert, c'est sa couleur naturelle. Les industriels français ont pris la mauvaise habitude d'y rajouter des colorants lui donnant une teinte rose fluo lorsqu'on l'achète au supermarché. On retrouve d'autres préparations crémeuses à déguster avec du pain comme le *mélitzanosalata*, un caviar d'aubergine citronné, ou le houmous qui, bien que d'origine arabe, compte parmi les *mezzedes* les plus appréciés en Grèce. Les inratables *dolmadakia* (ou *dolma/dolmades*) sont des feuilles de vigne en saumure farcies de riz et d'oignon, relevées d'aneth et de jus de citron. Elles sont servies chaudes ou froides. Les *kalamarakia tiganita* ou calamars frits sont au moins aussi populaires que le *htapothi sti skhara*, le fameux poulpe grillé au barbecue. Plus surprenants, les *tomatokeftedes* sont des croquettes frites à base de tomate parfumées de menthe et d'origan.

© ZI3000 - ISTOCKPHOTO.COM

Horiatiki.

DÉCOUVRIR

Garides me feta.

Enfin on déguste de nombreuses viennoiseries salées – qui sont d'ailleurs souvent mangées sur le pouce toute la journée – comme le *tiropita*, un chausson feuilleté en pâte filo fourré de feta, ou le *spanakopita*, garni d'épinards. Enfin pour finir, la feta *psiti*, ou feta au four, est rôtie avec quelques herbes et des tranches de tomate, le tout arrosé d'un filet d'huile d'olive. En plat principal, les grillades sont à l'honneur et elles constituent souvent une page entière dans les menus des restaurants grecs. Le *souvlaki* se présente sous la forme d'une grosse brochette de viande, le plus souvent de porc ou de poulet, mais aussi parfois de bœuf ou d'agneau. Dans le même genre, la *païdakia* désigne généralement des côtelettes d'agneau grillées et finement épicées, alors que les *keftédès* sont des boulettes de viande hachée parfumées d'oignon, d'origan, de menthe et d'aneth. En dehors des grillades, on observe un grand nombre de plats cuisinés comme la *moussaka* alternant viande hachée et aubergines confites, le tout nappé de béchamel et gratiné ou dans le même genre le *pastitsio* où les aubergines sont remplacées par des macaronis. Le terme *yemista* désigne différents types de légumes (notamment des poivrons et des aubergines) farcis de riz et de viande hachée et cuits au four. Le *stifado* est un copieux ragoût de bœuf – plus rarement de porc, de lapin ou même de poulpe – confit dans une sauce aigre-douce à base de vin, d'échalote et de cannelle. Côté *street food*, il est absolument impensable de passer à côté du fameux *gyros*, version grecque du kebab, composé d'un pain pita bien moelleux, garni de viande effilochée (porc ou poulet), de frites, de tomates, d'oignons et de *tzatziki*. Idéal pour les petits budgets, son prix dépasse rarement les 3 €. Avec environ 15 000 km de côtes – trois fois plus que la France –, il est indéniable que les produits de la mer jouent un rôle majeur dans la cuisine grecque. Encore plus sur les îles comme dans la région du Dodécanèse. Rouget, daurade, espadon, crevettes, poulpe et calamars constituent les classiques, le plus souvent servis grillés ou frits, délicatement assaisonnés et avec quelques quartiers de citron. On retrouve cependant des plats plus élaborés tel que le *psari plaki*, un poisson au four couvert d'un mélange de tomates et d'oignons confits ou encore les *garides me feta*, un plat de crevettes mijotées dans une sauce tomate et couvertes de feta émiettée. Les *psarotavernas* sont des restaurants spécialisés dans le poisson et les fruits de mer. Côté desserts, on termine souvent son repas par des fruits frais : pêches, melons, pastèques ou encore abricots, notamment en été où les températures parfois cuisantes appellent à un peu de fraîcheur. Parfois le repas peut aussi se conclure par un simple yaourt nappé d'un filet de miel avec quelques pistaches. Beaucoup de douceurs sont en réalité dégustées pendant la journée avec un café. Elles se composent notamment d'une base d'amandes, de pistaches ou de sésame, parfumées au miel, à la fleur d'oranger ou à la cannelle comme le *baklava*, un gâteau en forme de losange à base de pâte filo et de fruits secs – notamment des noix – et imbibé d'un sirop à la cannelle. Assez proche, le *kataifi* replace la pâte filo par des cheveux d'anges. Ce gâteau très sucré est également connu sous d'autres noms en Turquie et dans le monde arabe. Le *galaktoboureko* se compose également de pâte filo qui renferme une crème à base de lait et de sésame parfumée au citron. Il existe plusieurs spécialités liées aux fêtes religieuses comme la *koulourakia*, une brioche vanillée aux graines de sésame préparée pour Pâques. Enfin le café tient une place essentielle en Grèce. Le typique café grec (équivalent du café turc) n'est pas filtré, mieux vaut attendre quelques minutes pour que la couche de marc se dépose au fond de la tasse. Essayez-le sucré (*glyko*), sans sucre (*sketo*), moyen (*metrio*) avec du lait (*me gala*) ou sans lait (*choris gala*). Sinon le classique expresso est servi dans la plupart des bars et restaurants. Ne manquez pas la version glacée, parfaite pour se rafraîchir en été, le *freddo espresso*.

Les spécialités de la cuisine du Dodécanèse

Situé le long de la côté ouest de la Turquie, le Dodécanèse s'inscrit dans une tradition culinaire proche des autres îles de la mer Égée comme les Cyclades (Santorin, Mykonos, Naxos, etc.) et la Crète. Les pâtes longues que les Grecs renommeront *makarounes* (macaroni) sont aujourd'hui une spécialité de l'île de Karpathos. On trouve évidemment toutes sortes de *mezzedes*, comme le délicat *meliasti*, un croustillant chausson de feta enroulé dans de la pâte filo, nappé de miel et parsemé de graines de sésame. Le *pitaroudia* est une spécialité de Rhodes et se présente sous forme de croquettes moelleuses de pois chiches et d'herbes, souvent accompagnées de *tzatziki*. Les *simiako garidak*i, des bébés crevettes frites avec de l'ail, se mangent entières avec la carapace devenue très croustillante. C'est une entrée propre à l'île de Symi. Les plus courageux pourront s'essayer au *fouskes* ou violet, un fruit de mer extrêmement iodé dont la chair crémeuse et orange n'est pas sans rappeler le corail d'oursin. Sur l'île de Kalymnos, la chair est laissée à macérer dans un mélange d'eau de mer et d'huile d'olive en bouteille. Il prend ainsi le nom de *spinialo* et on le déguste avec un trait de jus de citron. Côté fromages, on peut citer le *kathoura* au lait de chèvre proche de la feta, servi en *mezze* avec un filet d'huile d'olive. Mais on retrouve également le *myzithra* un fromage ferme et blanc à la saveur très douce, peu salée, qui est aussi bien consommé en salé qu'en sucré. Il entre dans la fabrication par exemple des tartelettes de Patmos, originaires de l'île éponyme, qui sont fourrées d'un appareil composé de *myzithra* et de plusieurs autres fromages. Plus surprenant, le *krasotyri* est un fromage qui est préservé dans du vin. Une technique très ancienne qui existe toujours sur l'île de Kos, lui conférant une étonnante croûte brun rouge. Quelques plats principaux sont originaires du Dodécanèse comme le *giaprakia*, un plat de feuilles de chou et d'oignons farcis de viande hachée et cuits à l'étouffée. Le *kapamas* se présente sous la forme d'une pièce de viande de chèvre (cuisse, côte, etc.) garnie de riz et d'oignons confits, généreusement assaisonnée de cumin, cuite des heures jusqu'à ce que la viande soit fondante.

Fouskes.

© DZEVONIIA - ISTOCKPHOTO.COM

Le traditionnel Ouzo.

Enfin la *psarosoupa patmou* est une soupe de poisson garnie de légumes : pomme de terre, tomate, céleri, etc., que l'on trouve traditionnellement sur l'île de Patmos. Côté desserts on ne peut pas manquer le *melekouni*. C'est le nom du gâteau traditionnel de Rhodes, composé de sésame, de miel et d'amandes. Il se consomme lors des grandes occasions telles que les mariages, fiançailles, baptêmes et anniversaires. Il a une texture moelleuse et douce avec des arômes de zestes d'orange, de cannelle et de noix de muscade. Autrefois, au lieu d'invitations au mariage, on envoyait un petit *melekouni* en forme de diamant. L'*akoumia symiaka*, originaire de Symi, est une recette de beignets préparés avec une pâte de riz et imbibés d'un sirop à l'eau de rose. Plus croustillant, le *xerotigana* est enroulé en forme de spirale avant d'être frit puis généreusement saupoudré de cannelle, de graines de sésame et de noix hachées. Surprenant, le *misokofti* se situe entre le pudding et la pâte de fruit, à base de figue de Barbarie, un cactus très abondant sur les îles grecques.

De l'ouzo et du vin

Parmi toutes les liqueurs grecques, l'ouzo occupe une place centrale. Il se consomme généralement à l'apéritif. On peut le boire sec avec un glaçon ou le diluer dans de l'eau glacée, qu'il rendra laiteuse comme du pastis. Parfumé à l'anis, il titre généralement aux alentours de 40°. Dans un restaurant, il est souvent moins cher de commander une petite bouteille pour deux ou trois personnes plutôt que de prendre des verres séparés. Une autre liqueur plus étonnante, l'*arbaroriza*, se prépare à base de feuilles de géranium odorant. Le *tsikoudia* (ou *tsipouro*) à base de marc de raisin est certes originaire de Crète mais est très populaire dans le Dodécanèse. Assez proche, le *metaxa* est une liqueur de raisin également parfumée de rose et d'herbes aromatiques, originaire de l'île de Samos au nord du Dodécanèse. Enfin la *mastiha* est une liqueur à base de résine de mastic, un arbre proche du pistachier. La Grèce en général produit des vins de table tout à fait corrects. Le *retsina* est le vin de table par tradition. Dans l'Antiquité, les jarres étaient enduites de résine pour améliorer leur étanchéité. Cette coutume a été perpétuée, conférant au vin ce petit arrière-goût résiné très spécial. Une grande gamme de vins rouges, rosés et blancs se retrouve à Rhodes, comme par exemple le *zacosta*, vin rouge et sec de la variété *amorgiano*, l'*archontiko*, avec *mandilaria* et grenache rouge. En rosé, on ne peut pas rater le *rouvinio*, issu du vignoble montagneux. En blanc, on conseille un *villaré*, 100 % *athiri*, ou encore le *rodos* 2400. A noter que tous les vins (même les blancs) sont souvent servis à température ambiante. Enfin, Rhodes produit de nombreux vins pétillants et des liqueurs. Ses amphores, ornées du dieu soleil, se retrouvaient dans chaque port de la Méditerranée et de la mer Noire. Et son vin blanc, de cépage *athiri*, a contribué à la réputation de l'île. Ils étaient particulièrement renommés au Moyen Âge et appréciés par les Chevaliers de l'ordre de Saint-Jean. Aujourd'hui encore, de grandes sociétés vinicoles, Cair et Erop-Emery, produisent un vin 100 % *athiri*. Le *villaré* blanc de blanc en est le plus parfait exemple. Ce vin sec porte le nom d'un chevalier français de l'ordre de Saint-Jean de Rhodes et de Malte. Les meilleures tables de l'île proposent à leurs cartes ce vin ainsi que l'*Ilios*, l'autre star de Rhodes. Ils se marient parfaitement avec le poisson, les fromages raffinés, les desserts.

AGENDA

Le calendrier du Dodécanèse est d'abord rythmé par de grandes célébrations religieuses : certaines sont communes à l'ensemble du monde grec et orthodoxe comme Pâques, la Dormition et l'Epiphanie, et sont des repères incontournables. Mais d'autres fêtes religieuses célèbrent des saints locaux ou des traditions parfois très spécifiques à une île. Ces célébrations locales, les *panigyria*, rassemblent toute une île autour de grands banquets partagés et de chants et danses traditionnels qui durent parfois plusieurs jours. Au-delà de ces fêtes religieuses, les grands événements qui marquent le calendrier de l'archipel commémorent des dates historiques et politiques, au niveau national ou local. Beaucoup plus solennelles, ces festivités sont moins l'occasion de grandes réjouissances. Enfin, les festivals d'ordre culturel commencent à se développer, avec des festivals de cinéma, de musique ou de spectacle de rue qui animent la saison touristique.

FETE DE LA SAINT-BASILE

1er janvier.

En Grèce, les fêtes de fin d'année (Noël et Jour de l'An) sont célébrées pour la Saint Basile, soit le 1er janvier. C'est à cette occasion que le « père Noël orthodoxe », Agios Vassilis, offre des cadeaux aux enfants grecs qui font le tour des maisons en chantant des *kalanda*. On déguste la *vassilopita*, brioche parfumée à la fleur d'oranger à l'intérieur de laquelle on cache un *flouri*, une pièce de monnaie : celui qui tombe dessus aura la chance pour lui le restant de l'année. Traditionnellement, on offre les 4 premières parts à Dieu, Jésus, la Vierge et la maison.

FETE NATIONALE

25 mars.

Le 25 mars est la fête nationale grecque : on commémore le début de la guerre d'indépendance contre l'Empire ottoman, lancée symboliquement le 25 mars 1821. C'est un jour férié dans tout le pays et l'occasion de nombreux défilés dans toutes les îles, où se retrouvent les trois piliers « de la gloire nationale » : l'armée, l'école et l'Eglise. Dans les îles du Dodécanèse, toujours méfiantes voire carrément hostiles vis-à-vis de la Turquie, c'est souvent l'occasion de discours nationalistes peu réjouissants. C'est un grand moment patriotique et solennel.

ÉPIPHANIE

6 janvier.

Dans le rite orthodoxe, l'Epiphanie célèbre non pas l'adoration de l'Enfant Jésus par les Rois mages comme dans le rite chrétien d'Occident, mais le baptême de Jésus dans les eaux du Jourdain par saint Jean-Baptiste. On l'appelle Théophanie. Dans toutes les îles du Dodécanèse, le pope procède à une bénédiction des eaux et lance une croix dans les mers. Des plongeurs peu frileux ou très croyants, notamment à Symi et à Kalymnos mais aussi ailleurs, sautent alors à la mer pour tenter de récupérer la croix sacrée. Des processions sont organisées.

PÂQUES

Les prochaines Pâques orthodoxes auront lieu les 24 avril 2022 et 16 avril 2023.

La plus grande fête religieuse grecque, dont la date varie chaque année, est l'occasion de plusieurs jours de fête et de recueillement. Au programme : une semaine au ralenti, rythmée par les célébrations religieuses avec notamment la procession de l'epitafios le vendredi et la messe du samedi soir, suivie d'un grand repas et de la lamayiritsa (une soupe d'abats). Il est particulièrement intéressant de visiter Patmos où se tiennent les célébrations les plus solennelles, avec reproduction de la Cène et lavement des pieds le Jeudi saint.

MEDIEVAL ROSE FESTIVAL

RHODES VILLE

www.medievalfestival.gr

Dernier week-end de mai.

Depuis une quinzaine d'années, le dernier week-end de mai est l'occasion d'une grande célébration médiévale dans la vieille ville de Rhodes. Trompettes et costumes sont de sortie, on assiste à des concerts de chants médiévaux, des démonstrations d'armes et des défilés. C'est l'occasion de faire revivre un peu de la période des Chevaliers de l'ordre de Saint-Jean de Jérusalem ! Dans la ville médiévale, des stands de nourriture sont montés aux coins des rues pavées et les grandes festivités prennent possession des fossés et douves devant la Porte d'Amboise.

PANIGYRIA DE JUILLET

Les îles du Dodécanèse célèbrent toute une série de saints, patrons et coutumes religieuses locales au cours de *panigyria* autour de banquets, chants et danses traditionnels. Ainsi, le 17 juillet on célèbre la sainte patronne de Leros, Agia Marina, dans le port qui porte son nom, au cours de deux jours de festivités. Le prophète Elie est célébré le 19 juillet sur toutes les îles ou presque, tandis qu'à partir du 25 juillet vous pourrez célébrer saint Panteleimon au monastère du même nom, sur l'île de Tilos, pendant trois jours.

HIPPOCRATIA FESTIVAL

KOS VILLE

Juin-octobre.

Depuis près de 30 ans, l'île de Kos accueille son plus important festival culturel de l'année, de début juin à fin octobre : le Hippocratia Festival. Le serment d'Hippocrate, grande figure historique de l'île, est traditionnellement déclamé tandis que concerts, lectures, rencontres sportives, foires gastronomiques, célébrations religieuses et spectacles antiques ou modernes se succèdent pendant presque toute la saison touristique. La plupart des événements de Kos-ville se tiennent dans le château médiéval ou sur la place Eleftherias, mais toute l'île participe.

COMMÉMORATION DES MARTYRS JUIFS

23 juillet.

Le 23 juillet 1944 marque la date de la déportation de la communauté juive de Rhodes et de Kos à Athènes puis à Auschwitz. Pendant trois jours, on commémore cet événement tragique, dont à peine 10 % de la communauté est sortie vivante. A Rhodes, une cérémonie de mémoire est organisée sur la place des Martyrs juifs, suivie d'une procession dans l'ancien quartier juif, jusqu'à la synagogue où un service religieux est tenu. Des tables rondes et des projections sont aussi organisées.

LE RETOUR À KASTELLORIZO

19 juillet.

Le 19 juillet, une tradition très particulière se perpétue d'année en année dans le port de Kastellorizo : des gens tout habillés se jettent à l'eau pour commémorer le retour des habitants sur l'île après son évacuation pendant la guerre d'indépendance nationale. L'histoire raconte que le pope, qui resta seul sur l'île pendant la durée de cette évacuation, se jeta - de joie ! - dans les eaux du port lorsqu'il vit les habitants revenir. C'est l'occasion de grandes célébrations et de rites où toutes les générations se retrouvent dans l'eau du port.

INTERNATIONAL FILM FESTIVAL PATMOS

Fin juillet.

Pendant une semaine, à la fin juillet, Patmos accueille un festival de cinéma international. Des réalisateurs, des scénaristes et des comédiens viennent participer à des conférences et des projections. Des films d'auteurs contemporains, à la fois des fictions et des documentaires, sont projetés dans le cinéma en plein air aménagé pour l'occasion dans la cour de l'école, à Skala. C'est un moment un peu magique et d'une douceur incroyable, d'être au cinéma sous les étoiles...

www.petitfute.com
1er site d'information touristique
GUIDES DE VOYAGE
ADRESSES ET AVIS
EXPÉRIENCES
IDÉES DE SÉJOURS
JEUX CONCOURS
BONS PLANS
PLUS D'INSPIRATION SUR
petit futé

DORMITION

Le 15 août.

La Dormition de la Vierge célèbre, chez les orthodoxes, ce que les catholiques appellent l'Assomption de la Vierge Marie. Il s'agit de l'une des fêtes les plus importantes du calendrier religieux, mais également du calendrier laïc puisque le 15 août lance les grandes vacances estivales des Grecs. Chaque île promet son lot de festivités, avec de grandes panigyri (festins, musique, danses traditionnelles) organisées là où une église ou un monastère est dédié à la Vierge, soit à peu près partout. Toutes les familles se retrouvent pour cette grande célébration.

PANIGYRIA DE SEPTEMBRE

Les panigyria de l'été ne s'arrêtent pas à la fin août mais continuent pendant une partie de l'automne. Ainsi le 2 septembre, une grande célébration se tient au monastère Agios Mammas, sur les hauteurs de Fri, sur l'île de Kassos. A Astipalaia, on célèbre le saint patron de l'île, saint Anthimos, le 3 septembre : une icône du saint est montrée en procession dans les rues de Chora. Le 17 septembre, on célèbre toutes les Sofia, à Karpathos. Beaucoup de femmes karpathiotes ont reçu ce nom en baptême, d'où l'importance des panigyria locaux en l'honneur de la sainte.

PANIGYRIA D'AOÛT

Le mois d'août offre le pic des festivités religieuses dans les îles du Dodécanèse, pas seulement parce qu'on y vénère la Vierge, le 15 août, mais également pour toute une série d'autres saints et prodiges locaux dont l'icône miraculeuse de Panagia tou Harou, qui donne lieu à deux jours de célébrations à Lipsi (22 et 23 août). La célébration de la décapitation de saint Jean-Baptiste (29 août) est un autre temps fort, notamment au monastère Agios Ioannis de Halki, et dans l'église troglodyte de Vrokounda (la plus grande célébration de Karpathos, qui dure trois jours).

KALYMNOS CLIMBING FESTIVAL

climbingfestival.kalymnos-isl.gr

Début ou mi-octobre.

Au début ou à la mi-octobre (variable selon les années), tous les meilleurs grimpeurs d'Europe et du monde se retrouvent sur l'île de Kalymnos pendant une petite semaine pour participer à l'un des meilleurs et des plus reconnus festivals d'escalade qui soient. Au-delà des ascensions entre professionnels, des formations et stages sont organisés pour tous et des événements culturels ponctuent le festival : concerts, projections, tables rondes, danses, etc. Chaque année propose quelque chose de nouveau ou de différent par rapport à l'année précédente.

FESTIVAL DE MUSIQUE SACRÉE

Fin août et début septembre.

Le Festival de Musique Sacrée se tient sur l'île de Patmos depuis presque 20 ans et dure une petite semaine, entre la fin août et début septembre. L'entrée est gratuite et la programmation accueille des chorales et artistes du monde entier. Les représentations ont lieu dans l'amphithéâtre en plein air à côté de la Grotte de l'Apocalypse, ce qui rajoute à la solennité et à la magie de l'événement. C'est un régal musical, à ne pas rater si vous êtes de passage.

FÊTE DU MONASTÈRE PANORMITIS

Le 8 novembre.

Le 8 novembre a lieu la plus grande célébration religieuse de l'île de Symi, au monastère Saint-Michel, dans le village de Panormitis. Saint patron des marins et de Symi, l'archange Michel est vénéré par tous les habitants de l'île, mais également au-delà car le monastère est un lieu de pèlerinage international, réputé pour ses miracles. Le jour du 8 novembre, toute l'île s'y retrouve pour une journée de processions, célébrations, banquets, musique et danses.

RHODES

Avec ses 1 400 km², ses 220 km de côtes et ses 120 000 habitants, Rhodes est une île de légendes. Quatrième île grecque par la taille, île principale du Dodécanèse, elle attire chaque année plus d'un million de touristes. Eté comme hiver, la vedette du Dodécanèse jouit d'un climat exceptionnel : avec 300 jours de soleil par an, c'est l'île la plus chaude de Grèce. Rhodes offre un patrimoine unique, une gastronomie extrêmement riche et des plages splendides. Les amateurs de farniente seront comblés, mais ils passeront à côté de l'essentiel : la nature et les recoins cachés de l'arrière-pays, les sites historiques d'exception, la cité médiévale de Rhodes-ville, les activités sportives... L'île-satellite de Halki, discrète et sauvage, réjouira les visiteurs en quête de découverte et de calme.

Rhodes
vers KARPATHOS
vers KOS
vers HALKI
vers KASTELLORIZO
Nissea Alimiá
RHODES
Kremasti
IALYSSOS
Koskinu
KALLITHEA
Paradission
THEOLOGOS
Soroni
Meritsa
Kalamaon
FALIRAKI
LADIKO
Kalavarna
Psinthos
480 m.
AFANDOU
Mandrikon
KAMIROS
PROFITIS ILIAS
Eleusa
Archipolis
798 m.
Apollona
EPTA PIGES
Kolymbia
Kritinia
TSAMBIKA

Malon
Charakion
Aj.Isidoros
Akra Armenistis
825 m.
Siana
Laerma
MONOLITHOS
Istrios
Kalatos
LARDOS
LINDOS
Pefki
Asklipiion
Apolakia
Vation
Akr Lárdos
Jennadion
563 m.
MESSANAGROS
Lachania
Kattavia
VERS PRASSONISSI
10 KM
Akr Prassonision

Papagou
PALAIS DU GRAND MAÎTRE
MUSÉE DES ARTS DÉCORATIFS
Plateia Symis
Pyli Agiou Antoniou
RUE DES CHEVALIERS
Ippoton
Ierokleous
NIKOS TAKIS FASHION HOTEL
AVALON BOUTIQUE HOTEL
CATHÉDRALE NO
DAME DU CHÂTEA
Ipparchou
Panetiou
Morfeos
TOUR DE L'HORLOGE
Theofyliskou
MAMA SOFIA
Iasonos
Agisandrou
Apellou
Protoge
Polydorou
10 GR HOTEL & WI
MEVLANA
Apolloniou
Lysia
TA PETALADIKA
Sokratous
Deinokratous
Timokreontos
LINDOS GARDEN RESTAURANT
Ergeiou
TO MAROULI
Xenofontos
Archelaou
Menekleous
Plato
MARCO POLO MANSION
Alkaou
MOZAIK
CASUAL BAR
Zinonos
Diokleous
Simonidou
ROMIOS
RESTAURA
Alexandridou
Antiotheiou
Antheou
Ippodamou
ALLEGORY BOUTIQUE HOTEL
Andronikou
Aischylou
Agiou Fanouriou
SAINT NIKOLIS
BOUTIQUE HOTEL
MAGIA
NIKI'S HOTEL
Kallixenous
Omirou
Timachida
Omirou
Filita
Omirou
CASA MARILYN
Epicharmou
MEDIEVAL INN
Ifaistou
Irodotou
Ep. Odos 4-Rodou-Faliraki
Filellinon

Vieille ville
BOURGOS
Akti Sachtouri
Aristotelous
S HOTEL
IAKOVOS HANDMADE SANDALS
Rodiou Konst.
EL FRENCH BAR
VERANDA
Lysippou
Martyron Evraion
PLACE MARTYRON EVREON
SKARPETIS
Minoos
HATZIKELIS SEAFOOD RESTAURANT
Perikleous
Dosiadou
Vyzantiou
CAVA D'ORO BOUTIQUE HOTEL
F&T TSAGARIS
Thiseos
Kisthniou
Gavriil Sol. Alchadef
Feidiou
Simmiou
SPOT HÔTEL
RHODES JEWISH MUSEUM
Ikarou
HOTEL
OH DEER ME
Dimosthenous
Dionysiou
Gavala
Pythagora
Praxitelous
Perikleous
Tavriskou
Tlipolemou
Ekatonos
Kleisthenous
Perikleous
Nikiou
Irinnis
Eirinis
SAINT MICHEL HOTEL
Kimonos
Archiepiskopou Efthymiou
A ROSSA
Agiou Ioannou
Pyli
100 M

AQUARIUM
Kasou
Astypalaias
Nisyrou
Kalymnou
Plateia Charitou Gavriil
Tilou
BELLEVUE SUITES
Pserimou
Patmou
Kastellorizou
Chalkis
Lerou
Papanikolaou G
Kathopouli
Kazouli Ioanni
Akti Miaouli
Orfanidou
Stratigou Griva G.
Amarantou
Iroon Polytechneiou
Kritis
Leontos Georgiou
Dragoumi Ionos
KOUKOS
Mandilara Nikiforou
Apolloniou Rodiou
Dilmperaki
TRATTORIA MEDITERRANEO
OI KELLIDES
TAMAM
28is Oktovriou
VILLA SANYAN
STAY HOSTEL RHODES
Erythrou Stavrou
Diakou Alexandrou
Ammochostou
Venizelou Sofokli
Akti Kanari
Athanasiadi Manoli
Parodiakou Syllogou Amerikis
Zervou A.
Valaoriti Aristoteli
Metaxa Ioanni
Pier Kai Mari Kiouri
DROSOULITES RA
Flemigk Alexanter
Arkadiou
Aimodoton
Ethelonton
Papalouka
WONDER RESTAURANT

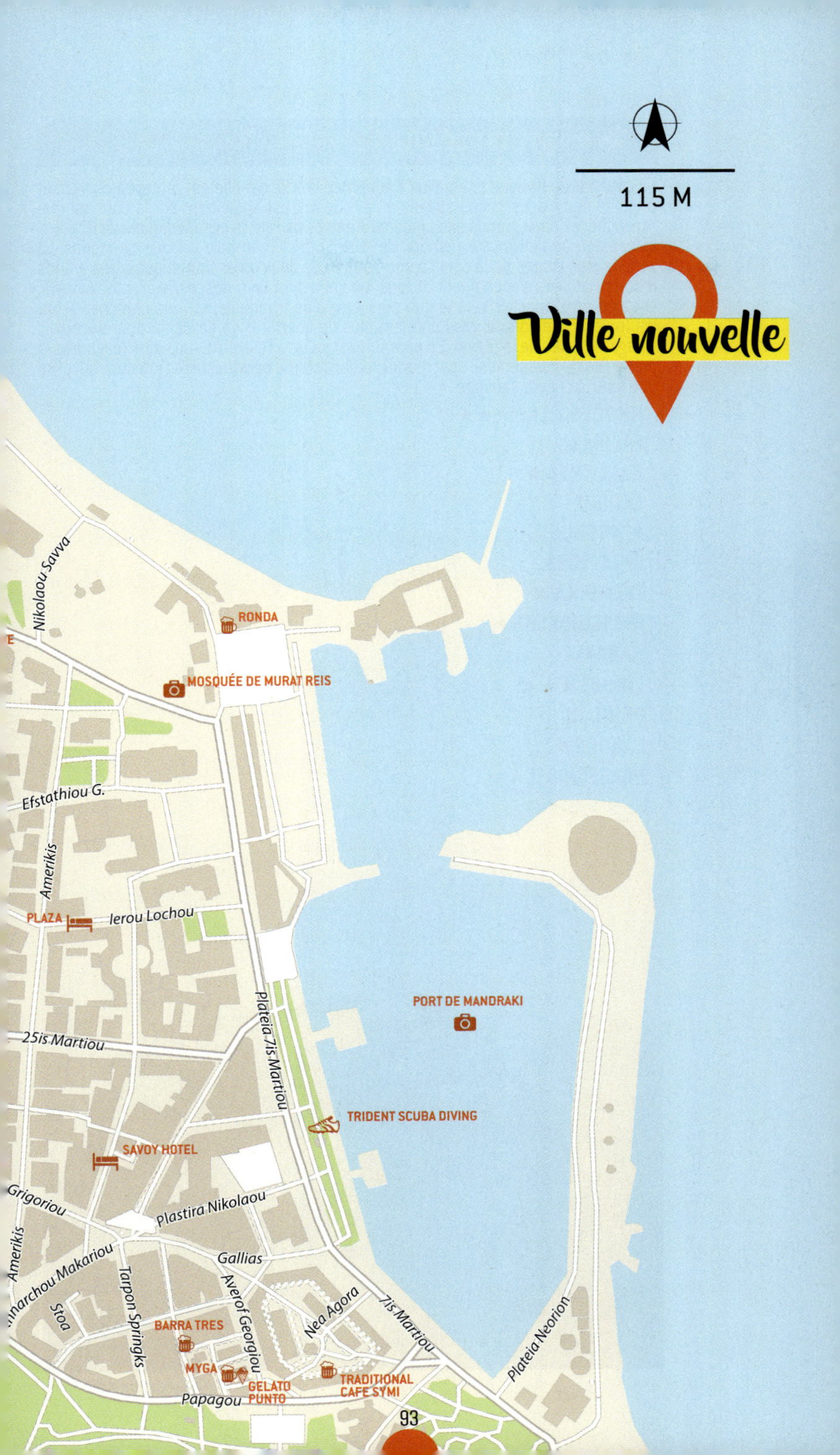
115 M
Ville nouvelle
RONDA
MOSQUÉE DE MURAT REIS
Nikolaou Savva
Efstathiou G.
Amerikis
PLAZA
Ierou Lochou
Plateia 7is Martiou
PORT DE MANDRAKI
25is Martiou
TRIDENT SCUBA DIVING
SAVOY HOTEL
Grigoriou
Plastira Nikolaou
Gallias
Amerikis
Tarpon Springks
Averof Georgiou
Nea Agora
7is Martiou
Plateia Neorion
Stoa
BARRA TRES
MYGA
GELATO PUNTO
TRADITIONAL CAFE SYMI
Papagou

PAGES

●● CÔTE EST DE L'ÎLE

La côte est de Rhodes est la plus fréquentée de l'île car elle est protégée du vent et propose des plages moins agitées qu'à l'ouest. C'est également sur la côte est que l'on visite les deux grands sites incontournables de l'île : la cité médiévale de Rhodes-ville, listée au Patrimoine mondial de l'UNESCO, et l'acropole antique de Lindos. La zone la plus visitée de la côte se situe entre ces deux pôles touristiques : les grands *resorts* hôteliers s'enchaînent et tous les sites sont bien desservis en bus. Au-delà, vous pourrez pousser vers le sud pour être plus tranquille, si vous cherchez à fuir les foules : une voiture vous donnera plus de liberté et de flexibilité pour découvrir villages et sites de la région. En poursuivant jusqu'à l'extrême sud, vous rejoindrez la presqu'île de Prassonissi, spot mondialement connu de windsurf et kitesurf, qui offre une nature encore sauvage.

RHODES

© CHRISS73 - ISTOCKPHOTO.COM

Forteresse de Monolithos.

PAGES

144 ## ●● CÔTE OUEST DE L'ÎLE

La côte ouest de Rhodes est relativement plus préservée que la côte est. Entre le centre-ville de Rhodes et l'aéroport s'enchaînent les hôtels et *resorts* mais, au-delà, vous entrerez dans une campagne riche en surprises. La côte ouest est exposée aux vents, ce qui peut parfois gêner la baignade mais donne l'avantage de plages isolées, boudées des touristes. Aussi, de nombreux sites d'intérêt historique parsèment le littoral, comme les sites antiques de Ialyssos et Kamiros, ou les forteresses de Kritinia et Monolithos. Lorsque le soleil se couche vers l'ouest, les panoramas prennent une autre envergure encore. Les bus desservent moins facilement cette côte : pour vraiment en profiter, nous vous conseillons de louer une voiture.

148 ## ●● CENTRE DE L'ÎLE

Bienvenue dans le cœur vert, montagneux, authentique et préservé de la vie rhodienne ! C'est ici que la nature reprend ses droits sur les Hommes et le tourisme parfois ravageur des côtes et des plaines : le poumon vert de Rhodes est d'une richesse foisonnante, la faune et la flore s'y épanouissent librement et l'agriculture y est reine. Quelques villages tranquilles ponctuent le centre de l'île mais semblent un peu endormis, loin de l'agitation des côtes. On vient ici pour se ressourcer, loin du bruit et du monde, et pour découvrir un visage peu connu de Rhodes. Le cœur de l'île n'étant pas vraiment desservi par les réseaux de bus, il vous faudra louer une voiture pour découvrir cette région.

149 ## ●● HALKI

Avec ses 28 km² et ses quelque 480 habitants, Halki semble oubliée des touristes internationaux : il s'agit surtout d'une destination de vacances ou de week-end pour les habitants de Rhodes. Bon nombre de Rhodiens possèdent en effet une résidence secondaire sur l'île qui, résultat, est très dépendante de son imposante voisine. Autre conséquence pour le visiteur : Halki est relativement pauvre en hôtels et infrastructures touristiques d'accueil. Pourtant, l'île commence à attirer de plus en plus de visiteurs, notamment au moins d'août, quand sont organisées de grands *panigyria* et festivités traditionnelles. Si le port de Nimborio, seul village habité de l'île, donne une impression de calme mélancolique avec ses maisons délaissées, de plus en plus de villas néoclassiques sont rénovées et louées aux touristes de passage, en période estivale. Cette île discrète et sauvage n'en est qu'aux prémices du développement touristique et c'est peut-être tant mieux. Depuis 2021, l'île opère un tournant majeur dans la production d'énergie verte et se dédie à un tourisme plus respectueux de l'environnement. Il est temps de soutenir ces efforts, au moins pour une excursion depuis Rhodes.

La ville médiévale de Rhodes.

RHODES VILLE ★★★

La cité médiévale se situe en plein cœur de Rhodes-ville : cernée par la ville nouvelle et le port, elle est fortifiée de murailles impressionnantes, percées de grandes portes. La plus majestueuse est la porte d'Amboise, principale porte d'entrée à la cité. Passer ces fortifications transporte instantanément le voyageur aux temps des Chevaliers de l'ordre de Saint-Jean de Jérusalem, ses occupants les plus souvent nommés. Mais très vite, d'autres strates d'un passé mouvementé surgissent. Aujourd'hui, la cité est l'un des bijoux les plus précieux du bassin méditerranéen : elle a traversé les siècles, se nourrissant d'influences variées au fil des occupations successives, avant de nous parvenir, riche d'une histoire millénaire.
Vous y découvrirez une ambiance toute particulière, riche de milliers d'histoires, et vous admirerez des palais du XIVe siècle, des mosquées ottomanes, des églises byzantines, profiterez de petites places animées, découvrirez le quartier juif et sa belle synagogue... Un mélange d'Orient et d'Occident, d'une richesse inégalée.
Dans la nouvelle ville, le béton domine. Mais l'occupation italienne (1912-1943) a marqué une époque faste pour l'architecture et l'urbanisme de la ville aux portes de la cité médiévale. Les Italiens ont eu le temps de faire un effort de conservation et d'excavations conséquent. Dans la ville nouvelle, on leur doit la préservation d'anciennes demeures néoclassiques, au style coloré typique du XIXe siècle. Les grands bâtiments administratifs ou publics qui nous viennent de la période fasciste confèrent un charme à la ville nouvelle, par ailleurs grouillante de vie, et intéresseront les passionnés d'architecture. C'est dans ces quartiers que vous trouverez la Rhodes authentique, celle des locaux. Les plus grands hôtels de la capitale se trouvent dans cette partie de la ville, mais aussi les meilleurs restaurants, les plus grands magasins et les lieux de sortie et d'attractions comme le casino, dans l'historique Grand Hôtel des Roses. C'est également là que se situent les grandes plages qui semblent infinies : la ville moderne est finalement très agréable.

Se loger

Ceux qui voudront être au cœur du patrimoine culturel et historique de Rhodes choisiront un hôtel dans la vieille ville. Un mot d'avertissement cependant : les taxis et les voitures n'ont qu'un accès très restreint au sein des remparts. Vous aurez donc à traîner vos valises sur les pavés centenaires. Pour ceux qui préfèrent vivre au rythme de la ville et de ses habitants, optez pour un hôtel dans la nouvelle ville. Vous profiterez aussi d'un accès facilité aux plages de Rhodes. Vous trouverez de quoi vous régaler dans la vieille ville ainsi qu'en dehors des murailles. Les restaurants les plus authentiques, ceux où se rendent les locaux, se situent surtout dans la nouvelle ville.

Sortir

La vieille ville offre de nombreuses options pour prendre un café en journée ou l'apéro avant de dîner, la place Arionos en tête. Mais c'est surtout dans la nouvelle ville que vous rencontrerez le plus de cafés et de bars. Proche de la vieille ville, la rue Theodoraki et le Nouveau Marché sont piétonniers et envahis de terrasses.

Shopping

Dans la vieille ville, vous découvrirez beaucoup de boutiques de souvenirs de mauvaise qualité : les rues les plus fréquentées autour de Sokratous et Aristotelous offrent une succession de boutiques de bijoux fantaisie, sandales et sacs en mauvais cuir, et gadgets criards. En vous éloignant un peu, vous trouverez quelques belles boutiques authentiques. Dans la nouvelle ville, les grandes enseignes internationales de prêt-à-porter se concentrent au niveau des artères 28 Oktovriou et 25 Martiou. A noter, la rue Tarps Springs abrite un grand nombre de beaux magasins de chaussures. C'est ici que vous trouverez des modèles contemporains et fabriqués en Grèce.

Transports

Très éloignée de la Grèce continentale, Rhodes se révèle difficile à atteindre par mer depuis Athènes (15 heures de ferry au minimum). En revanche, c'est une île très bien desservie par les compagnies aériennes grecques et internationales, notamment en saison. En effet, pendant la période estivale, un grand nombre de vols directs (charters ou non) sont proposés depuis les grandes villes d'Europe du Nord et de l'Est, mais aussi depuis la Russie ou la Turquie. Une fois à Rhodes, vous pourrez rayonner en avion ou en bateau vers le reste du Dodécanèse, les îles du Nord de la mer Egée, les Cyclades de l'Est et la Crète. C'est une excellente base pour découvrir d'autres îles grecques.

▸ **L'aéroport de Diagoras (www.rho-airport.gr)** est situé à 16 km du centre-ville et relié par des taxis (course à 25 €) et des bus qui circulent d'environ 5h à 23h toute l'année (comptez 2,50 €, billet à acheter dans le bus). Pendant la haute saison, l'aéroport accueille plus de 50 vols par jour. Les liaisons aériennes avec l'île sont devenues moins chères et plus nombreuses en été au fil des ans :

Vols directs depuis la France. EasyJet propose des vols directs entre Paris Orly et Rhodes, une à deux fois par semaine en saison (juin à août), tout comme Transavia (mai à octobre). Depuis 2021, Air France propose 4 vols par semaine en juillet et août. Il faut compter 3h45 pour un Paris-Rhodes.
Vols Athènes-Rhodes. Hors saison, et même parfois en pleine saison, vous devrez sûrement faire escale à Athènes. Olympic Air, Sky Express et Aegean Airlines assurent plusieurs liaisons quotidiennes toute l'année, de manière accrue en été. Il faut compter 1 heure pour un Athènes-Rhodes.
Vols Rhodes-Dodécanèse. Olympic Air assure des vols locaux depuis Rhodes toute l'année. En été, la compagnie propose un à deux vols par jour pour Karpathos et Kassos (45 min et 1h10 environ), et plusieurs vols par semaine pour Kastellorizo (40 min) et Kos.
Liaisons avec les autres îles grecques. Depuis Rhodes, des vols saisonniers Olympic Air et Sky Express desservent la Crète et Samos.

Le port de Rhodes connaît une activité continue et s'étend entre la marina de Mandraki et les docks du nouveau port :
Athènes-Rhodes. De grands ferries effectuent quotidiennement la traversée entre Le Pirée et Rhodes. Le prix d'une cabine correspond à peu près au même tarif qu'un billet d'avion mais le voyage dure environ 15 heures selon le nombre d'escales prévues. Ce n'est a priori pas une solution intéressante, à moins d'aimer vraiment le bateau mais les occasions ne manqueront pas si vous prévoyez de visiter plusieurs îles de l'archipel pendant votre séjour.
Rhodes-Dodécanèse. Il existe deux compagnies principales qui desservent les îles du Dodécanèse au départ de Rhodes. Les Blue Star Ferries se rendent jusqu'au Pirée et prennent à la fois passagers piétons et voitures toute l'année. Les catamarans de Dodekanisos Seaways sont plus rapides mais ne prennent pas de voitures et ne fonctionnent qu'en saison. Ils desservent toutes les îles du Dodécanèse. Par ailleurs, Halki est desservie plusieurs fois par jour depuis le port Kamiros Skala, à 40 km, sur la côte ouest.

Une fois sur place, vous trouverez sans peine des compagnies de location de voitures, dès votre arrivée à l'aéroport ou dans la ville nouvelle, avec Orion, Hertz, Avis, Budget, etc. D'autre part, certains grands hôtels proposent leurs propres services de location de voitures. Faites attention sur la route. Les locaux ont peu de patience pour les touristes en goguette : leur conduite peut être un peu nerveuse. Aussi, les limites de vitesse sont rarement respectées, par les taxis notamment. L'axe aéroport-Rhodes-ville est particulièrement dangereux. Pour visiter la ville de Rhodes, vous n'aurez aucun besoin de louer une voiture.

Les bus KTEL et RODA desservent l'ensemble de l'île et de la ville : la station centrale est située à l'arrière du Nouveau Marché (Nea Agora). Vous y trouverez les horaires et pourrez acheter vos billets au kiosque, avant de monter dans le bus. Les destinations principales comme Lindos et les plages touristiques sont desservies environ toutes les demi-heures en été et toutes les 1h30 hors saison. Le réseau de bus est partagé entre deux sociétés, la KTEL (www.ktelrodou.gr) et la RODA (www.rodospublictransport.gr) : la première dessert la côte est de Rhodes, et la seconde l'aéroport et la côte ouest. En pleine saison, les bus peuvent être bondés et les horaires ne sont pas respectés à la lettre. Rendez-vous à l'avance à la station pour être sûr d'avoir une place et de ne pas rater le bus. Si dans la cohue vous n'êtes pas sûr d'être dans le bon bus, n'hésitez pas à demander confirmation au chauffeur, la plupart parlent anglais.

Les tarifs des taxis sont établis soit par forfait pour des destinations hors du centre-ville, à confirmer avant la course, soit au mètre dans la ville de Rhodes. Un panneau bien en vue aux différentes stations de taxi indique le tarif des destinations courantes, de 8 € pour Ixia à 65 € pour Lindos. Une course pour l'aéroport coûte 25 €. Si vous voulez réserver un taxi à la journée, il vous faudra négocier. De manière générale, établissez bien le mode de tarification avant de monter (forfait ou taximètre). Le plus souvent, votre hôtel pourra réserver un taxi pour venir vous chercher/déposer à l'aéroport ou au port, ils travaillent avec des chauffeurs de confiance. Les tarifs pratiqués sont souvent les plus intéressants. Radio-taxis : tél. +30 22410 66555 ou +30 22410 69800.

ORION CAR RENTAL

38 Georgiou Leontos
✆ +30 22410 22137
www.orioncarrental.com
Ouvert toute l'année.

L'agence délivre les véhicules à l'hôtel, à l'aéroport et au port de l'île. Dans leurs efforts continus cette agence de location parvient à fournir à ses clients le *nec plus ultra* du service et la qualité. Orion rend la location de voiture facile, en offrant des tarifs tout compris, san aucun coûts cachés. Tous leurs prix sont Kilométrage illimité et toutes les taxes locales incluses. Ils possèdent une grande variété de véhicules de marques pour répondre à vos besoins. De la simple petite voiture à du haut de gamme ils sauront vous satisfaire.

RHODES VACANCES

✆ +30 699 811 57 02
https://rhodesvacances.fr/

Française d'origine, Mélanie a découvert l'île de Rhodes en 2015 et en est tombée amoureuse au point de s'y installer définitivement. Depuis lors, elle a exploré l'île dans tous ses recoins, rédigé un blog de voyage dévoilant ses secrets et ses coups de cœur et propose de vous la faire découvrir de façon personnelle et authentique. Visites guidées, excursions de tout type, plongée, quad, ou encore sélection d'artisans et producteurs locaux, n'hésitez pas à contacter Rhodes Vacances pour organiser vos vacances selon vos envies.

OFFICE DE TOURISME

Au Nouveau Marché ou au coin de la rue des Chevaliers, sur la place Alexandre le Grand
✆ +30 22410 35945
www.rhodes.gr
Ouvert du lundi au vendredi de 7h à 20h, le samedi de 9h30 à 16h.

Il existe deux offices de tourisme très bien situés dans le centre-ville de Rhodes : vous en trouverez un dans la nouvelle ville, à proximité du Nouveau Marché, au 3 rue Averof ; l'autre est situé en plein cœur de la vieille ville médiévale, à l'entrée de la rue des Chevaliers, sur la place Alexandre le Grand. Accueil très courtois et polyglotte. Vous trouverez des cartes et des brochures sur les activités à faire sur place, dans Rhodes-ville et au-delà, sur l'île dans son ensemble. C'est une mine d'informations, en français ou en anglais.

SEA DREAMS RHODES-MARMARIS

Rhodes Port touristique
✆ +30 22410 74235
De début mai à octobre. 32 € la croisière à la journée vers Marmaris. Départ à 9h du port de Rhodes, retour à 18h30.

Plus qu'une simple compagnie de navettes maritimes, cette entreprise familiale propose aux voyageurs une véritable découverte touristique de la région. Pour faire le pas entre Occident et Orient, la croisière vers les côtes turques est idéale. Cap vers la ville de Marmaris, dont l'activité balnéaire bat son plein en été. Si les plages bordées de *resorts* ne sont pas inoubliables, la marina et ses yachts, les vestiges médiévaux et le shopping dans le marché vivant sont intéressants.

Arche médiévale dans la vieille ville de Rhodes.

SEA DREAMS RHODES TO SYMI / PANORMITI

Port touristique ✆ +30 22410 74235
www.seadreams.gr/en/excursions/symi
De début mai à octobre. 27 € la croisière à la journée vers Symi. Départ à 9h du port de Rhodes, retour à 18h30.

Plus qu'une simple compagnie de navettes maritimes, cette entreprise familiale propose aux voyageurs une véritable découverte touristique de la région. La croisière originelle qu'elle propose emmène les visiteurs s'ébahir devant les jolies couleurs de l'île de Symi. Cap vers le magnifique port de Gialos et ses belles demeures néoclassiques surplombées par la vieille ville de Horio, sur les hauteurs. Une seconde escale mènera ensuite vers le monastère de Panormitis lové dans une crique.

ACROPOLE DE RHODES

✆ +30 22413 65200
Ouverte en permanence, entrée libre.

L'Acropole antique de Rhodes - non fortifiée - domine toute la ville. On y trouvait des temples massifs ainsi que tous les lieux du pouvoir et de la vie publique de la cité. L'ensemble date de la période hellénistique tardive (entre le IIIe et le IIe siècles avant J.-C.). Les fouilles ont commencé sous l'occupation italienne en 1912 mais ne sont toujours pas terminées. Vous y verrez notamment une reconstitution impressionnante du stade avec ses 210 mètres de long, du théâtre qui pouvait accueillir 800 spectateurs et des temples dédiés à Zeus et à Athéna.

BOURGOS ★

C'est l'ancien quartier ottoman où les communautés turques, grecques et juives ont évolué au fil des siècles. La puissance ottomane y installa ses grands centres religieux et les activités commerçantes de la ville. Certaines églises furent transformées en mosquées et l'architecture traditionnelle ottomane se développa un peu partout. Vous observerez notamment les balcons couverts et les structures en bois le long de la rue Sokratous, typiques de la période ottomane : les *sachnisia*. Au fil des années, les populations grecques furent poussées vers les limites du bourg ottoman, jusqu'à se délocaliser à l'extérieur des remparts, peuplant l'actuelle nouvelle ville.

En haut de la rue Sokratous, rue du Marché, vous remarquerez les bâtiments suivants :

- **La Mosquée de Soliman** est érigée en 1523, en l'honneur de Soliman le Magnifique, dont les troupes firent tomber les Chevaliers et réussirent à conquérir Rhodes, en 1522. Le bâtiment actuel, facilement identifiable avec ses murs roses, date du XIXe siècle. Aujourd'hui, la mosquée n'est plus ouverte à la prière mais elle est utilisée pour certaines grandes occasions ou célébrations par la communauté des Turcs du Dodécanèse. Elle ne se visite pas.
- **La bibliothèque musulmane Hafiz Ahmed Agha** *(ouverte du lundi au samedi de 9h à 14h30)*, édifiée en 1794, abrite des manuscrits rares et des Corans enluminés, dont le plus ancien date de 1540. Le récit du siège de Rhodes de 1522 est également conservé ici. C'est l'un des joyaux de la période ottomane à Rhodes, centre de connaissance et de sciences.

AQUARIUM

Kos Street
✆ +30 22410 27308
rhodes-aquarium.hcmr.gr
Ouvert tous les jours du 1er avril au 31 octobre de 9h à 19h, sinon de 9h à 16h30. Entrée : 5,50 €, réduit 3,50 €.

Ce bâtiment d'inspiration Art déco, typique de l'architecture fasciste, fut construit dans les années 1930 par les occupants italiens. Les plans ont été réalisés par l'architecte Armando Bernabiti, à qui l'on doit également l'établissement balnéaire Elli, sur la plage du même nom, et les thermes de Kallithea. On retrouvera ici son amour des courbes. Aujourd'hui, un musée marin peut valoir une visite rapide, pas nécessairement passionnante, mais qui saura toujours réjouir les plus jeunes et les familles. A réserver plutôt aux amateurs d'architecture donc.

MOSQUÉE DE MURAT REIS

Georgiou Papanikolaou 30
Mosquée fermée, ne se visite pas. Entrée libre dans le cimetière.

Cette mosquée historique (1523) porte le nom d'un amiral de Soliman le Magnifique, mort pendant l'attaque de Rhodes contre les Chevaliers de Saint-Jean. Pendant des siècles, les marins venaient visiter sa tombe située dans le cimetière adjacent avant de partir en mer, pour garder la chance avec eux. Dans le joli cimetière musulman qui jouxte la mosquée, remarquez les stèles parfois surmontées d'un turban, signe d'un dignitaire religieux ou politique. En mauvais état, il demeure un témoignage saisissant de ce XVIe siècle ottoman.

RUE DES CHEVALIERS ★★★

Accès libre (sauf intérieur des Auberges).

Vous êtes ici sur l'artère principale de la cité des Chevaliers de Saint-Jean de Jérusalem, également connue sous son nom grec, la rue Ippoton. C'est le long de cette austère rue médiévale que s'établirent les sept Auberges ou Langues de l'Ordre, entre 1309 et 1522. Les Auberges de Provence, d'Auvergne, de France, d'Allemagne, d'Italie, d'Angleterre et d'Espagne se répartissaient le pouvoir sur la ville, chacune disposant de son propre établissement, reconnaissable à l'écusson apposé sur la façade du bâtiment.

A l'extrémité ouest de la rue, sur la place Kleovoulou, le Palais du Grand Maître représente le centre du pouvoir et son autorité suprême. En face, des fouilles ont mis au jour les restes de la très catholique église conventuelle Saint-Jean qui était la chapelle principale des Chevaliers : c'est ici que les Grands Maîtres étaient enterrés. La chapelle fut transformée en réserve à poudre après le départ des Chevaliers et une explosion malheureuse détruisit l'église en 1856.

En vous engageant au-delà de la loge Saint-Jean et de sa porte voûtée, vous tomberez d'abord sur l'Auberge de Provence. Elle fait face à l'Auberge d'Espagne, la plus vaste, avec sa salle de réunion de 150 m^2. Ces deux palais sont reliés par un pont ou arcade qui enjambe la rue. Plus loin, l'Auberge de France est certainement la plus impressionnante et abrite encore aujourd'hui le consulat de France. On peut entrer dans la cour intérieure pour en admirer les galeries en pierre et les jardins luxuriants.

L'Auberge de France resta majoritaire pendant toute la période des Chevaliers de Saint-Jean, grâce au soutien des Langues de Provence et d'Auvergne. Il n'est donc pas étonnant qu'elle ait voulu affirmer cette supériorité jusque dans l'architecture de son palais. Juste avant l'Auberge à proprement parler se trouve la chapelle de France ou église de la Sainte-Trinité. Il s'agit d'un édifice gothique des XIVe et XVe siècles qui fut transformé plus tard en mosquée par les Ottomans.

Au-delà, l'Auberge d'Italie, qui date de 1519, fait face à l'Hôpital des Chevaliers où l'on soignait blessés et malades. Celui-ci abrite aujourd'hui le Musée archéologique. Enfin, à l'extrémité orientale de la rue, vous trouverez la cathédrale Notre-Dame du Château avec, un peu en retrait, l'Auberge d'Auvergne construite en 1507 autour de la place Argyrokastrou et, sur la place Mousson, l'Auberge d'Angleterre.

PALAIS DU GRAND MAÎTRE ★★

Place Kleovoulou ✆ +30 22413 65270
http://odysseus.culture.gr
En été, tous les jours 8h-20h. Entrée 8 €, combiné avec les musées de la rue Ippoton 10 €.

Dominant la rue des Chevaliers, un passage voûté et un premier portail vous mèneront à l'entrée du Palais des Grands Maîtres, le cœur du pouvoir de la cité croisée. Une pure merveille. En effet, c'est ici que loge le Grand Maître, élu par les membres de l'Ordre et chargé jusqu'à sa mort de l'administration suprême des Chevaliers de Saint-Jean de Jérusalem. Malheureusement, l'explosion d'un stock de munitions dans l'église voisine de Saint-Jean détruisit le palais presque entièrement, en 1856. Les Italiens le rénovèrent avec plus ou moins de fidélité historique : vous verrez notamment les armoiries de Victor Emmanuel II un peu partout, ainsi qu'une stèle commémorative à la gloire de Mussolini au niveau de la billetterie. Le bâtiment d'origine est construit au XIVe siècle sur le plus haut point de la cité, afin de dominer simultanément les terres et le port. Partie intégrante de la forteresse et des remparts de la ville médiévale, le palais est cerné de fortifications et tours impressionnantes, que vous pourrez admirer dans la première cour rectangulaire. Celle-ci était prévue pour abriter la population rhodienne en cas d'attaque ennemie sur la cité. On accède à la cour intérieure et au cœur du pouvoir par un deuxième portail gigantesque. Elle est cernée d'une galerie d'arcades surmontées d'un étage, où l'on visite des salles en enfilade. Malheureusement, vous trouverez peu d'explications à l'intérieur du palais : voici quelques points de repère qui pourront vous aider.

- **Au rez-de-chaussée,** deux expositions permanentes sont organisées sous les arcades de la cour intérieure. Une première exposition traite de la Rhodes ancienne et célèbre les 2 400 ans d'histoire de la ville depuis sa fondation en 408 av. J.-C. Elle est en cours de rénovation. L'autre exposition traite de la période byzantine et croisée, jusqu'à la capture de la ville par les Ottomans en 1522.

- **Le premier étage**, auquel on accède par un escalier monumental, est fait de salles de réception et appartements en enfilade. Le mobilier et tous les éléments d'origine ont été perdus au cours de l'explosion dramatique de 1856. Les sols sont ornés de mosaïques des périodes hellénistique et romaine et constituent le principal intérêt de la visite, au-delà du palais en lui-même. Elles furent installées là par les Italiens pendant la rénovation quelque peu fantasque qu'ils menèrent ici. Notez la salle des Muses ou encore la salle de la gorgone Méduse et leurs mosaïques magnifiques : elles proviennent en grande partie des fouilles réalisées par les archéologues italiens sur l'île de Kos.

CATHÉDRALE NOTRE-DAME DU CHÂTEAU ★

Apellou ✆ +30 22413 65252
http://odysseus.culture.gr
Ouvert merc.-lun. 8h30-15h30. Entrée 3 €. Billet combiné avec les musées de la rue Ippoton : 10 €.

Panagia tou Kastrou, de son nom grec, est construite aux XIe et XIIe siècles par les Byzantins. Cette église, de rite orthodoxe donc, va connaître le même sort que d'autres lieux cultuels à l'arrivée des Chevaliers de Saint-Jean, aux environs de 1309 : les paroissiens et le clergé orthodoxe sont priés de se retirer et l'église – devenue cathédrale – est consacrée pour le rite catholique. Imposante et fortifiée, elle se situe dans l'axe direct de la rue des Chevaliers, qui relie ainsi les deux pôles de la domination politique et militaire croisée : le pouvoir séculier avec le Palais du Grand Maître d'une part, et le pouvoir religieux incarné par la cathédrale d'autre part.
Les Chevaliers de Saint-Jean remanient largement l'église byzantine et y apportent des éléments d'architecture gothique. Aujourd'hui, les trois hautes nefs de pierre immaculée imposent un respect austère, certainement atténué à l'époque par la vivacité des fresques murales qui habillaient une grande partie des murs. Lorsque les Ottomans prennent à leur tour possession des lieux, ils transforment la cathédrale en mosquée : les fresques sont enfouies sont un enduit, un mihrab est percé tandis que l'on fait monter un minaret en extérieur. Les fresques ne sont redécouvertes qu'avec les Italiens mais malheureusement quasiment toutes ont succombé aux attaques du temps. Certains fragments du XIVe siècle ont malgré tout résisté, notamment une Vierge aux quatre saints et une belle représentation de sainte Lucie.

© ELEANOR SCRIVEN - SHUTTERSTOCK.COM

SEA DREAMS

46 Grigoriou Lambraki
✆ +30 22410 74235 - www.seadreams.gr
27 € la croisière à la journée vers Symi, 32 € pour Marmaris. Départ du port de Rhodes à 9h, retour à 18h30.

Plus qu'une simple compagnie de navettes maritimes, cette entreprise familiale créée en 1960 propose aux voyageurs une véritable découverte touristique de la région. Le trajet depuis Rhodes vers Symi (avec escales à Gialos et Panormitis), ou bien vers la côte turque de Marmaris, sera l'occasion pour les guides polyglottes embarqués à bord de dispenser de véritables visites guidées de ce coin de mer Egée, de son histoire et de son environnement. Les traversées sont assurées en saison, de début mai à octobre et partent du port touristique de Rhodes.

MUSÉE ARCHÉOLOGIQUE ★★

Place M. Alexandrou
✆ +30 22413 65257
http://odysseus.culture.gr
En été, tous les jours 8h-20h. Entrée 6 €, combiné avec musées de la rue Ippoton 10 €.

Ce magnifique ensemble abritait l'Hôpital des Chevaliers de Saint-Jean qui soignait malades et blessés pendant la période croisée. Débuté en 1440, il est achevé sous l'autorité de Pierre d'Aubusson, 40e Grand Maître de l'Ordre (1473-1503). Le bâtiment, de style gothique, comporte quelques éléments Renaissance.
La cour intérieure est cernée d'une galerie à deux étages, qui dessert les salles du musée. Avant de vous y rendre, admirez les mosaïques de la cour : elles proviennent d'une basilique de Karpathos, datant des premiers chrétiens.
Les salles à l'étage exposent les plus grands trésors archéologiques de Rhodes et des îles alentour. La majorité des collections antiques provient des fouilles menées par les Italiens pendant l'occupation dans la région. On verra notamment des trouvailles provenant des sites antiques de Ialissos et Kamiros. Ne ratez pas le chef-d'œuvre d'art hellénistique, *Aphrodite accroupie*, sculpture de marbre datant du Ier siècle av. J.-C. Vous pourrez également admirer des sculptures tombales de périodes et origines variées, exposées dans la grande salle des malades et dans l'ancien réfectoire médiéval. Remarquez notamment un sarcophage romain « récupéré » pour servir de tombeau à Pierre de Corneillan (nommé Grand Maître de 1353 à 1355) et des stèles funéraires de l'Antiquité tardive trouvées sur l'île de Nissiros.

Bon plan à retenir : le billet combiné avec l'entrée au Palais du Grand Maître, au musée des Arts décoratifs et à la cathédrale Notre-Dame-du-Château, offre un prix intéressant.

FOCUS

SEA DREAMS, CROISIÈRES DE RÊVE

EXCURSIONS INOUBLIABLES SUR L'ÎLE DE SYMI ET À MARMARIS.

Isabell Holtfreter, pouvez-vous nous raconter l'histoire de Sea Dreams ?

Sea Dreams est une entreprise familiale qui a débuté en 1960. Nous sommes spécialisés dans les croisières organisées à la journée. Nous avons commencé par des traversées quotidiennes vers Marmaris en Turquie, avant d'ajouter l'île de Symi en 1974.

Pourquoi une croisière sur le mer Égée est-elle un moment inoubliable ?

La mer Égée est fascinante, avec ses eaux profondes et translucides, parsemées d'îles d'une beauté unique et de couchers de soleil mémorables. Une traversée en bateau est le moyen le plus confortable de découvrir tout ce que la mer Égée a à offrir.

Pourquoi l'île de Symi est-elle si spéciale ?

L'île a à la fois une beauté naturelle et luxuriante, un charme coloré, une gastronomie de classe à part et une longue histoire navale. Symi attire la jet set locale et internationale en tant qu'alternative discrète aux autres îles plus fréquentées de la mer Égée.

Pourquoi avez-vous décidé d'organiser une croisière vers Marmaris en Turquie ?

Rhodes est juste en face de la Turquie, et nous voulions offrir l'expérience d'une visite en Orient. Nos voyageurs y sont accueillis par des couleurs éclatantes, l'odeur des épices et les voix de commerçants et d'habitants d'une grande hospitalité.

Comment se déroulent les journées des passagers à Symi et à Marmaris ?

Pour les deux destinations, nos voyageurs peuvent suivre un guide et voir les immanquables et lieux plus secrets, ou bien explorer par eux-mêmes et se baigner dans les eaux cristallines. À Symi, un second arrêt est prévu dans la Baie de Panormitis, où se trouve le Monastère dédié à l'Archange Michel. À Marmaris, les passagers peuvent visiter la vieille ville avec son château, son marché fermé, ses magasins, ou bien marcher sur la promenade en bord de plage avec ses artistes de rue.

SEA DREAMS

46 Grigoriou Lambraki

✆ +30 22410 74235 - www.seadreams.gr

© SEA DREAMS

© SEA DREAMS

© SEA DREAMS

ARCHITECTURE FASCISTE

L'occupation italienne a duré à peine plus de 30 ans (1912-1943) mais elle a marqué profondément la physionomie de la nouvelle ville. Les quais de Mandraki qui s'étendent au-delà du Nouveau Marché (1925) sont repensés par les occupants italiens, qui décident d'en faire une promenade de bord de mer imposante, au style éclectique : c'est le *Foro Italico*. Ce plan de renouveau urbanistique se poursuit jusqu'au milieu des années 1930. Les dirigeants fascistes cherchent à inscrire leur ville nouvelle dans une sorte de continuité de grandeur historique, honorant les époques qu'ils considèrent les plus fastes et les plus grandioses. On trouve ainsi une combinaison unique de styles architecturaux, mêlant des éléments antiques, byzantins, gothiques, Renaissance et orientaux, d'inspiration ottomane.

Le grand architecte à qui l'on doit la majorité des bâtiments de l'époque est l'Italien Florestano Di Fausto. A cette sorte de pot-pourri stylistique, il rajoute un élément nouveau, aujourd'hui appelé style fasciste, qui opte pour des ensembles monumentaux d'une certaine froideur. Les meilleurs exemples de ce style à Rhodes sont le Palais de Justice et, un peu plus loin, en remontant les quais, la place Eleftherias qui regroupe la mairie, le commissariat central et le théâtre municipal et national. L'ensemble est un brin hostile...

En face de la mairie, ne ratez pas la cathédrale Saint-Jean, rendue au rite orthodoxe sous le nom de cathédrale de l'Annonciation après le départ des Italiens. Autre œuvre de Fausto, elle est élevée en 1924-1925 et reprend le plan de l'église de Saint-Jean, chapelle principale des Chevaliers avant sa destruction accidentelle en 1856.

En poursuivant au-delà des quais de Mandraki, vous pourrez admirer un dernier bâtiment emblématique de l'architecte Fausto : le Grand Hôtel des Roses abrite aujourd'hui le casino de Rhodes. Il fut construit en 1925-1927 pour accueillir la crème de la crème des vacanciers internationaux, dans un style Riviera pompeux à souhait. A l'entrée de la plage Elli et en continuant vers le cap Mili, vous tomberez sur deux bijoux de l'architecture fasciste, de style Art déco et qui échappèrent aux mains de Fausto, tombé en disgrâce auprès du gouverneur italien de Rhodes. L'Aquarium de 1935 et l'établissement balnéaire Elli furent ainsi réalisés par l'architecte Armando Bernabiti, à qui l'on doit une partie des thermes de Kallithea.

MUSÉE D'ART MODERNE GREC

2 Place Symis
✆ +30 22410 36646
mgamuseum.gr
Ouvert du mardi au samedi de 9h à 15h. Tarif 6 €.

Importante collection de peintures, gravures et sculptures du XXe siècle répartis en trois sites. Si le gros de la collection se trouve dans le bâtiment principal de la place Symis, à l'entrée de la cité médiévale, le billet d'entrée donne également accès aux autres sites. L'occasion de revenir sur l'histoire de la Grèce à travers l'œil d'artistes grecs. Une intéressante et constructive visite qui illustre le lien entre les artistes grecs et les grands courants internationaux qui ont traversé l'art moderne en Europe. Egalement des expositions temporaires.

MUSÉE DES ARTS DÉCORATIFS

Place Argyrokastrou
✆ +30 22413 65200
Ouvert du lundi au samedi de 9h à 14h. Entrée 3 €. Billet combiné avec les musées de la rue Ippoton : 10 €.

Le musée est abrité dans l'ancien arsenal médiéval, sur la jolie place où trône une fontaine byzantine paisible. Il présente l'artisanat typique des îles du Dodécanèse et de Rhodes dans un ensemble de salles reconstituant une maison traditionnelle rhodienne de la période ottomane. Dans ces beaux intérieurs, vous remarquerez les fameuses assiettes de Rhodes, aux motifs caractéristiques, ainsi que les costumes traditionnels des îles de Symi, Karpathos, Nissiros ou encore Tilos.

PARC RODINI

Entrée libre.

Dommage que ce parc ait perdu de sa superbe : on dit qu'il fut le premier parc au monde, construit durant l'époque hellénistique, au IVe siècle avant J.-C. Il demeure aujourd'hui un endroit reposant où l'on pourra flâner et se balader au frais, notamment pour s'épargner les chaudes après-midi d'été. Des ponts, des cascades, de grands arbres, des canards et des paons plantent le décor d'un temps perdu. Certains déploreront le manque d'entretien, et en souligneront la tristesse un peu glauque. D'autres s'enthousiasmeront de son côté bucolique et de sa beauté fanée.

© RHODES ADVENTURE

© RHODES ADVENTURE

© RHODES ADVENTURE

RHODES ADVENTURES

✆ +30 69747 31450

https://rhodesadventures.com/

Ouvert du 1er avril au 1er novembre. Tour demi-journée buggy environ 80 €, location Jeep 75 € avec chauffeur.

Depuis 2006, Caroline et son équipe proposent de nombreux tours et activités aux voyageurs en recherche de sensations fortes. Si les tours en Buggy, Jeep, Land Rover ou Jimmy sont la spécialité de cette agence, elle offre également des parcours d'escalade, des vols en parapente ou des randonnées à cheval. C'est aussi un bon moyen de découvrir Rhodes hors des sentiers battus : les itinéraires sont souvent «hors piste», mettant en exergue la beauté brute et inexplorée du centre de l'île. Bref, une agence vivement recommandée.

© RHODES ADVENTURE

© RHODES ADVENTURE

PLACE MARTYRON EVREON

Cette jolie place à l'histoire terrible marque la porte d'entrée du quartier juif de Rhodes, plus authentique que les autres quartiers de la vieille ville. C'est ici que, le 23 juillet 1944, 1 673 juifs ont été rassemblés par les nazis pour être déportés à Auschwitz. Tous les ans, une cérémonie s'y tient pour rappeler cette date tragique. Déambulez dans les ruelles, imprégnez-vous de l'ambiance particulière qui règne toujours dans l'ancienne *Juderia* et ne manquez pas une visite au musée juif de Rhodes qui retrace l'histoire de la communauté.

PLAGES

Les plages, situées de part et d'autre du cap Mili où trône l'aquarium, offrent une vue panoramique sur la Turquie. À l'ouest du cap, la baie de Trianda file sur 10 km en une succession de ***beach bars***, transats et parasols. Très fréquentée, elle est bordée de grands hôtels mais vous trouverez toujours une petite place sans avoir à quitter la ville. A l'est, la plage Elli longe la rue de Kos et s'étend jusqu'au port de Rhodes. De taille plus modeste, elle a l'avantage d'être plus proche de la vieille ville et d'être abritée du ***meltemi***.

RHODES JEWISH MUSEUM ★

Rue Dossiadou
✆ +30 22410 22364
www.rhodesjewishmuseum.org/
Entre avril et octobre, ouvert de 10h à 15h, fermé le samedi. Entrée 4 €.

Le musée juif de Rhodes est situé dans la synagogue Kahal Shalom, la plus ancienne de Grèce (1577) et la dernière de Rhodes en activité. L'intérieur est de style séfarade traditionnel, les magnifiques sols en mosaïques de galets sont typiques de la vieille ville. Le musée retrace la riche histoire de la communauté juive de Rhodes, qui remonte à plusieurs siècles : d'origine séfarade, les juifs de Rhodes parlent le *ladino*, une langue judéo-espagnole qui les distingue du reste de la population. Pendant toute la période ottomane, cette communauté vibrante et autonome publie ses propres journaux, organise des événements culturels et politiques et préside à l'enseignement supérieur dans ses collèges rabbiniques. Au début du XXe siècle, la communauté compte quelque 4 000 membres et le quartier juif (la *Juderia*) recense quatre synagogues.

Mais, dans les années 1930, les lois antisémites proclamées par le gouvernement fasciste poussent une grande partie de la population juive à quitter Rhodes. En 1944, l'île est finalement occupée par les nazis : le 23 juillet 1944, 1 673 juifs sont rassemblés sur la place Martyron Evreon (place des Martyrs juifs) pour être déportés. Ils sont rejoints par les juifs de Kos : d'abord embarqués pour le Pirée et le camp de concentration de Chaïdari, en banlieue d'Athènes, ils sont bientôt envoyés à Auschwitz où 90 % de la communauté périt. Seuls 151 juifs du Dodécanèse reviendront des camps. Aujourd'hui, la communauté n'est plus constituée que d'environ 30 membres, majoritairement venus d'ailleurs.

PORT DE MANDRAKI ★

L'ancien port principal de Rhodes existe depuis l'Antiquité et fut utilisé par tous les conquérants successifs de la ville. L'entrée est gardée par deux colonnes surmontées de sculptures de bronze représentant les emblèmes de Rhodes : le cerf et la biche. Pendant des siècles, la légende voulait que ces deux colonnes marquent l'emplacement de l'antique Colosse de Rhodes. Selon ce mythe largement répandu, les pieds du Colosse s'ancraient au niveau des colonnes actuelles, pour s'élever à 32 mètres de hauteur, soit l'équivalent d'un immeuble de douze étages. Si le Colosse a bien existé, cette thèse un peu fantasque a été battue en brèche par tous les archéologues... La digue qui protège toujours le port aujourd'hui est dominée par le fort Saint-Nicolas, un bijou d'art défensif établi par les Chevaliers de Saint-Jean au XVe siècle. Trois moulins à vent médiévaux y mènent.

C'est au port de Mandraki que vous trouverez les bateaux de croisière et d'excursions qui relient Lindos, notamment. Mais l'intérêt principal est ailleurs : intégralement repensés pendant l'occupation italienne, les quais offrent une succession de bâtiments d'architecture fasciste, aux styles variés. Parmi les bâtiments imposants de Mandraki réalisés par les Italiens, vous remarquerez peut-être la Banque nationale de Grèce, le Théâtre national, la Poste, le Palais de Justice et la Mairie, mais vous ne pourrez pas rater le bâtiment au style éclectique du Nouveau Marché. Dans cet ancien marché aux poissons établi en 1925 s'alignent aujourd'hui cafés et échoppes.

MARATHON

7 Anthoula Zervou.
✆ +30 22410 70320
www.marathonrentacar.gr

À Rhodes, cette agence - l'une des plus importantes de l'île - peut se targuer d'une flotte de plus de 500 véhicules, disponibles dans 15 agences, partout dans l'île. Sans surprise, un large choix est donc offert ici, du cabriolet à la camionnette en passant par la jeep 4x4 ou la voiture de sport. Bon accueil et prix très raisonnables. Livraison, récupération et remplacement du véhicule n'importe où dans l'île (notamment à l'aéroport) car l'agence possède des bureaux un peu partout : Kiotari, Lardos, Pefki, Kolymbia, Faliraki et Lindos.

TOUR DE L'HORLOGE

Ouvert tous les jours de 9h à 1h l'été. Entrée 5 €.

La tour de l'horloge, ancienne tour byzantine de garde du VIIe siècle, fut grandement endommagée par l'explosion du stock de munitions qui détruisit de nombreux monuments en 1856. Reconstruite après la catastrophe, et avec au passage quelques rajouts baroques, on y monte avec enthousiasme pour la magnifique vue panoramique sur la ville et l'Egée. Après la visite, vous pourrez vous rafraîchir dans le petit café ou sur sa terrasse : une boisson est comprise dans le prix du billet pour vous récompenser de vos efforts. Entrée gratuite pour les enfants.

RHODES-VILLE DANS LA MYTHOLOGIE, HIER ET AUJOURD'HUI

Les origines mythologiques

Selon la mythologie, le dieu solaire Hélios tomba amoureux de la nymphe Rhodes, dont le nom signifie « la rose » (l'île est très fleurie, ce qui fait sa réputation depuis l'Antiquité). Quand il l'illumina de ses rayons, la nymphe aurait pris la forme de l'île. Par la suite, elle donna sept fils et une fille à Hélios. Kerkafos, le second fils, devint père de trois enfants, trois garçons prénommés Kamiros, Ialyssos et Lindos, soit les trois premières cités de l'île. En mémoire de ce mythe, les Anciens surnommèrent Rhodes « l'île du Soleil », en la dédiant aux bons soins du dieu-patron Hélios.

Rhodes-ville dans l'Histoire

La ville de Rhodes est fondée en 408 av. J.-C. par les colonies originelles de l'île (Lindos, Ialyssos et Kamiros) qui décidèrent d'allier leurs forces dans une cité unique. La ville antique fut construite d'après le plan du célèbre urbaniste Hippodamos de Milet, offrant un tracé et un urbanisme quasi parfaits, selon les dires des Anciens et des archéologues contemporains.

Rapidement, Rhodes prend une importance géostratégique centrale, protégeant les mers contre les pirates et assurant la permanence des communications en Méditerranée. Elle tente de maintenir une certaine forme de neutralité dans les conflits de l'époque, notamment dans la Guerre du Péloponnèse opposant Athènes et Sparte et dans les guerres de succession à Alexandre le Grand. Pour ce faire, Rhodes change régulièrement d'alliés, ne subissant pas de plein fouet les effets de ces conflits. Cette relative sérénité prend fin en 305 av. J.-C. avec le siège de Rhodes par Démétrios, le «preneur de ville». Ce siège qui dura un an est parmi les plus célèbres de l'Antiquité. En -304, pour fêter la fin du siège, les habitants de Rhodes érigent à l'entrée du port l'une des sept merveilles du monde antique : le célèbre Colosse, statue en bronze de plus de trente mètres, qui honore le dieu soleil, Hélios.

Dès cette époque, Rhodes devient un centre culturel rayonnant dans toute la région méditerranéenne. La *Victoire de Samothrace*, aujourd'hui au Louvre et sortie des ateliers de Rhodes, est un exemple caractéristique du talent exceptionnel de ses artistes. Du IIIe au Ier siècles av. J.-C., Rhodes vit son apogée et continue à attirer philosophes et artistes du monde antique. Des Romains illustres, dont Jules César et Lucrèce, s'y rendent pour s'instruire. Elle résiste assez longtemps à l'annexion romaine, mais en 43 av. J.-C., l'assassin de César, Gaius Cassius, saccage la cité, emportant tous les chefs-d'œuvre d'art à Rome. Elle ne se remettra pas de cette attaque et, peu à peu, perd de son influence. Elle est finalement associée à l'Empire romain en 74 de notre ère.

A la chute de Rome, elle est rattachée à l'Empire byzantin. S'ensuit une longue période de troubles et de pillages, puis, du XIe au XVIe siècle, la ville passe progressivement sous le contrôle des Génois et des Croisés. Vers 1309, elle est vendue aux Chevaliers de l'Ordre de Saint-Jean de Jérusalem qui construisent le bourg médiéval et le protègent par des murailles impressionnantes. De 1522 à 1912, elle tombe sous le joug ottoman après un siège épique gagné par les armées de Soliman le Magnifique. En 1912, elle est envahie par le royaume d'Italie puis passe sous contrôle fasciste et nazi. Elle est finalement rattachée à la Grèce, tout comme les autres îles du Dodécanèse, en 1947-48.

La ville aujourd'hui

Aujourd'hui, Rhodes bénéficie d'une réputation internationale : elle est considérée comme l'une des plus belles villes du bassin méditerranéen, grâce à son patrimoine exceptionnel. La cité étant facilement accessible depuis de nombreuses villes d'Europe, elle vit de plus en plus au rythme du tourisme de masse, multipliant jusqu'à dix fois sa population en été. Cependant, et fort heureusement pour elle, la ville ne dépend pas exclusivement du tourisme. En tant que capitale de l'archipel du Dodécanèse, elle abrite administrations, hôpitaux et grandes entreprises qui fonctionnent toute l'année. Les résidents des îles alentour se rendent hors saison à Rhodes pour régler toutes les affaires administratives et médicales qu'ils n'ont pas eu le temps de faire en pleine saison. Rhodes constitue également une sorte d'échappée en ville pour les habitants des petites îles de l'archipel : on vient y faire la fête dans un relatif anonymat, des emplettes, éventuellement un tour au casino et tout simplement se changer les idées. Cette activité locale hors saison se concentre dans la ville moderne et, à la même période, la vieille ville se refait une beauté pour la saison à venir.

7 PALMS HOTEL APARTMENTS €

1B Dendrinou Street ✆ +30 22410 36830
www.seven-palms.com
Appartement standard entre 60 et 80 € par jour en été. Location de vélos. Wifi gratuit.

Au sud de la nouvelle ville de Rhodes, à quelques pas du Parc Rodini, cet appart'hôtel séduira les familles avec ses appartements familiaux, mais également tous les voyageurs qui font attention à leur budget, sans pour autant sacrifier au confort. 14 appartements sobres, avec cuisine équipée et un balcon qui offre une vue sur la ville. Il y a aussi une (petite) piscine extérieure et même un service de garde d'enfants (payant). L'ensemble est très propre, au calme, loin de l'agitation et le personnel est très accueillant et serviable. Une bonne adresse.

DOMUS RODOS HOTEL €

20 rue Platonos
✆ +30 22410 25965
www.domusrodoshotel.gr
Chambre double à partir de 50 € en saison. Petit déjeuner 5 €. Ouvert toute l'année.

Petit hôtel sympathique d'une vingtaine de chambres où l'on parle français. Véritablement situé en plein cœur de la vieille ville, non loin d'Athinas Square et de la rue Sokratous. Les chambres ne sont pas très grandes, on peut même dire que certaines sont un peu étriquées, et elles sont décorées très simplement. Mais elles sont confortables et propres. Certaines chambres jouissent d'un petit balcon qui ouvre sur la cité médiévale : un vrai plus ! Une option petit budget que l'on apprécie pour sa situation. Wifi gratuit et accueil agréable.

ANASTASIA €

46 rue du 28-Octobre
✆ +30 22410 28007
www.anastasia-hotel.com
Chambre double à partir de 60 € en été, avec le petit déjeuner. Ouvert toute l'année. Wifi gratuit.

Cette bâtisse des années 1930 est située dans une rue commerçante, tout près de l'entrée de la vieille ville et à 5 minutes à pied de la plage : un emplacement idéal pour coupler patrimoine et vacances à la mer. Le propriétaire parle français : sympathique, il aime échanger avec ses hôtes. C'est un établissement familial, au confort simple et sans prétention mais charmant et pas cher. Le petit-déjeuner peut être pris dans le jardin, bien agréable pour se détendre en journée. Vous pourrez également faire un tour au bar ouvert jusque tard dans la nuit.

MEDIEVAL INN €

9 Timachida Street
✆ +30 22410 22469
www.medievalinn.com
Chambre double à partir de 65 € en été, petit-déjeuner en supplément à 7,50 €/personne.

Un coup de cœur spécial pour cette pension familiale très bien tenue et où l'on se sent comme chez soi. Au calme dans la vieille ville, elle est située loin des flots de touristes, dans le petit quartier résidentiel du côté de la Porte Saint-Athanase : l'occasion de découvrir la cité authentique. Le bâtiment d'époque, plein de charme, est construit sur trois niveaux, avec un puits de lumière central et une très belle terrasse sur le toit. Chambres confortables et coquettes. Les propriétaires vous donneront une foule de conseils pour découvrir les environs.

Rue des Chevaliers, Rhodes-ville.

TOUR DES REMPARTS

Le point de départ est situé en haut des escaliers, face à l'entrée du Palais des Grands Maîtres.

Comptez environ 1h30. Ouvert du lundi au vendredi, de midi à 15h. Entrée libre.

Cette magnifique balade permet de prendre la mesure du travail défensif réalisé par les Chevaliers de l'ordre de Saint-Jean, sur la base de fortifications byzantines pré-existantes : les remparts qu'ils érigèrent s'étendent sur plus de 4 km de long, s'élèvent à 8-10 m de haut, et atteignent par endroits jusqu'à 12 m d'épaisseur ! Les Chevaliers coiffèrent les murailles de hautes tours de garde frappées des armoiries de chacune des Langues : chaque Auberge était en effet responsable de défendre une section des remparts médiévaux.

La visite circulaire suit le sens des aiguilles d'une montre et commence par l'Auberge la plus importante, à savoir celle de la Langue de France, en charge de surveiller et défendre les remparts entre la porte d'Amboise et la porte de l'Arsenal. La Langue de Castille s'occupait ensuite des remparts donnant sur le port, jusqu'à la porte Sainte-Catherine qui gardait l'accès au port de commerce. Puis venait la Langue d'Italie qui gérait une section sur la mer jusqu'au bastion del Carretto où elle était relayée par la Langue de Provence, jusqu'à la porte Saint-Jean, dite aussi la porte Rouge. La Langue d'Angleterre défendait les murailles entre cette dernière, la porte Saint-Athanase et la tour de la Vierge Marie où la Langue d'Espagne prenait le relais jusqu'à la tour d'Espagne. Enfin, la Langue d'Auvergne était responsable de défendre les fortifications jusqu'au bastion Saint-Georges, où les gardes de la Langue d'Allemagne bouclaient la boucle, jusqu'à la porte d'Amboise. Vous verrez ces différentes sections et leurs armoiries en suivant ce tour des remparts. Parmi les constructions notables que vous pourrez admirer au cours de la visite, la porte d'Amboise est la plus impressionnante du système défensif. Construite en 1512, elle est flanquée de deux tours rondes et fut ordonnée par le Grand Maître Emery d'Amboise. Un pont à arches y mène depuis l'extérieur des remparts. Tout au long du circuit, les vues sur la cité médiévale et sur la mer sont magnifiques. Avant de finir cet itinéraire, ne manquez pas de faire une promenade dans les douves verdoyantes qui cernent la vieille ville. L'accès est gratuit et vous y serez au calme dans des fosses transformées en jardins somptueux où bougainvilliers et lauriers-roses ponctuent le gazon de touches de couleur. Tout le long de ces fossés creusés dans la roche et d'une largeur d'environ 15-20 m, vous verrez des boulets de pierre tirés par les canonniers ottomans pendant le long siège de Rhodes qui a abouti à la prise de la ville en 1522.

MINOS PENSION €

5 rue Omirou

✆ +30 22410 31813

www.minospension.com

Chambre double à partir de 60 € en été. Petit-déjeuner en supplément à 7,50 €. Wifi gratuit. Ouvert toute l'année.

Légèrement à l'écart des foules et en plein cœur de la vieille ville authentique, cette petite pension de famille sera l'une de vos meilleures options dans la cité médiévale. Les chambres sont spacieuses et propres, certaines proposent même une kitchenette. En termes de déco, rien de transcendant mais un effort a été fait et, surtout, le confort est là ! Clou du spectacle : l'auberge offre une vue exceptionnelle sur les toits de Rhodes depuis son *rooftop*, d'où vous pourrez prendre un verre ou le café en vous imprégnant d'histoire. Accueil chaleureux.

NIKI'S HOTEL €

39 rue Sofokleous

✆ +30 22410 25115

www.nikishotel.gr

Chambre double à partir de 65 € en été, sinon 50 €, sans le petit-déjeuner. Wifi gratuit. Ouvert toute l'année.

Situé dans la partie moins touristique et plus calme de la vieille ville, Niki's Hotel est un petit établissement familial qui jouit d'un beau *roof garden* sur les toits de Rhodes. Certaines chambres disposent d'un balcon : préférez ces options si elles sont disponibles car c'est un vrai régal de pouvoir admirer la cité médiévale depuis sa chambre. Ensemble propret et simple, sans chichis mais confortable. Les propriétaires offrent un accueil amical et chaleureux et se feront un plaisir de vous renseigner sur les visites à faire à Rhodes.

SAVOY HOTEL €

9 Ethelonton Dodekanision St.

✆ +30 22410 20721

www.savoy-hotel-rhodes.gr

Chambre double à partir de 65 € en été, avec petit-déjeuner. Wifi gratuit.

L'Hôtel Savoy est situé au centre de Rhodes, à quelques pas de la ville médiévale et du Palais du Grand Maître. Les chambres sont sobres et d'une propreté irréprochable. Elles sont, pour la plupart, pourvues d'un balcon où vous pourrez vous détendre et profiter de la vue sur les environs. La plage de sable d'Elli est à 400 mètres. Le port de Rhodes se trouve à 1,5 km. De nombreux bars, cafés et restaurants ainsi qu'une gare routière et station de taxis sont accessibles à pied. Excellent rapport qualité / prix pour cet établissement idéalement situé.

SPOT HÔTEL €

21 rue Perikleous
✆ +30 22410 34737

Chambre double à partir de 75 € en été. Pas de petit déjeuner. Ouvert toute l'année.

Cet hôtel bon marché reste une bonne surprise de la vieille ville depuis plusieurs années. En plein cœur du centre historique et près d'une porte médiévale qui donne accès au port, cet endroit cumule tous les avantages : emplacement, rapport qualité-prix, services de qualité. En effet, vous y trouverez un accueil chaleureux, des chambres propres bien que parfois petites, du mobilier ancien et une cour intérieure agréable pour se désaltérer entre deux visites. Malgré sa proximité avec le centre touristique, vous y serez au calme, loin du bruit.

STAY HOSTEL RHODES €

Lochagou Fanouraki 19-21 ✆ +30 22410 24024
www.stayrhodes.com

En été, lit en dortoir (mixte ou non) à partir de 16 €, chambre double (sdb partagée) à partir de 35 €. Wifi gratuit.

Cette auberge de jeunesse est une des meilleures options pour les petits budgets qui souhaitent rester à proximité de la vieille ville et des sites touristiques. En effet, vous êtes ici à 500 mètres de la Porte d'Amboise et à moins de 10 minutes à pied de la plage. Les lieux sont aménagés intelligemment, avec une attention particulière portée au design. Les chambres, dortoirs et parties communes sont d'une propreté impeccable et l'accueil est chaleureux. Les espaces extérieurs et les grandes ouvertures vitrées des salons sont particulièrement appréciables.

ATHINEON €€

17 rue Vironos
✆ +30 22410 26112
www.athineonhotel.gr

Chambre double à partir de 100 € en été, petit-déjeuner compris. Possibilité de demi-pension. Wifi gratuit.

Situé au sud de la vieille ville, juste à l'extérieur des remparts et à 10 minutes à pied du port principal, c'est un établissement particulièrement adapté aux familles qui offre de petits appartements : chambre double, salon avec canapés-lits, cuisine équipée. Les chambres sont spacieuses et confortables, avec balcon pour la plupart, malgré un certain manque de charme qui caractérise parfois ces grands hôtels. Accueil aimable et conseils de qualité (restaurants à proximité, location de véhicule, taxis, etc.). Belle piscine avec transats.

CAVA D'ORO BOUTIQUE HOTEL €€

15 rue Kisthiniou
✆ +30 22410 36980
www.cavadoro.com

Chambre double à partir de 100 € en été, petit-déjeuner buffet inclus. Wifi gratuit.

Cette maison médiévale a été transformée en hôtel à la fin des années 1980. Située dans un coin calme et résidentiel de la vieille ville, à quelques minutes à pied du port, c'est un établissement qui a su s'imposer au fil des ans. Tranquillité et ambiance chaleureuse plairont notamment aux familles qui pourront réserver une chambre triple ou la suite familiale. La bâtisse s'organise autour d'une cour intérieure à l'abri de la chaleur, où l'on prend le petit-déjeuner le matin.

NIKOS TAKIS FASHION HOTEL €€

26 avenue Panetiou
✆ +30 22410 70773
www.nikostakishotel.com

Chambre double à partir de 130 € en été, petit-déjeuner inclus. Wifi gratuit.

Situé quasiment à l'entrée du Palais du Grand Maître, en plein cœur de la vieille ville mais pourtant au calme, cet établissement jouit d'un emplacement idéal. Le bâtiment XIXe siècle a été transformé en hôtel de charme par les créateurs kitsch Nikos et Takis, grands amis d'Ornella Mutti. L'hôtel est constitué d'une poignée de chambres de style oriental, à l'ambiance feutrée. L'accueil sympathique s'accompagne d'une bouteille de vin à déguster sur l'agréable terrasse.

SAINT MICHEL HOTEL €€

68 rue Pericleous
✆ +30 22410 25111

Chambre double à partir de 100 € en été. Petit-déjeuner inclus.

Ce petit hôtel de charme est situé dans un coin tranquille de la vieille ville, du côté de la Porte Saint-Jean, appelée aussi Porte Rouge. Il offre un véritable havre de paix, loin de l'agitation touristique. On aime le bâtiment médiéval, la fraîcheur des chambres, les terrasses avec vue sur la ville et le propriétaire, Christos, qui vous offrira de quoi vous désaltérer si vous restez discuter un peu avec lui. Une charmante oasis, confortable et romantique, et qui a eu le bon goût d'éviter toute forme de prétention pour rester conviviale.

VILLA SANYAN €€

28th Oktovriou street 52
✆ +30 698 072 9090
www.villasanyan.com
Chambre double à partir de 115 € en été, petit-déjeuner inclus. Wifi gratuit.

Voilà un établissement précieux et rare dans le quartier qui longe la plage d'Akti Miaouli ! A l'inverse des barres d'immeubles qui essaiment sur le front de mer, vous êtes ici accueilli dans une ambiance élégante et intimiste : seulement quatre chambres à la déco unique, une villa Art déco des années 1930 superbement rénovée, quelques tables ombragées en terrasse pour prendre un bon petit-déjeuner maison le matin, et les conseils avisés des heureux (et aimables !) propriétaires des lieux. Service personnalisé, en français donc.

ALLEGORY BOUTIQUE HOTEL €€€

Antifanous 11 ✆ +30 22410 37470
allegoryhotel.com
En été, suite double à partir de 240 €, petit-déjeuner inclus. Wifi gratuit.

Voici un bijou médiéval qui a su concilier histoire et modernité : le bâtiment historique a été rénové dans un style contemporain, sobre et recherché. Les six suites sont décorées avec goût et offrent un confort absolu. L'hôtel se situe dans un quartier tranquille de la vieille ville, loin des flots de touristes. Vous prendrez un délicieux petit-déjeuner sur la terrasse : produits bio et frais, vaste sélection d'options salées et sucrées, confitures maison… Cet établissement intimiste propose un service personnalisé digne des plus grands hôtels.

AVALON BOUTIQUE HOTEL €€€

Charitos Street 9 ✆ +30 22410 31438
www.avalonrhodes.gr
Chambre double à partir de 180 € en été, petit-déjeuner inclus. Wifi gratuit.

Magnifique hôtel de luxe en plein cœur de la cité croisée, Avalon Boutique Hotel offre une expérience unique. Au coin de la rue Ippoton, où s'alignent les Auberges des Chevaliers, et à quelques mètres du Palais du Grand Maître, vous serez plongé dans l'époque médiévale, le confort en plus ! Les six suites sont absolument magnifiques, d'un luxe raffiné et certaines ont vue sur les toits de Rhodes. La cour intérieure, calme et sereine, est rafraîchie par une fontaine. On y prend le petit-déjeuner, à l'abri des regards. Une adresse vraiment fabuleuse.

10 GR HOTEL & WINE BAR €€€

16 Polidorou
✆ +30 22410 20910
10grhotel.com
En été, chambre double à partir de 160 €, petit-déjeuner inclus. Ouvert toute l'année. Pour adultes uniquement.

Un hôtel qui propose qualité et luxe à la grecque, dans un décor ancien… et c'est plutôt réussi ! Les chambres sont situées sous les voûtes qui servaient de lieu de repos aux Chevaliers de l'ordre de Saint-Jean. Si les propriétaires ont conservé les couleurs de l'époque (jaune or, bleu délavé et ocre rouge), l'équipement et la décoration sont modernes et tout confort. Les quatre suites sont parmi les plus confortables de l'île. Mention spéciale pour le restaurant et sa cave à la belle sélection de 170 vins grecs.

© DR

© DR

RHODES

BELLEVUE SUITES €€€

Akti Miaouli & Tilou
✆ +30 22410 75880
www.bellevuesuitesrhodes.com
Suite standard à partir de 380 € en été, petit-déjeuner inclus. Wifi gratuit.

Sur la plage d'Akti Miaouli, à environ 2 km de la vieille ville, cet établissement 5-étoiles dispose de 12 suites élégantes, modernes et spacieuses. Prévues pour deux à quatre personnes, elles offrent une vue sublime sur la mer et comprennent chambre à coucher, salon en suite, cuisine équipée pour certaines et salle(s) de bains top niveau. Chaque suite possède également une terrasse privée. Une piscine chauffée (et donc accessible toute l'année), un bar et un restaurant, Le Bellevue, complètent les services luxueux des lieux.

IN CAMERA ART HOTEL €€€

35 Sofokleus
✆ +30 22410 77277
www.incamera.gr
Chambre double à partir de 170 € en été, petit-déjeuner inclus.

Ce charmant boutique-hôtel est situé dans la vieille ville, à l'écart des foules dans un quartier qui demeure authentique, vers la Porte Saint-Athanase. Les chambres sont agréablement meublées et décorées, respectant un style ancien mais apportant des touches modernes, et le petit jardin intérieur est fort appréciable en été. Le propriétaire, photographe amateur d'art, a rénové cet espace avec passion, le transformant en jolie adresse de charme dans la ville médiévale. Le service, très professionnel, est irréprochable et chaleureux.

KOKKINI PORTA ROSSA €€€

24 Archiepiskopou Efthimiou
✆ +30 22410 75114
www.kokkiniporta.com
En été, 6 suites à partir de 415 €, petit-déjeuner inclus.

C'est à côté de la porte Saint-Jean et accolé aux remparts que se trouve le Kokkini. Il est fréquemment présent dans le Top 3 des meilleurs petits hôtels au monde... Il est vrai que le travail réalisé ici est impressionnant, le souci du détail et les objets de collection font de l'hôtel un musée vivant, dans une décoration ultra harmonieuse. Accueil et programme personnalisé via une tablette lors du séjour et une application dédiée avec de très nombreuses informations sur l'île. Boissons et alcools à volonté et en libre-service dans les suites ou au bar !

MARCO POLO MANSION €€€

Agiou Fanouriou 40-42
✆ +30 22410 25562
www.marcopolomansion.gr
Chambre double à partir de 160 € en été, petit-déjeuner inclus.

Le Marco Polo est un petit bijou bien caché dans une ruelle calme de l'ancien quartier ottoman. C'est à la fois un restaurant et un hôtel, tenus par une famille italienne qui a le sens de la *dolce vita* et du bon goût. Le bâtiment, historique comme il se doit, propose un luxe discret, toujours juste. Les chambres sont dispersées autour du jardin central où sont installées les tables du restaurant. Voilages, tapis et couleurs pastel passées nous plongent dans une ambiance hors du temps, à la croisée de l'Orient et de l'Occident. Une très jolie adresse coup de cœur.

PLAZA €€€

7 rue Ierou Lochou
✆ +30 22410 22501
www.rhodesplazahotel.com
Chambre double à partir de 140 € avec petit-déjeuner buffet. Pension complète possible. Ouvert toute l'année.

Cet établissement est idéalement situé à proximité des plages (200 m), du port et à dix minutes à pied de la vieille ville. Cet hôtel de la chaîne Best Western dispose de chambres spacieuses et bien tenues, qui correspondent tout à fait au standing attendu de ce type d'établissement. La piscine écologique (d'eau douce et peu chlorée) est idéale pour les familles tandis que le restaurant propose un buffet copieux le matin et constitue une halte agréable en journée pour prendre le café. Une excellente agence de voyages jouxte l'établissement.

RODOS PARK SUITES €€€

12, Riga Fereou
✆ +30 22410 89700
www.rodospark.gr
Chambre double standard à partir de 215 € en été, avec le petit-déjeuner. Possibilité de demi-pension. Wifi gratuit.

Cet hôtel, membre du groupe des Small Luxury Hotels of Europe, jouit d'une belle situation au cœur du parc qui jouxte les remparts de la vieille ville. Il bénéficie également d'une vue exceptionnelle sur la ville médiévale. Il est apprécié de ceux qui recherchent le calme et des services de luxe, à proximité des principaux sites d'intérêt. Les chambres sont grandes, décorées avec goût et disposent de belles salles de bains (la plupart avec bain à remous). De grands balcons assurent la vue sur les alentours, pour profiter de la vieille ville depuis sa chambre.

© SPIRIT OF THE KNIGHTS BOUTIQUE HOTEL

© SPIRIT OF THE KNIGHTS BOUTIQUE HOTEL

© SPIRIT OF THE KNIGHTS BOUTIQUE HOTEL

SPIRIT OF THE KNIGHTS €€€

14 Alexandridou
✆ +30 22410 39765
www.spiritoftheknights.com
Chambre double à partir de 180 € en été, petit-déjeuner inclus. Wifi gratuit.

Cet établissement magnifique est situé dans un bâtiment médiéval du XIVe siècle. Rénovées dans le meilleur goût, les six suites sont organisées autour d'un somptueux jardin central qui dispose d'un bain à remous où vous pourrez vous relaxer après une longue journée de visites dans les environs. Le petit-déjeuner, délicieux, est servi tous les matins dans ce havre arboré et serein. Luxe discret, accueil chaleureux et service professionnel vous attendent ici. Vous y serez au calme et loin, bien loin, du clinquant et du tout touristique.

© SPIRIT OF THE KNIGHTS BOUTIQUE HOTEL

© SPIRIT OF THE KNIGHTS BOUTIQUE HOTEL

SAINT NIKOLIS BOUTIQUE HOTEL €€€

61 Ippodamou
✆ +30 22410 34561
www.s-nikolis.gr

Chambre double à partir de 160 € en été, avec petit déjeuner. Ouvert toute l'année.

Atmosphère intimiste dans un cadre historique et romantique. Situé à l'emplacement de l'ancien marché antique, cet hôtel de standing dans la vieille ville dispose d'appartements, de suites spéciales lune de miel et de villas, meublés avec soin dans le respect du style médiéval. Parmi les chambres, 2 possèdent une arche originale vieille de plus 8 siècles. Le petit déjeuner est servi sur le toit avec vue fantastique. Restaurant ouvert pour déjeuner et dîner.

CASA DEL GATTO CAVALIERE €€

23 Omirou
www.magicrhodes.com/en/

Climatisation. Wi-fi. Cuisine et eau potable. Accessible aux personnes à mobilité réduite.

Elena et Riccardo sont installés avec leurs enfants dans la ville médiévale de Rhodes depuis plusieurs années et ont aménagé sept jolies maisons disséminées dans la vieille ville. La Casa del Gatto Cavaliere, féline avec ses murs couleur jaune d'or contrastant avec les poutres et l'escalier de bois sombre, offre une décoration chic et soignée. La chambre double est sur la mezzanine qui surplombe un large salon et son canapé convertible, un coin petit déjeuner avec frigo et une petite kitchenette. Un nid vraiment douillet pour paresser après une journée de visite.

CASA MARILYN €€

23 Omirous
✆ +30 69327 21051
www.magicrhodes.com/en/

Cuisine équipée et plats cuisinés à emporter. Lave-linge. Ventilateur. Wi-fi. Location de vélos.

Voici peut-être la plus élégante des petites maisons aménagées dans la vieille ville par Elena et Riccardo, couple sympathique venu s'installer avec ses deux enfants à Rhodes il y a quelques années. Se détachent des murs jaune d'or des tableaux et un mobilier anciens qui contrastent avec l'immense portrait de Marilyn suspendu le long du lit en fer forgé. La cuisine est entièrement équipée, et la grande terrasse qui domine la ville médiévale, sur laquelle il fera bon bouquiner au soleil ou dîner le soir venu, est un atout de taille !

DROSOULITES RAKADIKO €

Alexándrou Diákou 5
✆ +30 22410 30021

Comptez 15 € par personne. Ouvert tous les jours pour le déjeuner et le dîner, en saison.

Ce restaurant à proximité de la vieille ville est situé dans un magnifique bâtiment néoclassique mais en été on préférera les tables dans la jolie cour extérieure. Ici vous goûterez à des spécialités crétoises sur fond de musique traditionnelle de Crète. Parmi les incontournables de la cuisine crétoise, essayez les escargots ainsi que la charcuterie. La plupart des produits proviennent de Zaros, village natal du propriétaire, situé dans la région centrale de Crète. Une agréable adresse, notamment pour venir entre amis et goûter à tous les plats.

GRINIARIS €

Place Aghiou Ioannou
✆ +30 22410 34005

Comptez 18 € par personne. Ouvert tous les soirs à partir de 19h30, sauf le dimanche.

Avant d'être transformé en *ouzeri*, cet établissement a longtemps été un *kafeneio* traditionnel : vous trouverez de vieilles photos aux murs dans la salle intérieure, témoins du temps jadis. Aujourd'hui, c'est une des adresses préférées des Rhodiens qui viennent pour partager de délicieux *mezzedes* et petits plats, dont certaines spécialités de Kalymnos, l'île natale du propriétaire. On écoute de la musique traditionnelle et du *rebetiko* en buvant un ouzo en terrasse et on refait le monde, baigné de verdure et de bien-être culinaire.

HATZIKELIS SEAFOOD RESTAURANT €€

9 Solomon Alhadef
✆ +30 22410 27215
www.hatzikelis.com

À partir de 30 € par personne. Ouvert toute l'année à partir de midi.

Un des restaurants de fruits de mer et de poissons les plus réputés de la vieille ville. Comme toujours lorsqu'il s'agit de poisson frais, ce n'est pas donné mais les portions sont généreuses et la qualité est à l'honneur. Optez pour le plateau du pêcheur à partager, ou pour une sélection de plats, à partager également, dont les excellents *saganaki* de moules ou de crevettes. C'est délicieux, et le cadre, face aux ruines de l'église Sainte-Marie-du-Bourg, est la cerise sur le gâteau !

© TRAVEL MAGIC RHODES

© TRAVEL MAGIC RHODES

© TRAVEL MAGIC RHODES

TRAVEL MAGIC RHODES €€

23 Omirou ✆ +30 69327 21051
www.magicrhodes.com/en/

Elena et Riccardo sont installés dans la ville médiévale de Rhodes depuis des années et ont aménagé ces sept appartements disséminées dans la vieille ville. La décoration est soignée, sur des tons jaunes et gris et certains logements sont de véritables maisons avec un petit jardin attenant pour prendre le soleil. Ils disposent de leur propre cuisine. Si c'est Elena qui accueille les hôtes, Riccardo, en bon marin expérimenté qu'il est, saura vous conseiller au mieux pour organiser une croisière à la voile inoubliable. Une très belle adresse.

© TRAVEL MA

© TRAVEL MAGIC RHODES

COUNTRY KITCHEN GREEK RESTAURANT €

Kritis 6 street
✆ +30 22410 70560
https://countrykitchenrhodes.com/

Dans un décor traditionnel, à l'ombre d'une tonnelle d'où pendent les bougainvilliers, situé non loin de la rue des bars, cette taverne grecque sert une nourriture locale et familiale de bonne facture à base de viandes grillées, de plats de fruits de mer, sans oublier l'incontournable gyros. Un atmosphère simple et chaleureuse permet de passer un agréable moment en famille ou entre amis, surtout quand l'ambiance se réchauffe autour d'un match de football.

© COUNTRY KITCHEN

© COUNTRY KITCHEN

KOUKOS €€

20-22 Mandilara
✆ +30 22410 73022
http://koukosrodos.com

Ouvert tous les jours, de 8h à tard le soir. Comptez 30 € un repas complet, moins si vous optez pour un snack au café.

On vient dans cette jolie auberge pour manger, boire, discuter, grignoter, écouter de la musique et passer assurément un bon moment. Les plats sont vraiment délicieux et le choix est varié : il y a là tout l'éventail de la cuisine grecque. On y vient dès le matin pour prendre le café et un petit-déjeuner (savoureuses *bougatsa*), et on y reste jusqu'à tard en soirée pour partager des *mezzedes* (très bonne feta au miel) ou des plats plus recherchés. Petit plus, l'établissement possède quelques chambres à l'étage, coquettes et très confortables.

LINDOS GARDEN RESTAURANT €

11 Ippodamou Street
✆ +30 22413 02578

A partir de 20 € par personne. Ouvert tous les jours, midi et soir.

L'atout principal de cet établissement est sa grande terrasse extérieure, sur les toits, avec vue sur le port et la mer : ne vous attendez pas à la vue panoramique du siècle, mais c'est somme toute agréable de voir le large au loin tout en dégustant de bons petits plats. Ici, on joue la carte traditionnelle de la taverne grecque : menu classique offrant des plats typiques et faits maison, portions copieuses, accueil chaleureux, ambiance décontractée et musique grecque en fond... Un bon rapport qualité-prix, sans chichis, au cœur de la vieille ville.

MARCO POLO MANSION €€

Agiou Fanouriou 40-42
✆ +30 22410 25562
www.marcopolomansion.gr

Comptez 35 € par personne. Ouvert tous les soirs pour le dîner.

Marco Polo Mansion propose une cuisine raffinée dans un cadre idyllique. A l'écart de l'agitation touristique, dans une petite ruelle de la vieille ville, c'est un jardin enchanté qui se cache au sein d'une bâtisse médiévale. Là, vous pourrez déguster des plats recherchés et de qualité. Les fondamentaux de la cuisine grecque sont revisités comme le souvlaki d'agneau aux pistaches et à la moutarde ou les crevettes aux noix et au romarin. Les desserts font la part belle aux saveurs italiennes : tiramisu et panna cotta sont au rendez-vous.

NIREAS €€

22 rue Sofokleous

✆ +30 22410 21703

Ouvert toute l'année, midi et soir. Comptez 30 € par personne.

Une adresse à recommander pour les amateurs de poissons, de coquillages et de crustacés ! Originaire de Symi, Theodoros Tsikkis vous fera oublier les poissons farineux ou trop cuits des restaurants à touristes. Sans forcément casser votre tirelire, vous pourrez profiter de l'agréable terrasse de ce coin paisible de la vieille ville en dégustant les fameuses crevettes de Symi, des croquants aux légumes parfumés à la menthe et un délicat dessert maison. Avec un bon ouzo, à l'ombre de la tonnelle, vous passerez de longues heures, alangui et repu.

OI KELLIDES €

28is Oktovriou 96

✆ +30 2241 036086

Ouvert du lundi au samedi, de 11h30 à 1h30 du matin. Comptez 5 € par personne.

S'il ne fallait retenir qu'une seule adresse de *souvlaki* à Rhodes, ce serait celle-ci, à quelques mètres de la plage Akti Miaouli ! Certes, l'échoppe n'a vraiment l'air de rien : un boui-boui un peu cracra tout au plus. Quant à l'emplacement, en face d'une station-service, il ne fait pas vraiment rêver. Pourtant, on aurait tort de s'arrêter aux apparences parce qu'il s'agit du meilleur *gyros pita* et d'un des meilleurs *souvlaki* de la ville. Tous les ingrédients sont d'une fraîcheur incontestable, qu'il s'agisse de la viande elle-même, du pain, et même du tzatziki !

ROMIOS RESTAURANT €€

15 Sofokleous

✆ +30 22410 25549

www.romios-restaurant.gr

Ouvert tous les jours, de midi à minuit. Comptez 35 €/personne.

Ce restaurant gourmet propose une cuisine internationale et grecque. L'été, vous apprécierez sa spacieuse terrasse ombragée, tandis qu'en hiver vous pourrez admirer son intérieur cosy et original. Large choix d'entrées et de spécialités grecques, comme le *grecolimano*, aubergines farcies servies avec une sauce à l'ouzo, mais l'accent est mis en priorité sur les poissons et produits de la mer. Goûtez le poisson du mont Athos par exemple, à la sauce citron et fenouil, ou les crevettes du chef. L'ensemble est présenté avec soin et une belle attention aux détails.

MAMA SOFIA €€

28 Orfeos Street

✆ +30 22410 24469

www.mamasofia.gr

Comptez 25 € par personne. Ouvert toute l'année, tous les jours, de 9h à minuit.

Ce restaurant offre une cuisine traditionnelle de qualité depuis 1967. Les fils Stavros et Yiannis ont repris l'entreprise familiale et continuent à créer une ambiance sympathique. La terrasse est agréable, mais vous pourrez également opter pour la salle au décor traditionnel située au premier étage. Au menu : poissons et spécialités de Rhodes, mais aussi des îles voisines, sont préparés avec des ingrédients locaux et frais. Ne partez pas sans avoir goûté au *kleftiko*, de l'agneau mijoté des heures au four dans un plat en terre cuite.

© MAMA SOFIA

© MAMA SOFIA

10 GR RESTAURANT GASTRONOMIQUE ET BAR À VINS €€

16 Polidorou
✆ +30 22410 20910
10grhotel.com

On viendra s'attabler au restaurant et bar à vins de l'hôtel éponyme notamment pour sa cave impressionnante qui aligne une belle sélection de 170 vins grecs, dont quelques vins orange. Le restaurant, qui est à l'avenant de l'hôtel, chic et de bon goût, propose un assortiment de fromages s'accordant soit avec les vins blancs, soit avec les rouges plus corsés. Viandes grillées, fromages grillés et plats traditionnels grecs (*ladopita, tigania*,...) complètent la carte.

© 10GR

© 10GR

TA PETALADIKA €

8 rue Menekleous
✆ +30 22410 27319

Comptez 18 € par personne. Ouvert tous les jours midi et soir.

Cette *ouzeri* (ou *mezzedopoleio*) est réputée auprès des Rhodiens, et ce malgré son emplacement touristique qui pourrait les rebuter. Suivez donc leur exemple et ne prêtez pas attention aux foules qui se pressent aux alentours : ici on déguste ouzo et *mezzedes* les yeux fermés. Tout est frais, notamment la purée de fèves, la *fava*, qui est certainement l'une des meilleures de la ville. Optez aussi pour du calamar farci ou des crevettes marinées à l'ouzo et au cumin. Tout est excellent, et le service est professionnel. Une très bonne adresse.

TAMAM €€

1 rue G. Leontos
✆ +30 22410 73522
www.tamamrhodes.gr

Comptez 30 € par personne. Ouvert tous les jours de 13h à 23h.

Plébiscité autant par les locaux que par les touristes, ce petit restaurant n'offre que quelques tables, ce qui crée parfois des files d'attente décourageantes. Et pourtant, ne baissez pas trop vite les bras car votre patience sera largement récompensée ! Par un apéritif offert, d'abord, mais surtout par des plats succulents, d'une fraîcheur incomparable et présentés avec attention, des prix très raisonnables et un service chaleureux et sympathique. C'est certainement l'un des meilleurs restaurants de Rhodes, qui réussit à maintenir sa réputation au fil des ans.

TO MAROULI €€

26 Platanos
✆ +3022413 04394
http://tomaroulirodos.blogspot.com

Ouvert de 9h à 22h de mars à fin octobre. Comptez environ 20 € par personne.

Des plats servis 100 % végétariens (et pour la plupart végans) à sa démarche environnementale (zéro plastique), ce restaurant ravira tous nos amis *veggies*. Du petit déjeuner au dîner, Mara, qui parle couramment français, a su proposer aux voyageurs ce qui manquait cruellement à Rhodes, par conviction d'abord, et par amour de ses bons petits plats dont elle a le secret. Le menu change et s'adapte aux saisons mais nous vous recommandons la Haloumi Salad, et les pâtes fraîchement préparées. Niveau boissons, les cocktails maison et la limonade valent le détour.

RHODES

TO STENO €

29 rue Anaryiron
✆ +30 22410 35914
Ouvert tous les soirs à partir de 19h. Comptez 15 € par personne.

Les Rhodiens viennent dans ce restaurant simplement installé dans une rue résidentielle de la nouvelle ville pour manger un vrai repas traditionnel, préparé comme à la maison. Tout est bon, notamment les beignets de fleurs de courgettes que l'on vous recommande. La famille qui tient cette taverne délicieuse est originaire de Karpathos : vous pourrez découvrir quelques spécialités culinaires de l'île et admirer les photos anciennes qui ornent les murs. Ambiance simple et chaleureuse, loin des foules touristiques : c'est une taverne authentique, comme on les aime.

TRATTORIA MEDITERRANEO €

104 rue Stratigou Griva
✆ +30 22410 76076
Comptez 15 € par personne. Ouvert uniquement le vendredi et le samedi à partir de 18h30 et le dimanche 14h-20h.

Ce restaurant italien propose une cuisine traditionnelle savoureuse, utilisant des produits de qualité et, autant que possible, de saison. Ici, vous goûterez aux meilleures pizzas et pâtes fraîches de Rhodes. On ne saurait trop quoi vous recommander en priorité, tant tout est délicieux. On notera par exemple les *paccheri con fresco tonno*, des pâtes courtes au thon frais mais les risottos sont aussi fabuleux… Parfait également pour ceux qui cherchent à changer un peu des tavernes grecques. Les habitants de la ville se passent l'adresse, n'hésitez pas !

APOLLONIATISSES

68, Apostolou Pavlou
✆ +30 22410 64322
www.apolloniatisses.gr
Ouvert du lundi au samedi de 8h30 à 13h30 et mardi, jeudi et vendredi de 17h30 à 20h.

Certes, c'est un peu loin du centre-ville, mais c'est ici que vous trouverez les trésors de la coopérative des femmes du village d'Apollonia. Si vous n'avez pas le temps ou l'occasion de vous rendre au village, il faudra donc fournir un petit effort pour vous rendre dans cette boulangerie où l'on prépare les meilleures pâtisseries traditionnelles de Rhodes : les *melekouni* (à base de graines de sésame, de miel de thym, d'amandes et d'écorces d'orange) ou les nougats locaux, les *mandolatas*. Les amateurs de confitures maison seront également ravis.

LA VERANDA €

45 Evreon Martyron Square
✆ +30 22410 39608
laverandarhodes.com
Comptez 20 € par personne. Ouvert tous les jours en saison de 10h à 1h du matin.

Ce restaurant est situé sur la place *Evreon Martyron* (place des Martyrs juifs) dans un bel immeuble, et bénéficie d'une terrasse sur les toits ou *roof garden* qui offre une vue fantastique sur la vieille ville mais aussi sur le port. Il s'agit d'un restaurant familial, au personnel très sympathique, jeune et francophone. La cuisine est internationale, de qualité et vous aurez de quoi rassasier votre faim : les portions sont généreuses ! Certains soirs, des concerts de musique sont organisés. L'apéritif est offert par la maison.

© VERANDA

© LA TERASSE PANORAMIQUE

WONDER RESTAURANT €€

El. Venizelou 16-18
✆ +30 22410 39805
www.restaurantwonder.gr
Ouvert de Pâques à fin octobre tous les jours, vendredi et samedi soir le reste de l'année. 30 € par personne.

Situé à la lisière d'un jardin XIXe siècle au cadre bucolique et suranné, cet établissement est un petit bijou d'architecture néoclassique, à quelques minutes à peine de la porte d'Amboise. Si la météo le permet, nous vous recommandons d'opter pour les tables dans la jolie cour arborée, plus romantique que les salles intérieures. En cuisine, l'accent est mis sur la qualité des ingrédients : les plats sont raffinés et inventifs, avec une attention portée également à la présentation. Une bonne adresse pour changer de la gastronomie traditionnelle.

© WONDER

© WONDER

BARRA TRES

16 Dimitriou Theodoraki
✆ +30 22410 32310
Ouvert tous les jours de 9h jusqu'à 3h.

La rue Theodoraki Dimitriou est, depuis quelques années déjà, le spot préféré des jeunes Rhodiens qui s'y retrouvent à toute heure du jour ou de la nuit. Juste à l'extérieur des remparts de la vieille ville et derrière le Nouveau Marché, cafés et bars changent d'ambiance au fil des heures. C'est le cas de Barra Tres, bar au design sympathique, où l'on peut tout à la fois venir prendre le café le matin, casser la croûte en journée et boire des verres en soirée. La nuit, ambiance jeune et festive assurée par des DJ très au fait.

CAFÉ AUVERGNE

Alexander The Great Square
✆ +30 22410 76100
www.auvergnecafe.gr
Ouvert tous les jours de 9h à 2h du matin.

C'est au sein même de ce qui fut autrefois l'Auberge d'Auvergne, dans une cour à l'ombre d'un gigantesque platane, que vous pourrez apprécier la cuisine et l'ambiance du Café Auvergne. Les plats proposés d'inspiration grecque sont plutôt bons, et la sélection de vins est assez complète, proposant des options locales. Si vous ajoutez à cela le calme de l'endroit pourtant situé en plein centre touristique et les concerts, c'est un véritable lieu de rendez-vous au cœur de la cité médiévale. On aime aussi venir prendre le café en journée, entre deux visites.

GELATO PUNTO

6 Averof Street
✆ +30 22411 81070
www.gelatopunto.gr
Ouvert tous les jours de 14h à 1h du matin. Glace : une boule à partir de 2,50 €.

Ce glacier fait les meilleures glaces à l'italienne de Rhodes, préparées tous les jours dans les règles de l'art. Situé en face de l'arrêt de bus de Nea Agora, vous pourrez vous régaler d'une glace artisanale en attendant le car et vous rafraîchir les jours de grosse chaleur. L'équipe, jeune et dynamique, utilise des produits bio, notamment le lait, et des fruits de saison, autant que possible : les saveurs changent régulièrement. Face au succès, une filiale devrait ouvrir à Athènes : la capitale veut aussi son lot de *gelato punto* !

RHODES

MACAO COCKTAIL BAR

Place Arionos 1
✆ +30 6944927026
www.macaobar.gr
Ouvert en saison à partir de 20h et jusqu'à 3h du matin.

De l'extérieur, vous ne verrez qu'une bâtisse médiévale d'apparence austère. Mais passez la porte cochère et entrez dans le monde du Macao. Voici le bar-boîte branché de la vieille ville où l'on afflue pour se montrer, siroter un cocktail au comptoir de la cour intérieure, dans une ambiance chic et festive, avant de danser jusqu'au bout de la nuit sur de la musique éclectique. Les amateurs de house seront heureux d'apprendre que c'est le style privilégié de la maison. Vous y croiserez tout ce que Rhodes fait de belles de nuit en talons et de golden boys gominés.

MEVLANA

76 rue Sokratous
✆ +30 6942 210846
Ouvert tous les jours de 9h30 à 22h.

Vous êtes dans la rue Sokratous, dans l'ancien quartier ottoman, soit l'une des rues les plus passantes et certainement les plus touristiques de la vieille ville. A fuir, a priori ! Pourtant ce petit café ancien est une institution historique à ne pas rater. Paradoxalement calme en ces lieux, on y boit un véritable café turc, en pleine immersion ottomane. C'est aussi une sorte de cabinet de curiosités, un vrai capharnaüm où vous trouverez plein de petits trésors. On y fumera la chicha en admirant les sols en mosaïque de galets et en laissant filer le temps.

MOZAIK CASUAL BAR

Place Arionos
✆ +30 693 248 0006
www.mozaik-bar.gr
Ouvert tous les soirs en saison, de 20h à 3h du matin.

On aime ce bar à l'ambiance à la fois *lounge* et élégante mais décontractée qui s'ouvre sur la belle place Arionos. Idéal pour profiter d'une douce nuit d'été, en partageant un cocktail frais avec tout le beau monde de Rhodes. Ici, on vient un peu pour voir et être vu, mais en toute détente : pas de *bling-bling*, juste une sobriété chic qui constitue la marque de fabrique des lieux depuis plusieurs années. Les cocktails sont réussis et pour s'épargner l'ivresse, on pourra picorer dans quelques plats de sushis. Le tout est présenté avec recherche.

L'ETERNEL FRENCH BAR

Platonos 18
✆ +30690 992 9773
frenchbarrhodes.com
Ouvert du lundi au samedi 18h-1h30. Fermé dim.

Dans une authentique bâtisse rhodienne surplombant d'anciennes murailles byzantines et ottomanes, Matthias a créé un bar à vin et cocktails qui est l'étoile montante des nuits de Rhodes. Dans une ambiance feutrée et jazzy, les amoureux de la vie, voyageurs de passage et notables de l'île se croisent pour profiter d'une carte bien remplie. Des références françaises pour le vin, et des cocktails signature délicieux s'inspirant pour certains d'alcools locaux. Après minuit l'ambiance devient plus *groovy* et la fête commence à l'Eternel... avec la vue sur l'infini !

© LVÉTERNEL

© ÉTERNEL

RHODES

MYGA

4 Kosti Palama
✆ +30 694 900 5379
Ouvert tous les jours de 8h jusqu'à 2h du matin.

Ambiance et déco alternatives pour cet agréable café-bar dont le nom signifie «La Mouche», représentée à droite à gauche sur les murs et logos des lieux. Dans un ancien entrepôt italien du port de Mandraki, vous êtes ici à proximité des remparts de la vieille ville. Le café est très réussi (ce qui n'est pas donné partout !) et certains cocktails sont un peu plus intéressants qu'ailleurs. Mention spéciale également pour la sélection musicale, qui est de qualité. L'espace est intimiste en soirée et convivial en journée, un équilibre parfait !

TRADITIONAL CAFE SYMI

Nea Agora 109
✆ +30 2241 022881
Ouvert du lundi au samedi, de 9h à 23h. Comptez 15 € par personne.

Ce *kafeneio* traditionnel est installé dans le Nouveau Marché depuis 1946. Aujourd'hui, il a été repris par la petite-fille du propriétaire d'origine, qui a redonné vie et dynamisme à cet établissement historique. On aime venir s'attabler à l'ombre pour prendre un bon petit-déjeuner le matin (omelettes, toasts) autour d'un café glacé, en attendant l'arrivée de la pêche du jour. Les petits poissons extra-frais sont grillés ou frits pour le déjeuner et on les accompagne d'un peu de *fava* ou de caviar d'aubergine, tout simplement. C'est ça le bonheur finalement !

RONDA

6 Kountourioti Square
✆ +30 69374 04446
http://ronda.gr
Ouvert tous les jours de 10h jusqu'à minuit.

Le Ronda donne sur la plage Elli et propose deux espaces : le bar de plage à proprement parler, et le grand intérieur moderne, tout en rondeurs. Ce dernier s'organise sous la grande coupole d'un bâtiment historique et protégé, témoignage unique de l'architecture fasciste à Rhodes. Il offre de belles vues sur la mer et le port de Mandraki. En été, l'élégant *beach bar* étale ses transats et parasols sur le sable et propose quelques tables ombragées. Un établissement très chic pour débuter une soirée ou pour se prélasser avec style en journée sur la plage.

ATELIER SKARPETIS

8 Sofokleous
✆ +30 694 561 1358
workshopskarpetis.com
Ouvert du lundi au vendredi de 10h30 à 14h30 en saison.

Cet atelier est le royaume de Lefteris Skarpetis, un artisan orfèvre, natif de Rhodes, qui a appris le métier par son père. C'est l'un des derniers artisans de la ville maîtrisant encore l'ensemble des techniques nécessaires à la création d'un bijou unique, intégralement fait à la main. Il travaille en priorité l'or et l'argent mais expérimente également avec d'autres matériaux. Ses créations originales, parfois inspirées de motifs anciens, plairont surtout à ceux qui recherchent une approche résolument contemporaine et un style épuré, presque brut.

STANI

28 Aghias Anastasias
✆ +30 22410 31991
Ouvert tous les jours, de 7h30 à 1h30.

Situé derrière le stade Diagoras, dans la nouvelle ville, ce glacier est une institution depuis sa fondation par Ibrahim Sarri Hasan, dans les années 1970. Ce fermier se fait d'abord connaître grâce à son lait, après la guerre civile, avant d'inventer sa première recette de glace. Rapidement, il développe son savoir-faire et ses saveurs et ouvre cette boutique en 1974. Depuis, ses petits-enfants gèrent l'entreprise mais on y vient toujours pour déguster des glaces onctueuses. Le parfum vanille, certes le plus simple, est également le plus réputé.

F&T TSAGARIS

21 rue Kisthiniou
✆ +30 69322 44423
www.fttsagaris.gr
Ouvert tous les jours, sauf le dimanche, de 10h à 18h (14h le samedi).

Cette jolie boutique de sandales *made in Greece* est située derrière la place des Martyrs juifs, dans une rue calme et résidentielle. Ici, vous ne croulerez pas sous l'offre pléthorique des «chausseurs» de la rue Sokratous et vous n'aurez pas le nez assailli par les odeurs de cuir mal tanné. La sélection est limitée à quelques sandales de cuir élégantes et au style contemporain, avec une touche de fantaisie. Il y a également quelques articles pour enfants ainsi que des accessoires de mode : bijoux, sacs ou foulards. Tout donne envie !

IAKOVOS HANDMADE SANDALS

Aristotelous 22
✆ +30 22410 34464
http://rodossandals.com.gr
En été, ouvert tous les jours de 9h à 21h.

Pour des sandales en cuir et faites main, direction l'atelier Iakovos, une affaire familiale qui tourne depuis 1946 de père en fils. Vous y trouverez tous les modèles classiques qui font la réputation des spartiates grecques, dans toutes les tailles, et vous pouvez être sûr de la qualité des cuirs et des confections proposées. Les prix sont légèrement au-dessus de la moyenne par rapport aux sandaliers lambda qui inondent la rue Sokratous, mais vous ne regretterez pas d'avoir rajouté quelques euros pour des sandales qui tiendront longtemps !

LA MAGIA

83 rue Omirou
✆ +30 2241 028785
Ouvert tous les jours de 10h à 21h en été (fermé une partie de l'hiver).

Cette coquette boutique d'artisanat contemporain est située dans les ruelles calmes du côté de la Porte Saint-Athanase, loin des magasins pour touristes et autres échoppes de mauvaise qualité qui envahissent la vieille ville. Ici vous trouverez une belle sélection de créations choisies avec attention : bijoux de créateurs, sculptures et éléments de décoration, céramiques... Vous trouverez de quoi faire un cadeau à rapporter et/ou pour vous faire plaisir ! Tout est créé et réalisé en Grèce : c'est l'occasion de soutenir la création grecque.

OH DEER ME

Pythagoras 61
✆ +30 2241 601247
www.ohdeer.me
Ouvert tous les jours en été, de 9h à 22h. En hiver, en e-shop.

Cette petite boutique de souvenirs drôles et jolis apporte un peu d'originalité et surtout de qualité dans le panorama désespérant des boutiques de gadgets moches et bas de gamme qui inondent les rues les plus touristiques de la vieille ville. Ici on privilégie la créativité et la modernité sur la quantité et le faussement folklorique. Vous trouverez bijoux, accessoires, papeterie, quelques vêtements dont de sympathiques t-shirts pour enfants, objets déco..., tout cela en petite quantité et sous l'égide de l'animal emblématique de Rhodes : le cerf !

SABIN

Iroon Polytechniou 2
✆ +30 69925 06147
sabinmade.com
En été, ouvert tous les jours de 10h à 23h. Le reste de l'année, de 9h à 17h.

Suite au succès de ses deux boutiques précédentes, Sabin a ouvert cette troisième boutique du côté de la nouvelle ville, derrière le Casino de Rhodes. Elle y vend toujours ses créations originales, notamment ses très beaux sacs en bois, faits main, qui sont sa marque de fabrique depuis des années. L'accent est mis sur l'artisanat contemporain : pas de folklore traditionnel ici mais des accessoires de mode pour femmes et hommes modernes, utilisant de belles matières premières brutes. Vous pouvez toute l'année commander ses créations en ligne.

TRIDENT SCUBA DIVING

Port de Mandraki
✆ +30 69443 68444
www.tridentdivingschool.com
Plongée avec bouteille 60 €, forfait deux plongées à 90 €. Plongées de nuit, plongées pour enfants disponibles.

Cette école de plongée opère avec professionnalisme et offre un service impeccable, chaleureux, et surtout responsable depuis 1996. Tout l'équipement nécessaire pour plonger est fourni à chaque sortie en mer, mais il est possible de plonger avec son propre matériel également. Les instructeurs ont toutes les garanties officielles (PADI, CMAS, SSI) : vous pouvez faire confiance à George et son équipe ! En été, les départs se font tous les jours à 9h du matin, à bord de l'*Armonia* : les sites varient selon la météo et l'expérience des clients.

CASINO DE RHODES

4 Georgiou Papanikolaou
✆ +30 22410 97400
www.casinorodos.gr
Ouvert tous les jours 12h-3h. L'entrée est valable 24 heures.

Vous ne pourrez pas y échapper : il s'affiche partout ! Pas étonnant lorsque l'on sait que chaque région grecque n'a droit qu'à un seul casino. Ainsi, dans le Dodécanèse, c'est à Rhodes qu'il faut venir jouer ses sous : les insulaires de l'archipel viennent y passer quelques heures de loisir pendant leur séjour sur l'île-capitale. Machines à sous et tables de jeu s'étalent sur deux étages, dans le bâtiment historique du Grand Hôtel des Roses. Ouvert en 1927, on y contemple la pompe de l'architecture en vogue à Rhodes pendant la période fasciste.

FALIRAKI

A 15 km de Rhodes-ville, cette station balnéaire est devenue le rendez-vous des touristes nordiques. Dans les pubs du front de mer, la bière coule à flots. De manière générale, à éviter pour ceux qui ont du mal avec le tourisme de masse et les excès alcoolisés. Seule attraction notable pour les familles : le water-park de Faliraki a été élu meilleur parc aquatique d'Europe à plusieurs reprises. Séjourner ici se résume en grande partie à loger dans de grands *resorts* de plus ou moins bon standing. Ceux qui recherchent des options de charme passeront leur chemin et préféreront faire la liaison en bus KTEL depuis Rhodes-ville (départs toutes les 30 min, 20 min de trajet environ).

Faliraki.

WATER PARK RHODES

Des navettes gratuites font la liaison plusieurs fois par jour avec Rhodes-ville.
✆ +30 22410 84403 - www.water-park.gr
Ouvert en été tous les jours de 10h à 19h et jusqu'à 18h en mai, septembre et octobre. Entrée 24 €, - de 12 ans 16 €.

Le plus grand parc d'attractions aquatiques d'Europe est situé légèrement en retrait de la plage de Faliraki et s'étend sur une surface de 10 000 m². Piscines variées dont une énorme piscine à vagues, toboggans pour tous les âges et bateau de pirates raviront les plus jeunes. Vous trouverez également des transats pour vous reposer entre deux activités et des restaurants et snack-bars pour casser la croûte. De quoi satisfaire les envies et les besoins de toute la famille ! C'est l'attraction majeure de la région de Faliraki : en été, tout le monde s'y presse.

ANTONIOS €

A 5 minutes de la plage.
✆ +30 22410 87101
www.antonioshotel.eu
Chambre double à partir de 60 € en été. Petit-déjeuner en supplément : 4 € par personne.

Ce petit hôtel abordable, d'une vingtaine de chambres et studios, tranche avec les gros complexes qui bordent une grande partie du littoral. En août, les places sont chères (entendez rares), car les chambres sont bon marché. Bien que rustiques, elles disposent d'une kitchenette et certaines bénéficient également d'un petit balcon. La piscine offre une alternative à la plage et sera notamment appréciée des enfants et des familles. Bon plan à noter : l'hôtel propose des semaines à prix cassés en octobre, quand il fait encore beau.

APOLLO BEACH €€€

✆ +30 22410 85513
www.apollobeach.gr
Chambre double à partir de 145 € en été, petit-déjeuner compris. Possibilité de pack all inclusive.

300 chambres sont proposées dans ce grand complexe hôtelier qui comprend deux bâtiments entourés de jardins et situés sur la plage de sable. C'est un vrai centre de vacances, avec plusieurs piscines (dont une piscine couverte), deux courts de tennis, et bien sûr de nombreuses activités nautiques. Les chambres sont confortables, et disposent de balcons avec vue sur la mer ou sur les jardins. Ne vous attendez à rien de très personnel, on est ici dans le tourisme de type *resort* à 3 000 % mais les familles apprécieront les services adaptés.

MITSIS FALIRAKI BEACH HOTEL €€€

✆ +30 22410 85301
www.mitsishotels.com
Chambre double à partir de 280 € en été, en all-inclusive.

Le *resort*, en bord de mer, propose tous les services attendus de ce genre d'établissements : un service professionnel, des piscines, un spa, des animations, la possibilité de faire des sports nautiques ou de participer à des cours de gym, plusieurs restaurants, des équipements de beach volley, billard, ping-pong... En bref, une ambiance « Club Med » ! Quant aux chambres, modernes et à la déco heureusement sobre, elles offrent toutes un balcon privatif et sont spacieuses.

KALLITHEA ★

A 10 km de Rhodes-ville, les thermes de Kallithea sont installés en surplomb d'une plage aux eaux cristallines. Réalisé par les Italiens dans les années 1920, ce bijou architectural est l'un des plus beaux exemples de patrimoine fasciste à Rhodes, et jouit d'un cadre unique. Autour, des *resorts* s'étalent à l'infini. Tout cela n'a rien de très engageant et, en saison, ces barres d'immeubles vieillissantes sont remplies par les tour-opérateurs d'Europe du Nord. Vous vous y rendrez très facilement depuis Rhodes-ville : les bus KTEL font la liaison toutes les 30 min en été (départ de la station centrale derrière le Nouveau Marché, 15 min de trajet).

HOTEL ROMANZA MARE €

✆ +30 2241 062882

www.romantza.com

Chambre double à partir de 65 € en été, petit-déjeuner inclus.

A 6 kilomètres de Kallithea et à 40 mètres de la plage, vous trouverez 70 chambres et 20 studios avec kitchenette dans cet établissement sans cachet particulier mais bien adapté aux vacances en famille : les enfants pourront profiter de la piscine pendant que les parents se relaxent sur les transats. Souvent pris d'assaut en août, il faut s'y prendre tôt. Parmi les services à noter : petit-déjeuner, restaurant, boutique dans l'hôtel et possibilité de louer un véhicule. Un petit *resort* familial pour les amateurs de ce genre d'établissements.

THERMES DE KALLITHEA ★

✆ +30 22410 65564

www.kallitheasprings.gr

En saison, ouvert tous les jours de 8h à 20h. Entrée 3 €, -12 ans gratuit.

Les propriétés curatives des eaux de Kallithea sont connues depuis l'Antiquité : on s'y rend non seulement de Rhodes, mais également d'Asie Mineure, pour soigner les infections digestives. Mais les thermes ne prennent une ampleur réellement internationale qu'à une époque beaucoup plus proche de la nôtre. En effet, la station thermale que l'on connaît encore aujourd'hui est aménagée par les Italiens en 1929. Elle représente l'un des plus grands et somptueux ensembles d'architecture fasciste à Rhodes. Très vite après l'inauguration, les thermes accueillent des patients du monde entier mais, après une période faste, l'activité ralentit, jusqu'à cesser totalement à la fin des années 1960. L'ensemble rouvre ses portes en 2007, suite à des travaux de rénovation qui lui rendent sa splendeur d'antan : des expositions temporaires y sont organisées régulièrement. Aujourd'hui, on visite les bâtiments à l'architecture unique et on s'imprègne de l'ambiance rétro typique des sanatoriums de l'entre-deux-guerres. Les dessins ont été réalisés par l'architecte Pietro Lombardi et une partie des travaux fut terminée sous Armando Bernabiti, autre grand architecte de la période fasciste dans le Dodécanèse. Remarquez les deux rotondes emblématiques, dont la principale est coiffée d'un dôme de 14 m, promenez-vous à l'ombre de pergolas fleuries, admirez les magnifiques sols en mosaïque de galets et prenez le frais auprès de la joli fontaine ornée d'un Eros. Vous pourrez finir par un bain de mer dans les eaux claires de la petite plage de sable.

RHODES

Kallithea.

RHODES DIVING ACADEMY - BY LEPIA

Avenue Kallithea, km 6 ✆ +30 69833 02744
https://lepiadive.com/

Compter 50 € la plongée simple avec matériel fourni. Forfaits disponibles pour plusieurs plongées.

Plongeurs débutants comme confirmés pourront profiter, grâce à la Rhodes Diving Academy, des eaux chaudes et claires de l'île, de leurs 30 mètres de visibilité et de la variété des spots. Cet établissement, antenne du LEPIA dive center, est plus axé sur l'apprentissage et le développement de compétences liées à la plongée. Il est certifié PADI et le personnel est formé pour accueillir les plongeurs en situation de handicap. L'équipe est jeune, passionnée, sympathique et Francophone !

ELYSIUM HOTEL €€€

✆ +30 22410 45700
www.elysium.gr
Chambre double à partir de 200 € en été, petit-déjeuner inclus.

Ce *resort* de luxe jouit d'un emplacement privilégié, directement sur la plage de Kallithéa et à quelques minutes à peine des thermes. A recommander pour ceux qui aiment les établissements du genre : beaucoup de chambres, un confort impeccable mais peu personnalisé, tous les services attendus dans ce genre d'hôtel tout compris, à savoir piscine, spa, accès à la plage avec transats et parasols, bars et restaurants menés d'une main de maître par le chef Yorgos Troumouchis et un personnel attentif et professionnel. Un séjour cinq étoiles.

MAKKARONI €

G. Drosini
✆ +30 22410 63366
Comptez 20 € par personne. Ouvert tous les jours, sauf le lundi, de 13h30 à 23h en été.

Des assiettes qui sentent l'Italie du sud, simples et authentiques. Les pizzas à pâte fine sont cuites au four de manière irréprochable et les plats de pâtes satisferont les gros appétits qui cherchent autre chose que de la cuisine traditionnelle grecque. Vous trouverez également une large variété de charcuterie italienne. Tout cela est servi dans une atmosphère familiale sympathique et sans prétention. Les portions sont généreuses et les produits vraiment frais, même les Italiens vous le diront ! Indéniablement une des meilleures adresses du coin.

NOBLE GOURMET €€€

Dans l'hôtel Elysium
✆ +30 22410 45700
www.noble.gr
Menu dégustation 55/85 € par personne. Ouvert tous les soirs, sauf lundi, de 19h à 23h.

Dans le monde de Kallithéa, il y a d'un côté les établissements bas de gamme du tourisme de masse et de l'autre quelques rares temples du luxe. Les thermes et l'Elysium en sont les dignes représentants. Le restaurant Noble de l'hôtel est en effet une véritable destination de gastronomie fine. Sur la merveilleuse terrasse en surplomb de la baie, le jeune chef Kougios vous concocte des assiettes élégantes, complexes, osant même quelques incursions dans la cuisine moléculaire orchestrées par son mentor, le chef Troumouchis. Service impeccable et belle carte des vins.

LADIKO

A 16 km de Rhodes-ville, les deux petites baies de Ladiko sont protégées du vent et vous pourrez vous y baigner agréablement. La plage la plus connue est surnommée Anthony Quinn Bay : elle est située à 200 m de la plage principale. En effet, c'est ici que l'acteur Anthony Quinn acheta un terrain, après avoir découvert la région pendant le tournage du film *Les Canons de Navarone* (J. Lee Thompson, 1961). Considérée comme l'une des plus belles plages de Rhodes, Anthony Quinn Bay est étroite et bondée en saison : il faut venir tôt le matin. En pleine journée, il faudra passer votre tour. Les bus KTEL font régulièrement la liaison entre Rhodes-ville et Ladiko.

CATHRIN HOTEL €€

A 650 m de la première plage de Ladiko
✆ +30 22410 85080
www.cathrinhotel.gr
Chambre double standard à partir de 150 € en été, avec possibilité de demi-pension.

Un peu moins bondé que les gros complexes de la région, cet hôtel dispose d'environ 170 chambres réparties en six bâtiments, une immense piscine de 850 m², un bassin pour enfants, un court de tennis et une salle de fitness. C'est l'établissement le plus proche des baies de Ladiko, à 650 mètres de la plage principale et 850 mètres de l'Anthony Quinn Bay. Au-delà de l'emplacement privilégié, il n'y a rien de spécial à noter ici : les chambres sont simples et confortables mais sans grand charme, le service n'est pas personnalisé mais professionnel.

LADIKO TAVERNA & BEACH BAR €

Sur la première plage de Ladiko
✆ +30 22410 85482
Ouvert tous les jours de 9h à 20h en saison. Comptez 20 € par personne.

La seule option restauration sur les baies de Ladiko est la taverne située sur la première plage. Rien d'exceptionnel, parfois même une qualité médiocre comme trop souvent sous la pression du tourisme de masse, mais vous pourrez casser la croûte en cas de besoin. Compte tenu du monopole et de l'affluence touristique des lieux, attendez-vous à ce que les tables soient prises d'assaut pour le déjeuner. On viendra surtout pour une pause café à l'ombre, entre deux baignades.

AFANDOU

A 20 km de Rhodes-ville, ce vieux village construit de façon à être invisible (*afando*) des pirates est aujourd'hui dévolu au tourisme de masse. La longue plage d'Afandou est cependant moins bondée que ses voisines du nord. Seules quelques portions de la plage sont aménagées avec transats et parasols. Vous trouverez également un parcours de golf correct et deux bons restaurants de poissons, parmi les meilleurs de l'île. A noter également : les galets de la plage d'Afandou sont utilisés pour les mosaïques qui ornent les cours intérieures des maisons traditionnelles à Rhodes. Des bus KTEL font la liaison à peu près toutes les 90 min depuis Rhodes-ville (comptez environ 35 min de trajet).

AFANDOU BAY RESORT €€€

✆ +30 22410 52252

www.afandoubay.com

Chambre double à partir de 150 € en été, petit-déjeuner inclus. Wifi gratuit.

Ce *resort* luxueux est situé directement sur la plage d'Afandou. Un peu plus intimiste que ses grands concurrents de la côte est, vous vous y sentirez un peu moins noyé dans la masse… d'où les prix pratiqués, au-dessus de la moyenne régionale ! Les services sont de qualité avec piscine, spa et restauration sur place. L'architecture d'ensemble et le design intérieur ont opté pour la sobriété et on apprécie l'effort esthétique, suffisamment rare pour être souligné ! Les chambres, immaculées, sont confortables et bénéficient toutes d'un balcon.

GOLDEN DAYS €

✆ +30 22410 52302

goldendayshotel.gr

Studio pour deux à partir de 55 € en été, avec le petit-déjeuner.

On ne vient pas ici pour le charme des lieux, mais pour les prix tout doux, même en été ! Pratique et économique, cet hôtel est situé dans le centre du village d'Afandou, à 1 km de la plage. L'établissement est certes un peu vieillot mais les propriétaires rénovent les chambres petit à petit : le progrès est là, même s'il reste encore un peu de travail… La piscine cernée d'un agréable jardin est appréciable. Pas du grand luxe donc, mais bien situé près des commerces du village et une bonne adresse pour les petits budgets qui cherchent à limiter les frais.

AVANTIS €€

✆ +30 22410 51280

www.avantisfishrestaurant.gr

Comptez 35 € par personne. Ouvert tous les jours de 10h à 2h du matin.

Quand Constantinos Avantis a ouvert sa taverne sur la plage d'Afandou, en 1983, il n'aurait jamais pensé que toute l'île de Rhodes se presserait un jour à sa table. Les années ont passé et ce n'est plus aujourd'hui une petite paillote mais bien un restaurant en dur, réputé pour ses spécialités de poissons et de fruits de mer. Les spaghettis au homard sont le plat le plus demandé depuis toujours, mais laissez-vous aussi tenter par les pêches du jour, vous ne le regretterez pas ! Attention toutefois à l'addition, notamment avec le poisson frais.

LYDIA MARIS €€

Kolimba

✆ +30 22410 56421

www.lydiamaris.gr

Chambre double à partir de 200 € en all inclusive, en été.

Un immense complexe (450 lits) tout confort, sur la plage de Kolimba et à quelques kilomètres au sud d'Afandou. Encore une fois, rien de surprenant à noter parmi les nombreux services offerts, typiques des *resorts* hôteliers du genre : restaurants, bars, spa, sauna, service professionnel mais non personnalisé, cocktails à gogo et formule possible en pension complète. Sur la plage, des transats et des parasols sont disponibles pour les clients de l'hôtel. Un désavantage à noter : il n'y a qu'une seule piscine pour tout ce monde et en été c'est peu !

TO FRESKO €€

✆ +30 22410 53077

Ouvert tous les jours de 12h à 23h. Comptez 35 € par personne.

Si vous mourez d'envie de poissons frais, ne cherchez plus : To Fresko est la taverne qu'il vous faut ! Spécialisée dans les plats de poissons et de fruits de mer, on y mange le poisson pêché le matin par le mari d'une des propriétaires. Un menu sans surprises mais de qualité dans une ambiance simple et familiale. On vous servira des plats préparés maison et des poissons bien grillés (ce qui n'est pas si facile à trouver). Comme toujours, l'addition monte vite avec le poisson frais mais les autres plats sont tout à fait bon marché.

EPTA PIGES

Ce coin de verdure, en retrait de la côte, doit son nom aux sept sources qui irriguent les lieux. L'occasion d'une belle promenade au frais, jusqu'à un petit lac artificiel où évoluent des tortues. Le sentier passe par un tunnel noir, qui canalise les eaux sur 150 m. Quasiment à sec en saison, vous pourrez y marcher sans problème et seuls les claustrophobes s'abstiendront de l'emprunter. Des paons en liberté habitent les environs. Un petit restaurant vous donnera l'occasion d'une pause café. Pour atteindre le site en voiture, il faut quitter la route Rhodes-Lindos au niveau de Kolymbia. Un bus par jour fait l'aller-retour depuis Rhodes-ville.

HARAKI

A 40 km de Rhodes-ville, c'est le port des villages de Malona et de Massari. Sur un rocher, la forteresse médiévale de Faraklo domine la mer. Construite à l'emplacement d'une acropole antique par les Chevaliers de Saint-Jean au XIVe siècle, elle devient une place forte stratégique pour repousser les attaques ottomanes. Aujourd'hui, il ne reste quasiment que les fortifications. La montée au château est rude : prévoyez de l'eau et de quoi vous protéger du soleil. A proximité, une multitude de criques méritent que l'on s'y arrête. C'est le cas de la charmante baie de sable d'Agathi qui offre une superbe vue sur la forteresse en surplomb. Bus réguliers depuis Rhodes-ville.

TSAMBIKA ★

Cette longue bande de sable bordée de tavernes, située à l'abri du vent, est très fréquentée en saison. Le monastère de la Vierge de Tsambika domine la baie : les quelque 300 marches pour y accéder sont un peu éprouvantes mais la vue panoramique sur la mer et la plage récompensera vos efforts. Les femmes qui souhaitent tomber enceintes viennent prier ici : selon les croyances locales, la Vierge exauce leurs vœux régulièrement... Si un garçon vient au monde après avoir prié la Vierge, il est dans la tradition de le nommer Tsambikos et si c'est une fille, Tsambika. En été, quelques bus font l'aller-retour tous les jours depuis Rhodes-ville.

ARCHANGELOS ★

Une escale pittoresque. On y admire sa forteresse croisée, fondée au XIVe siècle sur les ruines d'une citadelle byzantine et perchée sur les hauteurs du village. On se promène dans de jolies ruelles blanches, autour de l'église Saint-Jean (belles fresques du XIVe siècle) ou de l'église des Taxiarques, au clocher distinctif. En contrebas, la plage de sable de Stegna Beach est l'une des plus belles de l'est. On y trouve deux tavernes de fruits de mer réputées dans tout Rhodes : Perigiali pour ses petits *rouzetia* et Dimitri Kozas pour ses *linguine* aux oursins. Les hôtels y sont charmants, à taille humaine. Des bus KTEL font la liaison environ toutes les 90 min depuis Rhodes-ville.

RHODES

© TOMASZ CZAJKOWSKI - SHUTTERSTOCK.COM

Archangelos.

AGNANTI BEACH STUDIOS €

Stegna Beach
✆ +30 22440 24351
http://agnantistegna.gr
Studio pour deux à partir de 70 € en été, sans le petit-déjeuner. Minimum de 2 nuits.

Ce joli établissement est perché sur la colline qui surplombe Stegna Beach : il offre des vues splendides sur la côte et la mer Egée. Les chambres disposent d'un balcon où l'on ne se lasse pas de regarder l'horizon. Spacieuses et coquettes, elles sont bien tenues par les propriétaires des lieux, un couple vraiment très sympathique. Ici on vous reçoit avec convivialité dans un environnement chaleureux et confortable. Une bonne adresse, idéale également pour les familles car certains appartements peuvent accueillir jusqu'à 4 personnes.

ALPHA STEGNA SUN €

Stegna Beach
✆ +30 22440 22639
www.alphastegnasun.com
Chambre double standard à partir de 50 € en été, min. de 2 nuits. Wifi gratuit.

Ce petit établissement familial de seulement six chambres, trois studios et une suite est agréablement situé à 50 mètres de la plage de Stegna, dans un beau jardin verdoyant. Les chambres sont simples mais confortables et bien aménagées, claires et proprettes. L'accueil est chaleureux et convivial. Une petite adresse charmante qui change des grands complexes impersonnels de la côte est, parfaitement adaptée aux voyageurs qui veulent réduire leurs frais d'hébergement. On aimera se rafraîchir à l'ombre du jardin pour fuir les grosses chaleurs d'été.

ANASTASIA STUDIOS €

Stegna Beach
✆ +30 22440 23710
www.anastasiastudios.gr
Studio pour deux personnes entre 50 et 60 €, petit-déjeuner 5 €.

Voici une option bon marché et agréable, qui bénéficie d'un emplacement appréciable, légèrement en retrait de la plage de Stegna Beach. Les studios et chambres offrent tous une petite kitchenette et un balcon privatif : rien d'extraordinaire, des studios chez l'habitant comme il y en a partout en Grèce mais c'est propre et bien tenu. Et à ce prix-là en pleine saison, c'est déjà beaucoup ! Ambiance familiale et conviviale, cet établissement simple est un bon point chute pour les voyageurs qui cherchent une chambre à petit prix et sans chichis.

LINDOS ★★★

Le village, tout en bougainvilliers et en maisons blanchies à la chaux, ressemble plus à un village traditionnel des Cyclades que du Dodécanèse : avec son microclimat particulier, il offre un visage unique. Par sa situation géographique privilégiée, Lindos est habité depuis l'époque préhistorique. Les Doriens y construisent leur acropole en surplomb du village et fondent la plus grande cité dorienne de Rhodes, devant Kamiros et Ialyssos. Au VIe siècle av. J.-C., Cléobule, tyran éclairé qui compte parmi les sept sages de Grèce, embellit le sanctuaire dorien du IXe siècle av. J.-C. dédié à Athéna. Plus tard, les Byzantins puis les Chevaliers de Saint-Jean fortifient la cité antique en y construisant une imposante citadelle. Aujourd'hui, on monte à l'acropole et on se balade dans les adorables ruelles piétonnes du village, dédale où l'on admire de simples maisons traditionnelles, ainsi que des maisons à l'architecture travaillée, celles des capitaines et riches habitants du village, du XVIIe siècle. On remarquera partout les jolies cours intérieures en mosaïques de galets et on visitera au cœur du village la belle église de la Vierge, construite par les Chevaliers de Saint-Jean en 1489 et décorée de fresques du XVIIIe siècle. Compte tenu du microclimat local, ne vous étonnez pas s'il fait très chaud en pleine journée et évitez de monter à l'acropole aux heures les plus chaudes. Pour se rafraîchir, Lindos abrite trois plages, de part et d'autre de l'acropole. A gauche, la plage principale est la plus fréquentée. A droite, la plage de Saint-Paul est plus étroite et plus sauvage. Elle tient son nom de saint Paul apôtre qui

Ruelle de Lindos.

RHODES

aurait débarqué ici, apportant le christianisme dans ses bagages, comme le dit la légende locale. Entre les deux, la petite plage de Pallas est agréable pour les familles avec enfants. Si vous cherchez le calme, continuez à droite au-delà de Pallas Beach et grimpez le long des rochers pour vous isoler et avoir la mer à vous. En général, les touristes préfèrent visiter la cité en excursion à la journée depuis Rhodes-ville : en été, ils envahissent les ruelles entre 10h et 18h. Si vous avez la curiosité de rester après leur départ, ou d'arriver tôt le matin, vous aurez le village pour vous .

Se loger

Si vous décidez de passer la nuit ou quelques jours sur place afin de vivre le village hors des excursions à la journée, vous aurez le choix entre des petits hôtels de charme, des studios dans des pensions ou des options luxueuses. A savoir : les prix sont plus élevés qu'ailleurs du fait de la forte affluence touristique et du nombre réduit de chambres disponibles. Lindos est réputé pour ses bons restaurants.

Transports

Des bus font l'aller-retour tous les jours et toutes les heures depuis Rhodes-ville.

Des bateaux partent du port de Mandraki (Rhodes-ville) vers 9h et quittent Lindos vers 15h, vous laissant environ 3h sur place.

Le village est entièrement piéton : les véhicules sont garés sur les hauteurs du village. Les visiteurs descendent ensuite à pied pour explorer les ruelles, se baigner et grimper à l'acropole (15 min environ). Les locaux proposent d'y monter ou de descendre à la plage à dos d'âne : les bêtes n'étant pas très bien traitées, nous vous déconseillons cette option.

ÉGLISE DE LA VIERGE

Dans le centre du village.

Cette jolie petite église à la coupole octogonale et au haut clocher, construite par les Chevaliers de Saint-Jean en 1489 en contrebas de l'Acropole, est décorée de fresques du XVIIIe siècle. Sur les murs, voûtes et plafonds, pas un centimètre carré n'est laissé sans peintures ni dorures. Admirez sa jolie cour décorée de mosaïques de galets, comme le veut la tradition rhodienne.

MICROCLIMAT À LINDOS

Lindos offre un microclimat particulièrement chaud : peu exposées au vent, et donc rarement rafraîchies, ses ruelles se transforment vite en étuve, et il courant d'enregistrer des températures proches de 50 °C au mois d'août ! L'habitat traditionnel, ou *kamarika*, est pensé en conséquence. Réalisés à partir de paille, de sable et de chaux, ses murs peuvent atteindre 50 cm d'épaisseur pour garder la fraîcheur. Les façades ne sont pas lisses, pour récupérer un peu d'ombre des irrégularités ainsi créées, et de petites aérations sont prévues pour faciliter la circulation de l'air. Les cours intérieures ombragées en mosaïques de galets assurent également un peu de fraîcheur.

LINDOS ABOVE €€

Sur les hauteurs du village de Lindos
✆ +30 22440 32080
www.lindosfinestaying.com/g-lodge
A partir de 112 € la nuit. Wi-fi gratuit, équipement audio, TV LCD, coffre-fort.

© LINDOS ABOVE

Ce qui frappe d'emblée lorsque l'on pousse le petit portillon en bois chaulé du Lindos Above, c'est ce petit patio à croquer, avec une vue à couper le souffle sur l'acropole qui domine la mer. Les chaises longues de la courette et les canapés sous l'auvent permettront de se relaxer dans une atmosphère de paix et tranquillité sans pareille.

La chambre s'en tient à un décor minimaliste, ou le bois clair des quelques meubles répond au blanc immaculé des murs, tandis que la salle de bains laisse exploser les couleurs. Une adresse bourrée de charme.

ACROPOLE ★★

✆ +30 22413 65200

Ouvert en été tous les jours de 8h à 20h.
Entrée 12 €.

Elle domine la ville d'une hauteur de 115 m, protégée par les murailles imposantes édifiées par les Croisés sur la base de fortifications byzantines. Entre 1902 et 1905, les fouilles de l'Ecole Archéologique Danoise révèlent des outils néolithiques, des figurines du VIIIe siècle av. J.-C., et une plaque gravée par un prêtre d'Athéna en 99 av. J.-C., portant la liste des personnages illustres ayant visité le temple, dont Hercule, Hélène de Troie, Ménélas et Alexandre le Grand. Les Italiens reprennent les fouilles pendant l'occupation italienne et font avancer les restaurations (parfois peu fidèles) au pas de charge. Le temple d'Athéna se trouve au point culminant de l'acropole. C'est l'un des rares temples antiques qui ait conservé ses murs intérieurs et sa colonnade latérale. Remarquez l'imposante arcade dorique aux treize colonnes, les ruines du théâtre antique et une grotte sanctuaire d'Athéna, lieu de mystérieux sacrifices. En descendant, vous verrez, taillée dans le roc, la proue d'un navire qui servait de base à une statue disparue. Cette sculpture (début du IIe siècle av. J.-C.) aurait été un chef-d'œuvre du maître Pythocritos à qui l'on attribue notamment la célèbre statue ailée, *La Victoire de Samothrace*, exposée au Louvre. Depuis ce site unique, la vue sur la mer et sur le village blanc est magnifique et on comprend qu'il ait constitué un emplacement stratégique pour les différents occupants de l'île. On y accède par deux chemins pédestres : prévoyez chapeaux et eau pour la montée en plein soleil.

© ICEFRONT

ERATO €

✆ +30 22410 61488

www.eratolindos.gr

Chambre double à partir de 70 € en été, sans petit-déjeuner. Min. 2 nuits.

Cet établissement représente un bon plan économique et bénéficie d'un emplacement idéal, au cœur de Lindos. Les petits studios et chambres sont nichés dans une maison traditionnelle datant de 1915 : admirez les beaux sols en mosaïque de galets. Une option parfaitement adaptée pour les voyageurs qui recherchent des solutions d'hébergement à moindre frais, sans faire de compromis sur le charme et la localisation. Les chambres sont petites mais propres et agréables. Du balcon, on aperçoit l'acropole de Lindos et la mer à 150 m seulement. Une très bonne affaire.

LITTLE LINDOS SEAVIEW STUDIOS €

✆ +30 69448 36561

www.littlelindos.com

Studio double à partir de 70 € en été, min. 2-7 nuits selon la saison. Wifi gratuit.

Les bonnes affaires ne courent pas les rues à Lindos, l'affluence touristique en haute saison tire les prix vers le haut. Cependant, ces studios et petits duplex constituent une bonne option relativement bon marché, en surplomb de la plage de Saint-Paul, sur les hauteurs du village. Ils sont équipés de l'essentiel et confortables. L'établissement est organisé autour d'une grande terrasse commune qui offre une vue splendide sur la mer et l'acropole.

LINDIAN JEWEL €€

Plage de Vlicha

✆ +30 22440 33033

www.lindianjewel.com

Chambre double à partir de 130 € en été, petit-déjeuner inclus.

Sur la plage de Vlicha, dans la baie qui précède le village de Lindos, voici un bel établissement. On trouve plusieurs petits bâtiments reliés entre eux par des patios et des escaliers, pour un total d'une trentaine de chambres avec petits balcons et petites salles d'eau. Belle salle de restaurant en rotonde, avec vue sur la baie. Sur la terrasse inférieure, grand bar avec restauration légère ; et devant, une plage avec sunbeds et parasols de l'hôtel. Le restaurant est ouvert à tous et de bonne qualité. Si vous restez plusieurs nuits, demandez les forfaits.

CAESARS GARDENS HOTEL & SPA €€€

✆ +30 22440 31537

caesarsgardens.com

Chambre double à partir de 280 € en été, petit-déjeuner inclus.

Situé sur une colline à l'extérieur de Lindos, cet établissement magnifique de type boutique-hôtel est noyé dans un océan de verdure. On s'y relaxe dans un espace unique, au design à la fois contemporain et rustique. Les chambres, magiques, sont d'un confort absolu et ont accès à une belle piscine. L'ensemble est d'un raffinement discret et d'une beauté simple. Idéal pour les couples et la relaxation : les enfants ne sont d'ailleurs pas admis dans cet hôtel dédié au repos des adultes.

© CAESARS GARDENS

© CAESARS GARDENS

RHODES

F CHARM HOTEL €€

Κεντρικός δρόμος, Lindos 114 76
✆ +30 22440 32080
www.lindosfinestaying.com
En été, chambre double à partir de 110 €, sans le petit-déjeuner.

Ce charmant boutique-hôtel ne compte que dix chambres doubles dont deux suites, en plein cœur du village de Lindos. L'accent est mis sur le respect de l'architecture traditionnelle et les belles matières brutes sont à l'honneur. Le petit-déjeuner est servi dans la jolie cour en mosaïques de galets où vous pourrez également apprécier la fraîcheur du soir avant de vous retirer dans la blancheur immaculée des chambres, au design à la fois épuré et chaleureux. Une très bonne adresse pour se relaxer avec style dans Lindos, à proximité de la plage de Saint-Paul.

© F CHARM HOTEL

© F CHARM HOTEL

TUI BLUE LINDOS BAY RESORT & SPA €€

Vlycha beach
✆ +30 22440 31 501
www.lindosbayhotel.gr/
En saison, chambres doubles à partir de 180 €, en demi-pension avec le petit-déjeuner.

Voici une impressionnante construction en arc de cercle qui regarde la mer. Ce resort beau et chic de la collection haut de gamme Tui Blue compte pas moins de 205 chambres tout confort et à la décoration réussie, avec pour certaines une vue sur la montage et pour d'autres une vue sur mer. Une plage privée, une piscine et un spa complètent ce tableau déjà fort agréable. Trois restaurants sur place permettent de ne pas quitter l'hôtel pour ceux qui le souhaitent.

XENONES LINDOS €€

✆ +30 22440 31558
www.xenoneslindos.com
Chambre double à partir de 100 € en été, sans petit-déjeuner. Wifi gratuit.

Cet établissement est situé dans le village de Lindos et bénéficie d'un emplacement idéal et central. Il propose des studios et appartements qui peuvent accueillir jusqu'à quatre personnes, parfaitement adaptés aux familles notamment. Le bâtiment respecte l'architecture traditionnelle de Lindos et la vue qui s'offre depuis la terrasse sur le toit est fabuleuse. Les chambres sont simples mais propres et bien équipées. Il existe également un studio plus économique (donc plus rustique). C'est un établissement familial réussi où vous passerez un agréable séjour.

LINDOS MARE €€€

Vlicha
✆ +30 22440 31130
www.lindosmare.gr
Chambre double à partir de 250 € en été, avec petit-déjeuner. Min. 2 nuits. Possibilité de demi-pension.

On aperçoit le Lindos Mare Resort depuis la route : c'est un petit complexe luxueux, d'une centaine de chambres et bungalows, situé sur la falaise qui se trouve à 2,5 km de Lindos. L'établissement, élégant et moderne, offre un très beau panorama sur la mer et les environs. Profitez du copieux petit-déjeuner pour faire le plein de vitamines car la plage de Vlicha est tout en bas. Le retour sera un peu plus laborieux avec toutes ces marches à monter, mais ce sera l'occasion de faire un peu de sport avant de s'effondrer tranquillement autour de la piscine !

MELENOS ART BOUTIQUE HOTEL €€€

✆ +30 22440 32222

www.melenoslindos.com

Suite double à partir de 330 €, petit-déjeuner inclus, minimum 2 nuits. Wifi gratuit.

C'est assurément le plus bel hôtel de Lindos : de partout, des vues magnifiques s'ouvrent sur la mer. Les suites sont toutes décorées avec goût dans un style à la fois traditionnel et oriental, mêlant influences byzantines et ottomanes. Les lits sont surélevés dans des structures en bois comme le veut la tradition à Lindos. Les tapis au mur recouvrent en partie la blancheur virginale du badigeon à la chaux, le tout conserve une fraîcheur appréciable en été. Un vrai bonheur.

DOLPHINS BEACH RESTAURANT AND BAR €

Sur la plage principale de Lindos

✆ +30 22440 33101

www.dolphinslindos.com

Comptez 20 € par personne. Ouvert tous les jours de 11h à 23h.

Ce restaurant de plage est incontournable à Lindos. Vous vous y arrêterez certainement au cours d'une séance baignade sur la plage principale du village. Les transats sont disponibles gratuitement pour les clients. Tous les plats traditionnels grecs sont à votre portée pour un bon rapport qualité-prix, et parmi les classiques de la maison, citons le homard grillé ou les brochettes de fruits de mer. Le patron possède un autre restaurant réputé, le Byzantino, dans le centre du village.

MYTHOS RESTAURANT BAR €

✆ +30 22440 31300

www.mythoslindos.com

Comptez 20 € par personne. Ouvert tous les jours de 10h à 23h en saison.

Situé au pied de Lindos, ce restaurant offre une vue tout bonnement magnifique sur l'acropole et sur la mer. Mythos Restaurant Bar propose une belle carte de spécialités grecques et internationales (on vous recommande les pizzas) avec toutefois quelques plats plus originaux et sophistiqués comme le risotto betteraves et chèvre. N'hésitez pas à demander le menu en français. A noter que le service est impeccable et le patron aux petits soins pour ses clients. Une bonne adresse pour un dîner romantique. Réservation recommandée en soirée.

1922 ART MANSION €€€

Au centre du village

✆ +30 22440 32080

www.lindosfinestaying.com

De 2 à 5 personnes. A partir de 112 € la nuit. Kitchenette. Wi-fi gratuit, équipement audio, TV LCD, coffre-fort.

Cette magnifique petite villa historique offre au voyageur un havre de paix où venir se ressourcer après une journée passée sous le soleil de l'Acropole. Les vieilles portes en bois patiné percent de larges murs en pierre qui retiennent la fraîcheur. Ce qui frappe d'emblée, c'est le magnifique sol pavé de galets qui recouvre l'intérieur tout comme le patio. La salle à manger aux meubles chinés se prolonge par une estrade pourvue d'un lit double. Un escalier en colimaçon donne accès à une mezzanine. Une belle chambre double s'ouvre elle-aussi sur le patio.

© ART MANSION

© ART MANSION

AMBROSIA €€

✆ +30 22440 31804

Comptez 35 € par personne. Réservation conseillée le soir. Ouvert en saison midi et soir.

Ce restaurant élégant se trouve dans une petite ruelle de Lindos. Pas de terrasse mais une ambiance feutrée et chic, alliant tradition et modernité. Le patron, Georges, est aux petits soins et assure un service professionnel et impeccable. La cuisine est de haute tenue et d'un très bon rapport qualité-prix compte tenu des plats proposés. Là encore, un effort particulier est fait pour allier recettes traditionnelles et approche contemporaine. Un établissement sur lequel on ne tarit plus d'éloges et qui s'est fait connaître bien au-delà des limites de Lindos.

© AMBROSIA21

© AMBROSIA

OLYMPIA RESTAURANT €

✆ +30 2244 031774

Comptez 20 € par personne. Ouvert tous les jours de 10h à minuit en saison.

Michalis et sa famille gèrent L'Olympia et sa sublime terrasse sur le toit, surplombant toute la ville, d'où vous pourrez admirer les remparts de la forteresse, l'acropole et la mer. Cuisine méditerranéenne inspirée des traditions culinaires grecques et italiennes - l'épouse de Michalis est originaire d'Italie. Les vins maison sont très corrects. Ce n'est pas forcément facile à trouver, comme toujours dans le dédale de Lindos : depuis la place principale, dirigez-vous vers l'église de la Vierge, puis à droite et toujours tout droit en direction de l'amphithéâtre.

ROOF BURGER LAB €

✆ +30 22440 31281

Ouvert de 11h à 23h en saison. Comptez 15 € par personne.

Cuisiner un burger peut sembler chose aisée, mais le Burger Lab pousse son art un peu plus loin. D'abord par une qualité d'ingrédients irréprochable avec des pains et brioches préparés et cuits sur place. Ensuite par des frites de patates douces qui rivalisent avec de non moins savoureuses frites aux truffes. Enfin par des burgers sophistiqués : goûtez le burger au saumon, chef-d'œuvre gustatif avec des buns de pain noir. Pour déguster cela, une sympathique cour blanche ou bien un *rooftop* à la vue imprenable sur l'acropole et le clocher de l'église.

ARCHONTIKO €€

✆ +30 22440 31992

www.arhontikolindos.com

A partir de 25 € par personne. Ouvert tous les jours midi et soir.

Dimitri et Flora, les propriétaires de ce restaurant savoureux, se sont établis dans une des plus anciennes maisons de capitaine de Lindos. La bâtisse date du tout début du XVIIe siècle : admirez les sols en mosaïque de galets traditionnels. Le restaurant jouit d'un bon emplacement : optez pour une table en extérieur, sur la terrasse qui donne sur la citadelle et l'acropole. C'est romantique à souhait ! Saveurs traditionnelles, assiettes de la mer et poisson frais local. Excellents desserts maison aussi, et très bonne carte des vins.

BROCCOLINO €€

✆ +30 22440 31688

En été, ouvert tous les soirs à partir de 19h. Comptez 25 € par personne.

Situé dans une maison traditionnelle avec une agréable cour ombragée, Broccolino est un restaurant italien très sympathique. Elia et Cristina ont quitté leur Italie natale pour ouvrir ce restaurant chaleureux où la gastronomie d'Emilie-Romagne est à l'honneur. Pâtes fraîches, tartares de crevettes ou de poisson selon l'arrivage du jour, gnocchis aux truffes et *provolone*, tiramisu en dessert et vins italiens dans les verres... C'est un savoureux séjour culinaire en Italie que vous trouverez en plein cœur de Lindos. A souligner enfin : les cocktails, délicieux.

BYZANTINO €€

Au-dessus du bar Byzantino.

✆ +30 69484 17313

www.byzantinolindos.gr

Comptez 25 € par personne. Ouvert tous les jours de midi à minuit en saison.

L'agneau à la feta, servi dans une croûte de pâte feuilletée et agrémenté de tomates, de poivrons et d'herbes aromatiques, est un vrai délice. A moins que vous ne préfériez les spécialités iodées, auquel cas le mérou frais aux crevettes et les fruits de mer valent aussi le détour. Pour la petite histoire : le grand-père du propriétaire était ambassadeur de France à Rhodes. L'accueil est impeccable et l'on parle le français. La terrasse est incontournable : en bref, ce restaurant reste une valeur sûre depuis de nombreuses années.

MAVRIKOS €€

Place centrale

✆ +30 22440 31232

Compter environ 35 € par personne. Ouvert tous les jours de 10h à 23h en saison.

La réputation du chef Dimitri Mavriko n'est plus à faire : il est connu dans toute l'île, bien audelà des limites de Lindos. David Gilmour des Pink Floyd venait manger ici lors de ses séjours dans le village. Ce joli restaurant tranche avec les lieux plus touristiques de la place centrale. Cette famille, en cuisine depuis plus de 75 ans, propose une cuisine rhodienne aux touches innovantes - pas forcément bon marché et qui a un peu déçu ces derniers temps... Mais le cap est maintenu malgré tout. A noter également, la belle variété de plats végétariens.

CÉSAR MEZE BAR €€€

✆ +30 22440 31410

caesarslindos.com

Comptez 45 € par personne le soir, 30 € pour le déjeuner. Ouvert tous les jours, midi et soir, en saison.

Caesar's possède l'une des plus belles terrasses de Lindos. Elle est dotée d'une piscine idéale pour se détendre en sirotant un délicieux cocktail et en partageant de savoureux *mezzedes* face au coucher du soleil. Après une journée de promenade, de visites culturelles ou de plage intensive, quoi espérer de mieux ? Ici, les petits plats à partager, les *mezzedes* donc, sont des classiques de la cuisine traditionnelle grecque, qui ont été revisités version gourmet. L'accueil et le service sont dignes d'un grand restaurant, ne passez pas à côté : coup de cœur garanti.

© CAESARS GARDENS

© CAESARS GARDENS

RHODES

PANOS RESTAURANT €€

Sur la plage de Lindos
✆ +30 22440 31534

Les pieds quasiment dans le sable blond de la belle plage de Lindos, on se régalera de plats grecs de bonne facture et aux prix raisonnables. La grande terrasse de ce bar de plage permettra de se rafraichir d'un bon cocktail entre deux séances de bronzette, de se requinquer d'un bon petit plat après quelques brasses laborieuses, ou de venir dîner à la fraîche en regardant la mer. Le personnel est sympathique et efficace.

© PANOS

© PANOS

STEFANY'S TAVERNA €€

✆ +30 22440 31656

Ouvert tous les jours de 10h à 23h en saison. Carte : 20 € environ.

Un des meilleurs restaurants de Lindos, qui se déploie sur trois étages, mais vous ne serez pas déçus par la grimpette une fois au sommet : la vue sur l'Acropole est mémorable. Y aller de préférence à la tombée du jour et profiter du panorama depuis le rooftop. Les plats ne sont pas décevants non plus : on vous recommande de partager à plusieurs des *mezzedes*. Ils sont excellents, copieux et c'est plus économique. L'ambiance de Stephany's Taverna est décontractée et sympathique. Privilégiez l'endroit pour passer une soirée chaleureuse avec vue.

GIORGOS COCKTAIL BAR

✆ +30 22440 31260

Ouvert tous les jours de 10h à minuit en saison.

Ce café-bar est situé dans une ruelle de Lindos, en face du restaurant Ambrosia. Les locaux s'y retrouvent en soirée pour prendre un verre ou deux (bons cocktails) mais également en journée, histoire de boire un café et respirer deux minutes avant de retourner se soucier des foules touristiques de passage. L'accueil est chaleureux et l'ambiance détendue. Vous trouverez également une petite carte qui propose quelques burgers, notamment un bon burger végétarien, pour ceux qui ont fait une croix sur la viande et les produits animaliers.

© RDA

© RDA

© LEPIA

LEPIA DIVE CENTER

Pefkos ✆ +30 69 3741 7970
www.lepiadive.com
Ouvert en saison, de 8h à 18h. Comptez 80 € pour un pack débutant 2 plongées, transfert et équipement.

Visiter Rhodes sans découvrir ses fonds marins serait une erreur : l'île présente tant de sites de plongée spectaculaires, des caves au pied de l'acropolis de Lindos aux avions et bateaux et autres épaves par 30 m de fond. Et si nous devions vous recommander une école de plongée, ce serait celle de Sakis et ses frères, des mordus qui transmettent leur passion au premier contact. Très professionnels, ils sauront vous guider selon votre niveau, et proposent des prestations allant de l'initiation aux niveaux PADI les plus élevés ainsi que des cours pour progresser.

© RDA

© RDA

RAINBIRD CAFÉ

✆ +30 22440 32169

Comptez moins de 10 € par personne. Ouvert tous les jours de 9h jusqu'à minuit en saison.

Le Rainbird est un café-bar qui sert aussi à manger, plutôt de quoi casser la croûte pour un déjeuner léger ou un brunch. La petite carte propose en effet quelques salades, sandwiches et *mezzedes*. C'est simple mais frais et la vue sur la baie est magnifique, à l'ombre des bougainvilliers. On y est un peu à l'écart du trop-plein touristique, quand la saison bat son plein. Une bonne adresse pour faire une pause au frais, lorsqu'il fait trop chaud ou avant de se lancer dans l'ascension de l'acropole. Accueil sympathique, en toute simplicité.

F SIGNATURE BOUTIQUE

Dans le village

✆ +30 22440 31459

www.lindosfinestaying.com/

© FBOUTIQUE

Dans ce magnifique *concept store*, on retrouve les jolis sols pavés de galets, les murs blanchis à la chaux et les portes anciennes qui font le charme de la villa 1922 Art Mansion que gère cette entreprise. La boutique est spécialisée dans le Pestemal, de superbes textiles colorés et rectangulaires qui peuvent se porter en écharpes ou en paréos, mais qui peuvent aussi habiller un intérieur du plus bel effet, en servant de plaids ou de couvre-lits. On trouve aussi ici quelques accessoires de décoration ou des savons aux huiles essentielles.

GENNADI

Gennadi est tout à fait charmant : vous pourrez passer le temps dans de jolis cafés, à discuter avec les locaux, à moins que vous ne souhaitiez vous rafraîchir sur la plage de galets. Sur la dizaine de kilomètres qui sépare Gennadi de Lachania et Plimmiri, de grandes baies se succèdent, dont les magnifiques plages de sable d'Agios Georgios et Mavros Kavos, tout au sud. Le temps est ralenti dans les rares villages des environs, notamment à Lachania : quasiment vidé de ses habitants dans les années 1960, des étrangers ont racheté et rénové ses maisons en ruine. Il faudra louer une voiture pour en profiter à votre rythme.

PANORAMA GENNADI GUESTHOUSE €

Gennadi

✆ +30 22440 29309

www.panoramahotel-rhodes.com

Chambre double à partir de 60 € en été, petit-déjeuner inclus.

A Gennadi, ce charmant petit hôtel vous accueille chaleureusement, et en français ! Il est idéalement situé à 5 minutes de la plage, dans un environnement très calme et jouit d'une agréable terrasse. Les chambres sont simples - n'attendez rien de folichon ou qui sorte de l'ordinaire - mais elles sont très propres et confortables. Ici le repos est garanti : vous serez bien loin des foules. N'hésitez pas à demander conseil à la propriétaire sur les sites à visiter dans la région.

TAVERNE PLATANOS VATI €

VATI

✆ +30 697 227 5471

Comptez 15 € par personne. Ouvert de 9h à minuit tous les jours, en saison.

Il y a moins de 30 habitants à l'année à Vati, mais ça n'empêche pas Konstantinos et Toula de proposer une délicieuse cuisine traditionnelle et de qualité depuis de nombreuses années. Les ingrédients sont incroyablement frais, pour la plupart bio, et les plats sont élaborés avec goût et simplicité, sans se cacher derrière de superficielles fioritures. Demandez le *katsikaki*, une fricassée d'agneau copieuse et savoureuse, ou alors le chevreau au citron. Les végétariens trouveront leur bonheur dans les feuilles de vigne farcies. Tout est fait maison !

LARDOS ★

Lardos, avec sa plage organisée et ses hôtels familiaux, sera une base pour explorer le sud de l'île, sauvage et préservé. A l'intérieur des terres, le village d'Asklipios est épargné du tourisme. La chapelle date de 1060 : transformée au XVIIe siècle, elle est entièrement recouverte de fresques, parmi les plus belles de l'île. Observez la représentation de la Genèse dans la nef centrale, et l'Apocalypse dans la nef transversale de droite. De la forteresse des Chevaliers en surplomb restent les créneaux, une citerne et la porte massive. Il n'y a pas d'accès en bus pour Asklipios. Pour Lardos, un bus part de Rhodes-ville environ toutes les heures l'été.

OLIVE GARDEN €€

Lardos

✆ +30 22440 44171

www.olivegardenhotel.gr

Chambre double à partir de 100 € en été, petit-déjeuner inclus. Wifi gratuit.

Situé à 400 mètres de la plage et à 1,5 km du village de Ladros, ce petit *resort* familial a changé de propriétaire en 2018 et a eu droit à une petite rénovation au passage. C'était bien nécessaire - et c'est encore en cours. Les quelque 130 chambres ont gagné au change : plus confortables et spacieuses, elles ont été modernisées. L'équipe est également très fière de ses nouveaux services, notamment du *waterpark*, accessible gratuitement aux clients de l'hôtel. Enfin, pour les familles, des animations pour enfants sont organisées tous les jours.

PRASSONISSI ★

Pour rejoindre Prassonissi, la presqu'île sauvage située à l'extrême sud de Rhodes, il faut passer par l'intérieur des terres jusqu'à Kattavia, le village le plus méridional de l'île. Prassonissi est le spot fétiche des kitesurfers et windsurfers de toute l'Europe. La presqu'île est reliée à la terre par une langue de sable praticable en été, l'hiver, le niveau de la mer monte et coupe le cap du reste de l'île. Les courants - calmes à l'est, agités à l'ouest – s'y retrouvent sous un vent puissant. Pour y accéder, il faut emprunter la route qui sinue au sud de Kattavia sur 10 km solitaires. Sans voiture, de rares bus quotidiens partent de Rhodes-ville.

WINDSURF ET KITESURF

La presqu'île de Prasonisi jouit d'une double exposition et offre des conditions exceptionnelles pour la pratique du windsurf et du kitesurf : c'est certainement le meilleur spot de tout le Dodécanèse. Elle rassemble deux spots en un et offre toutes les possibilités de glisse : vagues, vitesse, slalom et free-ride ! Pour se former et se perfectionner dans les deux pratiques, et louer un matériel de qualité, deux adresses pro dans la zone :

- **ProCenter C. Kirschner** (+30 22440 91045 - www.prasonisi.com)
- **Prasonisi Center** (+30 224 409 1044 - www.prasonisicenter.com)

PRASONISI VILLAS €€€

Kattavia

✆ +30 69442 42066

www.prasonisivillas.com

Villa à partir de 280 € en été, trois nuits minimum. Wifi gratuit.

Ces trois luxueuses villas sont situées à deux pas du village de Kattavia. Neuves et spacieuses, elles peuvent accueillir jusqu'à 6 personnes, l'idéal pour les groupes d'amis ou les familles. Au calme, en pleine campagne, elles offrent une architecture léchée et des intérieurs contemporains réussis : c'est un vrai plaisir de passer un séjour dans ce design recherché et épuré. Chaque villa bénéficie également d'une piscine privative. Les locations se font pour un minimum de 3 à 5 nuits, selon la période, et il vous faudra obligatoirement louer une voiture.

LOUIS KAFENEIO €

Kattavia

✆ +30 69561 38169

En été, ouvert tous les jours de 10h à 23h. Comptez 15 € par personne.

Ce *kafeneio* traditionnel est le premier café que vous verrez en arrivant sur la place du village de Kattavia. Installé à l'ombre de grands arbres, c'est l'endroit idéal pour une pause déjeuner rafraîchissante ou un dîner réconfortant. Le menu se limite à quelques options simples mais bien préparées : omelettes, saucisses locales, plats du jour frais et quelques viandes ou poissons grillés. En soirée, les véliplanchistes et kitesurfeurs de Prasonisi s'y retrouvent pour dîner et prendre un verre : le village s'anime alors de mille conversations nautiques !

IALYSSOS ★

Des fouilles commencées par les Britanniques dans les années 1870 et poursuivies par les Italiens dès 1912 puis les Grecs après 1978 ont établi que l'installation humaine sur ces terres date de l'âge de bronze et qu'elle fut ininterrompue jusqu'à la période classique. De nos jours appelée Trianta (ou Trianda selon les transcriptions en lettres latines), Ialyssos était, avec Lindos et Kamiros, l'une des trois grandes cités prospères établies par les Doriens. Le port antique servait de pont entre l'Egée et l'Orient, prenant une importance stratégique dans les échanges commerciaux de la région. La ville haute, ou acropole, fut installée sur le mont Filerimos et devint le cœur du pouvoir politique et religieux. Aujourd'hui, l'ancienne acropole de Ialyssos est un site unique, qui nous raconte l'histoire de l'île et de la cité à travers les siècles et les occupations successives, des Doriens jusqu'aux fascistes italiens, en passant par les Byzantins, les Chevaliers croisés et les Ottomans ! Au-delà de l'intérêt historique évident, vous jouirez de vues splendides sur la mer, dans un environnement arboré. Sur la côte, on profite des kilomètres de plage et des vents favorables à la pratique du kitesurf et de la planche à voile. Trianta-Ialyssos est à 10 km de Rhodes-ville mais la station balnéaire moderne avec ses resorts n'est pas très charmante : nous vous recommandons d'y venir à la journée et de séjourner dans Rhodes-ville. Des bus font la liaison toutes les demi-heures en saison.

MONT FILERIMOS ★

© +30 22410 92202
http://odysseus.culture.gr
Ouvert en été tous les jours de 8h à 20h. Entrée : 6 €.

Une route sinueuse monte au site de l'acropole de l'antique Ialyssos dont il ne reste plus grand-chose : niché dans une nature verdoyante, faite de cyprès et de pins centenaires, l'intéressant ensemble monastique de Filerimos trône aujourd'hui là où dominait jadis l'acropole des Anciens. Seules les ruines d'une fontaine dorique (IVe siècle av. J.-C.) témoignent encore de la période antique. La fontaine creusée dans la roche était ornée de têtes de lions et soutenue par six colonnes sculptées, toutes disparues aujourd'hui. Aux temps des premiers chrétiens, une église byzantine dédiée à la Vierge de Filerimos est édifiée à l'emplacement d'un temple d'Athéna du IIIe siècle av. J.-C. dont on ne retrouvera les traces qu'au cours des années 1870. Le monastère est établi par les Chevaliers de l'Ordre de Saint-Jean de Jérusalem au XVe siècle. Lorsqu'ils prennent possession des lieux, ils chassent les popes orthodoxes de la basilique byzantine pour y installer le rite catholique, et font construire le monastère dont on admire encore le cloître et le clocher aujourd'hui. Les Ottomans détruisent en grande partie les lieux et l'ensemble de Filerimos ne retrouve sa gloire d'antan qu'après les grands travaux de rénovation menés par les Italiens pendant les années 1920. De l'époque byzantine demeure une église souterraine ornée de fresques du XIVe siècle et ouverte à la visite. Avant de partir, ne manquez pas d'emprunter le Chemin du Calvaire qui mène à une grande croix moderne de 18 m de haut : la vue panoramique est superbe !

RHODES

Monastère Moni Filerimou sur le mont Filerimos.

DIONYSOS HOTEL €€

Illiadon 1 ✆ +30 22410 23021
www.dionysos-hotel.gr

Blanchisserie, climatisation, plats à emporter, restaurants, bars, piscine extérieure, sports nautiques, tennis.

Situé à quelques pas de la longue plage d'Ixia, entre Rhodes et Ialyssos, ce grand *resort* s'articule autour d'une immense piscine qui forme comme un lagon, bordé de trois restaurants (un grill, un restaurant mexicain et un spécialiste de la cuisine méditerranéenne), deux bars qui programment concerts et autres évènements musicaux, et d'un jardin tropical rempli d'oliviers et de plantes exotiques. Les chambres sont propres et claires. L'équipement des chambres et les services proposés correspondent pleinement aux attentes pour un hôtel de ce standing.

SUMMERLAND HOTEL & BUNGALOWS €

4 rue Perdikaki
✆ +30 22410 94941
summerland-rodos.gr
Chambre double à partir de 60 € avec petit-déjeuner en été.

Ce complexe hôtelier type *resort* propose des chambres doubles, mais aussi des studios avec kitchenette ou de plus grands appartements, tous bon marché, sans cachet particulier mais fonctionnels et propres. Ils disposent également d'un petit balcon privatif. Les chambres ont un réfrigérateur et les studios sont entièrement équipés. Vous serez à 800 m de la plage d'Ixia. Piscine, tables de billard et de ping-pong et aire de jeux pour enfants complètent l'ensemble.

PALEOS HOTEL AND APARTMENTS €€

20 rue Iraklidon
✆ +30 22410 92431
www.paleos-apartments.gr
Chambre double à partir de 60 € en été, min. de 2 nuits en saison. Forfaits de 7 jours intéressants.

A 700 m de la plage de Ialyssos-Trianta, cet établissement propose des studios et appartements qui peuvent accueillir entre 2 et 5 personnes. Dans les chambres sans grand charme et sans surprise : télévision satellite, réfrigérateur et kitchenette. Vous trouverez également deux piscines, dont une pour les enfants. Malgré des ameublements un peu vétustes et le manque de personnalité des lieux, c'est une option économique qui pourra satisfaire les familles. Location de vélos.

THE IXIAN GRAND €€

Sur la plage d'Ixia
✆ +30 22410 92944
www.theixiangrand.gr
Chambre double à partir de 195 €, en all inclusive.

Ce grand *resort* de la plage d'Ixia dispose de plus de 250 chambres et suites luxueuses réservées aux adultes uniquement. En effet, les lieux sont dédiés au repos des plus de 16 ans, qui souhaitent se ressourcer loin de leurs enfants... ou des enfants des autres ! Tout est prévu pour se relaxer au maximum : des chambres confortables et spacieuses, un spa de qualité, deux piscines (dont une d'eau de mer), de la recherche en cuisine, un service attentionné et serviable, et un accès direct à la plage, avec transats et parasols pour les clients.

KAMIROS

Les fouilles menées par les Britanniques (années 1870) et par les Italiens (années 1920) ont révélé des premières traces d'installation humaine au XIVe siècle av. J.-C. La légende prétend qu'Althéménée, petit-fils du roi Minos de Crète, fut le fondateur de Kamiros, et qu'un fils d'Hercule, Tlipolèmos, y vécut. L'apogée de la cité dorienne, l'une des trois grandes avec Ialyssos et Lindos, a lieu autour des VIIe et VIe siècles av. J.-C. : Kamiros est même la première à battre monnaie. Elle périclite après les tremblements de terre en 226 av. J.-C. et de 142 av. J.-C. Aujourd'hui, on visite les ruines dans un site d'une beauté touchante.

SITE ANTIQUE DE KAMIROS ★★

✆ +30 22413 65200
Ouvert tous les jours de 8h à 20h en saison (sinon jusqu'à 15h et fermé le lundi). Billet : 6 €.

Les fouilles, relancées par les Italiens en 1928, ont révélé les ruines de 3 ensembles : l'Agora et son temple du IIIe siècle av. J.-C. dédié à Apollon, ses deux sanctuaires et ses deux établissements de bains ; une zone résidentielle dense, faite de maisons successives organisées le long de ruelles, elles-mêmes traversées d'une avenue centrale plus large ; l'acropole construite en amphithéâtre sur trois niveaux, dotée d'une *stoa* dorique particulièrement longue (204 mètres) datant du IIIe siècle av. J.-C. et d'un temple de la même époque, dédié à Athéna.

SKALA KAMIROS

Le minuscule port de Skala Kamirou sert à accueillir des bateaux de pêche et les caïques locaux qui effectuent des liaisons quotidiennes avec l'île de Halki, en face. A la sortie du port, la petite plage de Kopria offre une halte sympathique avant d'emprunter la route qui mène jusqu'au château de Kritinia, établi par les Chevaliers de l'ordre de Saint-Jean en 1472. Perché sur un promontoire rocheux, il offre une vue magnifique sur la mer et Halki, notamment au coucher du soleil. Au-delà, la superbe route bifurque dans les terres et grimpe vers le village de Kritinia à proprement parler où vous ne manquerez pas de vous arrêter au café Mylos, une institution.

THEOLOGOS

Au-delà de l'aéroport, les plages de la côte sont moins bétonnées et les gros *resorts* font place à des établissements à taille humaine. Enfin on commence à respirer ! A 10 km de Ialyssos, la longue plage de sable et de galets de Theologos s'étend sur 10 km : certaines zones sont organisées, avec transats et parasols, parfois des tamaris offrent de l'ombre, et partout le vent souffle. En effet, la plage de Theologos est réputée pour ses spots de kitesurf et de planche à voile. Pour voir l'autre attraction majeure de la région, il faut rejoindre la vallée de Petaloudes ou vallée des papillons. A environ 15 km à l'intérieur des terres, cette zone forestière est connue pour ses milliers de papillons qui s'y reposent en été.

VALLÉE DES PAPILLONS

Ano Kalamonas
✆ +30 22410 82822
valleyofbutterflies.com
Ouvert de 8h30 à 16h30 en mai et sept-oct, et jusqu'à 18h le reste de l'année. Entrée 5 €.

De mi-juin à mi-septembre, des milliers de papillons *Callimorpha quadripunctaria* aux couleurs chatoyantes séjournent dans une belle forêt verdoyante et fraîche. Vous les verrez sur les troncs des arbres, à l'ombre du feuillage, ou au niveau des racines. Au repos, les ailes de ces papillons ne sont pas très colorées mais vous verrez un océan de rouges et d'oranges si d'aventure une nuée prend son envol.

Malheureusement, de trop nombreux touristes dérangent ces tranquilles bestioles pour voir leurs ailes déployées : ne suivez pas leur exemple ! La masse de visiteurs qui afflue ici en saison est tragique pour ces papillons dont la population décline toujours plus chaque année et de tels comportements ne font qu'accentuer la décroissance de l'espèce. En effet, les bruits forts (sifflements, clappements de mains, cris, etc.) sont assimilés à une attaque de chauves-souris par les papillons qui, d'instinct, cherchent à fuir leur prédateur naturel et s'envolent. Dans la panique et la cohue, beaucoup de ces fragiles insectes meurent : chaque envol suscité par les touristes est une nouvelle hécatombe. Il est d'une importance cruciale pour ces papillons migrateurs de se reposer pendant les mois d'été avant de se lancer dans la longue migration hivernale : respectez la nature et leur repos !

Le visiteur se balade à travers des chemins habilement tracés dans ce site d'une beauté pittoresque. Vous visiterez aussi le musée d'Histoire naturelle situé à l'entrée du site et consacré à cet écosystème unique, à la végétation luxuriante.

WINDSURF ET KITESURF

La longue plage de Theologos est exposée au *meltemi* et offre des conditions uniques pour la pratique du windsurf et du kitesurf. Le spot accueille les riders débutants qui recherchent une glisse plutôt plate. Les experts de freeride et slalom attendront que le vent forcisse l'après-midi. Pour se former et louer un matériel de qualité, deux adresses pro :

- **WetSkillz** (+30 6944 222 689 - wetskillz.com) est un club de kitesurf uniquement.
- **Surf & Kite Theologos** (+30 224 108 2203 - www.surfandkitetheologos.com), à environ 1 km plus au sud, pour le kitesurf et le windsurf.

MONOLITHOS ★

La route qui serpente de Kritinia vers Monolithos est splendide, isolée, et offre des vues majestueuses sur la mer. La forteresse médiévale, perchée sur un monolithe, fut construite en 1476 par les Chevaliers de l'ordre de Saint-Jean, vraisemblablement à l'emplacement d'une forteresse byzantine. Aujourd'hui, il ne reste qu'une partie de ses murailles impressionnantes, ainsi que la touchante chapelle Saint-Pantaléon. Venez ici au coucher du soleil : les panoramas sont exceptionnels, entre mer et montagne, et semblent donner une puissance folle à ce décor de ruines. En contrebas, la plage de Fourni est isolée et magique, bien qu'exposée aux vents. Vous y trouverez un petit bar de plage.

© ALISTA21 - ISTOCKPHOTO

Le château de Monolithos.

RHODES

PROPHITIS ILIAS

En venant de la côte est, dépassez la plage de Theologos avant de vous enfoncer dans les terres, en direction du village de Dimilia. En poursuivant dans le cœur de l'île, vous atteindrez le village fantôme d'Eleoussa, abandonné à la fin de l'occupation fasciste. Le village fut fondé par les Italiens en 1935 pour abriter une communauté de gardes-forestiers, en grande partie colons du Trentin, chargés de veiller aux forêts d'épineux des environs. Lorsque la domination italienne prend fin, la vie au village s'éteint progressivement, ne laissant derrière elle que de majestueux bâtiments vides. Aujourd'hui, on s'y promène entre l'église Aghios Charalambos et l'ancien marché central dont on admire les arcades et les galeries volumineuses. A côté, remarquez le bâtiment qui fut d'abord un cinéma, avant de recevoir le quartier général du parti fasciste puis d'être finalement transformé en sanatorium en 1947. Une promenade dans Eleoussa offre une plongée dans une époque révolue, on ne peut qu'être touché par l'ambiance étrange et le charme d'antan des lieux. Au-delà d'Eleoussa, la route bifurque à angle droit et s'élève jusqu'au mont Prophitis Ilias qui culmine à 800 mètres. Passez la nuit dans l'hôtel Elafos, construit par les Italiens à la fin des années 1920 dans le style des chalets du nord de l'Italie. A défaut d'y dormir, vous pourrez vous y arrêter pour prendre un café. Situé en pleine forêt de pins, coupé du monde moderne et loin de l'image d'Épinal associée aux îles grecques, vous vous y sentirez proche de la nature. Des cerfs – emblème de Rhodes – vivent à l'état sauvage dans la forêt.

ELAFOS HOTEL €€

Salakos

✆ +30 22410 44808

http://elafoshotel.gr

Chambre double à partir de 100 € en été, petit-déjeuner inclus. Wifi gratuit.

Cet hôtel de l'entre-deux-guerres diffuse un charme désuet digne d'un roman d'Agatha Christie. Œuvre des occupants italiens réalisée en 1929, on y baigne dans une ambiance unique, bien loin des clichés que l'on peut se faire sur Rhodes ou les îles grecques. Décor rétro, chambres à l'ancienne (travaux bienvenus parfois...), environnement d'un calme absolu et noyé de verdure. Voici une destination pour ceux qui souhaitent fuir la mer et les foules. En hiver, les lieux sont particulièrement enchanteurs : les Rhodiens viennent s'y réchauffer au café, ouvert à tous.

EMBONAS

A environ 15 km au sud de Prophitis Ilias, le village d'Embonas se situe au pied du point culminant du Dodécanèse, le mont Attavyros (1 215 m). Il jouit d'un beau cadre naturel mais il est par ailleurs assez décevant. Vous trouverez toutefois de l'artisanat à bon marché et un petit musée des arts et traditions aléatoirement ouvert. Dans les caves Emery, l'un des plus gros producteurs de vin en Grèce, vous pourrez déguster et acheter de bonnes bouteilles. Fondé en 1923, le domaine est géré par la famille Triantafillou depuis plusieurs générations. Enfin, la taverne des Frères Bakis ou Adelfia Bakis est réputée pour ses grillades et ses viandes : gibier, agneau, saucisses..., tout ce qui se grille y passe.

Le mont Attavyros.

MESSANAGROS

A 50 km d'Embonas, ce petit village agricole semble loin de tout. Une route sinueuse y mène, dans les hauteurs de la Rhodes du sud. Quelques églises byzantines, un café endormi et la vie qui s'écoule paisiblement vous y attendent. A environ 5 km à l'ouest, le monastère Panagia Skiadeni se recueille dans une oasis de sérénité et de végétation (*skiadi* signifie « ombragé »). Installé sur un plateau, il offre de belles vues sur les environs. Les bâtiments actuels datent du XVIIIe siècle mais le monastère fut fondé en 1200. Admirez les fresques et les belles mosaïques de galets. Un grand festival de *panigyri* est célébré le 8 septembre, pour la Nativité de la Vierge.

NIMBORIO ★

Le port de Nimborio (ou Emporios), l'unique village habité de Halki, est construit en amphithéâtre sur des eaux translucides. Une grande partie des belles maisons néo-classiques qui constituent cette bourgade est aujourd'hui abandonnée et donne cette ambiance particulière de ville délaissée : à Halki, il faut prendre le temps de ne rien faire ! L'imposant clocher de l'église Saint-Nicolas qui domine la baie est le plus élevé du Dodécanèse. Vous pourrez déambuler dans le port où l'on se baigne dans des eaux claires, mais il y a fort à parier qu'en journée vous préférerez faire un tour à la plage : il y en a trois, facilement accessibles à pied ou en bus depuis le village, sans oublier l'îlot d'Alimnia, à rejoindre en caïque.
En 2021, Halki a été choisie par le gouvernement grec et l'entreprise Citroën pour lancer une politique énergétique innovante et propre afin d'atteindre la neutralité énergétique. La première étape de cette transition passe par la mise en place d'un parc automobile électrique alimenté par des panneaux photovoltaïques.

Se loger

Il y a peu d'options pour se loger sur l'île, en dehors des locations de villas. N'hésitez pas à contacter l'agence Nissia qui gère de très belles demeures dans le port. Les prix passent souvent du simple au double en saison. De nombreuses tavernes s'étalent le long du port de Nimborio mais les meilleures options de l'île sont les restaurants de plage : vous y trouverez du poisson frais.

Transports

Au-delà des liaisons locales avec Rhodes, l'île est assez mal desservie, puisque seulement une petite poignée de ferries y font escale chaque semaine. Les catamarans de Dodekanisos Seaways relient l'île à Rhodes (1h30 de trajet), et au reste de l'archipel plus régulièrement. Sinon, Halki est reliée tous les jours au port de Kamiros Skala, à Rhodes par le *Nissos Halki* et le *Fedon Halki*. La traversée dure entre 45 min et 1h (5-6 € l'aller). Cette liaison fonctionne toute l'année et sert aux locaux qui travaillent tous les jours à Rhodes ou aux Rhodiens qui viennent passer le week-end à Halki. Les sites d'intérêt sont accessibles depuis le port de Nimborio. Il n'y aura donc aucune raison de louer une voiture, vos jambes suffiront. En saison, un bus fait la liaison entre le port et les plages de Kania, Podamos et Ftenagia. Il pousse parfois en excursion jusqu'à Paleo Horio et au monastère de Saint-Jean. Rens. bus Fedon : +30 693 725 2525.

Clocher de l'église Saint-Nicolas de Nimborio.

ALIMNIA

Cet îlot dorénavant inhabité n'est atteignable qu'en caïque depuis le port de Nimborios, mais propose quelques plages superbes, et désertes... En effet, l'îlot a été abandonné après avoir servi comme base navale pendant la Seconde Guerre mondiale. Depuis, il y règne une ambiance presque étrange. L'église du village abandonné, l'église Saint-Georges, est encore en état de fonctionner : elle est utilisée pour quelques rares célébrations locales. Sur les hauteurs du village, une forteresse en ruine offre des vues magnifiques sur Halki et les environs.

ÉGLISE AGHIOS NIKOLAOS ★

Elle sera forcément sur vos photos de l'île. Erigée en 1861, vous ne pourrez pas rater l'église principale de Nimborio : son clocher est en effet le plus haut du Dodécanèse ! La cour et tout le parvis sont ornés de belles mosaïques en galets noirs et blancs, caractéristiques de la région. A l'étage, un petit musée diocésain présente des habits liturgiques et autres éléments du rite célébré dans les églises de l'île. L'église est dédiée à saint Nicolas, patron des pêcheurs et des marins. On y organise une grande célébration le 6 décembre.

PLAGES ★

On peut tout à fait se baigner dans les eaux claires du port de Nimborios : des échelles sont placées un peu partout sur les quais pour faciliter la baignade. En quittant le village, on découvrira de belles plages, accessibles à pied.

▶ **Podamos** est la plage la plus proche de Nimborio et se trouve à tout juste 10 minutes de marche. Il s'agit de la seule étendue de sable de l'île. Vous y trouverez une bonne taverne, un beach bar et quelques transats et parasols à louer. C'est une plage appréciée des familles et assez fréquentée car proche du village, organisée et sablonneuse.

▶ **Ftenagia**, à 10 minutes de marche au sud du port, au-delà du phare, est une jolie crique de galets où vous trouverez une bonne taverne et quelques chaises longues et des parasols. Moins fréquentée que la précédente, vous pourrez y passer des journées tranquilles.

▶ **La plage de Kania** est située au nord de Nimborio, à environ 35 minutes à pied. Elle est également reliée par le bus en été, pour les moins adeptes de la marche. Cette belle crique de petits galets offre des eaux magnifiques. Une très bonne taverne y loue également des transats et parasols.

▶ **Les plages de Trachea et Yali**, situées au sud de Horio, sont moins facilement accessibles. Il faut compter respectivement 20 et 30 minutes de marche depuis Horio soit environ une heure depuis Nimborio. Très peu fréquentées et sauvages, vous y serez seul sur de belles criques de galets aux eaux cristallines. Trachea a une particularité : il s'agit en réalité de deux criques dos-à-dos, qui créent un isthme étroit.

NISSIA HOLIDAYS

✆ +44 1455 289 421

www.nissiaholidays.com

Cette agence, basée en Angleterre, est parmi celles qui proposent le plus de maisons à la location chaque année. Très professionnelle et spécialisée sur l'île de Halki, elle gère des villas, studios et appartements tout confort, au style agréable et pouvant accueillir entre 3 et 7 personnes. La plupart bénéficient d'un accès direct ou d'une vue sur la mer. L'agence pourra vous renseigner sur toutes les activités à faire sur l'île et fait le travail d'un office de tourisme. C'est réellement un contact incontournable pour se loger et séjourner à Halki.

ATLANTIS HOUSES €

✆ +30 22410 24821

www.atlantishouses.com

Studios et maisonnettes à partir de 55 € en été, Wifi gratuit.

Atlantis Houses offrent quelques adorables duplex, organisés en maisonnettes ou studios avec chambres avec mezzanine, qui peuvent accueillir entre 2 et 5 personnes. La sobriété chaleureuse des lieux participe à donner un air de «comme à la maison» fort agréable. A noter cependant pour les familles : les chambres qui sont en mezzanine ne sont pas forcément adaptées aux enfants en bas âge. Bien équipés et situés en hauteur, ces studios donnent accès à un beau jardin et jouissent, depuis les terrasses, d'une vue charmante sur le port et la mer.

ARETANASSA HOTEL €€

✆ +30 22460 70927

http://aretanassa-hotel.gr

Chambre double à partir de 110 € en été, petit-déjeuner inclus.

Ce très bel établissement historique a été complètement rénové et a rouvert ses portes il y a quelques années. On repère facilement cette magnifique villa néoclassique située au bout du port de Nimborio grâce à sa façade ocre et ses volets vert d'eau. Yannis et Maya qui ont repris les lieux font tout leur possible pour assurer un séjour réussi. Petit-déjeuner délicieux et accès direct à la mer sur le quai, chambres immaculées au design contemporain. Préférez les chambres avec balcon et vue sur mer, à peine plus chères, elles valent vraiment le coup.

MARINA CASTELLANA RESORT €€

✆ +30 69372 80955

www.marinacastellanachalki.com

Studio pour 2 personnes à partir de 80 € en été.

Légèrement en surplomb du port, les studios de Marina Castellana sont charmants et offrent de belles vues sur la mer et le village en contrebas. Bien équipés, confortables et chaleureux, ils peuvent accueillir jusqu'à quatre personnes. L'ensemble est aménagé avec goût et vous y passerez un séjour vraiment agréable. Une bonne adresse de charme, que vous apprécierez particulièrement lors des belles soirées d'été où rien ne dérange le calme de la nuit. La propriétaire des lieux, Marina, est adorable et serviable : elle vous conseillera sur Halki si besoin.

VILLA PRAXITHEA €€

En bord de mer, après l'église d'Aghios Nikolaos
✆ +30 69724 27272
www.villapraxithea.com
Appartement pour 5 à partir de 130 € en été. Séjour de 4 nuits minimum.

Cette belle villa néoclassique a littéralement les pieds dans l'eau. Elle est divisée en deux appartements : un appartement pouvant accueillir jusqu'à sept personnes au rez-de-chaussée et un appartement à l'étage, plus petit, et pouvant héberger jusqu'à cinq personnes. Idéal pour les familles ou les groupes d'amis. Les espaces ont été rénovés dans les années 2000, puis à nouveau plus récemment, donc vous y trouverez tout le confort moderne dans un cadre historique magnifique. Parmi les avantages également, des escaliers privés qui descendent au niveau de l'eau.

VILLA ARISTEA €

En bord de mer, après l'église d'Aghios Nikolaos
✆ +30 6972427272
www.villapraxithea.com
A partir de 75 € en été, wifi gratuit. Séjour de 7 nuits min. en saison.

La Villa Aristea est voisine de la Villa Praxithea, elles appartiennent au même propriétaire qui a apporté beaucoup de soin dans la rénovation de cette petite maison traditionnelle. Cet appartement de 40 m^2 est constitué d'une chambre double et d'un salon-cuisine très agréables, ouverts sur la mer. La maisonnette, légèrement en retrait de l'eau, dispose d'escaliers privés pour faciliter la baignade. L'ensemble est clair et lumineux, la cuisine est parfaitement équipée : idéal pour un séjour d'une semaine ou plus. Dans le salon, un canapé-lit rajoute du couchage.

BABIS TAVERNA €

Sur le port
✆ +30 22460 45016
Comptez 15 € par personne. Ouvert tous les jours, midi et soir en été.

Babis Taverna est une taverne de poissons tout ce qu'il y a de plus classique sur le port. Vous trouverez tous les plats traditionnels de la cuisine grecque : un excellent poisson, bien évidemment, mais également des grillades de viande et de bons plats végétariens parmi les accompagnements de légumes. Enfin, le vin de la maison est respectable. Comme toujours avec le poisson frais, choisissez la bête avec le serveur et faites-vous confirmer le prix avant de passer la commande : cela vous évitera les mauvaises surprises au moment de passer à l'addition.

FTENAGIA RESTAURANT €

Plage de Ftenagia
✆ +30 22460 45384
www.ftenagia.gr
Comptez 15 € par personne. Ouvert tous les jours de 10h au dernier client en été.

Ce restaurant sur la plage de Ftenagia propose une cuisine maison très fraîche, savoureuse et bon marché. Idéal pour faire une pause entre deux baignades ou pour profiter de l'ombre en regardant la mer. Le service est chaleureux et le cadre magnifique. Vous pourrez goûter au *saganaki* de crevettes avec feta et tomates, et à l'*imam* de légumes, deux plats particulièrement réussis. Mention spéciale également pour tous les poissons pêchés localement. L'établissement loue également des transats pour lézarder toute la journée, confortablement installé.

KANIA TAVERNA €

Plage de Kania
✆ +30 69555 84593
Comptez 15 € par personne. Ouvert tous les jours de 10h au dernier client en été.

Ce restaurant, qui fait aussi bar de plage, est sûrement la meilleure taverne de Halki. Et pour cause, quel cadre ! A l'ombre des quelques arbres de la petite crique, on mange ici une délicieuse cuisine maison, préparée avec amour et savoir-faire. Les propriétaires des lieux aiment ce qu'ils font et ça se sent. Ils seront ravis de vous donner des conseils et vous pourrez passer de longues après-midi à vous régaler de petits *mezzedes* frais, de succulents poissons ou tout simplement d'un bon café. Les transats sont gratuits pour les clients.

NICK'S TAVERNA €

Plage de Podamos
✆ +30 22460 45295
Comptez 15 € par personne. Ouvert tlj de 8h à 23h en été. Chambres doubles avec petit-déjeuner à partir de 60 €.

La taverne de la plage de Podamos est l'une des meilleures options pour déjeuner ou même dîner à Halki. Vous y trouverez tous les classiques grecs mais préparés parfaitement et avec des produits très frais. Les amoureux de poissons pourront se régaler d'une pêche du jour, les *mezzedes* sont vraiment délicieux et le cadre est magnifique, sur cette plage de sable somptueuse. La taverne gère également le beach bar sur la plage où l'on commande cafés et boissons et qui loue les transats à des prix abordables. Depuis 2021, de belles chambres sont également à louer.

TAVERNA LEFKOSIA €

Sur le port

© +30 69883 22997

Comptez 15 € par personne. Ouvert tous les jours, midi et soir en été.

Le vrai nom de cette taverne est Paradosiako Piato tis Lefkosias, qui signifie «le plat traditionnel de Lefkosia». En effet, ici on déguste de vrais plats traditionnels, préparés dans les règles de l'art par la cuisinière mythique de Halki, Lefkosia Peraki. Elle officie aux fourneaux depuis près d'un demi-siècle et on continue à s'extasier de son délicieux tarama maison, de ses viandes et saucisses grillées à la perfection, de ses légumes du jardin cuits avec soin, et de ses *makarounes* préparés à la main, servis avec du fromage de chèvre maison.

THEODOSIA PATISSERIE CAFÉ BAR

Sur le port

© +30 22460 45278

Ouvert tous les jours de 7h à 21h en été.

Cet agréable café-pâtisserie étale ses tables ombragées sur le port. On y vient toute la journée pour regarder le monde passer et le va-et-vient des bateaux. Au-delà du traditionnel café, la carte propose des pâtisseries maison à se damner, notamment de très bonnes baklavas et des feuilletés sucrés. Tôt le matin, jetez un œil en cuisine pour voir les délices de la journée qui se préparent. Plus tard, pour atténuer la chaleur du soleil de midi, optez pour une glace maison.

MONASTÈRE AGHIOS IOANNIS

Entrée libre, horaires aléatoires à vérifier avant votre passage.

A environ 1h30 de marche de Horio, le monastère Saint-Jean Alargas est la seule trace d'occupation humaine de toute la moitié occidentale de l'île. C'est un endroit magique et hors du temps. Vous serez accueilli par la fraîcheur qui règne dans la magnifique cour, à l'ombre d'un cyprès grandiose. Dans le monastère, admirez les belles fresques et profitez du calme olympien qui y règne. En échange de quelques euros de donation, vous pourrez demander au gardien d'y passer la nuit dans une des cellules aménagées simplement. Une expérience réellement authentique. La marche pour y arriver vous réserve des vues magnifiques sur les environs solitaires et la mer. Si cette randonnée vous semble insurmontable, vous pourrez toujours accéder au monastère par la route : un bus s'y rend les jours d'excursion (habituellement le vendredi soir, au départ du port de Nimborios) ou pour des occasions exceptionnelles. Dire que le 29 août est une occasion exceptionnelle parmi d'autres serait presque un blasphème pour les Halkiotes : le 29 août, c'est LA grande célébration de l'île, la plus importante des *panigyria* de Halki ! A la date anniversaire de la décapitation de saint Jean-Baptiste, tous les habitants de l'île ainsi que tous les visiteurs de passage se retrouvent au monastère pour une journée et une nuit de danses, de musique et de banquets partagés. De grandes tables sont dressées dans la cour alors que des musiciens s'installent sous la protection du cyprès géant. Le lendemain, ne comptez pas trouver un café ou une taverne ouverts…

PALEO HORIO

A 45 minutes de marche de Nimborio, Paleo Horio est l'ancienne capitale de l'île, aujourd'hui abandonnée. Perchée en hauteur, elle était ainsi à l'abri des pirates : l'ascension peut être un peu rude en plein mois d'août ! A son apogée, la ville comptait quelque 3 000 habitants mais c'est aujourd'hui une ville fantôme. En surplomb sur un promontoire rocheux, vous verrez les ruines du kastro médiéval fondé par les Chevaliers de l'Ordre de Saint-Jean, à l'emplacement d'une acropole antique. N'hésitez pas y monter pour avoir une vue panoramique sur les environs et la mer Egée, en évitant les heures les plus chaudes en été.

PANAGHIA HORIANI

Entrée libre.

Dans le village abandonné de Paleo Horio, on visite l'église de la Panaghia qui date du XIVe siècle et s'accroche sur le rocher du kastro médiéval. Si vous avez la chance de passer autour du 15 août, ne manquez pas les célébrations des *panigyria* donnés pour la Dormition : la veille, toute l'île se retrouve au port et monte jusqu'à l'église dédiée à la Vierge. Le parvis et les portes sont ouverts pour l'occasion et on y festoie, chante, mange et danse pendant 2 jours : un spectacle à ne pas rater et l'occasion de nouer des liens avec la population locale.

DODÉCANÈSE SUD

Karpathos et Kassos forment un ensemble relativement homogène au sud du Dodécanèse : à portée de main l'une de l'autre, isolées au sud-ouest de Rhodes et presque plus proches de la Crète par la géographie, l'histoire et le folklore, ces îles partagent une même ambiance décontractée, adaptée à des séjours tournés vers les activités de plein-air et la découverte de coutumes et traditions ancestrales. Le tourisme n'y est pas très développé : Karpathos, deuxième île du Dodécanèse par la taille, et son petit satellite Kassos offrent un visage encore largement authentique. De l'autre côté du sud égéen, l'île de Kastellorizo brille dans son splendide isolement, seule face à la Turquie. Loin du monde grec, ce petit rocher anatolien propose des vacances d'un calme cristallin, à l'exotisme certain.

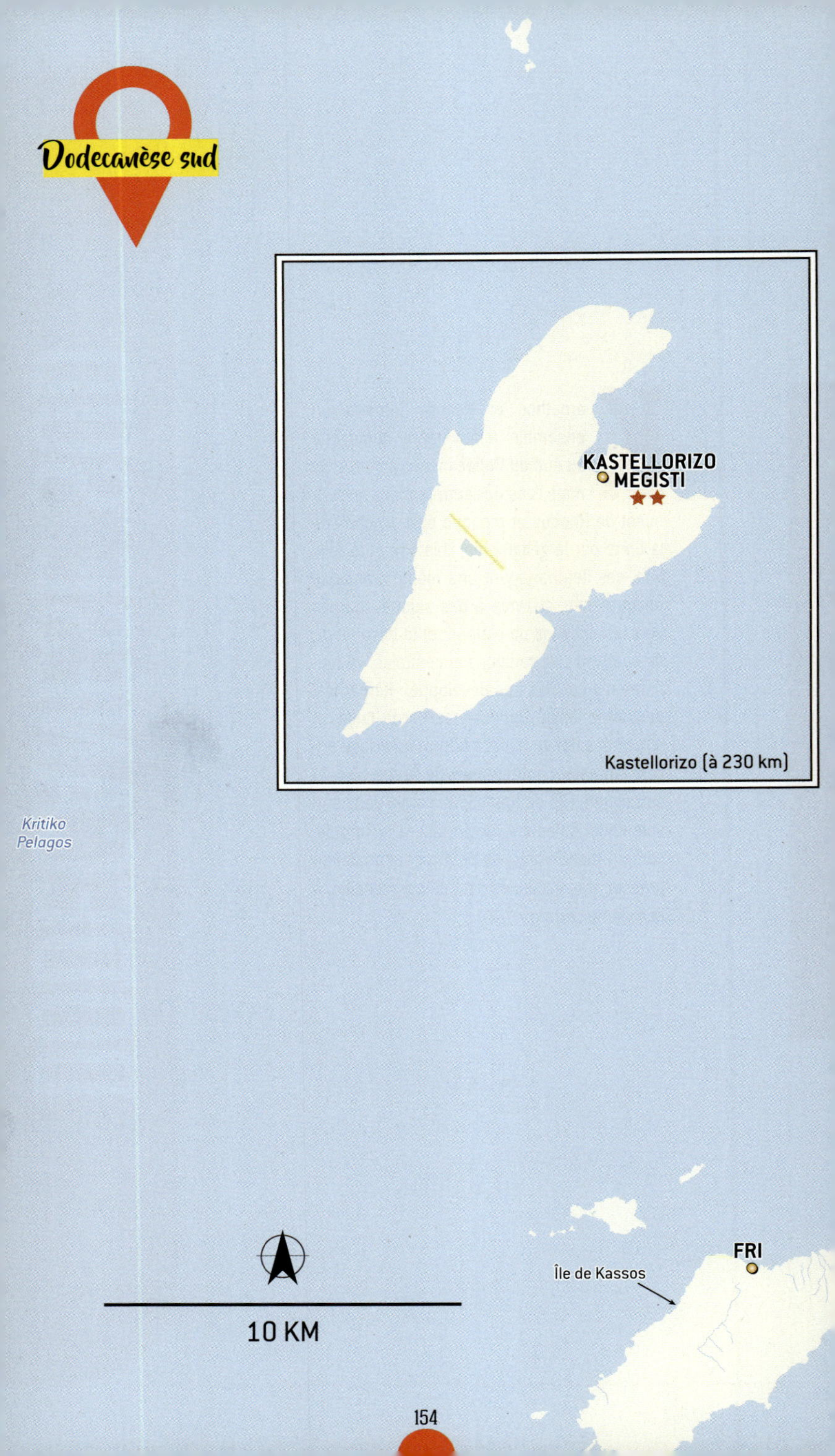
Dodecanèse sud
KASTELLORIZO
MEGISTI
Kastellorizo (à 230 km)
Kritiko
Pelagos
FRI
Île de Kassos
10 KM

VERS KASTELLORIZO
Île de Saria
DIAFANI
OLYMBOS
Akdeniz
Aigaion Pelagos
LEFKOS
Île de Karpathos
APERI
Karpathos
PIGADIA
MENETES
ARKASSA
AMOUPI

● ● KARPATHOS

Isolée entre Rhodes et la Crète, Karpathos est une terre montagneuse aux traditions tenaces qu'il faudra prendre le temps d'apprivoiser. Avec ses 300 km², ses 7 300 habitants et ses villages hors du temps, vous vous sentirez vite coupé du monde. Les habitants de Karpathos ont la réputation d'être un peu bourrus, parfois rudes : on comprend que la géographie des lieux, parfois hostile, ait marqué ces insulaires fiers de leurs montagnes et éloignés des grands axes de communication. Cet isolement, s'il explique le caractère bien trempé des Karpathiotes, promet également de belles découvertes pour le visiteur un brin vaillant. La baignade y est agréable puisque la température moyenne des eaux de Karpathos est supérieure de 4 °C à celle des autres îles du Dodécanèse et certaines plages, parfois difficiles d'accès, sont parmi les plus belles et les plus sauvages de l'archipel. Ailleurs, des montagnes rocheuses austères, des ravins profonds, des arbres tordus par le vent et des villages perdus s'offrent à la visite. La beauté sauvage de Karpathos et ses habitants empreints de noblesse et de traditions en font l'une des îles les plus captivantes du Dodécanèse. Excentrée, elle fait encore rarement partie des circuits touristiques de la Grèce, hormis pour les passionnés de sports nautiques (windsurf, kitesurf) et de randonnée. Il faudra prendre le temps de l'appréhender et de la découvrir en dévoilant délicatement ses multiples facettes. Le voyageur curieux et les passionnés d'espaces préservés et diversifiés seront comblés, les visiteurs pressés préfèreront passer leur chemin.

Dans la mythologie, Karpathos est liée à l'histoire des Titans. Les versions diffèrent mais, selon certains, le Titan Japet (fils de Gaia et Ouranos, frère du révolté Cronos et père de Prométhée, créateur des hommes) serait né sur l'île. Selon d'autres, les Titans auraient tous vécu sur Karpathos avant de partir en guerre contre les dieux de l'Olympe. Homère en parle dans son Iliade : dans l'Antiquité, ses habitants sont de féroces guerriers. Elle a connu bon nombre d'envahisseurs, Romains, Arabes, Génois, Vénitiens, Ottomans, Italiens... À la fin du XIXe siècle, les Karpathiotes souffrent de leur isolement et de la pauvreté qui en découle : beaucoup d'entre eux optent pour une émigration massive et quittent leur île pour le « nouveau monde », notamment les États-Unis. Si beaucoup ont réussi à s'enrichir, et leurs descendants après eux, ils n'ont pas oublié leur terre natale et les familles originaires de Karpathos reviennent régulièrement sur l'île, jusqu'à aujourd'hui.

PAGES

168 ● ● KASSOS

Kassos est l'île la plus méridionale du Dodécanèse et sûrement la moins visitée. Isolée, loin de Rhodes, aride, battue par les vents et désertée par ses habitants qui ont émigré au fil des années vers d'autres horizons pour trouver du travail, Kassos est un territoire préservé, qui a conservé ses traditions et son mode de vie. Il reste environ 1 000 habitants, des marins en grande majorité. Kassos est une île montagneuse qui compte un nombre impressionnant d'églises (plus de 150), des grottes et de beaux paysages naturels. Les plages promettent aussi de belles découvertes et c'est une île qui invite à de très belles randonnées. Kassos est connue pour ses célébrations religieuses et traditionnelles. Les plus grandes festivités ont lieu pour le 15 août (Dormition) et le 17 juin (commémoration du saccage de Kassos par l'armée ottomane en 1824, alors que l'île s'était révoltée pour l'indépendance de la Grèce). A ces occasions, chants et danses traditionnels sont partout, les musiciens sortent lyres et *laoutos*, on mange du riz pilaf à la cannelle et des viandes cuites à l'étouffée dans de la sauce à la tomate, et la diaspora revient des quatre coins du monde pour faire la fête. Un moment à ne pas rater.

168 FRI

171 ● ● KASTELLORIZO

À l'extrême orient de la Grèce et du Dodécanèse, Kastellorizo dégage quelque chose de très particulier. Ne venez pas chercher les plages ici : il n'y a ni sable, ni criques sur ce rocher montagneux aux côtes abruptes. Pourtant, avec moins de 500 habitants, Kastellorizo est l'une des îles les plus insolites de la Grèce et les îlots aux alentours offrent des plages magnifiques. On l'appelle aussi Megisti, « la plus grande » car c'est l'île principale d'un archipel de 14 îlots encore plus petits... Loin des autres îles du Dodécanèse, souvent oubliée des cartes, c'est un rocher aride de 9 km². Ce caillou se situe à 130 km de Rhodes (40 minutes d'avion) mais à 2 miles nautiques seulement des côtes turques que l'on voit briller à la nuit tombée. En journée, la ville turque de Kaş étale ses immeubles blancs : on s'y rend aisément en excursion à la journée. La petite île a servi de décor au film *Mediterraneo* de Gabriele Salvatores, oscarisé en 1992. Cette anecdote – probablement l'une des meilleures publicités pour l'île – lui vaut depuis un flux régulier de touristes.

Cette île frontalière a longtemps été l'objet d'un litige avec la Turquie et apparaît comme un symbole de l'unité nationale grecque. L'État grec fait beaucoup pour maintenir une activité sur l'île. Ce qui explique la forte présence militaire sur place et la fréquence des vols, largement subventionnés par le gouvernement. Les Grecs originaires de l'île sont encouragés fiscalement à retourner y vivre. Occupée dès l'Antiquité, notamment par les peuples anatoliens de Lycie, Kastellorizo est très vite un carrefour stratégique dans la région. Les Chevaliers de Saint-Jean de Jérusalem s'y installent dès 1306, avant qu'elle ne tombe dans le giron ottoman. L'île, au faîte de sa gloire au XIXe siècle, abrite alors plus de 10 000 âmes, avant de décliner. Un minaret et une mosquée transformée en musée rappellent l'occupation ottomane. Les Français sont passés par là, avant de transférer leur autorité aux Italiens en 1921. Du fait de son emplacement stratégique, l'île subit des dégâts énormes pendant la Seconde Guerre mondiale. Bombardé largement par les Alliés, le port de Kastellorizo est très endommagé et la moitié des maisons est détruite. Celles-ci ne seront pas reconstruites : l'immigration se fait massive, notamment vers l'Australie, dès les années 1950. Aujourd'hui encore, l'île garde des liens très forts avec ce pays et sa communauté immigrée.

171 KASTELLORIZO - MEGISTI ★★

PIGADIA

La capitale – qui est aussi le port principal de l'île – ne fait pas couleur locale. La plupart des maisons sont récentes et la ville n'a pas d'intérêt pour le visiteur. Il sera néanmoins pratique d'y loger pour accéder aux plages voisines et aux différents lieux d'intérêt de l'île. Vous aimerez la longue étendue de sable qui s'étale sur des kilomètres dans la baie de Pigadia, au nord du port. Le centre-ville peut faire l'objet d'une courte visite en fin de journée pour flâner sur les quais avant de prendre un verre et de dîner en ville.

Se loger

Vous trouverez à vous loger pour pas cher dans Pigadia mais il sera plus difficile de trouver un établissement un peu charmant. Les établissements du port font dans le fonctionnel : c'est souvent impersonnel, voire vieillot, mais très économique. Le port abrite de grands hôtels sans charme, tandis que le long de la plage, au nord, vous trouverez des studios à louer et de petites pensions, simples mais avec l'essentiel. Il existe quelques rares exceptions que nous avons listées. De même, en termes de restauration, ne vous attendez pas à une révélation gastronomique.

Transports

L'avion sera votre meilleure option pour rejoindre Karpathos : l'aéroport est situé à 16 km au sud de la capitale. Plusieurs vols hebdomadaires vers Athènes sont assurés par Olympic Air et Sky Express (environ 1 heure de vol), ainsi que des vols quotidiens pour Rhodes (40 min de vol) et Kassos (20 min, soit le vol le plus court qu'il vous sera donné de vivre !). En revanche, l'île est difficilement accessible en bateau du fait de son isolement. Ainsi, les catamarans de la compagnie Dodekanisos Seaways ne desservent pas l'île, trop excentrée par rapport au reste du Dodécanèse. Les ferries des compagnies Anek et Blue Star Ferries assurent la liaison avec Athènes environ 4 fois par semaine. La traversée pour le port du Pirée dure entre 18 et 22 heures… Blue Stars Ferries connecte Karpathos à Rhodes (3h40 de traversée) et à quasiment toutes les autres îles du Dodécanèse, tandis qu'Anek offre une traversée plus longue depuis Rhodes (6h) et poursuit vers la Crète ou les Cyclades. Une fois sur place, il faut garder en tête que Karpathos, deuxième île du Dodécanèse par la taille, est étroite et marquée par de hautes montagnes centrales. Il n'est pas aisé de s'y déplacer, notamment dans la région montagneuse du nord. Le réseau des bus est assez bien développé et pourra vous dépanner avec un service régulier en été qui assure la desserte vers l'aéroport et tous les villages listés dans ce guide (karpathosbus.wordpress.com). Il faudra être patient sur les routes du nord, très sinueuses : les cars ne peuvent pas aller vite. Si le système des bus est plutôt bon, il ne vous laissera pas énormément de flexibilité, ce qui est primordial pour profiter de cette île difficile. Les taxis pourront vous dépanner sur certains trajets mais ils sont très chers. Nous vous recommandons donc, plus qu'ailleurs, de louer une voiture. Pour explorer les plages et les coins les plus sauvages, vous opterez pour un 4x4 à réserver bien à l'avance car ces véhicules sont vite pris d'assaut. Sinon, une petite voiture vous permettra d'accéder à la majorité des sites d'intérêt, en empruntant les routes asphaltées. Celles-ci sont dangereuses et éprouvantes, notamment dans le nord : étroites et sinueuses, elles sont souvent obstruées d'éboulis. Conduisez très lentement, notamment les jours de grand vent. Et évitez les scooters, pas adaptés à la géographie de l'île : au-delà de la conduite qui sera encore plus difficile, vous ne pourrez pas rejoindre les plus belles plages dont l'accès nécessite un moteur plus puissant. Enfin, sachez qu'en saison, des caïques locaux font la liaison entre les ports de Pigadia et Diafani : l'occasion d'admirer la côte orientale, en grande partie inaccessible par la terre. Vous pourrez également embarquer sur le Kasos Princess pour vous rendre en excursion à la journée sur l'île voisine de Kassos (traversée 1h15, env. 15 € l'aller-retour, www.manousos-kassos.gr).

ATLANTIS HOTEL €

Sur le port
✆ +30 22450 22777
www.atlantishotelkarpathos.gr
Chambre double à partir de 60 € en été, petit-déjeuner inclus.

Ce petit hôtel familial est bien situé entre le port et la plage et donc à proximité de tous les commerces et restaurants de Pigadia. Il ne se situe qu'à 20 mètres de la mer et vous pourrez également profiter de la piscine. Les chambres ont été rénovées récemment mais ne vous attendez à rien de particulièrement charmant : ici, le fonctionnel prime. Préférez les chambres avec vue sur la baie. En résumé, un établissement économique, qui offre un bon rapport qualité-prix et qui jouit d'un emplacement vraiment parfait dans Pigadia.

IRENE STUDIOS €

Plage d'Afoti
✆ +30 22450 22128
www.ireneapartments.gr
Studio pour 2 à partir de 50 € en été, sans le petit-déjeuner. Wifi gratuit.

Au calme, à la sortie de Pigadia sur la plage d'Afoti, six appartements et studios à louer à 20 minutes de marche du centre-ville. Simples mais suffisamment équipés, fonctionnels et à quelques mètres seulement de la plage. Parfait pour les familles et ceux qui veulent profiter à la fois d'instants baignade au calme et de l'animation du port à proximité. Les propriétaires ont ouvert un autre établissement de studios, Iris Studios, sur la plage à 1 km au nord soit plus excentré encore mais plus au calme. Parfait pour les amoureux de plage.

RENATA'S VILLAS €

✆ +30 69472 56976
www.renatas-villas.gr
Chambre double à partir de 65 € en été, Petra's House à partir de 180 €.

Ce joli établissement est situé à l'extérieur de Pigadia, dans les terres. Vous y serez donc particulièrement au calme mais à proximité du port malgré tout. Les chambres, entièrement rénovées, sont à la fois confortables, modernes, agréables et chaleureuses. Un style contemporain qui n'est pas impersonnel pour autant, c'est suffisamment rare à Pigadia pour être noté. Les appartements sont lumineux et climatisés avec un mobilier de couleur claire. Vous pourrez également opter pour Petra's House à proximité : une petite villa indépendante, avec piscine privée.

SUNRISE HOTEL €

✆ +30 22450 22467
www.hotelsunrise.eu
Chambre double à partir de 50 € en été. Petit déjeuner (buffet) inclus.

Malgré son aspect extérieur un peu vieillot, l'hôtel vaut le détour pour son rapport qualité-prix intéressant, son personnel chaleureux et serviable et son emplacement idéal. A 300 mètres du centre et à quelques mètres de la plage, l'établissement est en effet très bien placé. Les 30 chambres sont spacieuses, propres et confortables, bien que simples et sans charme particulier. Elles offrent une belle vue sur la baie : prendre son petit-déjeuner face à la mer est toujours appréciable. Une option sans prétention, en bref, qui remplit bien sa fonction.

ELECTRA BEACH HOTEL €€

Sur le front de mer, peu après la mairie en quittant le port.
✆ +30 22450 23256
www.electrabeachhotel.gr
Chambre double à partir de 80 € en été. Wifi gratuit dans les parties communes.

Ce grand complexe hôtelier donnant sur la plage, à petite distance du port, dispose d'une grande piscine d'eau de mer. Les chambres sont confortables et sobres, sans surprise pour ce genre d'établissement. Elles offrent toutes un balcon avec vue, soit sur le jardin et la mer, soit sur la ville. Des transats et des parasols sont installés sur la plage devant l'hôtel, à disposition des clients. Atmosphère tranquille et sympathique, service agréable : l'Electra Beach Hotel sera une bonne option pour les amateurs de *resorts* et les familles.

© BORUT TRDINA - ISTOCKPHOTO

Pigadia, île de Karpathos.

GORGONA APARTMENTS €€

Filipidis street
✆ +30 6970462485
www.gorgonakarpathos.com
Appartement et studio à partir de 90 € en été. Wifi gratuit. Séjour minimum de 2 nuits.

Ces beaux studios et appartements surplombent le port de Pigadia, à environ 300 m des quais et quelques minutes de marche de tous les commerces du centre-ville. Entièrement rénovés dans un style qui combine confort moderne et éléments décoratifs traditionnels, vous y passerez un agréable séjour. Les deux appartements d'environ 30 m^2 chacun et les deux studios sont parfaitement équipés et décorés avec goût. Leurs balcons ouvrent sur la baie de Pigadia et la mer. Enfin un établissement coquet, qui allie fonctionnalité et esthétique, modernité et tradition !

ALIMOUNDA MARE €€€

✆ +30 22450 23902
www.alimounda.gr
Chambre double à partir de 170 € en été, avec le petit-déjeuner. Wifi gratuit.

Alimounda Mare est un ensemble hôtelier construit récemment, sur la plage, à seulement 5 minutes à pied du port et du centre de la ville de Pigadia. Cet énorme établissement est l'un des derniers-nés de Karpathos qui prend petit à petit le goût du luxe. Ici vous trouverez près de 250 chambres avec tout le confort que l'on attend de ce genre d'établissement. La magnifique piscine à débordement donne sur l'infini de l'Egée et vous pourrez y passer d'agréables après-midi si la plage, située à 5 minutes à pied, vous semble trop loin !

OREA KARPATHOS €

✆ +30 22450 22501
Comptez 15 € par personne. Ouvert tous les jours, midi et soir en saison.

Cette petite taverne sympathique, installée sur les quais, propose une bonne carte de plats traditionnels et bien préparés. Côté poissons, vous pourrez goûter aux petites crevettes karpathiotes, aux seiches au fenouil ou à la spécialité de la maison : de petits poissons connus localement sous le nom de *menoules*. Essayez sinon les escargots à l'aneth et au laurier ou encore l'omelette à la cardamome. Il ne faut pas oublier de mentionner les incontournables *makarounes* de Karpathos, préparés aux oignons confits et servis avec du fromage local. Ils sont délicieux.

THE LIFE OF ANGELS €

✆ + 30 22450 22984
Ouvert tous les jours, pour le déjeuner et le dîner. Comptez 15 € par personne.

Ce *kafeneio* traditionnel a ouvert ses portes au début du siècle dernier et, pendant quelques décennies, il a rempli sa fonction principale : accueillir les hommes du village qui s'y retrouvaient pour refaire le monde, boire le café et jouer au *tavli*. Au fil des ans, l'établissement s'est mis à proposer des plats simples et traditionnels, ce qu'il continue de faire avec succès aujourd'hui. On y goûtera la spécialité d'agneau cuit 7 heures dans un plat en terre cuite et, le vendredi soir, on pourra y écouter des concerts de musique traditionnelle karpathiote.

TO ELLENIKON €

✆ +30 22450 23932
Comptez 15 € par personne. Ouvert tous les jours, midi et soir en saison.

Ce *mezzedopoleio* traditionnel fait aussi office de taverne-restaurant et il s'agit certainement de l'un des classiques de Pigadia. Situé un peu en retrait du port, il est ouvert toute l'année et l'été, les tables envahissent la rue. Vous y trouverez tous les petits plats ou *mezzedes* à partager qui font la diversité et la beauté de la cuisine traditionnelle grecque : *dolmades* ou feuilles de vigne farcies, salades, poulpes... ainsi qu'une série de plats plus copieux, offrant poissons et viandes grillés, en plus de plats typiques de la gastronomie karpathiote.

MIKE'S RESTAURANT €€

rue Ulof Palme
✆ +30 22450 23866
Ouvert pour le dîner uniquement, à partir de 17h. Comptez 25 € par personne.

Ce restaurant situé dans une ruelle piétonne partant du port sera l'une de vos meilleures options à Pigadia. Vous pourrez goûter à tous les classiques de la cuisine grecque ainsi que quelques plats traditionnels karpathiotes, bien évidemment. Ce restaurant familial offre une meilleure qualité et des plats un peu plus raffinés que la majorité des tavernes du port. Le service est attentionné et sympathique : n'hésitez pas à demander conseil, notamment sur la spécialité du jour. La clientèle est fidèle : le soir au mois d'août, les tables libres se font rares.

AMOUPI ★

Petite station balnéaire familiale aux eaux cristallines, Amoupi est située à proximité du village de Lakki. Vous pourrez loger dans de petits hôtels, simples mais accueillants et chaleureux. Certaines options plus chères et charmantes se développent aussi. La baie d'Amoupi est constituée de trois plages, dont la plus grande et plus connue est Amoupi Beach. Juste au nord, vous trouverez Little Amoopi Beach, et Pera Ammos au sud. Elles sont très fréquentées et offrent transats et parasols. En continuant vers la pointe sud, les vents se font violents et les amateurs de planche à voile seront comblés : Afiartis concentre certains des meilleurs spots de Grèce. A éviter pour la baignade et le farniente à la plage.

WINDSURF ET KITESURF

Le village d'Afiartis est la base des véliplanchistes venus des quatre coins du monde pour s'attaquer aux vents violents qui créent les conditions idéales à la pratique du windsurf. Il existe plusieurs spots renommés, de difficultés variées, que nous avons détaillés dans le dossier spécial, en début de guide. Le kitesurf et le surf s'y développent doucement. Pour la planche à voile, un club pro à retenir :

- **Ion Club** (+30 2245091061 - www.ionclub-karpathos.com) : propose cours et location de matériel. Légendaire pour ses soirées barbecue du jeudi, à l'Anemos Bar.

AMOOPI BAY €

A 150 m de la plage.
✆ +30 22450 81184
www.amoopibayhotel.com
Chambre double à partir de 70 € en été, avec petit-déjeuner.

Grand hôtel avec accès et vue panoramique sur les trois belles plages de la baie d'Amoupi. Comme alternative à la plage, vous trouverez une piscine agréable, avec parasols, transats et petit bassin. Idéal pour les enfants et les parents ! L'établissement abrite aussi un restaurant et un snack-bar sur place. Les chambres, impeccables, ont été rénovées il y a quelques années et disposent d'un balcon avec vue sur la mer. Ambiance familiale et sympathique, avec barbecue le dimanche dans le jardin. Pratique, il y a un arrêt de bus juste devant la sortie de l'hôtel.

HORIZON VIEW STUDIOS €

Lakki
✆ +30 22450 81188
Studio pour deux à partir de 55 € en été, sans petit-déjeuner. Wifi gratuit dans les parties communes.

Un établissement vraiment très simple mais charmant, sur les hauteurs du village de Lakki. Comme son nom l'indique, vous y aurez une vue panoramique sur la baie d'Amoupi et sur l'horizon. Les chambres, spacieuses, sont on ne peut plus simples et fonctionnelles mais propres et finalement agréables. Sans oublier l'accueil qui est adorable. Les plages sont à environ 20 minutes de marche et un arrêt de bus se trouve juste devant. Quelques tavernes sont situées à côté, ce qui est fort pratique car les studios sont équipés du strict minimum pour se préparer à manger.

IRINI €

Afiartis ✆ +30 22450 91000
Chambre double à partir de 100 € en été, en demi-pension.

Cet hôtel est l'une des rares options du côté d'Afiartis, sur la côte sud-est de Karpathos, à côté de l'aéroport. Dans cette région battue par les vents, les clubs et spots de windsurf constituent l'attrait principal : les véliplanchistes sont nombreux à séjourner à l'hôtel Irini. Il s'agit d'un petit complexe hôtelier de 60 chambres doubles et d'une dizaine d'appartements avec piscine, spa et hammam (facturés en plus), courts de tennis et restaurant-buffet. Tout le confort pour se relaxer après une journée de sport intense. Accès wifi.

ALTHEA BOUTIQUE HOTEL €€

✆ +30 22450 81152
http://altheakarpathos.gr
Chambre double à partir de 110 € en été, petit-déjeuner inclus. Wifi gratuit.

Ce bel établissement se situe légèrement en surplomb de la baie d'Amoupi. Les chambres et studios, d'une propreté impeccable, offrent un confort parfait et des intérieurs élégants et immaculés. Une fois n'est pas coutume à Karpathos : les espaces ont été aménagés avec goût, avec attention, et dans un style moderne. L'accueil est à la fois professionnel et chaleureux et les plages ne sont qu'à quelques minutes de marche. Emplacement, qualité du service, confort et esthétique des chambres : tous les éléments sont réunis pour passer un excellent séjour.

AMOOPI NYMFES €€

✆ +30 69745 22840

https://amoopi-nymfes.gr

Appartement à partir de 120 € la nuit en été. Wifi gratuit.

Six appartements plutôt luxueux, les pieds dans l'eau. Volontairement « select » avec vue panoramique, cuisine équipée, mobilier élégant, télévision satellite, lit « king size », machine à laver et wi-fi. Ne vous attendez pas non plus à quelque chose de très luxueux, vous êtes à Karpathos ! Le vrai plus de cet établissement est son emplacement directement sur la crique de sable de Little Amoopi Beach. Un restaurant est aussi proposé tandis qu'un complexe d'appartements plus récents, Amoopi Nymfes Royal Apartments, s'est installé en surplomb.

POSEIDON BLUE GASTRONOMY HOTEL €€

Afiartis ✆ +30 22450 91066

poseidonblue.gr

Chambre double rénovée à partir de 110 € en été, avec le petit déjeuner. Au restaurant, comptez 35 € par personne.

Cet agréable hôtel est situé sur la plage de Damatria, du côté d'Afiartis. Les chambres, spacieuses et confortables sont très agréables et ont été largement rénovées ces derniers temps pour offrir un nouveau design contemporain et élégant. Le restaurant gastronomique est ouvert à tous et offre une inventive cuisine fusion, orchestrée par la gagnante du Master Chef grec : Angela Papavassiliou. L'emplacement est particulièrement agréable, à l'ombre des bougainvilliers.

MENETES

Ce petit village à 8 km de Pigadia est situé dans les terres. Plutôt bien préservé, il forme un balcon sur la mer Egée et offre de beaux panoramas. C'est un village réputé pour ses arts et savoir-faire artisanaux : ainsi, vous trouverez encore quelques articles de vannerie magnifiques. C'est aussi la patrie de la plupart des musiciens de Karpathos. Prenez le temps de faire escale dans le village, arrêtez-vous au *kafeneio* et visitez le petit musée folklorique qui détaille les traditions locales, notamment le système matriarcal typique de Karpathos. Si le musée est fermé et qu'il n'y a pas moyen de le faire ouvrir, demandez si la propriétaire de l'atelier de création peut vous ouvrir sa maison, héritée de sa grand-mère : les intérieurs n'ont pas bougé depuis le début du siècle dernier et elle se fera un plaisir de vous expliquer les traditions conjugales de l'île, les costumes traditionnels, le système d'héritage de mère en fille et les différents éléments qui constituaient le foyer et la dot.

Vous visiterez également l'église de la Panagia, en surplomb, dont le parvis offre une vue panoramique sur le village. Etablie en 1845, on y admire une belle iconostase en bois sculpté. Les locaux disent que cette église est le témoin de nombreux miracles. Menetes est connu pour ses grandes célébrations religieuses, notamment à Pâques, mais surtout pour la Dormition le 15 août : tout le village se retrouve à l'église dédiée à la Vierge pour de grands *panigyria* et les habitants offrent des gâteaux aux visiteurs.

Village de Menetes.

ARKASSA ★

Arkassa et le village voisin de Finiki constituent une base tranquille pour séjourner sur la côte sud-ouest de Karpathos. Ces deux petites stations balnéaires sont tournées vers la mer : vous y verrez de magnifiques couchers de soleil sur des plages peu fréquentées. Adossée aux monts Homali, les premiers contreforts du mont Kali Limni, cette région changeante peut se faire douce et accueillante, ou parfois un peu inquiétante. Vers l'ouest, on ne quitte pas Kassos du regard, alors que les cavités perchées dans les montagnes à l'arrière semblent tout droit sorties d'un western. A Arkassa, vous pourrez visiter les ruines de l'acropole antique d'Arcesia ou Arcesine, perchées sur une péninsule qui s'avance dans la mer : un sentier bien indiqué quoiqu'un peu ardu monte aux ruines en 15 min. À l'entrée de la péninsule, vous trouverez la petite église byzantine d'Agia Sofia. A côté, ne manquez pas les restes de mosaïques datant du Ve siècle, dont une partie a été transférée au Musée archéologique de Rhodes-ville. Arkassa abrite la jolie plage d'Aghios Nikolaos, réputée pour son fantastique coucher de soleil. Plus au sud, les plages de Trachanammos et Aghios Theodoros sont magnifiques. On optera pour Trachanammos pour ses mètres de plages solitaires mais exposées au vent et on préférera Aghios Theodoros pour déjeuner dans l'une des bonnes tavernes de l'île, à l'abri du vent. En remontant vers le nord, on s'installe sur le petit port de pêche de Finiki. Au-delà, on se jette dans les vagues énergiques de la baie solitaire de Kamarakia.

ALKIONI HOTEL KARPATHOS 🛏 €

Finiki

✆ +30 22450 61070

www.alkioni-karpathos.gr

Chambre double à partir de 70 € en été. Petit-déjeuner en supplément.

En surplomb du petit port de Finiki, l'hôtel Alkioni propose des studios et chambres avec kitchenette et vue sur mer. Vous pourrez apprécier les magnifiques couchers du soleil depuis votre balcon. Minas et sa femme préparent un petit-déjeuner en supplément, (trop) copieux mais qui sera parfait avant de partir en randonnée : prenez les feuilletés à emporter pour casser la croûte au cours d'une active journée de marche. Les chambres sont spacieuses et propres, simples et sans prétention. Les appartements de 50 m^2 peuvent accueillir 5 personnes. Calme garanti.

FINIKI VIEW HOTEL & MAMA CUISINE 🛏 €

Finiki

✆ +30 22450 61400

www.finikiview.gr

Chambre double à partir de 100 € en été, petit-déjeuner inclus. Restaurant ouvert midi et soir, comptez 15 €/personne.

Ce petit établissement se situe en surplomb du port et de la plage de Finiki, sur la route principale. Il est calme et confortable, l'accueil y est chaleureux et les chambres sont simples mais agréables. Les clients de l'hôtel ont accès à une piscine, parfait pour les familles avec enfants. Les propriétaires possèdent également la taverne Mama Cuisine, sur le port en contrebas, qui sert de très bons plats de poissons et fruits de mer, avec vue sur la mer en prime.

ARKASA BAY HOTEL 🛏 €€

✆ +30 22450 61410

www.arkasabay.com

Chambre double à partir de 100 € en été. Wifi gratuit.

Ce sympathique hôtel familial est idéalement situé à Arkassa, avec de très belles vues sur la mer. Sa position sur la côte ouest de Karpathos vous promet de très beaux couchers de soleil, à admirer depuis le balcon de votre chambre. Les chambres sont confortables et spacieuses : il n'y a rien à attendre de particulier en termes de cachet ou de charme, mais elles sont fonctionnelles et somme toute agréables. Enfin, on appréciera la piscine, quand le vent souffle trop fort sur la mer notamment. Un établissement adapté aux vacances en famille.

SUNSET SUITES ANNADA 🛏 €€

Aghios Nikolaos

✆ +30 698 287 4610

sunsetsuitesannada.com

Suite à partir de 140 € en été, wifi gratuit.

Un vrai petit paradis, où les couchers du soleil, somptueux de ce côté-là de Karpathos, sont à admirer sans modération depuis le balcon, en profitant du calme des lieux. À souligner : l'effort de décoration et de modernisation qui a été fourni au cours des récentes rénovations a vraiment apporté un plus à cet établissement déjà connu pour la qualité de son accueil (anciennement Little Paradise). Vous aurez peut-être la chance de goûter aux fruits et légumes du jardin potager et du verger que cultive Michailis, le sympathique propriétaire.

KEDROS RESTAURANT €

Aghios Georgios

✆ +30 69724 14686

Ouvert tous les soirs jusqu'à 22h et aussi le dimanche pour le déjeuner. Comptez 15 € par personne.

Ce restaurant solitaire surplombe la baie de Kamarakia, au nord de Finiki. Ilias et Manolis sont fermiers et éleveurs : tous les légumes et toutes les viandes que vous mangerez ici proviennent de leur ferme. Comme on l'imagine, c'est extra frais et très savoureux. Optez pour les *makarounes* traditionnels, toujours une réussite, ou pour de délicieuses viandes rôties, à accompagner de légumes grillés du jardin. La terrasse est très agréable, avec vue sur la mer : un arrêt incontournable pour profiter du coucher du soleil en se régalant de bons produits !

TAVERNA DELFINI €

Finiki

✆ +30 22450 61060

Ouvert tous les jours, midi et soir, en saison. Comptez 15 € par personne.

Tous les Karpathiotes vous diront que c'est à Finiki que l'on mange le meilleur poisson frais de l'île. Ce n'est pas si étonnant, considérant que c'est un petit port de pêche et que l'arrivage est donc quotidien. Mais, au-delà des produits frais qui arrivent tous les matins, il faut savoir comment les préparer : c'est à la taverne Delfini que vous mangerez les meilleurs plats de poissons et fruits de mer. La cuisson du poisson grillé est réussie et les plats de pâtes aux fruits de mer sont réconfortants. Selon l'arrivage, goûtez aux crevettes de Karpathos.

APERI ★

A 8 km au nord de Pigadia, dans le centre de l'île et sur les contreforts du mont Kalmi Limni, Aperi est le bourg le plus important d'une série de villages à flanc de coteaux, dont Volada et Othos. Il est l'ancienne capitale de l'île. Aujourd'hui centre religieux, c'est aussi la patrie natale de plusieurs riches Karpathiotes émigrés qui y ont construit des maisons d'un style un peu américain... Le plus beau quartier s'appelle Vallandou. Les trois villages sont surtout intéressants pour leurs panoramas sur la côte est : balcons sur l'Egée, ils méritent qu'on y passe pour la vue. Ils marquent aussi la frontière entre le sud de l'île, plus domestiqué et plat, et le nord, sauvage et montagneux. Depuis Aperi, vous aurez accès aux plus belles plages de galets de la côte est. En prenant la route du nord, ne ratez pas les plages magnifiques de Kyra Panagia et Apella. Cette dernière a été élue à quelques reprises plus belle plage de Grèce. Les eaux sont d'une pureté inouïe, dans un environnement boisé et abrupt. Les routes qui y mènent, notamment celle qui va à Apella, sont impressionnantes : étroites et sinueuses, elles dévalent les montagnes et plongent à pic dans une mer émeraude - soyez prudent en conduisant ! Plus près du village, la plage de galets d'Ahata est aussi belle et abrite une taverne en saison. En termes d'hébergement, il n'y pas grand-chose à signaler dans les bourgs endormis d'Aperi, Volada et Othos, vous trouverez plutôt à vous loger sur la plage de Kyra Panagia, la moins sauvage de la région.

UNDER THE TREES €

Sur la route de Lefkos

✆ +30 69779 84791

Ouvert tous les jours de 11h à minuit. Comptez 15 € par personne.

Environ à mi-chemin entre Finiki et Lefkos, juste après l'embranchement pour Piles, ce restaurant spécialisé dans les grillades est un incontournable de la côte ouest. Vous y serez installé à l'ombre, sur une plage déserte, face à la mer et au coucher du soleil en fin de journée. Les plats sont absolument délicieux et les viandes et poissons parfaitement cuisinés. Ambiance décontractée et agréable, sans prétention mais conviviale : les familles se retrouvent souvent ici et passent des heures, attablées. Une vraie bonne adresse.

KYRA PANAGIA HOTEL €

✆ +30 22450 23026

http://kyrapanagia.com

Studio pour deux à partir de 85 € en été, petit-déjeuner inclus. Wi-fi gratuit dans le hall.

Situé en surplomb de la plage Kyra Panagia, cet hôtel est idéal pour ceux d'entre vous qui voudront profiter des eaux turquoise et du sable fin d'une des plus belles plages de l'île. Les chambres, confortables, disposent d'un ameublement convenable et d'une kitchenette, pratique pour se préparer de quoi manger. Certains appartements peuvent accueillir jusqu'à quatre personnes et la piscine offre une alternative à la plage. Il s'agit d'un établissement sympathique, parfaitement adapté aux familles et qui promet un séjour agréable.

SOFIA'S TAVERNA & PARADISE ROOMS €

Kyra Panaghia ✆ +30 22450 23102

www.kyrapanagiaparadise.gr

Studio à partir de 60 € en été, sans petit-déjeuner. Taverne ouverte tous les jours midi-23h. Comptez 15 € par personne.

Sur la plage de Kyra Panaghia, cette taverne traditionnelle loue des chambres et des studios simples mais bien équipés et confortables. La taverne existe depuis les années 1970 et elle est devenue un incontournable de la région : on y mange de la bonne cuisine maison préparée par Maria à l'ombre des pins et des canisses. Préférez les plats du jour, toujours frais et tentants. Les chambres sont propres et spacieuses, basiques mais agréables et bien tenues. Accueil chaleureux.

LEFKOS

Lefkos est situé sur la côte ouest de Karpathos, à environ 30 km de Pigadia. Le village est divisé entre une ville haute, perchée dans les terres, et une ville basse, où un petit port et une station balnéaire accueillent les visiteurs. Son emplacement à mi-chemin entre les montagnes du nord et la côte du sud sera idéal pour tous ceux qui voudront apprécier les différents visages de Karpathos. Depuis le port, vous aurez accès à une multitude de belles criques encore assez peu fréquentées et parfaites pour la baignade. C'est un bon point de chute pour visiter les beaux villages de Mesohori et Spoa avec leurs maisons traditionnelles en amphithéâtre dans un environnement préservé.

Plage de Lefkos.

MESOHORI

Le petit village de Mesohori est pris en étau entre la montagne et la côte. Balcon sur l'Egée et la côte occidentale, vous y verrez de magnifiques panoramas, et un somptueux coucher du soleil. Garez-vous à l'entrée du village et montez jusqu'à l'église (1553). Au pied de celle-ci vous trouverez une source sacrée : on raconte que les femmes qui boivent cette eau pure seront mariées à un Karpathiote. Vous pourrez faire une pause à la taverne Dramontana. Elle offre des vues splendides sur la mer, point de ralliement idéal pour regarder le coucher du soleil.

SPOA

Le village de Spoa marque le passage dans le nord isolé, de l'autre côté du centre montagneux que domine le mont Kali Limni (1 215 m). Sa situation en amphithéâtre pourra faire l'objet d'une courte visite. Profitez-en pour vous arrêter au petit café traditionnel Folia où la propriétaire Anthoula vous préparera les meilleures sardines de l'île et de délicieuses *thrapsala*, des seiches locales, le tout avec vue sur la mer. Ne vous étonnez pas de trouver ces poissons frais à pareille altitude : la taverne a son propre caïque de pêche sur la côte !

MIRALUNA HOTEL €

✆ +30 21077 76564

www.miraluna.gr

Studio pour deux à partir de 80 € en été. Wifi gratuit.

A mi-chemin entre le village de Lefkos et la plage, vous trouverez ici de très belles chambres, claires et spacieuses, offrant de vastes terrasses entourées d'oliviers. Cet établissement moderne et élégant sera une très bonne option pour les familles notamment, avec des appartements pour quatre à peine plus chers que les studios. Il existe également quelques appartements pouvant accueillir jusqu'à 6 personnes, idéal pour les groupes d'amis ou les familles nombreuses. Un barbecue extérieur et une aire de jeux pour les enfants sont à la disposition des clients.

OLYMBOS ★

La route qui mène à Olymbos est longue, sinueuse et magnifique : arrêtez-vous pour apprécier les panoramas. Au bout d'un long trajet, c'est l'immersion totale dans la tradition karpathiote qui vous attend aux portes du village perché, et ce malgré les attaques récentes du tourisme. La construction de la route asphaltée à la fin des années 1970 a largement désenclavé Olymbos qui vivait encore en autarcie totale, il n'y a pas si longtemps ! Au fil des siècles, les habitants, absolument isolés, ont développé une vie agricole tout à fait unique, basée sur la production céréalière dont était tirée une farine locale (d'où les multiples moulins que l'on admire encore aujourd'hui), et l'élevage de chèvres qui étaient envoyées paître sur l'îlot de Saria, au nord de Karpathos. Aujourd'hui, toujours perché sur le flanc du mont Prophitis Ilias, Olymbos est un musée folklorique à ciel ouvert. Les anciens parlent toujours un dialecte archaïque, d'origine dorique. Les chants et *mantinades* (rimes drolatiques et joutes oratoires chantées) sont accompagnés d'instruments traditionnels, comme la lyre, la musette et le luth et agrémentent encore la moindre fête. Les célébrations sont fréquentes et donnent parfois lieu à de grandes processions dans les rues du village. Les femmes âgées portent encore le costume traditionnel, et ce n'est pas pour faire attraction touristique : les habitudes vestimentaires locales ont la vie dure. Évidemment, l'arrivée de plus en plus massive des touristes a un peu érodé l'authenticité des lieux : les dames du village tentent de vendre de l'artisanat dont on soupçonne parfois l'origine. Mais les traditions se maintiennent. Essayez de venir tôt le matin ou de rester en soirée : vous verrez alors la vie qui s'y déroule, sans les touristes. Dans les ruelles du village, on découvre la vie traditionnelle exposée au petit musée dédié à l'artiste local, Vassilis Hatzivasillis : ses peintures naïves représentent les cycles annuels au village, et de petits films sont projetés, documentant la rudesse de la vie, il y a quelques décennies à peine. On visite également l'église d'Aghia Anna, l'une des rares églises décorées de motifs géométriques représentant des oiseaux et des poissons (XIIIe siècle). On fera une pause déjeuner ou café dans l'une des délicieuses tavernes, avec vue plongeante sur la mer. Pour loger sur place, peu d'options mais des pensions et studios apparaissent de plus en plus ces dernières années.

OLYMPOS ARCHIPELAGOS HOTEL €€

✆ +30 21045 18669

www.archipelagoskarpathos.com

Villa pour deux à partir de 100 € en été, petit-déjeuner en supplément (5 € par personne). Ouvert toute l'année.

Cet hôtel est situé sur le versant occidental du village d'Olymbos, face à la mer. Il propose des maisonnettes individuelles, propres et offrant des vues impressionnantes sur les environs, la côte et la mer Egée. Chaque mini-villa est aménagée sur deux étages, avec balcon et entrée privatifs. L'ensemble est très confortable et vous y serez dans un calme quasi absolu. A noter cependant : la route d'accès, tortueuse, à pic et mal entretenue, pourra en effrayer certains.

BLUE GARDEN €

✆ +30 22450 51101

Ouvert tous les jours, de 10h à minuit. Comptez 15 € par personne.

Ce restaurant est situé sur la crête du village d'Olymbos, dans une ruelle qui part de l'église. Agréablement installé en surplomb de l'Egée, vous aurez des vues incroyables sur l'horizon à l'infini et sur le coucher du soleil en fin de journée. Niveau gastronomie, préparez-vous à goûter à la cuisine traditionnelle d'Olymbos, notamment les *makarounes* faits main. Service agréable et chaleureux : attention cependant à ne pas vous faire prendre par l'enthousiasme un peu débordant du propriétaire qui serait prêt à vous faire goûter à tous les plats du menu.

MILOS TAVERNA €

✆ +30 22450 51333

Ouvert tous les jours de 9h à 23h. Comptez 15 € par personne.

Ce café-restaurant est installé dans la série de moulins située sur le versant occidental d'Olymbos, face à la mer. Vous pourrez demander à visiter un moulin réaménagé au cours de votre visite. La terrasse est très agréable pour prendre un café ou pour déjeuner, à condition que le soleil ne tape pas trop fort car elle n'est pas du tout ombragée. Côté cuisine, vous goûterez aux plats traditionnels karpathiotes, qui sont bien réalisés. Laissez-vous tenter par un excellent ragoût de chèvre, notamment. Cuit longtemps, il est parfumé à souhait.

DIAFANI

Petit port du nord-est de Karpathos, Diafani est relié par une route solitaire au reste de l'île. C'est le lieu idéal où séjourner quelques jours si vous voulez visiter Olymbos et découvrir un monde d'un autre temps. Des caïques partent en excursion à la journée pour découvrir l'îlot de Saria, peuplé de chèvres à demi sauvages et des derniers phoques moines de Méditerranée. Les mêmes caïques peuvent aussi vous emmener le long de la côte est, sur des criques magnifiques, inaccessibles par la route. Diafani est aussi une bonne base pour les randonneurs qui souhaitent découvrir cette région sauvage et isolée. Les sentiers sont relativement bien indiqués par endroits (marquages rouges ou bleus, quelques cairns), beaucoup moins à d'autres : référez-vous au site www.trekking-karpathos.gr et vous découvrirez des sites naturels fabuleux. Vous pourrez vous rendre en caïque ou à pied sur le site archéologique de Vroukounda. Là, les ruines d'une cité antique dominent des lieux perdus, alors que l'église souterraine et magique d'Agios Ioannis se cache dans une grotte incroyable. Fin août, des *panigyria* uniques s'y tiennent pour célébrer la décapitation de saint Jean-Baptiste. La veille du 29 août, les femmes en habits traditionnels y apportent des mets à dos d'âne et le soir un service mystique a lieu dans l'église troglodyte. Les festivités durent toute la nuit, et l'on danse face à la mer, au son de la lyre. Le lendemain, les célébrations se replient dans le village d'Avlona, pendant deux jours.

RANDONNÉES

En suivant le sentier côtier en direction du sud, vous trouverez la plage de Papa Mina (prévoir 2 heures aller-retour), et en direction du nord, la plage de Vananda (1 heure aller-retour). De là, vous pourrez poursuivre jusqu'à la pointe nord de l'île, à Tristomo, en face de l'îlot de Saria (prévoir la journée) : une option peut être de prévoir un retour en caïque. Pour une boucle plus longue (prévoir 5 heures), montez jusqu'au village pastoral d'Avlona puis redescendez vers la baie de Vroukounda où piscines naturelles et ruines antiques vous attendent.

BALASKAS HOTEL €

Au début de la promenade vers Olymbos.
✆ +30 22450 51320
www.balaskashotel.com
Chambre double ou studio à partir de 50 € en été, avec le petit déjeuner.

L'hôtel Balaskas est un établissement familial très convenable, et surtout très bon marché pour les budgets serrés ! Les chambres sont simplissimes, rien de superflu mais le nécessaire et l'ensemble est très propre et d'une sérénité absolue. La cuisine est en option, mais bien pratique également. Vassillis, le propriétaire, vous proposera sans doute de vous emmener en excursion dans les environs : ne manquez pas ses sorties en bateau sur l'îlot de Saria. L'accueil est chaleureux et on se sent comme chez soi dans ce petit bout du monde.

DORANA HOTEL €

✆ +30 22450 51038
www.dorana.gr
Chambre double et studios à partir de 60 € en été. Wifi gratuit.

Ce petit établissement est situé à l'intérieur du village, légèrement en retrait de la mer et à peu près au niveau de l'arrêt de bus qui mène à Olymbos et relie Diafani au reste de Karpathos. Les quelques chambres doubles ou triples sont d'une simplicité absolue, avec le strict nécessaire et une kitchenette basique. Un appartement un peu plus grand est parfaitement adapté aux familles avec enfants. L'ensemble est propre et pratique, d'un calme absolu mais sans grand charme. Les propriétaires organisent des sorties trekking et des randonnées avec guide.

NIKOS HOTEL €

A 100 m de la plage.
✆ +30 22450 51289
www.nikoshotel.gr
Studios pour 2 à partir de 50 € en été avec le petit déjeuner.

Idéal pour des vacances économiques. Ce petit hôtel familial est situé à Diafani, à environ 300 m de la plage, et offre une vue magnifique sur le village et la mer. Il dispose de 15 chambres de tous types, des chambres et studios équipés d'une kitchenette. Nikos, le propriétaire, vous aidera aussi à louer une voiture ou à organiser votre voyage si nécessaire. Il possède également le caïque Nikos qui effectue des excursions à la journée vers l'îlot de Saria, vers les plages inaccessibles de la côte est jusqu'à la plage d'Apella et vers le nord et Tristomo.

DODECANÈSE SUD

FRI

La capitale de l'île de Kassos est le port de Fri, construit dans la baie pittoresque de Bouka. C'est un petit village où le curieux trouvera de belles maisons témoignant de la grandeur passée d'une île qui comptait plus de 10 000 habitants il y a 150 ans. C'est aussi ici que vous trouverez les quelques options d'hébergement de l'île et la plupart des tavernes et restaurants. On y verra l'église Saint-Spyridon, dédiée au saint patron de l'île, et qui domine la jolie anse de Bouka. Dans la journée, peu d'événements perturbent les lieux et on passe des heures dans les cafés du port, une pause nécessaire avant de découvrir le reste de l'île, dont les monastères Agios Giorgios et Agios Mamas et les villages alentour : Agia Marina avec ses allées charmantes, Arvanitohori avec sa jolie place centrale et ses cafés dont l'agréable Maroukla's, Poli et les ruines de son château, Panagia et son charme désuet, et enfin Emporio, l'ancien port de l'île où l'on se baigne en famille. Les possibilités de baignade sont nombreuses, autour de Fri ou sur l'îlot d'Armathia.

La municipalité a développé un site dédié au tourisme (en anglais). Vous y trouverez beaucoup d'informations pour préparer votre voyage à Kassos : kasos.gr. L'aéroport est à 2 km seulement de Fri. Olympic Air et Sky Express relient régulièrement Kassos à Athènes et à Rhodes (1h10). Le vol pour Rhodes fait escale en chemin à Karpathos : le vol Kassos-Karpathos sera sûrement l'un des vols les plus courts de votre vie. Peu de ferries desservent l'île, qui bénéficie des mêmes connexions maritimes que sa voisine Karpathos *(voir plus haut)*.

MONASTÈRE SAINT-GEORGES

Le monastère Saint-Georges se trouve à 2h30 de marche d'Arvanitochori, charmant village fleuri qui se love au sein d'une jolie vallée de figuiers, de bougainvillées et de jasmins. Prenez un petit chemin à gauche, en direction du sud, sur la route qui mène à Aghia Marina. Si vous avez de la chance, ou si vous le croisez au village avant votre visite, le gardien du monastère vous fera non seulement la visite, mais il pourra vous recevoir pour une nuit ou deux. Une expérience unique, avec dîner à base d'*ofto* à la clef, un plat d'agneau rôti pendant plusieurs heures.

MONASTÈRE SAINT-MAMAS

Le monastère se trouve sur la partie sud de l'île, à 90 minutes de marche de Fri. Prendre la route menant à Poli et dépasser l'ancienne capitale de l'île. Au-delà, un chemin grimpe sur la droite et monte vers le monastère aujourd'hui inhabité. C'est une route magnifique, qui passe par des paysages escarpés et des terrasses en ruine, avant de déboucher sur une vue imprenable sur la mer. Le grand *panigyri* du monastère est célébré le 2 septembre : si vous avez la chance d'être dans les parages à cette date, ne manquez pas d'y monter, c'est une expérience émouvante.

LES PLAGES DE L'ÎLE

Les plages de Kassos sont nombreuses et offrent des avantages variés : chacun trouvera son bonheur, selon ses envies. Certaines de ces plages sont accessibles en voiture, pour d'autres il faudra marcher. Pour les plus belles plages, il faut se rendre sur l'îlot d'Armathia, en face de Fri : des caïques font la liaison depuis le port. Les plages de la côte ouest sont à éviter les jours de grand vent.

- **A proximité de Fri** : la plage d'Emborios est assez fréquentée, du fait de sa proximité avec le port. Les familles apprécient l'étendue de sable et les délicieux déjeuners que réserve la taverne de Yorgos et Michalis.
- **Vers l'ouest** : la plage de sable d'Ammoua est accessible en voiture et abrite un bar de plage, idéal pour regarder le soleil se coucher à l'ouest, une bière à la main.
- **A la pointe sud** : à partir du monastère de Saint-Georges, un sentier mène à la petite plage d'Avlaki et ses grottes. Comptez environ 1 heure de marche. Si vous poursuivez encore 30 minutes, vous arriverez à Trita où une arche rocheuse dans la mer constitue un site magnifique que les locaux surnomment Tripitos. Accessible en voiture, au bout d'une longue route sinueuse, la plage de Helatros est un petit paradis. Vous y trouverez une excellente paillote et quelques transats. Ces plages sur la mer de Libye sont couleur émeraude.
- **L'îlot d'Armathia** abrite les plus belles plages de Kassos, notamment la somptueuse plage de sable blanc de Marmara, une des plus belles de toute la Grèce, mais également la plage de Karavostasi. Les caïques vous y déposeront.

Le petit port de Fri.

ANAGENNISSIS HOTEL €

✆ +30 22450 41495
www.anagennisishotel.gr
Chambre double à partir de 60 € en été.

Ce petit hôtel familial est situé sur le port de Fri. Vous trouverez ici des chambres simples mais propres et agréables. Rien à signaler, c'est un établissement tout ce qu'il y a de plus classique et attendu sur une petite île grecque : aucun charme, aucune personnalité, des équipements sommaires, mais toujours un balcon avec vue sur la mer, des espaces propres et finalement il n'y a pas vraiment besoin de grand-chose en plus. L'hôtel jouit d'un emplacement idéal et pratique, en plein cœur de Fri. Un bon rapport qualité-prix.

ANGELIKA €

Près du port.
✆ +30 22450 41268
www.angelicas.gr
Appartement à partir de 80 € en été. Petit déjeuner : 5 € au café voisin. Wifi gratuit.

A 200 m de la mer, Maria a rénové la belle bâtisse familiale qu'elle a héritée de sa mère, qui l'avait elle-même héritée de sa mère qui... depuis des générations. Vous y verrez des éléments de l'architecture typique de Kassos dont les sols en mosaïque de galets dans la petite cour intérieure et les lits traditionnels avec structure en bois surélevée (le *soufa* et le *panosoufi*). L'ensemble a été transformé en quatre appartements, conçus pour 2 à 4 personnes, et vraiment charmants : mobilier élégant, balcon avec vue, ambiance surannée. Une jolie adresse.

VILLA EVDOKIA €

Arvanitochori
✆ +30 698 745 4514
Maisonnette pour max. 4 personnes, 55-70 € sans petit-déjeuner. Wifi gratuit.

Cette petite maison de village (45 m²) est située sur une placette d'Arvanitochori : entièrement rénovée en 2019, elle est ouverte à la location. Elodie, la propriétaire francophone, a restauré l'ensemble avec un goût certain : les amateurs de déco chaleureuse et de calme y trouveront leur compte. La cuisine est entièrement équipée, offrant tout le nécessaire pour un agréable séjour. Pour les familles : un lit bébé et une chaise haute sont à disposition. A noter : la chambre offre un petit lit double (120 cm) mais le canapé-lit du salon correspond à un 180 cm.

GIAELI €

✆ +30 22450 41779
Ouvert tous les jours en saison, midi et soir. Comptez 10 € par personne.

Giaeli est situé sur le petit port de Bouka. Il étale ses tables juste devant l'église de Saint-Spyridon et propose un intérieur un peu plus moderne que les autres établissements installés depuis des décennies sur l'île. Goûtez au feuilleté de feta au miel en entrée et testez une variante non végétarienne des traditionnels ***makarounes***, avec viande hachée et ***sitaka***. En commandant à l'avance, vous pourrez également déguster l'agneau à la farce ***paspara*** : un mélange de riz, d'oignons, de tomates et d'épices avec du foie. Bon vin maison.

MYLOS €

✆ +30 22450 41825
Comptez 15 € par personne. Ouvert tous les jours, midi et soir en saison.

Avec sa terrasse en surplomb du port et qui ouvre sur la mer, Mylos est une taverne appréciée pour sa cuisine traditionnelle depuis des années. Vous y trouverez tous les classiques de la cuisine grecque avec ***souvlaki, mezzedes*** et poissons mais également les plats plus typiques de Kassos. Goûtez notamment aux spaghettis au homard, très réussis et vraiment savoureux. Les gros appétits se réjouiront des portions généreuses. Le soir en saison, la taverne se remplit vite et l'ambiance peut devenir festive lorsqu'un client ou un ami de passage se met à la lyre.

OREA BOUKA €

✆ +30 22450 41053
Comptez 15 € par personne. Ouvert tous les jours, midi et soir en saison.

Cette taverne est le fief de la chef Sophia Makrygiannaki. Elle y cuisine des spécialités locales : feuilles de vigne farcies succulentes (***dolmades***), ***makarounes*** aux oignons et fromage local, le ***sitaka***. La carte est restreinte, et même si le menu affiche de nombreux plats, ils ne seront pas tous disponibles le jour de votre visite... Il s'agit d'un restaurant sans prétention, qui sert de la bonne cuisine maison depuis des années. Vous y serez agréablement installé sur le port de Bouka, dans un cadre apaisant avec vue sur l'église de Saint-Spyridon.

KASTELLORIZO - MEGISTI ★★

Situé à équidistance d'Athènes et d'Alexandrie, à la fois port et capitale, Kastellorizo est l'unique village de l'île du même nom. Malgré sa petite taille, on y distingue des ensembles aux ambiances différentes. Ainsi, le port principal est la vitrine de l'île, avec ses ruelles aux maisons néoclassiques souvent abandonnées dès lors que l'on quitte les quais aux eaux claires (où l'on se baigne avec des tortues marines géantes, les fameuses *Caretta caretta*). Le port de pêche de Mandraki est beaucoup plus discret avec ses barques sages et ses petites maisons. Entre les deux, Horafia est le cœur vert du village. Ne manquez pas d'emprunter le sentier côtier qui relie les deux ports : à pic sur la mer, il offre l'occasion d'une balade romantique. Au-delà du village habité, l'île offre quelques sites d'intérêt, isolés et accessibles à pied ou en water-taxi depuis le port.

Pratique

Faites bien attention de désactiver les données mobiles de votre téléphone portable : Kastellorizo est couverte par le réseau mobile turc, même s'il arrive qu'on capte parfois le réseau grec. Résultat, si vous ne faites pas attention, votre hors forfait pourrait grimper très vite. Notez que la Turquie ne faisant pas partie de l'UE, il faudra embarquer une carte d'identité ou un passeport avec vous si vous vous rendez à Kaş. A l'arrivée en Turquie, la police portuaire prendra vos papiers d'identité : ils vous seront remis au moment du départ. Côté grec, il faudra passer par les douanes et le contrôle des passeports.

Transports

Olympic Air assure plusieurs liaisons par semaine (40 min) avec Rhodes. Un minibus (qui ne fonctionne pas systématiquement) et l'unique taxi de l'île (+30 69387 39178) font la navette entre l'aéroport et le port en 10 min. La plupart des hôtels et chambres d'hôtes peuvent également venir vous chercher. Kastellorizo est reliée au Pirée via Rhodes en ferry, deux fois par semaine (23h de traversée !), par Blue Star Ferries. Pour Rhodes, il faut compter 4 heures. Lorsqu'il est à quai, le gros ferry remplit quasiment toute la largeur de la baie mais repart vite d'habitude sauf autour de Pâques, il reste à quai une semaine et gâche vraiment la vue. En haute saison, Dodekanisos Seaways propose des liaisons quotidiennes avec Rhodes (traversée 2h30) : à Rhodes, les départs se font depuis le port de plaisance de Kolona, à l'entrée de la vieille ville. Enfin, deux petits bateaux relient l'île quasiment tous les jours au port turc de Kaş (30 min, environ 35 € l'aller-retour). Kastellorizo se limite quasiment à son port : aucun besoin donc de louer une voiture ou un scooter. Les principales options de baignade sont uniquement accessibles en water-taxi. Pour l'îlot Saint-Georges, Plakes et la cave bleue, contactez Antonis au +30 69777 76927 ou Kostas au +30 69461 78018.

DODECANÈSE SUD

Kastellorizo.

NATIONALISME ET ARMÉE

Quand on arrive en bateau, on ne peut qu'être frappé par le contraste saisissant qu'offre le ridicule caillou de Kastellorizo, si vulnérable face à la masse imposante des montagnes turques, qui s'étendent à l'infini. On remarque tout de suite les drapeaux grecs gigantesques, peints partout sur la roche, les églises avec leurs croix mises en évidence, et les forteresses qui dominent partout.

Ceci explique également la très forte présence militaire sur l'île, dont l'importance a été décuplée avec la crise des réfugiés. La caserne en surplomb du village tourne à fond toute l'année, la base militaire du mont Vigla culmine au plus haut point de l'île et partout, des bunkers intégrés surveillent les horizons et les côtes de Turquie. Ne vous amusez pas à prendre des photos, ni même à traîner trop dans ces zones militaires : vous pourriez avoir des ennuis. La route qui mène du monastère Saint-Georges-de-la-Montagne au Paléokastro est particulièrement étrange : on s'y sent observé, en zone de guerre, ce qui rend la promenade moins sympathique.

Kastellorizo, isolée du reste du monde grec, a développé le culte de la Dame de Rho, érigée en héroïne nationale. Despina Achladioti de son vrai nom, est née en 1893 à Kastellorizo et gardait ses chèvres sur l'îlot inhabité de Rho. Toute sa vie, elle y a hissé le drapeau grec pour réitérer chaque matin la grécité de l'archipel face à la Turquie, devenant un emblème de fierté nationale. Morte en 1982, Despina est enterrée sur Rho, et sa statue trône sur la place de Horafia.

DODECANÈSE SUD

EXCURSION À KAŞ

Kaş est située en face de Kastellorizo, sur la côte turque, à tout juste 30 minutes de caïque. Héritière d'Antiphellos, l'antique cité des Lyciens, elle constitue une agréable excursion pour une demi-journée. Profitez de l'ambiance unique qui règne dans les belles ruelles piétonnes du Grand Bazar où se succèdent artisans tapissiers, joailliers et céramistes. En remontant la rue Doğruyol, vous tomberez sur le touchant Tombeau du Roi : ce sarcophage lycien admirablement conservé date du IVe siècle av. J.-C. Surmonté de têtes de lion et gravé d'inscriptions lyciennes, il semble attendre patiemment que les badauds lui prêtent attention. Dans la rue parallèle, arrêtez-vous au Pell's Café : il permet une pause agréable, à l'ombre d'un beau jardin.

Avant de rejoindre le port et votre bateau, ne manquez pas de visiter l'amphithéâtre du Ier siècle av. J.-C. dans la rue Necipbey, vers la sortie de la ville. La rénovation est un peu criarde mais c'est l'un des seuls théâtres anatoliens à faire face à la mer : la vue est magnifique depuis les gradins qui pouvaient accueillir jusqu'à 4 000 spectateurs.

A noter : au départ de Kastellorizo, vous devrez laisser votre passeport au capitaine qui le donnera aux douaniers turcs le temps de votre visite. De retour en Grèce, vous devrez déclarer les biens de valeur achetés en Turquie. Vous pouvez changer de l'argent à peu près partout dans les boutiques qui avoisinent le port : demandez au capitaine le taux pratiqué et le meilleur endroit où changer des euros en lires turques.

EGLISE AGHIOS STEFANOS

L'église Aghios Stefanos se dresse, telle une gardienne de l'hellénisme, sur l'extrémité nord de l'île, face à la Turquie. Elle se trouve à 45 minutes de marche du port, par un joli sentier au départ de la poste, en surplomb de l'hôtel Mediterraneo. L'église est souvent fermée mais c'est surtout la balade qui est intéressante. Les paysages sont superbes, malgré les bunkers qui surveillent les côtes turques. A l'arrivée, un petit chemin mène à des rochers plats où vous pourrez faire une agréable baignade, dans des eaux cristallines.

GROTTE BLEUE ★★

15 € par personne pour l'aller-retour en sea-taxi, à organiser directement avec les capitaines.

A 30 minutes en caïque du port se trouve la grotte Bleue, autrement appelée la caverne Parasta ou Fokiali. C'est un site naturel unique, à ne pas rater. Depuis la mer, l'ouverture dans la roche est à peine visible et l'accès est impossible par mer agitée. Mais une fois à l'intérieur, le spectacle est saisissant. Avec 40 mètres de hauteur, une largeur de 37 mètres et une profondeur de 20 mètres, c'est une cavité gigantesque. La lumière extérieure se reflète sur l'eau et éclaire l'intérieur de la cave, lui donnant une couleur turquoise ou bleu profond selon l'heure.

HORAFIA ET MANDRAKI

Horafia est la colline verdoyante qui sépare le port principal du port de pêche de Mandraki. C'est ici que l'on cultivait des vergers, ce qui explique son nom («les prés» en français). Une agréable place abrite l'église Saints-Constantin-et-Hélène, où l'on célèbre les patrons de l'île tous les 21 mai. Remarquez l'église Saint-Georges, impressionnante mais jamais achevée (1904). Le port de Mandraki situé de l'autre côté de Horafia est très calme, avec ses petites maisons et ses barques de pêcheurs. Le cimetière et une chapelle ferment une petite plage de sable.

MUSÉES

✆ +30 22460 49283

Entrée 3 €. Ouvert tlj sauf mardi de 8h30 à 15h30 en saison et mosquée ouverte tlj sauf lundi de 11h à 15h.

Il y a deux petits musées sur l'île qui méritent le détour pour comprendre l'histoire unique de l'île. Le musée niché dans l'ancienne mosquée dont on repère facilement le minaret expose l'histoire de Kastellorizo avec de belles photos et documents d'époque. Le musée archéologique est situé en surplomb, en montant vers le Kastro. Vous y verrez les quelques trouvailles de l'île, dans un bâtiment qui était autrefois intégré à la forteresse médiévale des Croisés. Vous y verrez notamment de beaux bas-reliefs votifs de la période lycienne.

KASTRO ET TOMBE LYCIENNE

En surplomb du port, les ruines qui dominent la baie sont celles du château des Chevaliers de l'Ordre de Saint-Jean de Jérusalem. Il date du XIVe siècle, mais ses fondements ont été érigés durant l'Antiquité par Sosicles, fils de Nicagor. La vue est superbe sur le port et les côtes turques. Contournez le château pour rejoindre le sentier côtier en contrebas : vous verrez sur votre droite une tombe lycienne taillée dans la roche. Datant du IVe siècle av. J.-C., elle est admirablement conservée et témoigne de la présence des populations anatoliennes antiques.

PALEOKASTRO ★

Entrée libre.

Vers le point culminant de l'île et sa base militaire, vous croiserez un sommet couronné du Paleokastro. Il s'agit de l'ancienne acropole fortifiée de l'île qui remonte au IVe siècle av. J.-C. A l'intérieur, vous trouverez des inscriptions doriques qui mentionnent le nom de Megiste, l'autre nom de l'île. Admirez les citernes massives qui récupéraient l'eau de pluie. Largement bombardé pendant les deux guerres mondiales, le site n'est plus que ruines mais il est somptueux, dominant la Turquie et le large. Ne ratez pas le coucher du soleil, un souvenir impérissable.

Grotte Bleue.

PLAGES ★

8 € par personne l'aller à Saint-Georges et à Plakes.

▶ **Le port.** Il n'y a pas de plages à Kastellorizo : on se baignera directement dans les eaux émeraude du port, aux différents points d'accès qui sont aménagés par des échelles dans la mer. Les « plages » sur les quais se situent de part et d'autre du port, sur la terrasse du café Faros et sur l'esplanade de l'hôtel Megisti à l'autre extrémité. A noter : vous nagerez avec les tortues marines gigantesques qui viennent se nourrir dans le port. Le port de Mandraki offre également un accès sur les quais ainsi qu'une petite langue de sable.

▶ **Saint-Georges.** Pour se baigner au-delà des eaux du port, vous pourrez prendre un sea-taxi jusqu'à l'îlot Saint-Georges. Là, de jolies criques s'offrent à vous, ainsi qu'un restaurant-bar de plage ouvert tous les jours en saison. Vous pourrez y louer des transats et parasols et y manger de la bonne cuisine traditionnelle, dont certaines spécialités turques. De quoi passer une agréable journée.

▶ **Plakes**. L'autre option est de se rendre en kayak, caïque ou à la nage pour les meilleurs nageurs, aux rochers plats de Plakes, au-delà de l'hôtel Megisti. Ces grandes plaques de marbre sont somptueuses et descendent doucement dans l'eau cristalline. Les caïques débarquent tous au même endroit, où le fond leur permet d'accoster, mais vous pourrez vous déplacer vers d'autres petites criques pour vous isoler. Il n'y a pas d'ombre et aucune possibilité de planter un parasol dans la roche dure donc venez plutôt en fin de journée, quand le soleil est moins chaud. Il faudra venir avec boisson et victuailles si besoin.

PORT

Le port à proprement parler s'étale le long des quais aménagés entre le bar Faros et l'hôtel Megisti : c'est là que se concentre l'animation de l'île avec les restaurants et cafés, les principaux bâtiments administratifs et les grandes places, le débarcadère puis les hôtels dans la zone plus calme au-delà de la place d'Australie. Il s'agit de la vitrine de Kastellorizo, celle des belles maisons néoclassiques aux balcons de bois et façades colorées, réminiscence de la prospérité de l'île avant la Seconde Guerre mondiale et les grandes migrations du début du siècle.

ST-GEORGES-DE-LA-MONTAGNE ★

Ouvert tous les jours de 18h à 21h. Entrée libre.

On accède à ce beau monastère fortifié du XVIIIe siècle par un escalier de pierre qui monte à l'assaut de la montagne en 400 marches, la vue est superbe une fois en haut. Au-delà, le sentier traverse un plateau magnifique qui évoque de sauvages paysages celtiques et mène au monastère solitaire. La cour intérieure est pavée de belles mosaïques de galets byzantines. Une ouverture dans le sol de la chapelle donne accès à une crypte souterraine et aux restes de saint Charalambos.

Port de Kastellorizo.

AGNANTI STUDIOS €

Mandraki

✆ +30 22460 49094

www.agnanti-kastelorizo.com

Chambre double à partir de 60 € en été.

Quelques chambres et studios traditionnels, à la décoration rustique et qui jouissent d'un emplacement unique. La maison propose à ses clients cinq appartements traditionnels, entièrement équipés avec des lits confortables pour deux adultes et deux enfants, des balcons sur la plage avec une vue de rêve, avec kitchenette, climatisation, téléphone, télévision et accès à Internet. Dans le quartier de Mandraki, la maison Agnanti est située sur le sentier piéton qui longe la côte, à pic sur la mer et face à la Turquie. Une petite adresse charmante, en toute simplicité.

ALEXANDRA PENSION €

✆ +30 22460 49248

www.roomskastelorizo.com

Chambre double à partir de 65 € en été. Wifi gratuit.

Les chambres à louer sont situées au cœur de l'île, sur la place principale, à 50 mètres de la côte. Cette petite pension en retrait du front de mer propose des chambres spacieuses et agréables qui défient toute concurrence. Rénovés ces dernières années, certains logements disposent même d'une kitchenette (disponible uniquement dans les appartements). C'est sans doute un des meilleurs rapports qualité-prix de Kastellorizo ! Les chambres sont propres et bien tenues, avec tout le nécessaire. Vous êtes en plein cœur du village, à quelques mètres des quais.

MANDRAKI PARADISE MAISONNETTES €

Port de Mandraki

✆ +30 69777 76927

www.kastellorizo.gr

Chambre double à partir de 80 € en été. Minimum de deux nuits requis. Wifi gratuit.

Ces studios et appartements entièrement équipés sont situés dans le petit port de pêche de Mandraki, de l'autre côté de la colline de Kastellorizo. Vous y serez comme dans une carte postale un peu plus bucolique ou moins bourgeoise que dans le port principal. Les studios sont spacieux et propres. Simples mais finalement avec tout le nécessaire. Mention spéciale pour l'amabilité serviable et chaleureuse de Christina et Antonis, les propriétaires des lieux.

HOTEL KASTELLORIZO €€

Sur le port, avant le Méditerranéo.

✆ +30 22410 49044

www.kastellorizohotel.gr

Suites doubles à partir de 110 € en été, petit-déjeuner compris.

L'hôtel se compose d'une quinzaine de suites et appartements. Les chambres offrent un confort discret, avec une vue spectaculaire. Les suites et studios sont situés sur le port, à gauche de la baie en regardant la mer. Décoration rustique qui pourra plaire à certains, petit bain à remous et accès direct aux eaux de la baie avec transats et parasols. L'établissement ne cesse de s'agrandir et cherche à satisfaire ses clients en offrant toujours plus de services. Le petit déjeuner vous sera servi dans la petite cour intérieure ou sur le balcon de votre chambre.

MEDITERRANEO €€

Au bout du quai, juste avant le Megisti

✆ +30 22460 49007

www.mediterraneo-megisti.com

Chambre double à partir de 110 € en été, petit-déjeuner compris.

Marie est une Française architecte d'intérieur, qui a épousé un Grec et partage sa vie entre Kastellorizo, la Turquie et Paris. Au calme, au bout de la baie et face à la mosquée, elle tient une élégante pension qu'elle a restaurée et décorée avec un goût parfait. Distinguée dans de nombreux magazines déco, ce qu'on retient c'est l'ambiance à la fois bohème et raffinée. De magnifiques peignoirs imprimés, que la propriétaire vend également dans sa boutique, sont fournis pour la baignade, directement de la terrasse, en empruntant une petite échelle.

POSEIDON HOTEL €€

✆ +30 22460 49212

www.kastelorizo-poseidon.gr

Chambre double à partir de 100 € en été, petit-déjeuner inclus. Wifi gratuit. Séjour de 2 nuits minimum.

Sur une jolie place légèrement en retrait du port, l'hôtel Poseidon propose des studios et appartements agréables. Les chambres qui donnent sur le port jouissent d'un petit balcon juste assez large pour installer deux chaises et une table et apprécier la vue. Les espaces intérieurs, quant à eux, sont spacieux. Un effort de décoration a été fait et on apprécie la terrasse extérieure commune, pour prendre le frais en fin de journée. Les propriétaires gèrent aussi le café Stratos, du côté de l'ancien marché aux poissons construit du temps de l'occupation italienne

MEGISTI €€€

✆ +30 22460 49219
www.megistihotel.gr
Chambre double à partir de 150 € en été avec le petit déjeuner.
Avec son architecture très années 1960, le Megisti est situé à l'entrée du port. Les chambres spacieuses et tout confort offrent une vue splendide depuis d'agréables balcons. La vaste esplanade devant l'hôtel fait également office de « plage » publique pour Kastellorizo : tous les habitants et visiteurs y ont accès gratuitement pour se baigner et des transats et parasols sont disponibles à la location. Une section est réservée aux clients de l'hôtel. Vous pourrez accéder à un petit bout de sable pour vous baigner sans passer par les échelles.

TA PLATANIA €

Horafia
✆ +30 22460 49206
Comptez 15 € par personne. Ouvert tous les jours midi et soir, en saison.
Située sur la place principale du quartier de Horafia, sur la colline qui sépare le port principal du port de Mandraki, cette taverne est l'une des meilleures tables de l'île. On y sert une cuisine familiale, surtout connue pour ses plats traditionnels comme les ragoûts et les légumes rôtis au four. C'est aussi ici qu'ont été tournées certaines scènes du film *Mediterraneo* de Gabriele Salvatores. On aime le calme de cette place et l'ambiance désuète qu'on retrouve auprès des platanes enguirlandés et de l'église Saint-Georges-des-Prés.

ALEXANDRA €

Sur le port.
✆ +30 22460 49019
Comptez 20 € par personne. Ouvert tous les jours, midi et soir, en saison.
Sur le port, c'est certainement l'un des meilleurs restaurants de l'île. On s'y presse pour une cuisine grecque de qualité, un peu plus raffinée et recherchée que la moyenne des tavernes classiques. Avec sa terrasse élégante et immaculée, on vient chez Alexandra pour ses succulents *mezzedes* à partager, dont un très bon taboulé, de la feta grillée réussie ou encore des bonnes betteraves à la crème d'ail. N'hésitez pas également à opter pour les plats du jour et poissons frais, souvent délicieux. Vous y retournez plusieurs fois au cours de votre séjour.

LAZARAKIS €€

Sur le port.
✆ +30 22460 49370
Comptez 30 € par personne. Ouvert midi et soir, en saison.
Incontournable et inratable, au centre du port, la belle terrasse du restaurant Lazarakis est tenue avec succès par Yorgos, le mari de Marie de l'hôtel Mediterraneo. C'est le rendez-vous des habitués. Vous y mangerez du poisson très frais et des préparations qui sortent un peu de l'ordinaire, plus raffinées que la moyenne des tables grecques. Difficile de résister au *ceviche* et autres poissons crus, l'offre varie selon la pêche du jour. La carte des vins est également honorable. Particulièrement agréable en soirée, dans les lumières du port.

OLD TIME OLD STORY TAVERNA €

✆ +30 22460 49363
oldtimestory.gr
Comptez 15 € par personne. Ouvert midi et soir, en saison.
A côté de la place d'Australie, sous une petite tonnelle sur le port, ces quelques tables offrent une ombre et une pause bienvenues pour le déjeuner. Depuis les années 1970, on y déguste au calme et sans chichis de bons plats servis amicalement par le patron des lieux. Goûtez notamment la *souzoukakia*, des boulettes de bœuf cuites au four dans une sauce à la tomate. La carte est restreinte et se limite à quelques plats préparés comme à la maison, d'une fraîcheur remarquable.

FAROS

✆ +30 22460 49509
Ouvert tous les jours de 9h à 3h.
Le spot incontournable de l'île : situé à l'extrémité des quais et au pied de la mosquée, le Faros café est en effet surmonté d'un petit phare qui indique l'entrée du port. On s'y retrouve dès le matin pour boire un café puis encore aux heures chaudes de la journée pour se rafraîchir d'une baignade : des transats et parasols sont installés sur la terrasse et des échelles donnent un accès direct aux eaux cristallines de la baie. En soirée, le bar s'anime dès l'heure de l'apéritif et reste ouvert jusqu'à tard dans la nuit, avec de la musique *live* certains soirs.

DODÉCANÈSE CENTRE

Les îles de Tilos, Nissiros et Kos constituent le cœur du Dodécanèse. A l'est de ce groupe central, la tendre Symi se love entre deux bras de terre turque, tandis qu'Astipalaia, l'île-papillon immaculée, offre une échappée belle vers l'ouest et l'archipel des Cyclades. Hormis l'historique Kos, grande et très touristique, ces îles de taille moyenne sont de petits bijoux préservés, à la géographie unique et aux ambiances diversifiées. Chacun trouvera son petit coin de paradis dans cet ensemble hétérogène, qu'il s'agisse de vacances détente à la plage (Astipalaia), de visites archéologiques exceptionnelles (Kos), d'activités en plein-air dans une nature protégée (Tilos), de découvertes géologiques et volcaniques (Nissiros) ou de dolce vita dans un cadre Riviera, d'un autre temps (Symi).

GRIKOS
PSILI AMMOS
Île de Patmos
PARTHENIS
Île de Leros
AGIA MARINA
Kastro
LAKKI
Leros
XIROKAMBOS
EMPORIOS
MYRTIES
PANORMOS
Kalymno
POTHEA
Ege D
Île de Kalymnos
KEFALOS
MALTEZANA
CHORA
LIVADI
Île de Astypalaia
20 KM

Dodecanèse centre
Güllük
Gündoğan
Göltürkbükü
Yalıkavak
Zeytinlikahve
Mumcular
Torba
Yakaköy
Gümüşlük
Ortakentyahşi
Gürece
Yalı
Bodrum
İslamhaneleri
Kumbahçe
Turgutreis
Bitezyalı
Bağlar
Akyarlar
Gökova
Körfezi
KOS-VILLE
Île de Kos
HARI
Asfendiou
des
PYLI
acheia
KARDAMENA
Aigaion
Pelagos
Reşadiye
Datça
Mahallesi
Datça
Hisarönü
Körfezi
NIMBORIOS
NDRAKI
Île de Nisyros
PEDI
GIALOS
AGHIOS EMILIANOS
NIKIA
Île de Symi
AGHIOS ANTONIOS
MEGALO HORIO
LIVADIA
Île de Tilos
Akdeniz
KAMIROS
Île de Rodos
Île de Chalki

Averof Georgiou
BARBOUNI
VOTSALAKIA TAVERNA
NIKOLAS O PSARAS
Podilatodromos V. Paraliakos Ko
Navarinou
Themistokleous
Kanari Konstantinou
Ydras
Salaminos
KOSTA PALACE
Akti Kountourioti
Psarron
Patakou
Boumpoulinas
EVDOKIA MUMMY'S COOKING TAVERNA
HOTEL SONIA
Podilatodromos Limena Ko
Irodotou
Verroiopoulou
Omirou
Kyprou
Pindou
Leoforos Megalou Alexandrou
FORTERESSE N
PLATANE D'HI
PLATANOS
SITAR COCKTAIL BAR
Akti Kountourioti
Feraiou Riga
Tsaldari Panagi
31is Martiou
MUSÉE ARCHÉOLOGIQUE
Nafklirou
AGORA
ALEXANDRA HOTEL & APARTMENTS
25is Martiou
Filita
Gallias
WINDSURF ET KITESURF
BROADWAY RESTAURANT
Passanikolaki Ach.
Ifaistou
Irakleous
PLACE ELEFTHERIAS
Vasileos Pavlou a
Perridi I.
Lordou Vyrona
Mitropoleos
Leoforos Ippokratous
Leoforos Venizelou Eleftheriou
HOTEL KYPRIOTIS VILLAGE
Theofrastou
PETRINO
Kolokotroni Theodorou
Apellou
ELIA
Leoforos Venizelou Eleftheriou
Vasileos Pavlou a
Kleopatras
Ioannidi Ant.-Ipp.
Peisandrou
Lordou Vyrona
Agiou Nikolaou
Nisyriou
Peisandrou
Kleopatras
ARISTON CAFÉ
Korai
Grigoriou E'
Grig
Leoforos Grigoriou E'
Papa Emmanouil
Mitropoliti Nathanail
Andriotaki
Anapafseos
QUARTIER GRÉCO-ROMAIN
Vourinas

150 M
Kos ville
KOS AKTIS ART HOTEL
CINEMA ORFEAS
AFENDOULIS HOTEL
KOALA HOTEL
Leoforos Georgiou B'
Chalkonos
Korai
Epicharmou
Podilatodromos Paralias Ko
Arseniou
Thessalou
Evrypylou
Fainaretis
Artemisias
Ioannidou
Filimonos Arch.
Knidou
Astypalaias
Aristonos
Karaiskaki Georgiou
Charmylou
Papatheofanous G.
Ironda
Virossou
Plastira Nikolaou
Oikonomou Sp.
Laoumtzi Anettas
Nikolaou G.

● ● SYMI

L'île de Symi (58 km²), se trouve au nord-ouest de Rhodes, à tout juste 40 km des côtes turques, que l'on ne quitte pas des yeux. De fait de sa proximité avec Rhodes (une heure de traversée), l'île est parfois visitée en excursion à la journée. Grossière erreur que de venir ici à la hâte : on découvre Symi dans le temps, jour après jour. Nostalgique de ses grandeurs passées, Symi, aux côtes abruptes et aux plaines douces, sied aux romantiques. Son architecture néoclassique, ses plages et ses bonnes tables méritent plus que le détour. Pour beaucoup, il s'agit de la perle du Dodécanèse. C'est notamment l'avis de nombreuses stars qui viennent amarrer là, en été. Mais dès que l'on quitte le port, Symi garde son caractère pastoral et agraire. Il y a ainsi très peu d'infrastructures routières et, si vous ne disposez pas d'un bateau, il vous faudra marcher, beaucoup et loin. D'une première impression aride, l'île est une très bonne destination de randonnée avec des paysages intérieurs plutôt verts. Attention toutefois à la chaleur en été et aux sentiers qui ne sont pas forcément très clairement balisés. La marche peut être éprouvante pour les moins aguerris. Il faudra alors compter sur les taxis-boats qui desservent les principales plages de l'île. Mais le cœur de l'île se découvre autrement et il faudra pour cela y consacrer du temps.

Dans l'Antiquité, l'île s'appelle Aigli, comme la nymphe qui donna naissance aux trois Grâces. Selon Homère, ses habitants participent à la guerre de Troie. Son nom actuel pourrait provenir de la fille du dieu Ialyssos, originaire de Rhodes. Ou de Simia, « l'île des singes », en raison des paysages accidentés demandant une grande agilité aux marcheurs. Conquise par les Romains, les Byzantins, les chevaliers de Saint-Jean et les Ottomans, elle connaît un véritable âge d'or au XIXe siècle. Elle est alors une des îles les plus florissantes du pays, comme en témoignent ses villas néoclassiques : les 20 000 habitants de Symi sont plongeurs d'éponges, pêcheurs, commerçants ou armateurs (on raconte à l'époque que les bateaux de Symi sont les plus rapides de la région). Malheureusement, avec l'occupation italienne de 1912, commence une période de décadence. Aujourd'hui, les Symiotes vivent surtout du tourisme.

L'île de Symi.

●● TILOS

Avec ses 60 km² et ses 700 habitants, Tilos est un secret bien gardé par ceux qui recherchent le calme et la nature sauvage, même en plein mois d'août. En effet, Tilos la méconnue est joyeusement épargnée des foules. Ne vous attendez pas à y trouver hôtels ou restaurants de luxe, ni une vie nocturne agitée : Tilos est le paradis du campeur, du citadin en quête de désintoxication et du randonneur en herbe. Le nombre restreint de touristes qui visitent Tilos a permis à l'île de conserver son authenticité et sa douceur de vivre. Les habitants ont gardé le sens de l'hospitalité et vous pourrez recharger vos batteries dans le calme. C'est une île riche de traditions mais qui a su combiner le maintien de pratiques ancestrales avec une modernité d'avant-garde. Ainsi, le maire historique et médecin de Tilos, Anastasios Aliferis, a été le premier à célébrer une union civile homosexuelle sur son île, dès 2008, alors que la Grèce ne les a légalisées qu'en 2015. Événement qui avait fait grand bruit à l'époque dans le pays, alors que l'île de Tilos, traditionnelle, vivait très bien un tel acte militant et progressiste.

Vous pourrez faire de magnifiques balades un peu partout sur des sentiers isolés et solitaires. C'est aussi l'une des destinations préférées des ornithologues qui y observent certaines espèces rares dans ce coin de la Méditerranée. Consciente de cette richesse naturelle unique, la municipalité de Tilos fait des efforts particuliers en termes d'écologie, de préservation de l'environnement et de promotion de la randonnée depuis plus de 25 ans. Là encore à la pointe, le maire Aliferis avait banni la chasse dès 1993, ce qui a favorisé la multiplication des espèces endémiques et a transformé Tilos en île-refuge pour les oiseaux migrateurs. C'est également la première île de la Méditerranée à se tourner exclusivement vers l'énergie renouvelable, ce qui lui assure l'autosuffisance énergétique. En résumé, Tilos est une île nature où les amoureux du grand air et du calme trouveront leur bonheur.

Tilos est habitée depuis la Préhistoire. Des restes mystérieux d'éléphants nains ont été découverts dans la cave de Charkadio dans les années 1970. Ces éléphants auraient disparu autour de 4000 av. J.-C. Des millénaires plus tard, dans l'Antiquité, Tilos est habitée par les Doriens et se nomme Agathoussa. Alliée d'Athènes contre Sparte, elle est la patrie de la poétesse Erinna, contemporaine de Sappho, qui meurt vierge à 19 ans. Comme les autres îles du Dodécanèse, Tilos connaît beaucoup de conquérants avant l'arrivée, en 1310, des Chevaliers de l'Ordre de Saint-Jean. Ils y laissent plusieurs forteresses médiévales. L'île prend alors le nom de Piskopi. En 1522, elle est occupée par les Ottomans qui y restent quatre siècles jusqu'à la colonisation italienne, en 1912. Son rattachement à la Grèce date de 1948, comme le reste de l'archipel.

● ● NISSIROS

Nissiros est un volcan actif, le plus jeune de Grèce, à équidistance de Kos, au nord, et de Tilos, au sud. Avec ses 41 km² et ses 900 habitants, c'est une île unique, façonnée par son activité volcanique, et à l'architecture locale préservée. La caldeira gigantesque du volcan se visite (attention, le monstre sommeille et les odeurs de soufre sont inévitables), alors que ses pentes raides et fertiles dévalent dans la mer telles des coulées de lave. La dernière éruption massive du volcan a eu lieu il y a à peine 15 000 ans : aujourd'hui, Nissiros constitue un musée géologique à ciel ouvert. Destination nature par excellence, on y randonne sur de beaux sentiers où vous découvrirez l'histoire de chaque pierre, de chaque strate déposée là au fil des poussées sismiques et volcaniques. La terre est fertile, particulièrement verte par endroits mais calcinée par d'autres. Le volcan est également responsable d'un microclimat qui réchauffe les terres nissiriennes toute l'année : il fait plus chaud ici qu'ailleurs dans l'archipel, notamment au centre des cratères à éviter à la mi-journée.

Au-delà des quelques connaisseurs qui reviennent d'année en année, Nissiros est surtout visitée en excursion à la demi-journée par des touristes venant de Kos. Nous vous conseillons d'y passer plus de temps afin d'éviter les foules et pour profiter de l'authenticité et de la magie des lieux qui n'opère que dans le calme endormi du volcan, loin des visites guidées. Ce qui vous laissera le temps de faire de belles randonnées et de découvrir des plages volcaniques étonnantes qui, malgré leur nombre restreint, sont exceptionnelles. Au-delà de l'intérêt naturel évident, vous découvrirez un patrimoine passionnant dans les quelques villages de l'île : à Mandraki d'abord, le village et port principal fait de venelles blanches aux mosaïques de galets où l'on se perd sans fin ; sur la côte qui s'étend au-delà du port de pêche de Pali ; et sur les hauteurs, avec les villages perchés de Nikia et Emborios, au bord de la caldeira. Cette destination nature est déjà fort appréciée des visiteurs récurrents de l'île. Il faut maintenant compter avec une population grandissante de touristes grecs qui viennent profiter de l'isolement et du free camping, au mois d'août.

Les origines de Nissiros ont longtemps été baignées de mythologie. En effet, la légende veut que Poséidon, dans la guerre qui opposa les dieux de l'Olympe aux Titans, ait arraché un rocher de Kos, l'île voisine, pour le jeter sur le géant Polybotès et le maintenir prisonnier. Ce rocher aurait créé l'île de Nissiros dont les entrailles grondent jusqu'à aujourd'hui de la complainte du géant enfoui. L'apogée antique est atteinte au IVe siècle av. J.-C., lorsque l'île se développe en cité indépendante, frappant sa propre monnaie. En témoignent les trouvailles archéologiques à proximité de Mandraki, du côté de Paleokastro et l'ancienne acropole. Quasiment aucune information ne nous est parvenue de la période byzantine jusqu'à ce que l'île soit conquise par les Chevaliers de l'Ordre de Saint-Jean de Jérusalem en 1309, puis par les Ottomans en 1522 qui restent maîtres de la région jusqu'à la colonisation par l'Italie en 1912. Durant la période ottomane, l'île se développe comme puissance maritime et participe activement à la guerre d'indépendance sur les mers. Pourtant elle doit attendre la fin de la Seconde Guerre mondiale pour revenir à la Grèce, avec le reste de l'archipel.

Avec ses 95 km² et ses 1 300 habitants, cette île ressemble à un papillon qui s'ouvre prudemment au tourisme. Astypalaia semble s'être posée dans le Dodécanèse en toute discrétion, presque par hasard. Proche d'Amorgos et des Petites Cyclades de l'Est, son architecture et ses maisons blanchies à la chaux rappellent plus l'archipel cycladique que celui du Dodécanèse. Selon une légende locale, elle aurait été placée par inadvertance dans le Dodécanèse au moment de l'indépendance nationale grecque (1830), à cause d'une carte erronée. L'île est restée longtemps à l'écart des principales routes de communication, mais sa position avancée au sud de la mer Egée lui a conféré une valeur stratégique, dont l'importance n'a échappé à personne : Crétois, Egyptiens, Athéniens, Byzantins, Romains, Vénitiens, Ottomans, et finalement Italiens l'ont tour à tour occupée. Elle porte les marques de ces occupations successives, notamment dans sa ville haute, Chora. En son point le plus étroit (le corps du papillon), l'isthme qui relie les deux parties de l'île (les ailes) ne mesure qu'une centaine de mètres : les locaux l'appellent le Steno. Depuis 2021, Astipalaia s'est lancée dans une politique énergétique verte et auto-suffisante, qui devrait également permettre un tourisme plus vert : une initiative à soutenir !

Kos est la troisième plus grande île du Dodécanèse et la plus visitée, après Rhodes. Les vols charters, notamment depuis le nord de l'Europe, et le tourisme de masse ont largement transformé l'ambiance des côtes, surtout autour de Kos-ville. Pour autant, avec ses 290 km² et ses 33 000 habitants, l'île choyée des dieux offre plusieurs visages au visiteur qui prendra le temps de la découvrir vraiment. Amateurs de vieilles pierres, sachez que Kos abrite quelques-uns des plus beaux sites archéologiques du Dodécanèse ; fanatiques de bains de soleil, vous aurez l'embarras du choix parmi des kilomètres de plage ; noctambules, vous pourrez meubler vos nuits blanches ; esthètes des grands espaces, le cœur de l'île abrite une nature sauvage ; amateurs de glisse, les vents balayent certains des meilleurs spots de kite et de windsurf de Grèce ; amoureux de bonne chère, l'agriculture et la pêche offrent de délicieux produits à déguster…

Terre d'Asclépios, dieu guérisseur, Kos voit naître Hippocrate, le fondateur de la médecine occidentale. Alexandre le Grand la conquiert, les Ptolémées également. Pendant cette période, Kos est un centre culturel renommé. Durant l'essor de l'Empire byzantin, elle reçoit le siège épiscopal et compte 160 000 habitants. Conquise par les Vénitiens, elle est vendue aux Chevaliers de Saint-Jean en 1306. Ils l'abandonnent aux Ottomans en 1522. On connaît la suite : Italiens en 1912 puis rattachement à la Grèce en 1947-48. Ces dernières années, l'île a souffert de catastrophes qui ont quelque peu terni l'attrait de l'île auprès des touristes. Kos a été l'une des îles les plus frappées par la crise des réfugiés, avec jusqu'à 10 000 migrants bloqués dans ses camps et des débarquements de fortune quotidiens, au pic de la crise en 2015. Depuis, le flot s'est tari mais la situation reste instable et le camp saturé continue d'afficher des conditions déplorables pour les réfugiés. Par ailleurs, un tremblement de terre de magnitude 6,7 sur l'échelle de Richter a créé des dégâts dans Kos-ville et les alentours au mois de juillet 2017 : les rénovations ne sont pas encore terminées.

GIALOS

Le port de Gialos et la vieille ville de Horio, sur les hauteurs, sont reliés par les quelque 500 marches de Kali Strata, une rue bourgeoise qui serpente à l'assaut de la colline. On passe ainsi des villas néoclassiques et imposantes, à deux ou trois étages et aux couleurs chaudes et gaies de Gialos, aux habitations cubiques et blanchies à la chaux, pour beaucoup en ruine et abandonnées, de Horio. Les ruelles deviennent alors plus étroites, les cours rétrécissent et débordent de vignes et de fleurs. Visitez les maisons de ces deux villages pour admirer les boiseries intérieures qui les décorent : depuis 1971, elles sont classées monuments historiques. En regardant vers Horio depuis le port, de nombreuses églises semblent incrustées dans la colline. Au sommet de la ville, domine le fort des Chevaliers, construit sur les ruines de l'antique acropole. S'il a été détruit en 1944, vous pouvez encore y voir le blason de Philibert de Naillac, grand maître de l'ordre des Chevaliers de 1396 à 1421.

Au-delà de cette destruction, on retrouve les traces de la Seconde Guerre mondiale dans le port de Gialos, non loin du débarcadère de ferries. Repérez le café Les Catherinettes : l'intérêt de cette adresse est davantage historique que gastronomique car c'est ici que le commandement allemand des îles du Dodécanèse a signé sa reddition, au dernier jour de la Seconde Guerre mondiale, le 8 mai 1945. Un peu plus loin le long du port, vous verrez un bas-relief sculpté dans la falaise : il s'agit d'une réplique de l'acropole de Lindos, réalisée en 1945.

Vous découvrirez l'histoire glorieuse de Symi et de Gialos au petit musée maritime qui présente des maquettes en bois de bateaux traditionnels, des instruments de navigation et des scaphandriers des pêcheurs d'éponges. Au port, les visiteurs trouveront beaucoup de très jolies boutiques, plutôt chics, et toutes les bonnes tables de l'île. Le soir en été, il ne faut pas manquer de déambuler le long du port pour admirer les yachts et voiliers de millionnaires qui rivalisent de prestige et d'élégance.

Transports

Symi est très facilement accessible depuis Rhodes : ferries réguliers tous les jours, une heure de traversée et plusieurs hydroglisseurs par jour (50 minutes), quasiment tous les jours en été. Le petit port de Panormitis est parfois également desservi. L'île est reliée au port du Pirée plusieurs fois par semaine par les ferries de Blue Star Ferries : ces bateaux desservent au passage d'autres îles du Dodécanèse pour ensuite rejoindre Rhodes. Presque tous les jours, les hydroglisseurs de Dodekanisos Seaways relient Symi aux autres îles du Dodécanèse.

Sur place, Symi est escarpée et assez mal desservie par les infrastructures routières. La meilleure façon de se déplacer est de prendre le bateau, sinon un service de bus est assez pratique pour rejoindre les principaux villages. En revanche, ce n'est pas forcément très intéressant de louer une voiture sur l'île. Le plus pour découvrir l'île sans bateau reste la marche mais elle n'est pas accessible à tous : il s'agit de randonnées un peu ardues, sous le soleil, longues et assez mal balisées. Les bus proposent des liaisons avec Horio et Pedi toutes les heures et jusqu'à 23h. Certains bus poussent jusqu'à Panormitis en matinée. Sur le port, juste après le pont piéton, vous trouverez les stands de taxis-boats qui desservent les plages les plus visitées (Toli, Nanou, Aghios Georgios, Aghios Nikolaos).

MONASTÈRE PANORMITIS ★

Panormitis

✆ +30 22460 71506

Ouvert tlj de 7h à 19h30 en été (jusqu'à 17h30 en hiver). Tenue correcte exigée.

L'imposant monastère Saint-Michel, situé au milieu d'une crique, est fondé au XVIIIe siècle. Vous pouvez vous y rendre par la route en bus (15 km de la capitale) ou par bateau (1 heure). Selon la légende, le monastère a été construit à l'endroit où une vieille femme avait trouvé une icône du saint. A l'intérieur de l'église, peintures murales byzantines réalisées par deux artistes locaux et une iconostase en bois sculpté. Le monastère possède également une bibliothèque intéressante ainsi qu'un restaurant, et loue des cellules aux touristes.

© VLADJ55 - SHUTTERSTOCK.COM

Monastère Panormitis.

DODÉCANÈSE CENTRE

PLAGES

Il est possible de se baigner dans le port de Gialos au niveau du bar Tsati, si vous consommez, et uniquement en journée. Au-delà du chantier naval, en poursuivant sur la route de Nimborios, des marches descendent sur de gros rochers où l'on se baigne dans des eaux cristallines. Sinon, des plages magnifiques sont accessibles en taxi-boat depuis Gialos :

- **La plage d'Aghios Georgios**, peut-être la plus belle de Symi, est cernée d'impressionnantes falaises blanches. Comme il n'y a ni taverne ni parasols ou transats, cette plage est relativement préservée et il y a des chances que vous vous y retrouviez seul. L'eau est turquoise et l'ensoleillement maximum en début de journée. Assez vite en fin de journée, le soleil se cache à l'ouest, derrière les falaises.
- **Au-delà, la plage de Nanou** offre des eaux claires, entourées de falaises et de pins. C'est parfait pour la plongée. Prévoyez des sandales pour marcher sur les galets. Vous pourrez vous restaurer, prendre un café ou faire une pause à l'ombre de l'unique taverne qui loue également transats et parasols. Quelques arbres offrent aussi de l'ombre à condition d'être là suffisamment tôt pour trouver une place en haute saison !
- **Toli** est une jolie plage de galets sur la côte nord-ouest, également accessible par la route. Quelques parasols et transats sont fournis gratuitement par la très agréable taverne Dafne, en surplomb. Vous pourrez y acheter du miel de thym, particulièrement savoureux. La terrasse offre des vues exceptionnelles, elle est idéale pour admirer le coucher du soleil.

ANASTASIA HOTEL €

Gialos

✆ +30 22460 71364

www.anastasiahotel-simi.gr

Chambre double à partir de 60 € en été, petit-déjeuner 7 €, en saison.

L'Anastasia Hotel est un établissement familial, simple et sans prétention. Les chambres sont petites et pas folichonnes mais propres. Elles jouissent d'un emplacement idéal, en plein cœur de Gialos, à la fois au calme dans une petite ruelle et juste à côté du campanile : très pratique pour les arrivées et les départs en ferry. L'atout principal de cette pension reste les prix bon marché : c'est une très bonne option pour les petits budgets qui souhaitent passer un peu de temps sur l'île, sans se ruiner. Rien à noter niveau accueil ou équipements : c'est sommaire.

SEA DREAMS RHODES TO SYMI / PANORMITI

Port touristique

RHODES VILLE

✆ +30 22410 74235

www.seadreams.gr/en/excursions/symi

De début mai à octobre. 27 € la croisière à la journée vers Symi. Départ à 9h du port de Rhodes, retour à 18h30.

Plus qu'une simple compagnie de navettes maritimes, cette entreprise familiale propose aux voyageurs une véritable découverte touristique de la région. La croisière originelle qu'elle propose emmène les visiteurs s'ébahir devant les jolies couleurs de l'île de Symi. Cap vers le magnifique port de Gialos et ses belles demeures néoclassiques surplombées par la vieille ville de Horio, sur les hauteurs. Une seconde escale mènera ensuite vers le monastère de Panormitis lové dans une crique.

© SEA DREAMS

© SEA DREAMS

DODECANÈSE CENTRE

RANDONNÉE

Parmi les plus belles marches, nous vous conseillons celle qui rejoint le monastère d'Agios Emilianos depuis Horio. C'est une randonnée de 4 heures aller, d'une difficulté modérée mais qui peut s'avérer longue et éprouvante les jours de grande chaleur, d'autant qu'on se repère difficilement et qu'il faut donc éviter les détours inutiles. Nous vous conseillons de marcher jusqu'au monastère puis d'arranger un retour en caïque par les bateaux d'excursion que vous trouverez dans le port de Gialos. Le sentier n'est pas facile à trouver même si des efforts sont faits en vue d'un meilleur balisage. Depuis les hauteurs de Horio, dépassez l'église Paraskevi et rejoignez le lieu-dit de Xissos en empruntant la route secondaire qui quitte la route asphaltée sur la droite. A la sortie du village d'en haut (ne pas descendre vers Kato Xissos, la partie basse du village), repérez les balises rouges. Le sentier commence là et se poursuit à flanc de colline. Le sentier se divise à hauteur d'un village abandonné. Continuez sur votre gauche au niveau des flèches rouges. Le sentier vous mène alors à un monastère où vous pourrez vous reposer quelques instants à l'ombre de beaux arbres. Vous verrez au loin le monastère Agios Emilianos. A partir de là, le sentier descend en pente raide jusqu'à la mer et il est relativement bien indiqué. En cas de doute avec des sentiers secondaires, maintenez votre droite et évitez les sentiers barrés d'une rangée de pierres. L'arrivée dans la baie d'Agios Emilianos est magnifique.

HOTEL FIONA €

Horio

✆ +30 22460 72088

www.fionahotel.com

Chambre double à partir de 70 € en été, petit-déjeuner inclus. Wifi gratuit.

Cette petite pension traditionnelle propose des chambres simples mais propres et bon marché. Située sur les hauteurs de Horio, il faut grimper «un peu» pour rejoindre cette belle bâtisse de style néoclassique, aux façades bleu et jaune. Par «un peu», il faut comprendre : les centaines de marches de Kali Strata qui relient l'établissement au port ! Pas évident avec les valises mais vous ne le regretterez pas : la vue sur les côtes turques, à portée de main, et sur la baie de Gialos est imprenable. Accueil chaleureux et pratique pour la plage de Pedi.

L'ALBATROS €

Gialos

✆ +30 22460 71707

www.albatrosymi.gr

Chambre double à partir de 85 € en haute saison, avec petit-déjeuner.

A l'arrière du port, ce petit hôtel francophone dispose d'une poignée de chambres situées dans une ruelle plutôt calme de Gialos, qui mène à la mer. De bon conseil, et toujours prêt à vous renseigner sur Symi, Nicolas est un hôte parfait, sympathique et attentionné. Le petit-déjeuner est particulièrement remarquable, idéal pour bien commencer la journée. Les chambres sont confortables et agréables, bien que simples et sans chichis. Propreté impeccable, emplacement idéal et le sentiment d'être très bien reçu sont les atouts majeurs de ce petit établissement.

OPERA HOUSE HOTEL €

Gialos

✆ +30 22460 72034

https://symioperahouse.gr

Chambre double à partir de 90 €. Wifi gratuit.

Ce petit hôtel familial est situé en retrait du port, dans le quartier résidentiel de Gialos, légèrement à l'intérieur des terres : vous y serez au calme, mais à quelques minutes seulement de l'animation du centre et des restaurants et commerces. Les chambres doubles sont simples et spacieuses et certaines suites ont été rénovées dans un style un peu plus contemporain que le reste. Agréable jardin intérieur et terrasse commune sous une tonnelle. L'accueil est sympathique : les propriétaires gèrent également le restaurant Kavos, sur le port au niveau du campanile.

ALIKI HOTEL €€

Gialos

✆ +30 22460 71665

www.hotelaliki.gr

Chambre double à partir de 110 € en été, petit-déjeuner compris. Wifi gratuit.

Cette villa néoclassique du XIXe siècle comprend trois étages, directement sur les quais. Il s'agit de l'ancienne demeure d'une grande famille symiote et ce sera l'occasion pour le voyageur de découvrir un peu de la grandeur passée de l'île. La plupart des chambres offrent de très belles vues sur la mer et les quais tandis que quelques options plus économiques donnent sur un petit patio intérieur. Au menu : ameublement ancien dans de petites chambres coquettes, avec parquet. Pour un silence assuré, préférez les chambres du troisième étage.

IAPETOS VILLAGE €€

Gialos
✆ +30 22460 72777
www.iapetos-village.gr
Chambre double à partir de 140 € en été, petit-déjeuner inclus.

Cet établissement aux façades colorées, version modernisée de l'architecture néoclassique de l'île, est situé un peu en retrait du port, dans un petit ensemble hôtelier tout à fait agréable. On apprécie la jolie cour aux plantes exotiques, les chambres confortables et spacieuses et la belle piscine dans la verdure, particulièrement adaptée aux séjours en famille. Les studios disposent de cuisines équipées, et bénéficient du calme qui règne dans le quartier. A noter également : le petit-déjeuner remarquable. Une oasis dans le cœur de Gialos.

THEA APARTMENTS €€

Gialos
✆ +30 22460 72559
www.symi-thea.gr
Chambre double à partir de 130 € en été. Wifi gratuit.

Cette belle maison néoclassique à la façade colorée veille sur le port de Gialos depuis 1913 et bénéficie d'un emplacement privilégié. Les cinq chambres et studios ont ouvert il y a quelques années, après une rénovation respectueuse du patrimoine et de l'histoire des lieux. Les chambres sont lumineuses, confortables et agréables : on ne se lasse pas de contempler la vue sur le port depuis son petit balcon. Panos, le propriétaire, est un hôte accueillant et serviable : n'hésitez pas à lui demander des conseils sur Symi et Gialos.

ANCHOR HOUSE €€€

Paradise Beach
✆ +30 693 725 2279
anchorhousegreece.com
Chambre double à partir de 150 € en été, petit-déjeuner inclus. Wifi gratuit. Possibilité de louer la villa entière.

Ce très bel établissement a ouvert ses portes à la sortie de Gialos, en surplomb de Paradise Beach et sur la route qui mène à Nimborios. Les cinq magnifiques chambres, d'une épure chaleureuse, sont disponibles individuellement mais la villa se loue également en entier pour des vacances en famille ou entre amis. Le matin, le petit-déjeuner est concocté savamment par l'ancienne propriétaire du café Olive Tree, fermé depuis mais qui était réputé pour ses excellents brunchs que vous aurez la chance de retrouver ici. Une très belle adresse.

THE OLD MARKETS €€€

Kali Strata
✆ +30 22460 71440
http://theoldmarkets.com
Chambre double à partir de 200 € en été. Petit-déjeuner inclus. Wifi gratuit.

C'est certainement le plus bel hôtel de Symi ! Situé sur Kali Strata, la rue bourgeoise qui relie le port à la vieille ville d'Horio, The Old Markets vous promet une expérience unique, dans un cadre romantique et luxueux. Certes, ce n'est pas à la portée de toutes les bourses, mais si vous le pouvez, offrez-vous ce petit plaisir. Les 10 chambres et suites ont été aménagées dans des échoppes de l'ancien marché couvert et dans une villa néoclassique voisine. Elles sont décorées avec goût, le service est impeccable : un établissement de charme au luxe intimiste.

HARITOMENI TAVERNA €

✆ +30 2246 072771
Ouvert tous les soirs, pour le dîner. Comptez 25 € par personne.

Cette taverne familiale est perchée sur les hauteurs de Gialos et domine toute la baie : la vue depuis la terrasse est spectaculaire et l'emplacement est idéal pour voir le soleil se coucher derrière l'amphithéâtre du port. Il faut faire un peu d'effort pour y monter mais vous serez largement récompensé. Dans les assiettes, vous goûterez à une bonne cuisine généreuse, sans prétention mais honnête, et offrant un bon rapport qualité-prix, ce qui se fait rare à Symi. Laissez-vous tenter par le plat du jour. Les végétariens pourront également se faire plaisir.

TAVERNE GEORGIO ET MARIA €

✆ +30 22460 71984
Comptez 20 € par personne. Ouvert tous les jours, midi et soir.

Sur les hauteurs de Horio, la taverne de Georgio et Maria propose une cuisine traditionnelle savoureuse, avec vue sur la baie de Gialos en contrebas. La terrasse ombragée est un vrai régal lorsqu'on a fait l'effort de monter les marches de Kali Strata... On y mange simplement, mais plutôt bien, des plats classiques de la cuisine grecque. Rien de spécial à souligner à ce niveau-là, ce ne sera pas le repas du siècle mais l'ambiance et la vue sont là pour compenser le manque d'inventivité de la carte. Les week-ends, des concerts de musique grecque sont organisés.

O THOLOS €€

Gialos

✆ +30 22460 72033

Comptez 25 € par personne. Ouvert tous les jours, midi et soir. Réservation fortement recommandée.

Sur la route qui mène à Nimborios, après le chantier naval, et offrant une vue splendide sur toute la baie de Gialos, cet établissement propose de la cuisine traditionnelle délicieusement préparée. C'est certainement l'une des meilleures adresses du port pour les spécialités locales et les bons classiques grecs. On vous conseille notamment la *fava,* la meilleure qu'on ait mangée dans tout le Dodécanèse. A midi, on y est loin de l'agitation du port et le soir, vous y trouverez une ambiance romantique avec guirlandes lumineuses et tables au bord de l'eau.

PANTELIS RESTAURANT €€

Gialos

✆ +30 697 726 1710

Ouvert tous les jours en été, de midi à minuit. Comptez 35 € par personne.

C'est un classique sur le port de Gialos : Pantelis a ouvert ses portes il y a des années, et continue d'attirer les foules pour sa cuisine un peu plus haut de gamme - et donc plus onéreuse - que celle offerte par une taverne traditionnelle. Parmi les spécialités, succulentes, on goûtera l'agneau au boulgour ou les spaghettis au homard. Les petites crevettes de Symi y sont également incontournables et on mentionnera enfin le poulpe à l'huile de truffe. Attention, encore une fois : les *mezzedes* et entrées à partager sont vraiment plus chères qu'ailleurs.

PETALO FOOD BAR €€

Gialos

✆ +30 2246 072389

http://petalofoodbar.com

Ouvert tous les jours en été, de 10h à 2h du matin. Comptez 25 € par personne.

Le Petalo a ouvert sur les quais à la pointe occidentale du port de Gialos il y a quelques années. A la fois café-bar, plage aménagée sur les quais et restaurant, c'est un lieu très branché qui offre des vues superbes sur le port et apporte une touche de modernité à la restauration sur l'île. On peut y passer la journée, entre le petit-déjeuner, les transats installés pour le café, une session baignade, un cocktail soigné en apéro et enfin un dîner raffiné au restaurant à proprement parler : la carte revisite avec délicatesse des produits et recettes locaux.

LA VAPORETTA €€

Gialos

✆ +30 22460 71665

Comptez environ 25 € par personne. Ouvert tous les jours midi et soir.

Ce restaurant installé sur les quais, légèrement au-delà du campanile, sert une cuisine d'inspiration italienne, mais également de grands classiques de Symi. Les plats sont plutôt bons mais les prix plus élevés que la moyenne des tavernes traditionnelles : on joue ici sur l'aspect restaurant un peu plus recherché. L'ensemble est bien agréable : on aime les tables installées en bordure de mer, l'ombre bienvenue lors des chaudes journées d'été et l'emplacement un peu à l'écart des foules qui visitent le port en excursion à la journée.

ELPIDA KAFENEIO

Gialos

✆ +30 2246 071 032

www.elpida-kafeneio.gr

Ouvert tous les jours, de 8h jusqu'au dernier client, toute l'année.

Ce *kafeneio* traditionnel est installé sur les quais depuis les années 1980. Il reste ouvert toute l'année et n'est donc pas tourné exclusivement vers le tourisme. On s'y installe pendant des heures en terrasse pour boire le café et regarder les bateaux et le monde passer. De très bons *mezzedes* préparés maison sont proposés : parfaits pour une pause déjeuner légère ou pour accompagner l'ouzo en fin de journée. Le café Elpida est aussi réputé pour ses bons desserts et son ambiance conviviale. Le café grec y est préparé dans les règles de l'art.

SECRET GARDEN

Route de Pedi

✆ +30 22460 72153

Ouvert tous les jours de midi à minuit en saison, le soir en hiver.

Ce petit café-bar porte bien son nom. Il est en effet caché sur les contreforts de Horio, sur la route qui descend vers Pedi : une cour ombragée sous la tonnelle apporte fraîcheur et calme. C'est un établissement qui se maintient d'année en année, et que locaux et touristes apprécient également. On s'y arrête pour boire le café dans la cour, prendre le petit-déjeuner, pour une pause déjeuner légère avec de délicieux *mezzedes* à la clef ou pour boire l'ouzo après une dure journée de vacances. Le soir, de la musique *live* est régulièrement programmée.

TSATI BAR

Quai Harani
✆ +30 22460 72498
Ouvert tous les jours de 10h à 1h du matin en saison.

Sans conteste le meilleur bar à cocktail de Symi : sur le quai qui mène vers le chantier naval, Tsati est un véritable bijou. On y boit l'apéritif les pieds dans l'eau, face aux collines rousses et dorées du port en fin de journée. Les vagues clapotent doucement juste là, sur les barques multicolores, pendant que l'on sirote un granité ou un cocktail maison. Le propriétaire des lieux, Michalis, met un point d'honneur à ne servir que des cocktails recherchés : nous ne trouverez pas un mojito standard par ici. Attention aux prix élevés cependant.

PLAGE D'AGHIOS NIKOLAOS

Comptez 20 minutes de marche sur un sentier à flanc de coteau qui part sur la droite du village de Pedi pour rejoindre la plage Saint-Nicolas. La balade est facile mais si vous êtes avec des enfants, faites attention aux derniers mètres, un peu abrupts dans les rochers. La plage est aussi accessible par taxi boat depuis Gialos, ce qui gâche un peu la sérénité des lieux malheureusement. Une taverne et des transats sont bien agréables pour profiter d'un café à l'ombre. A éviter cependant pour ceux qui recherchent un peu de tranquillité.

PEDI ★

Ancien village de pêcheurs à 30 minutes de marche de Horio, lové au fond d'une étroite baie bien protégée, Pedi a un côté désuet d'ancienne station balnéaire. On y trouve une petite poignée de logements, cafés et tavernes. Pour rejoindre Pedi à pied, il faut d'abord monter à Horio avant de redescendre dans une vallée fertile. Vous pouvez suivre la route goudronnée mais sinon il existe un sentier qui part sur la droite, juste avant le monastère qui vous mènera jusqu'à un stade de football à contournerez sur la droite avant de reprendre le sentier qui descend vers la baie. Sinon, un bus fait l'aller-retour de Gialos et Horio toutes les heures environ.

PEDI BEACH HOTEL €€

✆ +30 22460 71870
www.pedibeachhotel.gr
Chambre double à partir de 120 € en été, petit-déjeuner inclus. Wifi gratuit.

Si vous souhaitez séjourner loin de l'agitation du port de Gialos et avoir les pieds dans l'eau, cet hôtel est pour vous ! Vous serez directement sur la plage de Pedi où des transats et parasols sont à la disposition des clients. Le personnel est adorable et serviable, les chambres sont propres, spacieuses et bien tenues. Calme assuré auprès d'une clientèle familiale en saison, un peu plus âgée en mai-juin et septembre-octobre. On aime l'ambiance de station balnéaire un peu désuète qui règne ici. Préférez les chambres avec vue sur mer.

Pedi.

KATSARAS €€

✆ +30 22460 71417

Comptez 30 € par personne. Ouvert tous les jours de 9h au dernier client.

Dans la calme baie de Pedi, la taverne Katsaras offre un joli ponton en bois qui s'avance sur l'eau. On y déjeune ou dîne à la fraîche, quasiment les pieds dans l'eau. Au menu, une bonne cuisine traditionnelle où poissons et fruits de mer sont à l'honneur. Vous y trouverez une bonne salade de poulpe notamment. Cependant cette taverne s'est un peu embourgeoisée ces dernières années et pratique maintenant des prix un peu plus élevés que la moyenne des établissements de même catégorie : on paie le cadre, évidemment, mais il ne faut pas non plus forcer...

EMPORIO €€€

✆ +30 695 730 2565

www.emporiosymi.com

Chambre double à partir de 230 € en été, petit-déjeuner inclus. Wifi gratuit. 3 nuits min.

Cet établissement de luxe sur la baie de Nimborios est géré pas la même équipe que The Old Markets, à Gialos. On y retrouve la même marque de fabrique : une poignée de chambres au décor raffiné, une ambiance intimiste et élégante, tout en sobriété, respect du patrimoine, avec un service professionnel et impeccable... et des prix au-delà de la moyenne ! Vous serez ici dans le calme absolu de la baie aux eaux cristallines. Des transferts en mini-van sont organisés le soir pour vous permettre de dîner en ville, mais le restaurant de l'établissement est savoureux.

NIMBORIOS ★

A 2 km à l'ouest de Gialos, ce village de pêcheurs (aussi appelé Emborio ou Emporio) est abrité du vent par l'isthme de Diapora. Port commercial durant l'Antiquité, vous pouvez y admirer des mosaïques de galets et les ruines d'un temple dédié à Zeus. Aujourd'hui, on y trouve quelques maisons à peine, et on profite de sa plage et de son café en bord de mer. Un établissement chic offre hébergement et restauration à l'entrée de la baie. On y accède à pied depuis Gialos par une route côtière agréable. En longeant la côte, vous pourrez vous arrêter en chemin pour profiter d'une baignade entre les rochers (des marches taillées sont dans la roche). Les eaux de la baie sont cristallines !

AGHIOS EMILIANOS ★★

On atteint le monastère d'Aghios Emilianos par sea-taxi ou par des sentiers qui grimpent à l'intérieur des terres et qu'il n'est pas évident de trouver *(cf. l'itinéraire depuis Horio)*. Il faut compter 4 heures de marche aller, et autant pour le retour, ce que peu de gens ont le courage de faire en été. Résultat : il y a des chances que vous vous retrouviez seul dans cette oasis de sérénité. Le monastère est construit sur un isthme minuscule qui s'avance dans une anse protégée, où l'on se baigne aisément. Si vous succombez au charme des lieux, vous pourrez passer la nuit dans une chambre du monastère. Authenticité garantie : elles n'ont pas l'électricité.

DODECANÈSE CENTRE

Nimborios.

Le petit port de Livadia.

LIVADIA

Le village principal et le port de l'île de Tilos est situé le long d'une large baie protégée qui s'étend sur des kilomètres de plage jusqu'à la minuscule marina d'Aghios Stefanos. Le village ne présente pas spécialement d'intérêt architectural : il ne s'est développé que dans la seconde moitié du XXe siècle, quand les habitants de Mikro Horio ont quitté le village dans les terres pour le port. Vous y verrez des maisons récentes, à l'exception de la capitainerie et du poste de police d'architecture fasciste, qui témoignent de l'occupation italienne. Les quelques rues calmes sont organisées autour d'une place centrale agréable et qui prend vie en soirée avec quelques cafés et tavernes et deux ou trois mini-markets. La plage de gros galets qui borde toute la baie est longée par de petits restaurants et des hôtels ouverts en saison. De nombreux sentiers vous mèneront sur des plages isolées dans les environs.

Se loger

Il y a plusieurs options bon marché dans le petit port de Livadia. Il ne faut pas s'attendre à du grand luxe mais c'est propre et utilitaire, et il n'y a pas besoin de s'y prendre des mois à l'avance pour réserver. Côté tavernes, vous ne trouverez rien qui sort de l'ordinaire à Tilos, mais une bonne cuisine maison généreuse et réconfortante, préparée à partir de bons produits.

Sortir

Livadia et Tilos ont beau être calmes, on sait y faire la fête. Chaque célébration religieuse est l'occasion de grandes danses et de festins, et l'été on passe du temps dans les cafés et dans les bars entre amis. La place centrale de Livadia est le cœur de l'activité matinale et nocturne : on y vient au réveil pour prendre le café et une fois la nuit tombée pour l'apéritif et quelques verres. Sans oublier les soirées sans fin du Mikro Horio !

Transports

Tilos est plutôt mal desservie...ce qui la préserve du tourisme de masse! Deux bateaux Blue Star Ferries par semaine desservent Tilos depuis Le Pirée (14h30 environ) et depuis Rhodes (2h10 de traversée). Les catamarans de Dodekanisos Seaways s'arrêtent aussi deux fois par semaine (2h de/vers Rhodes). Enfin, un petit bateau local fait l'aller-retour trois fois par semaine depuis Kamiros Skala, à Rhodes (2h). Sur place, le principal mode de déplacement est la marche à pied. Cependant, un service de bus permet de relier les principaux villages et sites plusieurs fois par jour en saison. La station de bus est située sur la place centrale de Livadia et le bus dessert Megalo Horio, la plage d'Eristos et Aghios Antonios (billet à acheter dans le bus, env. 2 €). Le dimanche, il peut pousser en excursion spéciale jusqu'au monastère d'Aghios Panteleimonas où il vous attendra une heure. A noter également, une navette gratuite fait la liaison avec Mikro Horio les soirs d'été. Vous pourrez opter pour un scooter et quelques vélos sont aussi disponibles à la location (voir le mini-market à l'entrée du débarcadère).

DODECANÈSE CENTRE

LABORATOIRE ÉCOLOGIQUE

Tilos s'est taillé une place de choix à la pointe de la défense de l'environnement et de la lutte contre le réchauffement climatique, et ce à l'échelle nationale, européenne et internationale. Grâce au travail du maire-pionnier Anastasios Aliferis et de sa successeur, la préservation du monde naturel est devenue une priorité politique sur l'île, devançant largement les politiques publiques d'Athènes et même certaines régulations européennes.

Concernant la préservation de la faune, la chasse a été bannie dès 1993, ce qui a favorisé la reproduction des espèces tandis que les oiseaux migrateurs ont trouvé de plus en plus refuge ici. Résultat : Tilos est devenue une véritable arche de Noé où l'on trouve plus de 100 espèces d'oiseaux, dont beaucoup sont protégées au niveau international.

Concernant la lutte contre le réchauffement climatique et la recherche d'alternatives énergétiques, Tilos a gagné le soutien de l'UE et de nombreux partenaires internationaux pour développer un projet-pilote de recherche et développement majeur : l'île fait le pari de l'autonomie énergétique totale, provenant à 100 % d'énergies renouvelables. Un système pionnier et hybride de production, stockage et distribution d'énergie verte (éolienne et panneaux photovoltaïques) a été lancé en 2017 dans ce but et l'autonomie énergétique a été atteinte en 2021. Ce prototype pourrait être répliqué dans d'autres régions : le monde de l'écologie a les yeux rivés sur la petite Tilos, laboratoire d'avenir. Pour plus d'informations : www.tiloshorizon.eu.

MIKRO HORIO

Tilos abritait deux villages médiévaux : Megalo et Mikro Horio. Ce dernier se vide de ses 1 000 habitants dès la fin de la dernière guerre : depuis 1974, le village est complètement abandonné. On y visite les ruines de maisons éventrées où la vie semble s'être échappée après une catastrophe. Petit à petit, la nature a repris ses droits, et aujourd'hui de nombreux oiseaux nidifient ici. Seule la grande église est maintenue en état et on y célèbre encore des fêtes à certaines occasions. L'été, le bar Mikro Horio accueille les fêtards de l'île, dans un cadre magique.

PLAGES ET RANDONNÉES ★

Au-delà de la plage de galets qui couvre toute la baie de Livadia, il existe des criques plus sauvages dans les environs du port. Pour les découvrir, il faudra un peu marcher.

- **Lethra**. Cette jolie baie de galets plantée de quelques arbres est accessible à pied par un sentier côtier qui démarre au-delà de l'hôtel Ilidi Rock. Il faut compter environ 40 min de marche aisée : on passe par une succession de criques aux eaux turquoise, dont une magnifique plage de sable rouge, où vous pourrez vous arrêter. Alternativement, prenez le bus jusqu'à l'arrêt Mikro Horio : le sentier part sur votre droite et vous arriverez en 40 min à Lethra.
- **La route de Gera**. Le sentier qui mène au village abandonné de Gera est l'un des plus beaux de l'île. En environ une heure, il longe la côte au-delà d'Agios Stefanos, à l'extrémité de la baie de Livadia. Les paysages sont splendides et la marche aisée. Avant d'arriver à Gera, un sentier descend vers le bel isthme d'Agios Zacharias, sans ombre. Dans les ruines de Gera, les balises rouges vous mèneront à la plage de galets de Despotiko, où la mer peut être un peu agitée. Au-delà, le sentier remonte vers le beau monastère d'Agios Panormitis et ses mosaïques de galets : le point de vue est magnifique.
- **Tholos et Stavros** sont deux baies plus éloignées, de l'autre côté des collines qui encerclent Livadia : les marches pour y accéder sont plus ardues, les sentiers moins bien marqués, parfois éboulés (compter 1h30-2h). A noter enfin : aucune ombre ne vous attend à l'arrivée.

Mikro Horio.

CASTELLANIA HOTEL €

✆ +30 22460 44235

Studio pour deux à partir de 60 € en été. Wifi gratuit. Petit-déjeuner en supplément (5 €).

Ce petit ensemble de studios et appartements est situé dans l'arrière du village, un peu en retrait de la plage : depuis les balcons des chambres, on jouit de belles vues sur les environs et la mer. Vous pourrez profiter du jardin ombragé pour vous reposer aux heures chaudes, très appréciable. Les chambres sont simples mais bien tenues et offrent tout le nécessaire. Elles sont spacieuses également. On notera l'accueil chaleureux et convivial des propriétaires, Ismini et Petros, qui travaillent avec la même constance depuis des années.

MARINA ROOMS €

Aghios Stefanos

✆ +30 22460 44169

www.marinarooms.com

Chambre double à partir de 60 € en été. Wifi gratuit.

Pour ceux qui recherchent un peu d'isolement et le calme absolu, les chambres et studios de cet établissement sont situés à l'extrémité de la baie de Livadia, du côté de la petite marina d'Aghios Stefanos. Il faut compter 15 minutes le long de la plage et sur la promenade du bord de mer pour rejoindre le centre du village et vous aurez une vue splendide depuis toutes les chambres. Un petit-déjeuner est servi sur la terrasse ombragée, vraiment très agréable. Une petite plage avec transats est située juste à l'extérieur de la pension, idéale !

IRINI HOTEL €

✆ +30 22410 44293

www.ilidirock.gr

Chambre double à partir de 65 € en été. Wifi gratuit dans les parties communes.

Situé légèrement en retrait de la plage, l'hôtel Irini appartient à la famille qui gère aussi l'Ilidi Rock. C'est ici que les parents de Maria ont commencé, ouvrant l'un des premiers hôtels de Tilos, dans les années 1980. Depuis, le succès ne se dément pas. Les chambres et studios sont situés dans un joli jardin arboré qui abrite une piscine, idéale pour les familles qui veulent pouvoir alterner avec la plage voisine. Les chambres sont confortables et agréables, d'une propreté impeccable. Le service est convivial et décontracté.

TILOS FANTASY APARTMENTS €

✆ +30 22460 44425

www.tilosfantasy.gr

Chambre double à partir de 45 € en été, sans petit-déjeuner. Wifi gratuit.

Situé à 500 m du port et à 400 m de la plage, légèrement en retrait de la baie de Livadia, Tilos Fantasy Apartments est un petit ensemble de studios qui offre des chambres très spacieuses et équipées d'une kitchenette. Comme souvent, l'ameublement est simple mais la propreté est irréprochable. Sans parler de l'accueil de Nikos, le gérant francophone qui se montre toujours serviable. L'établissement offre un rapport qualité-prix très intéressant pour un séjour agréable. Des vélos sont mis à disposition des clients pour découvrir l'île à leur rythme.

ILIDI ROCK €€

✆ +30 22460 44293
www.ilidirock.gr
Chambre double à partir de 90 € en été. Petit-déjeuner en supplément. Wifi gratuit dans les espaces communs.

En surplomb du port, cet établissement est accroché à la colline qui ferme la baie de Livadia. Avec un accès privé à de petites criques, vous aurez une vue superbe sur tous les environs. Un emplacement idéal, à la fois à proximité de tout et au calme. Les chambres sont organisées en amphithéâtre et bénéficient toutes de vues sublimes. Le snack-bar est ouvert à tous : vous pourrez y prendre un bon petit-déjeuner ou un café. L'accueil est chaleureux et professionnel dans cet établissement familial. L'adresse la plus confortable et agréable de Tilos.

FILOXENIA €

Sur le front de mer
✆ +30 22460 44347
Ouvert tous les jours pour le déjeuner et le dîner. Comptez 15 € par personne.

Le restaurant Filoxenia, situé pendant de nombreuses années dans la vallée d'Eristos, a déménagé à sa nouvelle adresse en bord de mer, dans la baie de Livadia. Mais la qualité reste la même, avec la vue sur la mer en plus. Les produits proviennent toujours du jardin de Stella et Giorgos qui continuent de proposer leurs fruits et légumes dans votre assiette. La carte est restreinte et tout dépend de la cueillette du jour. Si possible, goûtez aux beignets de fleurs de courgettes. Tout est très bon et on aime les transats sur la plage à disposition des clients.

KIRIAKOS GRILL €

✆ +30 22460 44173
Ouvert tous les jours, midi et soir. Comptez 5 €.

En face de la taverne Michailis, c'est le point de rassemblement des jeunes et adolescents de Tilos qui viennent se restaurer d'un bon gyros ou d'un souvlaki grillé à point. En réalité, toutes les générations s'y retrouvent et nous vous recommandons d'y faire un tour également car vous goûterez ici aux meilleurs kebabs et brochettes de l'île, en profitant d'une ambiance très locale et familiale. Les tables installées dans une des rues principales de Livadia sont parfaites pour regarder passer le monde en soirée, lorsque la saison bat son plein.

KRITIKOS RESTAURANT €

✆ +30 2246 044277
Ouvert tous les jours, midi et soir. Comptez environ 15 € par personne.

Situé sur la promenade qui borde la baie de Livadia, Kritikos est notre restaurant préféré du port, et donc de l'île (avec le Kastro à Megalo Horio et la taverne d'Agios Antonios). On aime sa petite terrasse sur la mer, un peu à l'écart et au calme. On aime le service, chaleureux et cordial sans être trop insistant. On aime surtout les plats, qui sont mieux préparés qu'ailleurs. Amateurs de viande, de poisson ou végétariens trouveront leur bonheur. Essayez notamment les généreuses pâtes aux crevettes, à partager pour les petits appétits (portions conséquentes).

ARMENON €

✆ +30 22460 44134
tilos-armenon.gr
Ouvert tous les jours pour le déjeuner et le dîner. Comptez 20 € par personne.

Nikos et Beba vous accueillent dans ce restaurant un peu plus onéreux que la moyenne des tavernes à Tilos. Ici, un effort de présentation accompagne une bonne cuisine maison et la carte des vins est un peu plus recherchée qu'ailleurs. Tout est frais et savoureux. Vous pourrez également profiter des transats mis à disposition des clients sur la plage : parfait pour enchaîner avec la sieste l'après-midi, après un déjeuner copieux. Le soir, les lieux se remplissent vite mais les touristes britanniques et scandinaves dînent tôt : il suffira d'arriver un peu plus tard.

MICHALIS €

✆ +30 2246 044359
Comptez 15 € par personne. Ouvert tous les jours, midi et soir en saison.

Située au cœur du village, en retrait de la mer, cette taverne familiale étale ses tables sur une jolie terrasse et une cour intérieure fleurie. Vous mangerez ici de la cuisine typique des tavernes grecques : aucune surprise au menu avec tous les classiques en termes de viandes, légumes et *mezzedes*. Le chef achète ses poissons frais à Nikos, le pêcheur de Tilos, bien évidemment. Choisissez la bête du jour dans le frigo à l'entrée. Bonnes grillades et le traditionnel ragoût de chevreau ou chèvre au citron sont également proposés.

OMONOIA KAFENEIO €

✆ +30 22460 44287

Ouvert tous les jours de 8h à 23h, en saison. Comptez 15 € par personne.

Juste à côté de la place principale, à l'ombre rafraîchissante de grands arbres, le *kafeneio* Omonoia s'annonce en anglais : snack-bar. C'est pourtant bien plus que des snacks que vous mangerez ici mais de la bonne chère savoureuse, généreuse, honnête, bon marché et préparée maison. On est ici dans du traditionnel de chez traditionnel : une carte classique mais préparée avec des produits frais selon les mêmes recettes qui font la réputation des lieux depuis des décennies. Toute l'ambiance de Tilos en une petite taverne, vite remplie.

REMENTZO

✆ +30 22460 44211

Ouvert tous les jours de 8h à 22h.

Il s'agit du café du port à proprement parler. Installé directement sur le débarcadère, c'est l'endroit idéal pour regarder les arrivées et départs des bateaux, une des activités principales de l'île... On y vient pour prendre le café et le petit-déjeuner, et pour boire l'ouzo en soirée. Comme l'accès Internet est bon et gratuit, il y a toujours du monde en journée. Avant que n'arrive un ferry, les lieux sont remplis, saturés d'au revoir et de souhaits pour un bon voyage. Un joyeux brouhaha qui contraste avec le calme qui règne le reste du temps.

MIKRO CAFÉ

✆ +30 22460 44204

milios-studios.gr

Ouvert tous les jours de 11h à 1h du matin, en saison.

Situé sur la promenade du bord de plage, le Mikro Café est une institution à Livadia et l'un des endroits les plus agréables pour passer quelques heures à siroter un frappé en jouant au tavli. On peut également y manger quelques snacks en journée ou y prendre un bon petit-déjeuner. Mais c'est surtout en soirée que les lieux s'animent. Montez sur la terrasse sur le toit pour voir le jour finir en buvant un bon verre d'ouzo puis regardez les étoiles dans le ciel d'un noir d'encre sur cette petite île perdue. Le propriétaire gère aussi le bar de Mikro Horio.

YIORGOS KAFENEIO

✆ +30 22460 44257

Ouvert tous les jours de 7h au dernier client.

Sur la place centrale de Livadia, parfaitement situé sur le carrefour principal où converge toute l'animation du village, vous passerez des heures à regarder la vie évoluer depuis ce petit café traditionnel. Toujours ouvert ou presque (il ferme quelques heures pour la sieste), il est tenu par Yorgos, le frère de Nikos le pêcheur. Vous y boirez le café le matin avec les travailleurs de l'île, la journée avec les touristes en pause et le soir avec tout le monde. Parfois, la musique prend son envol et quelques personnes se mettent à danser. Incontournable.

PETRINO

✆ +30 2246 044429

Ouvert tous les jours de 8h au dernier client, en saison.

Installé sur la place principale, entre le bougainvillier et le kiosque à journaux, Petrino est le point de rendez-vous pour commencer la soirée tranquillement autour d'un petit apéritif. On regarde les gens qui sortent et qui se rencontrent avant ou après le dîner, dans le calme des soirées d'été. Tout simplement. Rien de spécial à noter, c'est la vie de Tilos et de Livadia qui s'écoule paisiblement, entre les enfants qui jouent en contrebas, les vieux qui se retrouvent chez Yorgos. Les touristes viennent également y prendre le café et le petit-déjeuner.

MIKRO HORIO BAR

Mikro Horio

Ouvert tous les soirs de week-ends, et en pleine saison pratiquement tous les soirs à partir de minuit.

Ce bar à ciel ouvert est peut-être l'un des lieux de nuit les plus surprenants et les plus exceptionnels de tout le Dodécanèse. Dans le village abandonné de Mikro Horio, Yannis a rénové la maison familiale et l'a transformée en bar splendide. Dans la nuit noire et le cadre magique d'un village en ruine, on fait la fête sous les étoiles jusqu'aux petites heures du matin. On ne peut jamais trop prévoir quand la fête finira. Une navette gratuite est prévue depuis Livadia à partir de minuit et jusqu'à tard dans la nuit pour boire sereinement sans avoir à conduire.

MEGALO HORIO ★

Megalo Horio est la capitale administrative de Tilos mais ce n'est que le deuxième village, après le port, en termes de population. Longtemps le centre de la vie locale, c'est aujourd'hui un village endormi sur un haut plateau, adossé à des montagnes majestueuses où l'on a trouvé les traces d'éléphants nains préhistoriques. On se promène dans les ruelles désertes du village blanc, on s'arrête au *kafeneio* traditionnel, en surplomb de l'église dont on admire le parvis décoré de mosaïques de galets : à Megalo Horio, le temps passe, serein et imperturbable. Vous êtes ici dans le cœur géographique de l'île et vous aurez accès à toute une série de sites et de plages à pied ou en bus. Parmi ces dernières, la baie d'Eristos est la plus grande et la plus belle étendue de sable de Tilos, bordant la vallée fertile connue également sous le nom de Kampos, centre agricole de l'île. De l'autre côté, un sentier mène à la plage de Skafi, rude et solitaire.

Se loger

Si le choix le plus évident pour se loger à Tilos est le port de Livadia, ceux qui voudront vivre plus au ralenti pourront opter pour Megalo Horio ou Eristos. Vous aurez accès à tous les villages de l'île et ne serez pas trop isolé. A Eristos, c'est la mer qui vous imposera son rythme. La plage est le paradis des campeurs : le camping sauvage y est autorisé et c'est un lieu idéal avec sa vaste baie, ses grands tamaris qui donnent une ombre fraîche, ses installations sanitaires et enfin les différentes options de restauration à proximité de la plage.

DODECANÈSE CENTRE

© DAVID FOWLER - SHUTTERSTOCK.COM

Megalo Horio.

KASTRO

Les Chevaliers de l'Ordre de Saint-Jean ont bâti sept forteresses médiévales à Tilos. Le château médiéval que vous voyez en surplomb de Megalo Horio, accroché aux monts Agios Stefanos, est le fort le mieux conservé de l'île. Un sentier y monte en une trentaine de minutes (attention, la montée est raide donc évitez les heures chaudes). D'en haut, vous aurez une vue panoramique sur la baie d'Agios Antonios et la vallée fertile qui s'étend jusqu'à la baie d'Eristos. C'est possiblement le plus bel endroit de Tilos pour regarder le coucher du soleil.

MUSÉE DE HARKADIO

A côté de la cave de Harkadio

Ouvert en semaine de 8h30 à 13h et de 18h à 20h en saison. Entrée libre, donation appréciée.

Ce tout nouveau musée a été inauguré en 2020-21. Il a été créé pour héberger les ossements d'éléphants nains découverts dans la grotte d'Harkadio qui datent de l'époque paléolithique. Cette trouvaille unique en Europe permet de dater l'existence des derniers éléphants nains d'Europe. Les chercheurs pensent que ces animaux seraient arrivés sur l'île à la nage depuis le continent africain et que la sélection naturelle et leur adaptation à leur nouvel environnement expliqueraient leur nanisme. Une reconstitution en 3D constitue le clou du spectacle.

N.MILIOS ROOMS & STUDIOS €

✆ +30 22460 44204

http://milios-studios.gr

Chambre double à partir de 40 € en été, sans petit-déjeuner. Wifi gratuit.

Les dix chambres et studios gérés par Yannis (celui du Mikro Café à Livadia et du bar de Mikro Horio) seront parfaitement adaptés à tous ceux qui recherchent le calme d'un vieux village endormi. Le silence et la nuit noire vous attendent dans un ciel plein d'étoiles. Les chambres et la vie sont simples, sereines et agréables : qu'a-t-on vraiment besoin de plus ? L'accueil est chaleureux et convivial, comme toujours avec Yannis. Chambres spacieuses et kitchenettes bien équipées, on aime le joli jardin et le très bon rapport qualité-prix.

PLAGES ★

Depuis Megalo Horio, vous aurez accès facilement à deux plages principales, à pied ou en bus.

- **Eristos** est une large baie sablonneuse qui se situe sur la côte sud, au bout d'une grande vallée fertile. Des amandiers y poussent et les habitants de l'île y cultivent toutes sortes de céréales, fruits et légumes. Cette coulée verte est connue sous le nom de Kampos, qui signifie les champs, et vous pourrez la traverser à pied depuis Megalo Horio (comptez 30 minutes jusqu'à la plage) ou en bus par la route (5 minutes depuis Megalo Horio). La plage d'Eristos est sûrement la plus belle plage de Tilos et vous trouverez forcément un coin pour vous isoler des campeurs qui s'installent sous les gigantesques tamaris tous les étés. Des tavernes à proximité permettent de casser la croûte au cours d'une journée bronzette. Les nudistes sont les bienvenus vers la gauche de la baie.
- **Skafi** est une large crique de galets située sur la côte nord et uniquement accessible à pied depuis Megalo Horio. Le sentier est très bien tracé et facile : comptez environ 45 minutes depuis le village à travers une vallée entourée de collines qui prend des airs d'Afghanistan par endroits, quand la lumière se tamise en fin de journée. Calme et très souvent déserte, il y a de fortes chances que vous vous retrouviez seul sur cette baie sans ombre. En début de saison, les oursins y sont légion : parfait pour faire le plein d'iode et satisfaire les petites faims. Une autre crique, plus petite, est située sur la droite de la baie principale. Le nudisme y est pratiqué.

ERISTOS KANTINA ART €

Plage d'Eristos

Ouvert tous les jours de 9h au dernier client, en saison. Comptez moins de 10 €.

Stelios installe sa petite caravane colorée tous les ans sur la plage d'Eristos. Petit paradis zen, on s'installe autour de l'arbre à hamacs et on passe la journée à lire et à se baigner, entre deux frappés, une bonne omelette au petit-déjeuner et des snacks simples mais réussis (dont de très bons hamburgers). En soirée, les lieux s'animent avec tous les campeurs de la plage qui viennent boire un verre : bières et cocktails sont partagés, souvent autour d'un moment de musique les pieds dans le sable et Stelios prend soin de tout le monde.

EN PLO €

Plage d'Eristos

✆ +30 22460 44093

Comptez 15 € par personne. Ouvert tous les jours pour le déjeuner et le dîner en saison.

Légèrement en retrait de la plage d'Eristos, dans les jardins qui verdoient dans cette vallée fertile, En Plo est une agréable taverne ombragée. On y déguste tous les classiques de la cuisine locale dont un très bon *imam*, un mélange de légumes au four. Les ingrédients sont frais et les plats sont copieux. Vous pourrez également venir acheter une petite glace à rapporter sur la plage. On aime lézarder pendant des heures après le déjeuner sous la tonnelle, alors que le soleil frappe trop fort sur le sable d'Eristos. Service chaleureux et relax.

KASTRO €

✆ +30 22460 44232

Comptez 15 € par personne. Ouvert tous les jours pour le déjeuner et le dîner. Navette gratuite depuis Livadia.

Kastro propose une bonne chère traditionnelle et préparée à l'ancienne. Vous ne pourrez pas rater les tables agréablement installées au cœur de Megalo Horio. On aime tous les plats à base de chevreau (toujours un régal à Tilos), les légumes cuits au four, les fritures d'anchois et tout ce que la carte comporte de classiques. Ici les produits sont frais, la vue sur la vallée d'Eristos est magnifique et, sur demande, on viendra vous chercher gratuitement en minivan à Livadia, avant de vous y redéposer après le repas. En revanche, le service laisse parfois à désirer.

PALIO MERAKI €

Megalo Chorio

✆ +30 22460 44176

Comptez 15 € par personne. Ouvert du matin au soir tous les jours.

En plein cœur de Megalo Horio, il s'agit du *kafeneio* traditionnel qui fait également office d'ouzerie. En surplomb de l'église et de sa cour aux belles mosaïques de galets, vous pourrez venir à toute heure du jour ou du soir pour prendre un verre ou un café grec, prendre un petit-déjeuner ou opter pour quelques *mezzedes* pour accompagner votre ouzo en soirée. Une très bonne adresse avec vue sur la vallée jusqu'à la plage d'Eristos. Ne manquez de regarder les vieilles photos à l'intérieur qui donnent une idée de la vie au café dans les années 1950 et 1960.

AGHIOS ANTONIOS

Aghios Antonios est un tout petit port de pêche en face des côtes de Nissiros. On y trouve quelques caïques, une bonne taverne et de rares maisons. A l'ouest de la baie, vous pourrez vous baigner sur une plage sablonneuse, au niveau des moulins. En poursuivant toujours plus vers l'ouest, vous atteignez la baie de Plaka que ferme la péninsule de Pounta, dominée par la nouvelle éolienne. La plage de galets de Plaka offre des eaux cristallines. Elle est bordée d'une oasis de verdure où vivent canards et paons en liberté. Dans les roseaux et les eucalyptus, des campeurs passent l'été et vous pourrez également vous y installer gratuitement. Attention, il n'y a pas d'arrivée d'eau ni de quoi se sustenter.

N'hésitez pas à monter à l'éolienne avant le coucher du soleil pour le voir tomber à l'horizon. Enfin, un des plus beaux sentiers de Tilos part d'Aghios Antonios pour rejoindre le monastère solitaire d'Aghios Panteleimon. Si vous avez la chance d'y être de passage à la fin juillet, ne manquez pas les grandes célébrations ou *panygiria* qui s'y déroulent pendant 3 jours. Autre alternative de marche agréable : le sentier qui monte en 30 min à Megalo Horio.

Pratique

Faites attention de bien désactiver les données mobiles de votre téléphone : de ce côté-là de l'île, la plupart des portables captent le réseau turc. Le *roaming* est gratuit dans l'UE mais il vous coûtera très cher si votre téléphone est couvert par la Turquie. Pour plus de sécurité, désactivez les données mobiles partout à Tilos.

TO DELFINI €

✆ +30 22460 44252

Comptez 15 € par personne. Ouvert tous les jours, midi et soir, en saison.

Cette taverne située sur la jetée du petit port est particulièrement appréciable en soirée : la vue sur Nissiros et le soleil couchant est fabuleuse. On profite du clapotis des vagues sur les quelques bateaux de pêche amarrés là, on s'installe sous les guirlandes accrochées aux arbres et on commande une bonne bière avant d'attaquer un poisson frais, rapporté par un autre pêcheur du coin. La chèvre au citron, cuite des heures durant, est également excellente. En journée, on aime y venir pour prendre une boisson fraîche avant ou après une randonnée dans le coin.

MONASTÈRE D'AGHIOS PANTELEIMON ★★

Ouvert tous les jours de 8h à 18h. Entrée libre.

Seul sur la côte occidentale de Tilos, ce monastère du XVe siècle est situé dans une oasis de cyprès et platanes géants. Fondé en 1470, il est construit au niveau d'une source claire à laquelle vous pourrez boire et vous rafraîchir. Elle irrigue tous les jardins et potagers en étage aux alentours et explique cette végétation, unique à Tilos. Le site est somptueux et l'église, rénovée au XVIIIe siècle et encore en 2019, est charmante. Notez ses fresques et le sol en mosaïque de galets. La vue que vous aurez depuis l'étage vaut quelques instants de méditation. Vous pourrez rejoindre le monastère à pied depuis Aghios Antonios en empruntant le sentier au départ de l'église Kamariani, en surplomb de la route asphaltée qui mène à Plaka. Comptez une heure de montée quasi continue et assez raide. Si vous voulez poursuivre au-delà du monastère après la visite, un très beau sentier fait une boucle jusqu'à la baie d'Eristos. Il faut compter près de 4 heures pour accomplir cette randonnée rendue ardue par le manque de marquage, notamment dans le dernier tiers de la marche. Les paysages sont somptueux et sereins, isolés et solitaires. Vous croiserez une source d'eau claire à environ une heure de marche puis une succession de chapelles byzantines. L'arrivée sur la plage d'Eristos sonne comme une récompense divine.

▸ **Le 25 juillet** lance trois jours de folles célébrations au monastère. Ces grands *panigyria* sont incontournables, avec danses, musique et festin qui rassemblent toute l'île.

© DAVID FOWLER - SHUTTERSTOCK.COM

DODECANESE CENTRE

MANDRAKI ★

Mandraki, le village et port principal de Nissiros, est situé sur la côte nord de l'île. Longtemps difficile d'accès puisqu'il n'y a pas d'amarrage possible sur les fonds volcaniques et profonds de l'île, le port se trouve à quelque 400 mètres du village à proprement parler. Celui-ci est constitué de venelles tortueuses et de jolies maisons blanches, aux parvis en mosaïques de galets et aux balcons de bois. Vous devrez vous y perdre à l'infini, monter et descendre, découvrir des églises enfouies, des placettes calmes et fraîches et toute la vie de l'île qui se presse au pied de l'église miraculeuse de la Panaghia Spiliani. Celle-ci veille en surplomb, incrustée dans la roche depuis 1600. Les restes d'une acropole antique domine l'ensemble et offre des panoramas somptueux tandis que la plage d'Hochlaki, en contrebas, est exceptionnelle. De belles maisons de pêcheurs bordent le front de mer, aujourd'hui aménagées en petites tavernes et en cafés agréables. Une fois que les touristes de Kos sont partis, et alors que l'heure de l'apéritif sonne, Mandraki dévoile son vrai visage. Partout, les vieilles femmes s'installent dans les ruelles et sur les placettes pour discuter à la fraîche, tandis que leurs maris se retrouvent sur le front de mer avec les quelques touristes qui auront eu la bonne idée de passer la nuit sur l'île.

A quelques kilomètres à l'est de Mandraki, sur la côte accessible en voiture et à pied, on dépasse les thermes volcaniques de Loutra avant d'arriver au port de pêche de Pali. Vous y trouverez une vie tranquille, entre filets de pêcheurs jaune safran et petites barques colorées. La marina abrite quelques tavernes de poissons succulents. Au-delà, la route mène aux plus belles plages de l'île, dont la plage de sable noir de Pachia Ammos, isolée et volcanique, accessible uniquement à pied.

Se loger

Quasiment toutes les options d'hébergement de Nissiros (il y en a peu) sont concentrées à Mandraki et dans les environs. Pour les hôtels et studios, on optera pour le vieux village ou la côte à la sortie du port. Pour les séjours thermaux, on ira direction Loutra, où l'on pourra se sustenter à l'agréable café-restaurant. Enfin, pour le camping sauvage, on rejoindra les free campeurs qui se retrouvent sur la plage de Pachia Ammos, en pleine nature. Aucun aménagement n'est prévu mais vous pourrez vous restaurer et avoir accès à l'eau douce et aux toilettes sur la plage de Lies, au café Oasis. A Mandraki, vous trouverez de bonnes tavernes et des restaurants sur le front de mer et autour de la place principale en surplomb. Pour boire un verre, vous aurez l'embarras du choix entre l'incontournable Liotridia, le sympathique Proveza, le très détendu Enallax Bar ou encore le plus branché Rythmos Bar, sans oublier l'ouzerie traditionnelle de la place principale, Adrikos Café. Tous ces établissements sont également ouverts en journée pour le café.

Transports

Le port de Nissiros est petit et assez exposé. Deux fois par semaine, Blue Star Ferries fait la liaison entre Le Pirée et le port de Mandraki (14 heures de traversée environ) : le ferry passe par d'autres îles du Dodécanèse, avant de poursuivre jusqu'à Rhodes. Les catamarans de Dodekanisos Seaways relient Nissiros au reste de l'archipel deux fois par semaine également. En saison, plusieurs petits bateaux d'excursion font la navette à la journée entre Mandraki et la station balnéaire de Kardamena, sur l'île de Kos (1 heure de traversée). Un caïque également depuis le petit port de Kamari, dans la péninsule de Kefalos au sud de Kos.

L'île-volcan n'est pas forcément très praticable en voiture, au-delà de l'unique route asphaltée qui relie les villages de la côte (Mandraki-Loutra-Pali) aux villages du cratère (Emborios-Nikia). Un bus régulier fait la liaison entre ces sites et peut être suffisant pour quelques déplacements ponctuels. Pour les quelques routes secondaires qui contournent le volcan, il faudra prévoir un 4x4 : nous vous déconseillons ces routes si vous n'êtes pas accompagné d'un guide qui connaît les chemins.

Mandraki.

BAINS DE LOUTRA

Loutra
✆ +30 22420 31284
Bains fermés pendant le covid. Chambre double 25 €. Café ouvert tlj dès 8h, comptez 10 €.

L'établissement thermal et le site de Loutra sont des lieux d'un charme exquis, désuet et plein de nostalgie, rappelant les vieux sanatoriums d'une belle époque disparue. Les eaux chaudes et sulfureuses de Loutra sont connues depuis l'Antiquité et utilisées en cure. Les thermes tels qu'on les voit aujourd'hui ont été construits à la fin du XIXe siècle et ont connu leur apogée dans les années 1930. Ils sont peu à peu abandonnés, avant d'être rénovés récemment. On y traite les problèmes de peau, de rhumatismes et de circulation dans des eaux qui peuvent aller de 33 °C à 46 °C.

Vous pourrez loger dans les chambres aux plafonds hauts qui sont à l'étage : très simples mais très propres, elles semblent d'une autre époque, d'autant que les pensionnaires en cure ont souvent largement au-dessus de 75 ans... Les salles de bain et les cuisines sont partagées à l'étage : l'ensemble est propre et bon marché. Préférez les chambres qui donnent sur la mer, évidemment.

Vous trouverez également un charmant café à l'ambiance jeune et hippie, très agréable, au rez-de-chaussée. On y vient en terrasse pour le petit-déjeuner, le café ou l'apéritif face à la mer. Les petits plats sont délicieux, dont de fraîches salades, de bonnes tartes salées, et autres mezzedes de qualité. Le tout est très bon marché et très charmant. Le soir, des concerts de musique *live* sont parfois organisés. Le wifi y est disponible gratuitement.

Une plage de galets noirs jouxte l'établissement : parfait pour se rafraîchir après un bain thermal.

MUSÉES

Ouvert tous les jours sauf le lundi de 8h à 15h. Entrée libre.

▶ **Le musée archéologique** retrace les origines de l'île, depuis les premières marques d'installation humaine (IVe millénaire av. J.-C.) en passant par les périodes classique et hellénistique. L'apogée de l'île se situe au IVe siècle av. J.-C : vous verrez de nombreux bijoux, sarcophages et objets de cette période.

▶ **Le musée folklorique** est situé dans une maison traditionnelle. Les deux pièces sont intéressantes bien qu'il manque cruellement d'explications. Repérez les photos des années 1930-50 des galas organisés par les immigrés de Nissiros aux Etats-Unis.

MONASTÈRE PANAGHIA SPILIANI ★

✆ +302242031125
Ouvert tous les jours 10h-21h. Entrée 2 €. Tenue correcte exigée.

Perché sur un rocher qui cache une caverne, le monastère tout blanc de la Panaghia Spiliani (Notre-Dame de la Caverne) offre des vues absolument spectaculaires sur les environs et la mer Egée. Selon la légende, on aurait retrouvé dans cette cave une icône miraculeuse de la Vierge. C'est ainsi que le monastère, fondé en 1600, est devenu un important lieu de pèlerinage. Il faut grimper de nombreuses marches (environ 130...) pour aller voir l'icône en question et les ex-voto qui partout ornent les murs. C'est une très belle visite, notamment au moment du coucher du soleil.

Un petit musée ecclésiastique met en lumière l'importance sacrée du monastère. Il est situé derrière la dernière place du front de mer, au pied de la Panaghia Spiliani, et expose toutes sortes d'habits et d'objets liturgiques. Vous remarquerez notamment les ex-voto et poupées de cire dédiés à la Vierge, par les femmes priant pour l'arrivée d'un enfant. Ces bébés de cire sont parfois un peu effrayants...

▶ **Les célébrations du 14-15 août**, pour la Dormition de la Vierge, sont une affaire d'importance majeure : tout Nissiros se retrouve au cours de deux jours de grandes célébrations ou *panigyria* au monastère et dans Mandraki. La plus grande fête de l'île se déroule à grand renfort de banquets, danses et musiques traditionnelles. Vous découvrirez une danse unique dans le Dodécanèse : la danse de la coupe. La femme qui mène la danse tient une coupe où les danseurs doivent verser des donations à la Vierge.

PALEOKASTRO ★

Entrée libre.

Perchée sur les hauteurs de Mandraki, l'acropole vous réserve un panorama magnifique sur la baie et la mer. C'est un exemple unique de fortification basaltique antique. Les murs datent du IVe siècle avant J.-C. A l'époque, ils étaient complétés de tours rectangulaires de défense dont on admire encore huit exemples aujourd'hui et d'imposants portails dont un seul est encore visible. C'est un site unique, qu'il faudra prendre le temps de découvrir en empruntant le sentier qui part des profondeurs du village, en longeant la Panaghia vers l'intérieur des terres.

PLAGES ★

Nissiros n'est pas connue pour ses plages : elles sont rares, certes, mais pourtant assez uniques. Elles sont toutes situées dans les environs de Mandraki et sont assez facilement accessibles. Dans le village lui-même, la petite étendue de sable d'Aghios Savvas est appréciée des locaux et des familles mais n'a pas grand intérêt.

De l'autre côté de la Panaghia Spiliani, un sentier côtier contourne le rocher et donne accès à la plage surprenante de Hochlaki. Il s'agit d'une plage de gros galets noirs, d'origine volcanique bien évidemment et qui chauffent sérieusement au soleil. La mer y est agitée mais le spectacle est saisissant et des habitués ont monté des cairns magnifiques avec ces galets uniques. Attention : ne prenez pas de galets en souvenir, si tout le monde faisait cela, il ne resterait rien de cette plage étonnante.

La côte entre le port de Mandraki et Pali abrite quelques plages de galets, notamment au niveau des bains de Loutra mais elles ne sont pas très accueillantes car elles reçoivent le vent du nord. Elles peuvent donc être assez agitées et peu praticables mais elles sont rapidement accessibles à pied depuis le centre du village.

Il faut poursuivre sur la côte vers l'est pour trouver de longues étendues magnifiques, avec la plage de Lies d'abord puis, surtout, la plage de sable de Pachia Ammos, paradis des nudistes et des campeurs. On y accède par un sentier à flanc de colline au bout de la plage de Lies. Les eaux y sont d'une clarté féerique. Attention aux pieds : le sable est bouillant en journée.

HOTEL ROMANTZO €

✆ +30 22420 31340

Chambre double à partir de 40 € en été, avec le petit-déjeuner. Wifi gratuit.

A 100 m du port, juste à la sortie de Mandraki, il s'agit d'un hôtel modeste mais correct et bon marché. Cet établissement familial propose des chambres doubles mais aussi des studios avec kitchenette et même quelques appartements. Toutes les chambres disposent d'un balcon avec vue sur la mer. Elles sont spacieuses et propres, meublées simplement mais avec tout le confort nécessaire. Le bon petit-déjeuner est servi sur la terrasse commune, agréablement ombragée. Le centre de Mandraki est situé à tout juste 5 minutes de marche.

HOTEL THREE BROTHERS €

✆ +30 22420 31344

http://nisyros3brothers.com

Chambre double à partir de 45 € en été, petit-déjeuner en supplément.

Cet établissement agréable est situé juste à la sortie du port de Mandraki, donc hors du village mais face à la mer. Simple, il est très bien tenu et apprécié d'une clientèle d'habitués qui reviennent chaque année. Vous pourrez prendre le petit-déjeuner au café attenant. Une adresse familiale et conviviale, proche de l'arrêt de bus central. Pour la petite histoire, Maria, la maman de la famille, est une légende sur l'île pour son « Xenia », son établissement inauguré dans les années 1970. Aujourd'hui, ses fils continuent d'offrir la même authenticité.

PORFYRIS €

✆ +30 22420 31376

www.porfyrishotel.gr

Chambre double à partir de 50 € en été, petit-déjeuner inclus.

Étonnamment, cet établissement en plein cœur de Mandraki abrite une petite piscine agréable, à l'eau de mer. L'accueil y est chaleureux et vous trouverez sans doute l'un des meilleurs rapports qualité-prix de l'île. L'hôtel se compose d'une quarantaine de chambres, avec salle de bain privée, climatisation, réfrigérateur et balcon pour chacune. Chambres propres, agréables et confortables. Au rez-de-chaussée, vous trouverez un bar-salon et un espace petit-déjeuner. Vous pouvez également vous détendre sur la belle véranda ou près de la piscine.

TA LIOTRIDIA €

Sur le front de mer

✆ +30 22420 31580

www.nisyros-taliotridia.com

Chambre double à partir de 60 € en été, petit déjeuner en supplément.

Sur le front de mer du vieux Mandraki, Ta Liotrida est à la fois un café-bar, une taverne-restaurant et une pension qui loue une poignée de chambres traditionnelles. Belle auberge en pierre, au style rustique et avec vue sur mer. Au café restaurant au rez-de-chaussée, on vient le matin prendre un très bon petit déjeuner, on reste pour le café en journée puis pour l'apéritif et le dîner le soir. En bref, on a parfois du mal à décoller de ce lieu face aux vagues, au service charmant et professionnel. Des maisons d'hôtes traditionnelles de charme.

AFRODITI €

Pali

✆ +30 22420 31560

Ouvert tous les jours, midi et soir. Comptez 20 € par personne.

Cette taverne familiale dans le petit port de Pali est spécialisée dans les plats et *mezzedes* de poissons et fruits de mer. Vous y mangerez de délicieuses petites crevettes relevées et un calamar frit d'une fraîcheur parfaite. Le tout à accompagner de fromage au miel, beignets de courgettes et autres petits plats généreux et savoureux. Les portions sont conséquentes, c'est parfait pour partager à plusieurs, autour d'une bouteille d'ouzo ou de raki. L'ambiance est décontractée, le service chaleureux : c'est décidément une bonne adresse.

APOLOLI KORI €

✆ +30 22420 31024

www.apololi-kori.com

Ouvert tous les soirs sauf mercredi à partir de 19h30. Comptez 25 € par personne.

Il faudra penser à réserver pour profiter de cette adresse vraiment charmante, mais rarement ouverte, dans une des ruelles du village de Mandraki, du côté de Panaghia Spiliani. C'est qu'ici on fait attention avant tout à la qualité et la fraîcheur des produits, bien plus qu'au nombre de couverts que l'on pourra enchaîner dans la saison. Vous y découvrirez une délicieuse cuisine grecque et méditerranéenne à base de produits locaux, à déguster dans l'adorable jardin à l'arrière de la maison. Le menu est plus raffiné et recherché que dans la majorité des tavernes.

CAPTAIN'S TAVERNA €

Pali

✆ +30 22420 31016

Comptez 20 € par personne. Ouvert tous les jours, midi et soir.

Cette taverne sur la marina de Pali est une très bonne option pour goûter certaines spécialités de Nissiros, notamment les produits de la mer et les *pythies,* sorte de version locale d'un falafel, à base de pois chiches et d'oignons. Choisissez le poisson de la pêche du jour - en confirmant, comme toujours, le prix de la bête sélectionnée avant de commander - pour un repas ultra frais. Le service de George et son équipe est chaleureux. On regarde les voiliers amarrés au port et on se laisse envoûter par la mer Egée et le temps qui s'écoule, doucement.

OASIS €

Plage de Lies

✆ +30 69740 51010

Ouvert tous les jours, midi et soir. Comptez 15 € par personne.

Ce restaurant de plage, ouvert uniquement en été, est installé sur la longue plage de Lies, avant que la route ne se finisse et qu'un sentier piéton prenne le relais jusqu'à la plage de Pachia Ammos. C'est le point de rendez-vous des campeurs qui viennent ici casser la croûte et prendre une douche. Au-delà de l'ambiance particulièrement détendue et du cadre admirable, vous mangerez vraiment très bien. Mention spéciale pour les pois chiches au four et les viandes grillées. Le service est sympathique et la qualité des produits est au rendez-vous.

PANORAMA €

A 100 mètres de la place principale.

✆ +30 22420 31185

Comptez 15 € par personne. Ouvert tous les jours, midi et soir.

Cette taverne familiale située dans une des rues à l'arrière de Mandraki est un établissement tout de ce qu'il y a de plus traditionnel. On y mange dehors, sur une terrasse ombragée, des plats simples et délicieux : boulettes farcies maison, fromage local, charcuterie, betteraves rouges à l'aïoli... Aucune prétention ici, on maintient les bonnes vieilles recettes d'antan et c'est très bien comme cela. Une taverne qui propose des plats, sans chichis, comme à la maison. Le service est également sans fioritures, simplement agréable.

KAMINI

✆ +30 69813 98254

Ouvert tous les jours sauf le dimanche de 10h à 14h.

Ce très joli atelier de céramique propose quelques créations originales, très réussies, à la vente dans le «triangle d'or» de Mandraki, à savoir le temple du bon goût que se partagent Kamini, la boutique de vêtements Loles Kores en face et le restaurant ApoLoli Kori à côté. Vous y trouverez quelques pièces délicates à rapporter en cadeau ou en souvenir pour chez vous : tout est vraiment très beau, que ce soit les plats et assiettes ou les tasses, bols et carafes. Une belle manière de soutenir les artistes de l'île et l'artisanat local.

NIKIA ★

Perchés sur la caldeira, à l'intérieur des terres, les villages de Nikia et Emborios semblent s'accrocher au bord du précipice, offrant un balcon sur le volcan. A Nikia, arrêtez-vous au musée volcanologique et sur Porta, la place centrale avec ses mosaïques de galets et sa touchante église. Un petit café sur la place constitue une pause agréable. Emborios, plus petit et à peine habité, est également charmant : un beau village endormi, gardé par un kastro médiéval. Un sentier relie les deux villages en 50 minutes environ, à flanc de caldeira. Le mont Profitis Ilias, point culminant de l'île, se dresse à près de 700 m en face de ces villages, bien frêles en comparaison.

MUSÉE VOLCANOLOGIQUE

✆ +30 22420 31400

Ouvert tous les jours sauf le dimanche de 9h à 19h. Entrée 4 €.

Ouvert en 2008 dans l'ancienne école de Nikia, ce musée se situe à l'entrée du village qui domine le cratère. On y apprend comment s'est formé le volcan de Nissiros et ses spécificités géologiques. Des explications en anglais facilitent la compréhension. Les enfants apprécieront particulièrement cette visite intéressante. Les cars de touristes en excursion à la journée débarquent à partir de 11h environ, puis régulièrement au fil de la journée, donc, pour une visite tranquille, venez à l'ouverture : vous serez seul pour profiter des lieux.

VOLCAN ★★

A partir de 9h, entrée payante 3 € entre 9h et 16h30. Entrée libre sinon.

Vous pouvez observer cinq cratères dont le plus grand, Stefano, fait 260 m de diamètre pour une profondeur de 60 m. Vous accédez au fond du cratère par un petit escalier. La dernière activité notable date de 1933 (la dernière éruption remonte à il y a environ 15 000 ans soit récemment à l'échelle du temps géologique), mais le monstre émet constamment des fumerolles multicolores et l'odeur de soufre est omniprésente. Il faut à peu près 40 minutes pour traverser le cratère. Evitez les heures chaudes : il fait une chaleur infernale dans cette cuvette brûlée !

MELANOPETRA €€€

Emborios

✆ +30 69780 60289

www.melanopetra.gr

Appartement à partir de 150 € en été. Wifi gratuit.

Nissiros est réputée pour ses établissements économiques, sans chichis ou recherche en termes d'esthétique. Cette magnifique villa sort du lot : habitat traditionnel d'Emborios, elle a été intégralement rénovée par la propriétaire des lieux, architecte, avec un goût parfait. Soutenue dans son projet écoresponsable par l'UE, elle a mis l'accent sur la sobriété et l'élégance des matières brutes. Divisée en deux appartements complètement équipés, la villa offre une terrasse magnifique sur tous les environs et la mer. Pour ceux qui recherchent un splendide isolement.

TAVERNA TO BALKONI TOU EMPORIOU €

Emborios

✆ +30 22420 31607

http://balkoni-nisiros.com

Ouvert tous les jours, de 9h à 23h en saison. Comptez 15 € par personne.

Cette adresse à couper le souffle est la seule qui bénéficie d'une vue en surplomb sur toute la caldeira : situé dans le village d'Emborios, le Balcon porte bien son nom ! Au-delà de la vue exceptionnelle, on y vient pour la bonne cuisine maison qui fait la part belle aux plats traditionnels de Nissiros, dont les plats de chevreau farci ou les fleurs de courgette farcies au fromage. Goûtez les *pithies*, le plat de pois chiches que vous ne trouverez pas ailleurs dans le Dodécanèse.

TO APOSPERI

Emborios

✆ +30 2242 031022

Ouvert tous les jours de 11h à minuit, en saison.

Ce sympathique café-bar et *mezzedopoleio* est le dernier arrivé à Emborios. L'équipe, jeune et dynamique, a créé un lieu ouvert et moderne, où l'on se retrouve à toute heure de la journée ou en soirée, à l'ombre de la terrasse, ou sur les tabourets hauts qui jouissent d'une vue magnifique sur la mer. On y sert de bons petits-déjeuners, des cafés *freddo* dignes de ce nom et des *mezzedes* frais et savoureux. Le soir, des concerts sont parfois organisés. Certaines fêtes se poursuivent tard dans la nuit, notamment les soirs de pleine lune.

Village de Nikia.

CHORA ★

La Chora d'Astypalaia est l'un des plus jolis villages du Dodécanèse : la ville haute, organisée autour de la forteresse médiévale, semble dégringoler la colline coiffée de huit anciens moulins à vent, jusqu'au port de Pera Gialos. C'est un amphithéâtre de maisons éclatantes et immaculées qui se détache sur le fond azuré des mers. Il n'y a pas grand-chose à faire en soi dans Chora, mais on prendra le temps de flâner, de s'extasier sur les panoramas, de monter et descendre sans fin dans des ruelles étroites, qui rappellent les villages cycladiques… En contrebas, la plage du port de Pera Gialos est petite et sans grand intérêt mais vous pourrez vous y rafraîchir ou prendre un verre les pieds dans l'eau. En 2021, le gouvernement grec et l'entreprise Volkswagen ont choisi Astipalaia pour lancer un projet pilote d'autonomie et de neutralité énergétique, passant par des solutions innovantes de production d'énergie verte (photovoltaïque et éolienne). La première étape de cette transition énergétique passe par le renouvellement du parc automobile vers le tout-électrique.

Se loger

Les prix de l'hébergement ont flambé à Astipalaia, à la faveur du boom touristique que connaît l'île depuis quelques années. Les établissements simples de type studio ont tous rénové leurs chambres pour coller au modèle «suites luxe de style cycladique». Depuis, à Chora et Pera Gialos, il est de plus en plus difficile de trouver des bons plans en saison malheureusement.

Transports

Très excentrée par rapport aux autres îles du Dodécanèse, Astypalaia offre peu de connexions maritimes avec celles-ci, même si depuis 2021 elle est enfin reliée par les hydroglisseurs de Dodekanisos Seaways deux fois par semaine. Elle est parfois plus accessible depuis les Cyclades. Par ailleurs, pour un court séjour, mieux vaut privilégier un voyage en avion pour ne pas perdre trop de temps en mer. Sky Express propose plusieurs liaisons aériennes par semaine entre Athènes et Astypalaia (60 minutes). Situé à 8 km de la ville, l'aéroport d'Astipalaia est relié en bus en été. Sinon, la course en taxi coûte environ 10 €. Blue Star Ferries assure une traversée en ferry quatre fois par semaine avec Le Pirée (10 heures). Enfin, la compagnie ANEK assure une liaison une à deux fois par semaine avec Kalymnos (traversée 3h30), par le ferry local Nissos Kalymnos.

Sur place, une route asphaltée relie Chora à l'aéroport et aux villages principaux de l'île : elle est desservie par un bus (environ toutes les heures de 7h à 18h). En revanche, il y a peu de taxis sur l'île : on les trouve souvent à l'arrivée de l'avion mais mieux vaut les réserver à l'avance. La solution la plus pratique pour se déplacer sur l'île reste la location d'une voiture : attention, certaines routes sont peu voire pas praticables sans 4 x 4.

Chora de Astypalaia.

FORTERESSE VÉNITIENNE ★

Entrée libre.

Construite par les Vénitiens au XIVe siècle, la forteresse domine Chora et le port de Pera Gialos. A l'origine, tous les habitants de l'île vivaient au sein de ses murailles. Au faîte de sa gloire, la ville fortifiée a abrité 4 000 âmes. Au fil des siècles, la cité s'est agrandie hors des murailles. Aujourd'hui, on visite la vieille ville vénitienne ou ce qu'il en reste depuis le tremblement de terre de 1956, notamment la tour défensive côté sud, appelée *serai*, ainsi que l'église de la Vierge-du-Château (1853) et l'église Saint-Georges (1790).

EXCURSION EN BATEAU ★

Départs à 11h de Pera Gialos. Billet 20-80 € selon l'option choisie.

Vous pourrez emprunter un caïque pour rejoindre les îlots sauvages et inhabités qui parsèment l'horizon et les alentours. Il faut compter environ une heure pour atteindre Kounoupa, peut-être l'îlot le plus impressionnant avec ses plages de sable blanc qui se jettent dans une eau turquoise et translucide, au niveau de l'isthme qui étrangle l'île. Koutsomitis éblouit également avec ses eaux émeraude et cristallines. Les bateaux quittent Pera Gialos à 11h et reviennent vers 18h. Pour une option plus économique, préférez le *Thalassopouli* de Yiannis (+30 6974436338).

ANEMOMILOS STUDIOS €

✆ +30 22430 61767

www.astypalaia-anemomilos.com

Chambre double à partir de 70 € en été. Wifi gratuit.

Dimitris propose ici quelques studios sur les hauteurs de Chora, à 5 minutes à pied de la place principale et des moulins. C'est un plaisir de regarder le soleil se lever sur la ville, le kastro et la mer depuis son balcon : tout le charme d'Astipalaia est là ! Dimitris est un hôte prévenant et accueillant : n'hésitez pas à lui demander des conseils sur l'île. Les studios avec kitchenette sont immaculés et offrent des intérieurs simples et agréables, de style cycladique. L'ensemble est d'une propreté impeccable. Une bonne adresse dans Chora.

ASPRO MPLE STUDIOS €

✆ +30 22430 61643

www.aspro-mple.gr

Studio pour deux à partir de 80 € en été, sans petit-déjeuner.

Aspro Mple (prononcez «aspro blè»), signifie «Blanc Bleu» et l'on comprend bien pourquoi lorsqu'on se retrouve dans le blanc immaculé de cet établissement perché sur les hauteurs de Chora, qui ouvre sur le bleu de la mer et du ciel à l'infini. Les vues sont magnifiques, notamment sur le kastro, et vous ne vous en lasserez pas depuis le balcon de votre chambre. Les studios, agréables, spacieux et équipés d'une kitchenette, sont très propres. On apprécie l'accueil chaleureux : n'hésitez pas à demander des conseils sur l'île à vos hôtes.

ASTYPALAIA CAMPING €

Après la poste et le centre de soins en descendant de Chora, près d'un arrêt de bus.

✆ +30 22430 61900

www.astypalaiacamping.gr

Du 1er juin au 15 septembre. 30 emplacements. A partir de 7 € par personne, 2 € l'emplacement, voire gratuit (en juin).

C'est le seul camping sur l'île, il se trouve à proximité d'une plage, de l'autre côté de la route, entre Chora et Maltezana (à 2,5 km). Un service de transfert entre le débarcadère et le camping fonctionne en saison. Les équipements sont de qualité, les toilettes et douches communes sont très propres, les emplacements pour les tentes sont bien ombragés et l'accueil est chaleureux. En saison, ceux qui recherchent le calme et la sérénité passeront leur chemin : des soirées, concerts et fêtes sont organisés jusqu'aux petites heures du matin.

HOTEL PARADISSOS €

Pera Gialos, sur le port.

✆ +30 22430 61224

Chambre double à partir de 80 € en saison, petit-déjeuner inclus.

L'hôtel Paradissos est un petit établissement familial qui jouit d'un emplacement idéal sur le port de Pera Gialos. Les 18 chambres offrent tout le confort nécessaire et disposent d'un balcon avec vue sur la mer et le port. Spacieuses, elles ont été rénovées récemment et sont d'une propreté immaculée. C'est un régal de prendre le petit-déjeuner sur la grande terrasse, face à la mer. Frangiskos, le propriétaire, se fera un plaisir de vous faire découvrir son île si vous lui demandez conseil : il possède également l'agence de voyage située en contrebas.

ANATOLI LUXURY STUDIOS & SUITES €€

✆ +30 6973546118
www.anatoliluxurystudios.com
Studio pour deux à partir de 125 € en été, petit-déjeuner inclus. Wifi gratuit.

Ces quelques suites et studios élégants sont installés sur les hauteurs de Chora, et offent une vue splendide sur la forteresse. Attention : il faut grimper de nombreuses marches pour rejoindre cet établissement perché. Les chambres sont d'une propreté remarquable et très joliment décorées, dans un style moderne et chaleureux à la fois. Le petit-déjeuner maison est délicieux et on apprécie la gentillesse d'Antonis, le propriétaire des lieux. Depuis la rénovation, les prix ont flambé.

ONEIRO SUITES €€

Chora
✆ +30 69701 01410
www.oneiro-suites.gr
Chambre double à partir de 100 € en été, avec un minimum obligatoire de séjour de trois nuits.

Ce complexe de suites a été rénové récemment : l'occasion également de faire grimper les prix ! L'ensemble est moderne, élégant et parfaitement équipé. On ne manquera pas la vue imprenable sur la mer, notamment au moment du lever du soleil, au réveil. Mention spéciale pour le petit-déjeuner, très réussi, qui peut être servi dans la chambre : quel bonheur de se réveiller tranquillement le matin, confortablement installé sur son balcon avec cette vue exceptionnelle sur le kastro et Chora. Cet établissement ne reçoit que les adultes pour garantir le calme de chacun.

THOLARIA BOUTIQUE HOTEL €€

A mi-chemin de Chora et Livadia
✆ +30 22430 62072 - www.tholaria.gr
Chambre double à partir de 105 € en été, petit-déjeuner compris. Ouvert toute l'année.

Voilà un endroit remarquable qui offre une vue splendide sur le kastro et la mer. Au choix : des studios et suites impeccablement décorés dans un style moderne et élégant. Ils sont tous équipés d'une kitchenette et d'un agréable balcon extérieur. A noter également : le petit-déjeuner, excellent, où sont proposés pâtisseries et feuilletés maison. Le service est professionnel et attentionné, l'accueil est parfait. La piscine est un plus pour ceux qui voudront s'y prélasser, en surplomb de la mer, sans descendre à la plage voisine de Livadia.

CHRYSALIS BOUTIQUE HOTEL €€€

Pera Gialos
✆ +30 2243062221
chrysalishotel.eu
Chambre double à partir de 150 €, petit-déjeuner inclus. Wifi gratuit.

Ce bel établissement est situé à l'entrée de Pera Gialos, à la fois à proximité de l'animation du village et en retrait du bruit. Construit en surplomb de la mer, cet hôtel de charme jouit d'un emplacement exceptionnel, avec vue imprenable sur la mer, le kastro et la baie de Pera Gialos dont les maisons blanches montent à l'assaut de Chora. Les chambres sont spacieuses et d'un confort parfait. Pour assurer le calme absolu à ses hôtes en quête de sérénité, l'hôtel immaculé est réservé aux adultes. Vous y passerez un séjour luxe et repos, dans un cadre enchanteur.

PYLAIA BOUTIQUE HOTEL €€€

✆ +30 22430 61001
www.pylaiahotel.gr
Chambre double à partir de 150 € en saison, petit-déjeuner inclus. Wifi gratuit.

Le Pylaia est un établissement magnifique et d'un calme absolu, idéal pour ceux qui recherchent une retraite zen et confort. L'hôtel est situé à quelques minutes de Chora, sur la route qui mène à Livadia. Il propose des chambres luxueuses et des suites modernes et immaculées, au design élégant. Certaines disposent de balcons offrant des vues à couper le souffle : n'hésitez pas à les réserver en priorité. La piscine est agréable. Le tout est accompagné d'un service irréprochable et chaleureux. Le spa pourra compléter ce séjour romantique et serein.

TURQUOISE €

Pera Gialos

✆ +30 22430 62286

Ouvert tous les jours après 19h. Comptez moins de 10 €.

Cet adorable snack-bar est situé en retrait de la plage, dans une petite rue du port. Vous y mangerez de délicieux falafels et autres spécialités d'inspiration orientale dans une ambiance jeune et conviviale. Une bonne adresse pour casser la croûte avec de délicieux *lahmajoun* ou *peynirli*, sortes de tartes ou pizzas à la turque. Les options véganes ou végétariennes ne manquent pas pour ceux qui ne consomment pas de viande ou de poisson. Tout est frais et d'une simplicité désarmante de saveurs. Parfait pour commencer la soirée en douceur.

MAISTRALI TAVERNA €

Pera Gialos

✆ +30 22430 61691

Ouvert tous les jours midi et soir, en saison. Comptez 20 € par personne.

Cette petite taverne conviviale est située légèrement en retrait du front de mer, à Pera Gialos. On y mange une bonne cuisine généreuse, servie avec le sourire. Les habitués ne s'y trompent pas, qui reviennent ici plusieurs fois au cours de leurs séjours, selon les arrivages de poisson. En effet, ici il faut passer commande pour réserver la pêche du jour, que l'on vous servira parfaitement grillée et simplement accompagnée de bons légumes frais. N'hésitez pas à faire comme eux et à réserver les plats de poissons à l'avance. Les desserts sont gourmands, un plus !

AKROGIALI €

Pera Gialos

✆ +30 22430 61863

Comptez 20 € par personne. Ouvert tous les jours pour le déjeuner et le dîner en saison.

La taverne Akrogiali étale ses petites tables directement sur la plage de Pera Gialos, face à la roche imposante du château médiéval et des hauteurs de Chora : ne serait-ce que pour ce cadre exceptionnel, vous serez ravi d'avoir dîné ici au moins une fois au cours de votre séjour ! Côté gastronomie, la carte ne propose rien d'extraordinaire mais une cuisine simple et réconfortante : rien de tel pour se remettre d'une dure journée de vacances. On y viendra pour son atmosphère familiale en journée et pour son ambiance romantique en soirée.

AGONI GRAMMI €€

Chora

✆ +30 2243 062102

Ouvert tous les jours à partir de midi. Comptez 25 € par personne.

Depuis des années, Maroula s'est fait une réputation - justifiée - de reine des pâtes fraîches. Elle fait à la main tous les *makarounes* et *trachanes* qu'elle prépare à toutes les sauces, pour notre plus grand bonheur. Le grand classique de l'île, les pâtes au homard, est bien évidemment représenté, mais vous pourrez également goûter à de plus humbles mais tout aussi succulents plats traditionnels, comme les *makarounes* à l'ail et à la tomate. Elle utilise aussi savamment le fameux safran sauvage d'Astipalaia, dans ses risottos notamment.

BARBAROSSA €

Chora

✆ +30 22430 61577

Comptez 20 € par personne. Ouvert tous les jours midi et soir en saison.

Il y a quelques tavernes qui valent le coup dans Chora : vous ne serez pas déçu de la bonne chère familiale et traditionnelle servie ici. La spécialité : les ragoûts ou plats de viande en sauce. On goûtera notamment à un bon *kleftiko* de chevreau, cuit au four. Évitez en revanche les plats de poissons qui ne sont pas particulièrement bien préparés, même s'ils sont corrects. On ne peut pas être bon dans tout : ici on vient pour la viande, avant tout. La jolie terrasse ombragée, située un peu à l'écart des autres restaurants, est très agréable.

AKTI RESTAURANT €€

Pera Gialos

✆ +30 6987 502587

www.akti-restaurant.gr

Comptez 30 € par personne. Ouvert tous les soirs, à partir de 17h en saison.

Niché dans l'hôtel du même nom, ce restaurant se trouve pratiquement à la sortie du port, en direction de l'aéroport. Il est installé en bord de mer dans un site exceptionnel : la vue sur l'horizon et sur la forteresse est splendide. Côté cuisine, on trouve une carte raffinée, préparée avec recherche et finesse. Les poissons fraîchement pêchés avec le caïque de la maison sont exceptionnellement cuisinés (faites-vous confirmer le prix de la bête avant de passer commande pour éviter les additions salées non anticipées) mais tous les plats proposés valent le détour.

ARCHIPELAGO CAFÉ

Chora

✆ +30 2243 061889

Ouvert tous les jours de 10h au dernier client, en saison.

Ce joli et agréable café est situé à la sortie de Chora, sur la route qui mène à Livadia : la vue sur l'arrière du kastro est magnifique depuis la terrasse ombragée et sereine. Sans oublier, il va sans dire, les panoramas sur les flots bleus qui s'étendent à perte de vue. On y vient notamment pour ses desserts et autres créations sucrées, réputés dans toute l'île, avec raison ! Un autre atout majeur de ce lieu convivial : son emplacement idéal pour voir la pleine lune monter sur la forteresse. Un moment magique à ne pas rater, si vous en avez l'occasion.

ARGO KAFENEIO

Pera Gialos

✆ +30 22430 59854

Ouvert tous les jours de 10h au dernier client, en saison.

Ce café-ouzerie est situé à mi-chemin entre le port de Pera Gialos et les hauts de Chora, à côté d'une pharmacie. Toute la jeunesse locale s'y presse en soirée pour partager quelques délicieux *mezzedes* et de quoi se désaltérer, souvent à grand renfort de raki ou d'ouzo. Goûtez notamment aux champignons marinés ou aux succulents beignets de courgette. Musique *live* et rebetiko sont organisés régulièrement et, parfois, la danse prend le pas. L'occasion idéale de découvrir les classiques de cette musique populaire grecque. Un lieu à l'ancienne.

CASTRO BAR

Chora

✆ +30 694 676 1230

Ouvert tous les soirs à partir de 18h, en saison.

C'est le bar de nuit le plus réputé d'Astypalaia et on comprend facilement pourquoi : situé juste à l'extérieur des murailles de la forteresse, il jouit d'un emplacement idéal. On profite de la vue exceptionnelle sur l'horizon depuis ces hauteurs où l'on se retrouve toute la nuit pour partager un cocktail bien équilibré entre amis. La musique est de qualité et on aime l'ambiance conviviale qui y règne tous les étés. Concerts de musique live et DJ sets s'enchaînent tous les soirs : on optera pour la jolie terrasse au frais ou la salle intérieure, pour danser.

KARAI CAFÉ

Chora

✆ +30 22430 61282

Ouvert du petit-déjeuner jusqu'au dernier client, en saison.

C'est un *kafeneio* idéalement situé où aiment à se retrouver à toute heure de la journée les habitants de Chora. Un moment magique à partager dans un cadre magnifique, au pied de la citadelle et face à l'infini de la mer. A l'ombre des grands arbres, on s'installe en terrasse pour un café frappé en journée ou un verre de tsipouro une fois la nuit venue. C'est également une bonne adresse pour prendre un petit-déjeuner et bien commencer la journée, au calme. En revanche, n'attendez pas grand-chose des quelques plats et *mezzedes* proposés à midi et le soir.

KOLOKYTHA

Pera Gialos

✆ +30 22430 62141

Ouvert tous les jours, de 7h à 1h du matin.

Cet agréable café est situé en surplomb de la petite marina de Pera Gialos : on profite de la terrasse ombragée pour regarder le soleil se lever à travers les mâts ou pour se protéger des rayons lorsqu'il est déjà bien haut, après une grasse matinée. Rendez-vous des équipages de plaisance, on y trouve une ambiance détendue et conviviale. On y vient pour le petit-déjeuner ou pour les gâteaux en journée (mention spéciale pour les cheesecakes), à accompagner d'un *freddo* digne de ce nom dans le port. Hors saison, les jeunes parents d'Astipalaia aiment s'y retrouver.

MELTEMI

Chora

✆ +30 22430 61479

www.meltemi-naxos.gr

Ouvert tous les jours à partir de 8h et jusqu'au dernier client.

Ce café moderne, apprécié des locaux, est situé à Chora en face des moulins. L'agréable terrasse ombragée est idéale pour faire une pause au frais en journée ou pour prendre l'air une fois la nuit venue. Les lieux sont réputés pour le petit-déjeuner : goûtez aux très bons *pougia* maison, les petits pains fourrés typiques d'Astypalaia. Vous pourrez également commander un espresso ou un cappuccino *freddo* digne de ce nom. Enfin, les desserts et les sucreries sont remarquables, parfaits pour le goûter. C'est l'un des rares établissements restant ouvert toute l'année.

LIVADIA

La baie de Livadia, située à 2 km au sud de la péninsule dominée par la forteresse de Chora, ressemble à un vaste jardin avec ses orangers, ses vignes et ses fleurs. Ce petit village balnéaire propose quelques tavernes en bord de mer, où il est très agréable d'aller déjeuner ou dîner, ainsi qu'une poignée d'hôtels et studios qui pourront plaire aux vacanciers qui recherchent un accès direct à la plage. Vous pourrez vous baigner agréablement dans la large baie, avec vue sur la forteresse vénitienne, ou emprunter les routes qui rejoignent les plages du sud de l'île, dont la belle plage d'Aghios Konstantinos ou, plus difficilement accessible, la plage de Vatses.

PLAGES

▶ **Livadia** abrite une grande plage familiale et organisée, au sud de Chora. Située de l'autre côté de la péninsule coiffée de la citadelle vénitienne, c'est la plage la plus facilement et rapidement accessible depuis la ville haute : à ce titre, elle est très visitée. Vous y trouverez tavernes, restaurants et commerces en bord de mer, et des transats et des parasols sur la plage de petits galets. On apprécie de nager en admirant le kastro.

▶ **En suivant la côte vers le sud,** plusieurs plages de galets s'enchaînent, dont une, petite, pour naturistes (**Tzanaki**), qui bénéficie de la vue sur le kastro. En longeant la côte, vous atteindrez ensuite la plage d'**Agios Konstantinos**, ombragée et agréable. C'est une plage de sable où vous trouverez une taverne et un bar de plage avec transats.

▶ **Au sud-ouest de l'île,** les plages se font plus sauvages et difficiles d'accès mais certaines valent vraiment un petit effort. La plage de **Vatses**, d'abord, est l'une des plus belles de l'île. Vous pourrez y boire de délicieux cocktails au bar de la plage. Plus vers l'ouest, la plage de **Kaminakia** est une plage de sable et de galets aux eaux turquoise. Déjeunez à la taverne de Linda (+30 6972290088, ouverte en été, paiement en espèces uniquement) et goûtez à la *sykotaria stifado* (foie d'agneau préparé traditionnellement) et à la chèvre rôtie aux tomates. Enfin les plages d'**Aghios Ioannis** (du nom de la chapelle en surplomb) et de **Panormos** sont très difficilement accessibles mais vous y serez seul au monde. Il n'y a ni taverne ni parasols.

FILDISI BOUTIQUE HOTEL €€€

Excentré au sud de Livadia, à proximité de l'hôtel Architektoniki.

✆ +30 22430 62060

www.fildisi.net

Chambre double à partir de 150 € en été. Petit-déjeuner inclus.

Le Fildisi Boutique Hotel est un petit bijou à proximité de la baie de Livadia qui pèche un peu par son manque d'infrastructure hôtelière confortable. Légèrement isolé sur les hauteurs à la sortie du village, vous trouverez ici tout ce qui se fait de mieux en termes d'hôtellerie de luxe. Les chambres sont magnifiquement décorées, immaculées, et d'une propreté irréprochable, bien évidemment. Le service est professionnel et attentionné et la piscine à débordement semble flotter entre ciel et mer. Un petit paradis qui se paie, avec vue sur la forteresse en prime.

GERANI €

✆ +30 22430 61484

www.astypalaiagerani.gr

Comptez 20 € par personne. Ouvert tous les jours, midi et soir en saison. Studio pour deux à partir de 80 € en été.

Le Gerani est une valeur sûre depuis plusieurs années : dans cette taverne de poissons, on mange une cuisine familiale et copieuse servie dans une ambiance chaleureuse. Essayez notamment les beignets de fleurs de courgette pour accompagner un délicieux poisson grillé du jour (vérifiez le prix). L'établissement situé légèrement en retrait de la plage de Livadia propose également des studios propres et confortables, agréablement lovés dans la verdure d'un beau jardin ombragé. Ils ont été récemment rénovés et offrent un très bon rapport qualité-prix à Livadia.

ASTROPELOS €€

✆ +30 22430 61473

Comptez 25 € par personne. Ouvert tous les jours en saison, midi et soir.

Un agréable emplacement, en particulier le soir, avec vue sur le château vénitien éclairé qui domine la baie tranquille de Livadia. Également très agréable en journée, entre deux baignades à la plage. Vous trouverez ici de très bons calamars grillés et autres classiques de la cuisine grecque, avec aussi quelques touches d'originalité comme le *ceviche* du jour, selon les surprises de la pêche du matin (vérifiez le prix). A midi, vous pourrez aussi vous contenter d'une *tyropita* (friand au fromage) et d'une salade fraîche, en regardant le va-et-vient des vagues.

MALTEZANA ★

De l'autre côté du Steno, l'isthme qui sépare les deux ailes du papillon, Maltezana est un charmant village de bord de mer. Son nom lui vient sans doute des pirates maltais qui utilisaient régulièrement les lieux comme base pour sillonner les environs, pendant la période byzantine. Vous entendrez également le nom d'Analipsi que lui avaient donné les Italiens, pendant l'occupation. Aujourd'hui, les deux sont utilisés indifféremment. Aussi plat et verdoyant que la capitale est pentue et aride, ce village de pêcheurs (vous les verrez tous les jours étendre leurs filets) est réputé pour la qualité de ses poissons. Il donne accès à la région septentrionale d'Astipalaia et vous trouverez quelques plages agréables dans les environs. La moitié nord d'Astipalaia est un peu plus verte que le reste de l'île, elle est aussi un peu hors du temps. Qu'il s'agisse de Maltezana ou du minuscule ancrage de Vathi, on est encore loin de l'animation touristique que connaissent Chora, son port et Livadia.La région de Vathi est particulièrement remarquable à ce niveau-là, avec peu de visiteurs qui s'aventurent dans ce fjord à la grecque. A environ 2h de marche vers le nord, les plus courageux pourront pénétrer dans la Cave du Dragon, avec ses stalagmites et stalactites impressionnantes.

PLAGES

- **En direction de Maltezana,** vous trouverez une série de criques et rochers agréables dont **Plakes** ou **Steno**, apprécié des familles pour sa plage de sable et sa délicieuse paillote (+30 698 069 9394). **La baie de Maltezana** ou **Ble Limanaki** sont de belles options.
- **En remontant vers le nord,** la côte, exposée au *meltemi*, n'est pas praticable pour la baignade. A **Vathi**, la baie, belle et isolée, n'a pas de fond et n'est pas propice à une baignade agréable. En revanche, rendez-vous à la taverne Galini (+30 22430 61201) pour du poisson frais dans une ambiance d'un autre temps.

AKROTIRI STUDIOS €

✆ +30 22430 61586
akrotiristudios.gr

Studio pour deux à partir de 60 € en été, sans le petit-déjeuner. Wifi gratuit.

Sûrement l'un des plus beaux emplacements à Maltezana, directement sur la mer et le petit port tranquille. On aime que cet établissement soit resté raisonnable sur les prix pratiqués, tout en offrant le meilleur d'Astipalaia : des vues superbes, un accueil impeccable, une simplicité tranquille et la mer, la mer, la mer. Pas de chichis ici, mais un établissement honnête, qui ne fait pas la course à la surenchère comme d'autres hôtels de l'île. Pour un séjour au calme, les pieds dans l'eau et la tête dans le bleu du ciel. On aime cette adresse.

Maltezana.

MALTEZANA BEACH HOTEL €

Sur la plage

✆ +30 22430 64040

www.maltezanabeach.gr

Chambre double à partir de 75 € en été, avec le petit-déjeuner.

Il s'agit de l'un des plus gros complexes hôteliers de l'île... bien qu'il ne compte qu'une trentaine de chambres et une poignée d'appartements et de suites ! Ce qui donne une indication du type de tourisme qui règne encore à Astipalaia, heureusement préservée des hordes de vacanciers. C'est un petit *resort* calme et soigné, situé en bord de mer. En plus d'offrir un accès privilégié à la plage, vous y trouverez une piscine et des jeux pour enfants, l'idéal pour les familles. Ceci étant dit, l'établissement en lui-même manque un peu de charme et de personnalité.

ASTIFAGIA €

Plage de Schinontas

✆ +30 22430 64004

Ouvert tous les jours de 9h à minuit en saison. Comptez 20 € par personne.

Cette taverne est située sur la plage de Schinontas, juste à la sortie du port de Maltezana. Vous mangerez ici une très bonne chère, préparée avec de bons produits, dans une ambiance conviviale et chaleureuse. Thanassis, le propriétaire des lieux, a compris comment satisfaire ses clients : la proximité immédiate d'une belle plage (avec parasols et transats si l'envie vous prenait), un service souriant et impeccable, et un menu d'une fraîcheur imparable. Le tout avec des prix qui restent raisonnables. C'est une belle adresse, où l'on aime revenir encore et encore.

TASOS €

Sur les hauteurs de Schinontas

✆ +30 22430 61529

Ouvert tous les jours, de midi à minuit en saison. Comptez 15 € par personne.

Ici on oublie le poisson frais et le homard qui font la renommée d'Astipalaia : chez Tasos, les stars du spectacle sont les grillades de viande. On y vient pour ses côtelettes d'agneau grillées à la perfection, les biftecks à la grecque (boulettes de viande) ou encore le chevreau. Le tout est divinement simple et savoureux, servi sur les hauteurs de la plage de Schinontas, à la sortie du village. On surplombe l'horizon, en dévorant toutes sortes de viandes. Végétariens s'abstenir : vous ne trouverez pas ici votre bonheur hors les légumes d'accompagnement.

ALMYRA €€

✆ +30 22430 61451

Ouvert tous les jours de 11h à 23h. Comptez 25 € par personne.

C'est certainement ici, sur le petit port de Maltezana, que vous mangerez les meilleurs poissons et fruits de mer de l'île. Parole d'initiés et de locaux, la taverne Almyra est réputée dans tout Astypalaia pour ses plats d'une fraîcheur indéniable et préparés avec un peu d'originalité. Ainsi, ne manquez pas le calamar accompagné d'*orzo*, sorte de risotto, à l'encre de seiche. Un délice avec vue sur mer. Certains poissons du jour au kilo peuvent être un peu plus onéreux, demandez le poids de la bête pour connaître le prix avant de passer votre commande.

MALTEZOS KAFENES

✆ +30 2243 064024

Ouvert tous les jours de midi à minuit. Comptez 10 € par repas.

Ce petit café-bar est l'un des plus authentiques de l'île et a su maintenir son ambiance décontractée et joviale malgré le boom touristique et bobo de ces dernières années. Situé en face de l'église de Maltezana, on vient ici pour socialiser tranquillement autour d'un vrai café grec en journée et autour d'un carafon d'ouzo ou de raki en soirée. Les *mezzedes* d'accompagnement sont très réussis, n'hésitez pas à commander encore et encore, surtout vu les prix tout doux. Certains soirs, l'ambiance est à la fête quand quelques notes de *rebetiko* sont lancées.

MARINOS CAFÉ

✆ +30 69777 46880

Ouvert tous les jours de 9h jusqu'à 23h.

C'est une institution dans le village : ce café-pâtisserie est notamment connu pour ses millefeuilles maison, habituellement préparés avec du caramel. On vient ici dans la journée pour se reposer sur la petite terrasse et goûter un des fameux desserts proposés avec un bon café frappé. Attention toutefois : les portions sont plus que généreuses, ce qui ravira les gourmands mais pourra en écœurer d'autres. Un conseil : commencez par partager, avant d'éventuellement recommander, c'est plus sûr ! Ambiance familiale et décontractée.

KOS VILLE ★★

Fondée en 366 av. J.-C., la cité antique de Kos était, selon Strabon, la plus belle ville côtière du monde : nombreux sont les sites archéologiques que l'on visite encore aujourd'hui. Kos-ville est noyée d'hibiscus rouges et bordée de palmiers, ses larges avenues pavées longent un front de mer aux superbes bâtisses italiennes, tandis qu'au cœur de la cité, ruines antiques et mosquées aux hauts minarets ravissent l'œil. La ville n'est pas très grande mais donne une impression de grandeur. Si la première impression que l'on reçoit en arrivant au port est l'austère forteresse des Chevaliers, ne vous y fiez pas : Kos est une ville gaie et nonchalante. Ultra touristique aussi, elle déborde un peu en saison : les amateurs de calme prendront une grande inspiration et resteront concentrés sur le patrimoine unique des lieux. La ville se visite à pied ou à vélo et les premières plages se trouvent à proximité, entre les grandes étendues de sable du nord de Kos-ville, dans la zone de Lambi, et les spots de windsurf et kitesurf exposés au vent, dans la zone de Psalidi, au sud. La côte est plate dans toute la zone, et des pistes cyclables permettent de joindre facilement les trois ensembles (Lambi, Kos-ville et Psalidi).

Sortir

La nuit dans la ville de Kos est particulièrement agitée et festive. L'activité nocturne se concentre autour des rues Plotarchou Blesa et Nafklirou, où se pressent les foules de touristes. Situé au sud du port, non loin de l'arbre d'Hippocrate, le quartier est surnommé Bar Street, pour des raisons évidentes. Pour ceux que le bruit gêne, évitez ce coin de la ville une fois la nuit tombée. Quand la Bar Street ferme ses portes, c'est le pèlerinage collectif vers les grands clubs de Lambi. La plupart des noctambules partageront les modiques frais d'un taxi, mais certains profiteront de la marche de 15 minutes pour s'aérer un instant.

Transports

▶ Kos est l'une des îles les mieux desservies du Dodécanèse, que ce soit en avion ou par la mer. **L'aéroport** est situé près de Kardamena (26 km), dans le sud de l'île (www.kgs-airport.gr). Il est relié à Kos-ville en taxi et par les bus KTEL qui assurent aussi les trajets entre l'aéroport et Mastihari, Kefalos et le port de Kardamena. Des vols saisonniers directs sont proposés par la compagnie charter Transavia depuis Paris Orly, mais vous trouverez plusieurs vols quotidiens avec escale à Athènes toute l'année.

▶ **Au moins un ferry** par jour relie l'île au Pirée (une dizaine par semaine, Blue Star Ferries, 10 à 13 heures de traversée). Quasiment tous ces ferries ont pour terminus Rhodes, mais plusieurs itinéraires sont proposés, avec des escales possibles dans les Cyclades (Syros, Paros, Naxos, Santorin) ou dans les îles du Dodécanèse. Les hydroglisseurs de Dodekanisos Seaways assurent la liaison très régulièrement avec les autres îles de l'archipel. Enfin, Kos est habituellement reliée au port turc de Bodrum plusieurs fois par jour, en ferry ou en hydroglisseur (traversée 20 à 45 min).

▶ **Sur place,** pour accéder aux plages qui sont proches de Kos-ville, vous pourrez louer un vélo ou une mobylette : il y a plusieurs centres de location dans la capitale. Pour explorer le reste de l'île, il faudra louer une voiture : faites attention sur les routes, les résidents permanents ou saisonniers n'hésitent pas à dépasser largement les limites de vitesse et sont peu respectueux du code de la route. Sinon, des taxis sont stationnés à la sortie du débarcadère et à proximité du commissariat de police. Vous pourrez faire de petits comme de longs trajets mais attention aux tarifs pratiqués : il faut compter environ 40 € pour faire Kos-ville – Kardamena (www.kosradiotaxi.gr). Enfin, les bus KTEL desservent Zia, Tigaki, Marmari, Pyli, Mastichari, Antimachia, Kardamena et Paradise-Kefalos (www.ktel-kos.gr) depuis la station centrale, sur Kleopatras. Les billets s'achètent directement dans le bus.

HIPPOCRATE

Le père de la médecine est né à Kos vers 460 av. J.-C. Il voyage longuement avant de retourner sur son île pour y exercer. Si son nom est associé au célèbre *Serment*, il n'en est sûrement pas l'auteur. De même, il n'a certainement écrit que six des quelque 70 traités de médecine qu'on lui attribue dans la bibliothèque de l'Asclepieion : ses observations directes ont probablement influencé les auteurs réels de ces ouvrages. Le traité majeur de la collection hippocratique est *Airs, eaux et lieux* qui, au lieu de donner aux maladies une origine divine, imagine qu'elles sont causées par un milieu extérieur : l'idée d'une médecine préventive est pour la première fois envisagée.

AGORA

✆ +30 22420 28326

Ouvert tous les jours de 8h30 à la tombée de la nuit. Entrée libre.

La ville antique de Kos fut fondée en 366 av. J.-C. mais fut finalement enfouie en grande partie sous des constructions plus modernes, notamment à la période médiévale. Le quartier médiéval du port, nommé Lango, est quasiment intégralement détruit en 1933 lors d'un tremblement de terre très violent. Seul point positif de la catastrophe : on découvre alors les restes de la ville antique. Aujourd'hui, la ville de Kos est parsemée de ruines antiques et de sites de fouilles archéologiques. Vous y verrez les ruines d'un temple d'Aphrodite et d'un temple d'Hercule.

FORTERESSE NERANTZIA ★

Sur le port, à droite.

Ouvert de 8h à 15h30, fermé mardi. Entrée libre.

Cette imposante forteresse a été construite par les Chevaliers de Saint-Jean au XIVe siècle, puis renforcée par une double muraille au XVIe siècle pour contrer les Ottomans. Le séisme de 2017 l'a malheureusement endommagée. Son nom désigne les oranges qui poussaient dans les environs. Pour le construire, les Chevaliers se servirent largement dans les ruines de la cité antique et de l'Asclepieion. A l'origine, le château était séparé de la ville par un bras de mer, douve de protection : un pont de plus de 30 mètres reliait la terre à l'entrée des fortifications.

ASCLEPIEION ★★

Platanos

✆ +30 22420 28326

odysseus.culture.gr

Ouvert tous les jours de 8h à 20h en saison. Entrée 8 €, combiné avec la Casa Romana et le musée archéologique.

A 4 km de Kos, entouré de cyprès, sur une colline qui surplombe la mer Egée, se trouve le sanctuaire du dieu guérisseur Asclépios. C'est un vaste sanctuaire qui fut fondé au IVe siècle av. J.-C. puis agrandi sur plusieurs siècles. Hippocrate, fondateur de la médecine moderne, y étudia puis y enseigna. Son nom est associé au célèbre *Serment d'Hippocrate*, que tout jeune médecin prête encore aujourd'hui. Sans valeur juridique, il établit toujours le cadre de la déontologie médicale contemporaine.

Avec Hippocrate, le sanctuaire devient le plus grand hôpital de l'Antiquité : de nombreuses personnalités viendront s'y faire soigner au fil des siècles. Aujourd'hui, on en visite les ruines dans un site magnifique. Du fait de son terrain en pente, le sanctuaire s'étend sur quatre niveaux qui communiquaient par des escaliers monumentaux. Certaines sections d'origine ont été conservées, d'autres ont été réhabilitées par les archéologues italiens du temps de l'occupation fasciste. Aujourd'hui, on peut encore observer les ruines des thermes romains datant du Ier siècle après J.-C. (premier niveau), le temple d'origine dédié à Asclépios qui date du IVe siècle av. J.-C. (troisième niveau) ainsi qu'un autre temple géant dédié au même dieu guérisseur mais construit deux siècles plus tard (quatrième niveau). Au-delà, un escalier mène à une forêt de cyprès, considérée sacrée pendant l'Antiquité et dédiée à Apollon. Depuis le dernier niveau, vous pourrez profiter d'un panorama exceptionnel sur Kos-ville et sur les terres turques.

Asclepieion.

MUSÉE ARCHÉOLOGIQUE

Place Eleftheria
✆ +30 22420 28326
Ouvert de 8h à 20h en saison, fermé le mardi. Entrée 6 € ou billet combiné 8 € avec l'Asclepieion et la Casa Romana.

Le musée archéologique de Kos a été créé par les Italiens en 1936 afin de recueillir les trouvailles archéologiques après le tremblement de terre de 1933. Le musée n'est pas gigantesque mais la visite est intéressante. Vous y trouverez notamment une collection de sculptures de la période hellénistique (IVe siècle av. J.-C.) ainsi que de belles mosaïques dont une d'Asclépios (IIIe siècle apr. J.-C.) qui représente le dieu guérisseur débarquant à Kos. La pièce la plus célèbre du musée est la plus ancienne statue existante d'Hippocrate (IVe siècle av. J.-C.).

PLATANI-KERMENTES-GERME

Sur la route de l'Asclépiéion

Dans la direction de l'Asclépiéion se trouve le village de Platani, comme l'appellent les Grecs à majorité orthodoxes, ou Kermentes-Germe, pour les Turcs du Dodécanèse, musulmans. Le village est le cœur de cette communauté d'environ 2 000 membres, descendants des Ottomans installés à Kos dès 1522 et de nationalité grecque. Vous y découvrirez une gastronomie et une culture uniques, ainsi que les tensions qui demeurent entre cette minorité et les autorités nationales, notamment depuis le séisme de 2017 qui a vu la fermeture des deux mosquées, toujours pas rénovées.

PLACE ELEFTHERIAS

Mosquée toujours fermée suite au séisme de 2017.

La place de la Liberté sera un bon point de départ pour découvrir l'histoire de Kos : différentes époques y sont rassemblées en un seul endroit. Vous admirerez l'imposante mosquée Defterdar qui date de la fin du XVIIIe siècle. Construite sur deux étages, sa coupole ocre rappelle celle de la fontaine des ablutions, sur la place. Malheureusement, son minaret s'est effondré suite au séisme de 2017. Vous verrez également un tronçon de muraille antique datant du IVe siècle av. J.-C. et des bâtiments datant de l'occupation italienne, dont le musée archéologique.

QUARTIER GRÉCO-ROMAIN ★

Vous y accédez par la rue Grigoriou.
Accès libre aux fouilles en plein air.

Le site archéologique, situé en face de l'Odéon romain (Ier-IIe siècles apr. J.-C.), est délimité par deux voies romaines, le *cardo* et le *decumanus*. Il s'agit de la cité antique abandonnée à l'époque byzantine et sous les Chevaliers et qui ne fut redécouverte qu'à l'occasion du séisme destructeur de 1933. On y voit les vestiges d'une palestre, d'un stade, de thermes et de maisons décorées de fresques. Remarquez la merveilleuse mosaïque qui orne le sol de la maison de l'Europe et représente Zeus transformé en taureau. Visitez aussi la Casa Romana *(voir plus loin)*.

PLATANE D'HIPPOCRATE ★

Place Platanou

Cet arbre impressionnant est admirable pour son tronc d'une circonférence de 12 mètres. Le temps l'a beaucoup éprouvé et il est aujourd'hui maintenu par des constructions métalliques pour qu'il ne s'effondre pas. Selon la légende, ce serait Hippocrate lui-même qui l'aurait planté pour enseigner à l'ombre de son feuillage, mais en réalité, il est beaucoup plus récent. Il aurait été une jeune pousse il y a 500 ans, tout au plus. Même si la structure de maintien métallique enlève un peu à la majesté de cet être pluricentenaire, il n'en reste pas moins touchant.

CASA ROMANA ★

Rue Leoforos Grigoriou
✆ +30 24202 3234
Ouvert de 8h à 20h en été, sauf le mardi. Entrée 6 € ou billet combiné 8 € avec l'Asclepieion et le musée archéologique.

Au cœur de la ville gréco-romaine, cette villa patricienne date du IIIe siècle après J.-C. Elle a été révélée par le tremblement de terre de 1933 et excavée dans les années 1934-36 par les archéologues italiens. C'est un témoignage précieux de la vie bourgeoise. La maison est organisée autour de trois atriums qui étaient vraisemblablement recouverts de mosaïques. Un certain nombre de statues qui décoraient l'ensemble se trouvent au musée archéologique. Pendant la Seconde Guerre mondiale, la Casa Romana fut utilisée par les Italiens comme centre de soins.

OFFICE DE TOURISME

1 rue Vassileos Georgiou
✆ +30 22420 20107
refresh.kos.gr
Ouvert du lundi au samedi de 8h30 à 15h30 en saison.

Toutes les informations dont vous pourriez avoir besoin sont regroupées sur le site Internet de l'office de tourisme. La municipalité a développé un tout nouveau site internet qui répertorie cartes, adresses utiles et sites à visiter : vous y trouverez une masse d'informations pour organiser au mieux votre séjour. Pour ceux qui préfèrent les cartes et brochures en version imprimée, et un contact humain avec des professionnels ou des bénévoles, rendez-vous à l'office de tourisme où les équipes municipales sauront vous renseigner.

AFENDOULIS HOTEL €

1 rue Evripilou
✆ +30 22420 25321
www.afendoulishotel.com
Chambre double 50 € en été, sans le petit-déjeuner (6 €).

Difficile de faire meilleur marché que ces 20 chambres bien équipées et situées à 10 minutes du centre, et à 2 minutes de la mer. Alexis Zikas, qui tient cette petite résidence familiale, possède aussi une ferme d'où il apporte fruits et légumes frais pour le succulent petit-déjeuner proposé en supplément. Certaines des chambres doubles disposent d'un balcon : optez pour celles-ci en priorité. Toutes sont meublées basiquement, mais l'ensemble est propre. Un établissement typique des pensions grecques économiques en somme. Transferts gratuits de/vers le port.

HOTEL SONIA €

9 rue Irodotou
✆ +30 22420 28798
www.hotelsonia.gr
Chambre double à partir de 90 € en été, avec le petit-déjeuner.

L'hôtel Sonia propose des chambres sobrement décorées qui ont largement gagné depuis les rénovations de ces dernières années. Vous trouverez un bon rapport qualité-prix ici. On aime également les environs calmes et verdoyants et l'agréable jardin de l'hôtel. Si l'ensemble manque un peu de charme et de personnalité, ceci est largement compensé par l'amabilité du personnel. Très serviables, vos hôtes feront leur possible pour rendre votre séjour agréable. Il est possible d'organiser un transfert depuis l'aéroport sur réservation préalable (en supplément).

KOALA HOTEL €

21 rue Harmilou
✆ +30 22420 22897
www.koalahotel.gr
Chambre double à partir de 51 € en haute saison, petit déjeuner compris.

Il s'agit d'un hôtel d'une quarantaine de chambres, proposant également une petite piscine. Les propriétaires des lieux, la famille Patakos, vous réserveront un accueil convivial. Situé près du centre-ville et de la plage, cet établissement jouit d'un emplacement très pratique et agréable. Les chambres sont confortables, sans charme particulier mais bien tenues. De nombreuses offres intéressantes sont proposées, comme une journée de location de voiture offerte pour tout séjour supérieur à 7 jours, ou de nombreux tarifs spéciaux hors saison. Wifi gratuit.

KOSTA PALACE €

✆ +30 22420 22855
http://kosta-palace.com
Chambre double à partir de 90 € en été. Petit déjeuner inclus.

Cet hôtel sur le port propose des chambres spacieuses et agréables. On aime aussi la terrasse sur le toit où vous pourrez prendre un verre et profiter de la piscine avec vue sur le port et la ville. Ça manque peut-être un peu de personnalité, et les équipements ne sont pas de la première jeunesse, mais c'est très propre et confortable. A noter également : c'est une bonne option pour les familles qui pourront réserver de vastes chambres triples. Le personnel est sympathique. Malgré sa situation centrale, l'hôtel est bien isolé du bruit de la rue.

ALEXANDRA HOTEL & APARTMENTS €€

16 rue 25-Martiou
✆ +30 22420 28301
www.alexandrahotel-kos.com
Chambre double à partir de 90 € en été, avec le petit-déjeuner.

Ce complexe hôtelier sans surprise est une bonne option pour faire étape quelques jours en ville, avant de reprendre le bateau pour une destination plus charmante dans le reste du Dodécanèse... Pratique de par son emplacement près du port, confortable car rénové il y a quelques années, agréable grâce au personnel serviable et attentionné. Vous jouirez de belles vues sur la mer et les environs. Vous trouverez tous les services attendus de ce genre d'établissement.

© JULYECHRI - ISTOCKPHOTO

Ile de Kos.

DIAMOND BOUTIQUE HOTEL €€

Pamfylon Street ✆ +30 22420 26130
www.diamondboutiquehotel.gr
Chambre double à partir de 115 € en été, avec le petit-déjeuner. Wifi gratuit.

Cet hôtel est situé à environ 1 km du centre-ville et du port, à l'intérieur des terres, dans la zone arborée et calme de Lampi. Il faut compter environ 15 min de marche ou 5 min en voiture pour rejoindre le centre-ville : une option qui plaira aux voyageurs qui veulent fuir les foules de Kos-Ville. L'ensemble est moderne et propose des équipements neufs et confortables. Suites familiales également disponibles. Piscine et restaurant sur place. Cet établissement qui joue la carte du design offre un rapport qualité-prix intéressant et un service attentionné.

HOTEL KYPRIOTIS VILLAGE €€

Psalidi ✆ +30 22420 57000
www.kipriotis.gr
Chambre double en all inclusive à partir de 160 € en été.

Gros complexe touristique situé dans la zone de Psalidi, à 4 kilomètres du centre-ville, qui offre plus de 500 chambres, avec trois restaurants, de multiples bars, trois piscines dont une chauffée... Vous trouverez tous les équipements qui caractérisent ce type d'établissement : courts de tennis, sauna, bains turcs, équipements nautiques, aires de jeux pour les enfants, etc. L'ensemble commence à vieillir un peu, mais vous serez ici à proximité des spots de kitesurf et de planche à voile, l'idéal pour les amateurs de ces deux pratiques.

KOS AKTIS ART HOTEL €€€

7 rue Vassilis Georgiou
✆ +30 22420 47200
www.kosaktis.gr
Chambre double à partir de 200 € en saison, petit déjeuner compris. Ouvert toute l'année.

Cet hôtel construit à la fin des années 1950 sur les plans du grand architecte moderniste Aris Konstantinidis a su évoluer avec son temps, exception notable à Kos-ville où les établissements sont peu enclins à la rénovation... Situé sur le front de mer, certaines de ses chambres offrent des vues qui s'étendent jusqu'à la Turquie et Bodrum. On apprécie l'ameublement minimaliste et design dans les chambres et la cuisine méditerranéenne de qualité proposée au bar-restaurant, très prisé. Le service est à la fois professionnel et chaleureux.

AMPAVRIS €

17 rue Makriyanni
✆ +30 22420 25656
Comptez 15 € par personne. Ouvert tous les jours sauf le lundi de midi à 23h.

Ampavris est l'une des meilleures tavernes de Kos. Située à proximité du centre-ville, elle est installée sur la route qui mène à l'Asclépiéion qui, bien que passante, ne gêne pas pour profiter d'un bon repas. Takis gère ce restaurant familial dans la cour d'une belle maison centenaire. Essayez le *salamura* (du veau mariné avec des oignons et du citron) ou les *lahano dolmades* (du chou farci au riz, à la viande hachée et aux herbes). On apprécie le service chaleureux et attentionné, ce qui n'est pas forcément très courant en haute saison à Kos.

DODECANÈSE CENTRE

ARAP RESTAURANT €

A Platani

✆ +30 22420 28442

Comptez 15 € par personne. Ouvert tous les jours, de midi à 23h.

Les frères Memis tiennent ce restaurant incontournable pour découvrir la communauté et la gastronomie des Turcs du Dodécanèse (voir dossier Religion en début de guide). La carte propose des spécialités turco-grecques dont on se réjouira après ou avant la visite de l'Asclépéion, situé à proximité. Tout est absolument succulent, notamment les fleurs de courgettes farcies et les légumes au yaourt, délicieux. Côté viande, les kebabs sont fameux. Une autre échoppe, de l'autre côté de la rue, vend les meilleures glaces et pâtisseries orientales de l'île.

POTE TIN KYRIAKI €

9 rue Pisandrou

✆ +30 693 035 2099

Comptez 15 € par personne. Ouvert tous les soirs à partir de 19h30, sauf le dimanche.

C'est certainement l'un des plus anciens restaurants de la ville de Kos et on comprend pourquoi il est toujours en activité : une terrasse agréable, un décor suranné, de la musique des années 1920 et surtout une bonne cuisine traditionnelle, qui se maintient d'année en année. On se laisse aller au *tsipouro* de la maison en dégustant anchois, *kavourdisti* (porc frit) et autres mets savoureux. Il s'agit de prendre son temps, et de se détendre, comme l'indique le nom de la taverne, «Jamais le dimanche» si l'on traduit en français !

ELIA €

27 rue Apellou

✆ +30 22420 22133

www.elia-kos.gr

Comptez 15 € par personne. Ouvert tous les jours, de midi à minuit en saison.

Cette taverne a été restaurée avec goût, et promet une pause agréable sous la belle pergola qui ombrage la cour. La cuisine propose des plats traditionnels vraiment frais, à l'inverse de nombreux restaurants touristiques alentour. La carte est limitée mais savoureuse, et vous pourrez goûter à de bons vins locaux. Comme l'adresse est très appréciée, il vaut mieux réserver en soirée, surtout en pleine saison. Optez pour les tables sur rue pour regarder le monde passer, ou plutôt pour la cour intérieure si vous recherchez un peu de calme. Bon rapport qualité-prix.

VOTSALAKIA TAVERNA €

10 Averof Street

✆ +30 2242 026555

Ouvert tous les jours, de 11h à minuit. Comptez 15 € par personne.

Cette taverne de poisson est agréablement installée en bord de mer, quasiment les pieds dans l'eau. Très fréquentée, elle n'en reste pas moins une bonne adresse, appréciée des touristes et des locaux qui viennent pour ses prix raisonnables, son emplacement idéal et ses produits frais. Nous vous recommandons les petits poissons frits, les *atherina*, à partager en *mezze* avec une bonne bière fraîche pour se remettre des visites de la journée, avant d'attaquer les plats plus conséquents. Vu l'affluence, le service n'est pas particulièrement chaleureux.

EVDOKIA MUMMY'S COOKING TAVERNA €

Bouboulinas 13

✆ +30 2242 028525

Ouvert tous les jours de midi à 23h (à partir de 17h le dim.). Comptez 15 € par personne.

Cette taverne conviviale et chaleureuse ne désemplit pas. On y vient pour son ambiance familiale, le service toujours agréable malgré l'affluence, les bons plats maison, typiques de la cuisine grecque traditionnelle et que l'on ne trouve pas forcément ailleurs : *stifado, pastitsio, moussaka* sont à l'honneur, autant dire des plats qu'on réservera plutôt pour le soir afin d'éviter le coup de massue digestif à midi. Tout est délicieux, les *mezzedes* à partager sont simples mais frais.

BARBOUNI €€

26 G. Averof street

✆ +30 2242 020170

www.ilovebarbouni.com

Ouvert tous les jours de 16h à 1h du matin, et le week-end à partir de 14h. Comptez 25 € par personne.

Cet établissement immaculé qui joue la carte de l'épure et s'essaie au design est situé sur le front de mer, à Kos-ville. Un brin prétentieux, ce restaurant est spécialisé dans les plats de la mer : *mezzedes* de fruits de mer et poissons frais sont à l'honneur. Très bien préparés, ils sont un peu plus onéreux que la moyenne : vous paierez aussi le cadre, installé sur l'agréable terrasse ombragée qui ouvre sur la mer. C'est un classique de Kos-ville : très prisé, il se remplit vite, notamment pour le dîner. Nous vous conseillons de réserver en haute saison.

Kos Chora.

BROADWAY RESTAURANT €€

36 rue Megalou Alexandrou
✆ +30 22420 27052
www.broadway-kos.gr

Comptez 20 € par personne. Ouvert tous les jours, sauf lundi, pour le déjeuner et le dîner. Service continu le week-end.

L'histoire du Broadway est celle d'un homme, Kostas, qui a quitté Kos dans les années 1970 pour tenter sa chance comme chef dans les restaurants de Manhattan. Dans les années 1990, il décide de revenir sur son île natale : il fonde le Broadway, à la jonction entre gastronomie américaine et cuisine grecque. De son expérience, il retire cette fusion, qui se veut à la fois créative et accessible. Depuis, il a cédé sa place en cuisine à la jeune génération qui propose une carte savoureuse, raffinée mais sans chichis, inspirée. C'est l'une des meilleures tables de Kos.

NIKOLAS O PSARAS €€

21 rue Averof Georgiou
✆ +30 22420 23098

Comptez 20 € par personne. Ouvert tous les jours, de 10h à minuit.

Cette taverne située en retrait du bord de mer est réputée auprès des locaux pour ses *mezzedes* de la mer et ses poissons frais. On y vient en famille ou entre amis pour refaire le monde autour de nombreux petits plats de poulpe, sardines ou poissons pêchés le jour même. Pour les accompagner, vous trouverez de grands classiques grecs comme la *fava*, purée de pois cassés ou les beignets de courgette. Et, comme toujours pour le poisson frais, allez choisir votre bête avec le serveur et demandez que l'on vous confirme le prix avant de passer commande.

PETRINO €€

Place Ioannou Theologou
✆ +30 2242 027251
www.petrino-kos.gr

Comptez 25 € par personne. Ouvert tous les jours de midi à minuit.

Avant même d'entrer dans les lieux, on s'attarde devant la bâtisse de deux étages, centenaire et joliment restaurée. Voici sans conteste la taverne la plus sympathique de la place Ioannou Theologou avec, ça tombe bien, une cuisine à l'avenant. La carte des vins - plus de 120 - est étourdissante. La cuisine est simplement raffinée, proposant tous les classiques de la gastronomie grecque. En été, le jardin est ravissant. Réservation recommandée, car l'endroit est très prisé dans ce coin calme et moins touristique de Kos-ville.

ARISTON CAFÉ

rue Kleopatras 2
✆ +30 2242 022258

Ouvert du lundi au samedi de 8h à 13h. Comptez moins de 5 €.

Ce café-pâtisserie est une institution fondée par Michalis Tsivrinis (l'autre nom des lieux), un réfugié de Smyrne, dans les années 1950. Après lui, son fils puis son apprenti ont continué à faire des pâtisseries typiques d'Asie Mineure et de Kos, dans les règles de l'art. Dès le matin, vous verrez les locaux s'arrêter pour avaler un café et une *bougatsa* remplie de crème et saupoudrée de cannelle ou de miel : un rituel de petit-déjeuner que nous vous conseillons de suivre religieusement. Sans oublier les baklavas aux amandes, incontournables.

ARTEMIS HEAVEN BEACH BAR

Lambi
✆ +30 2242 028200

Ouvert tous les jours de 9h à 20h en saison. Transats gratuits avec une consommation.

Ce beach bar est situé sur la plage de Lambi, au niveau de l'hôtel Artemis dont il dépend. Ici, vous pourrez profiter des transats et des parasols gratuitement, à partir du moment où vous consommez quelque chose. Les possibilités sont nombreuses : petit-déjeuner, snack en journée, café froid ou cocktails... Ambiance *lounge*, avec DJ aux platines pour une musique d'ambiance typique de ce genre d'établissements «à la Mykonos». Des événements ou concerts de musique *live* sont organisés régulièrement certains soirs en haute saison.

KASETA

Akti Miaouli 4
✆ +30 22420 22352

Ouvert tous les jours de 8h à 1h du matin, toute l'année.

Cet agréable établissement sur le front de mer est parfait pour une pause café en journée et pour prendre l'apéritif ou un verre en soirée. A l'écart des foules noctambules mais en plein centre de Kos-ville, vous serez à la fois tranquille et au cœur de l'animation. On y reste des heures durant en journée, sous l'ombre rafraîchissante des beaux arbres en terrasse : quelques options de brunch et petit-déjeuner pourront satisfaire les petites faims. Le soir, l'ambiance *lounge* prend le dessus et on craque pour les cocktails qui font la réputation des lieux.

PLATANOS

Plateia Platanos

✆ +30 22420 28991

Ouvert tous les jours, de 9h à 2h du matin. Comptez 20 € par personne pour un repas.

Platanos est agréablement situé sur la place du fameux arbre d'Hippocrate. On apprécie ses tables en terrasse, installées dans un cadre paradoxalement calme vu l'emplacement central et touristique de cet établissement. On aime venir prendre le café ou un verre en soirée, à la fraîche, pour regarder le monde qui défile. Le café-bistrot organise souvent des concerts, notamment de jazz. Vous pourrez également y déjeuner ou y dîner : c'est une table de bonne qualité, qui propose des plats un peu plus raffinés que la moyenne des tavernes.

WINDSURF ET KITESURF

Le spot de **Psalidi**, situé à la pointe nord-est de l'île, est l'un des plus réputés de Grèce pour la pratique du windsurf et du kitesurf. Il s'agit en réalité de deux spots distincts, à tout juste 1 km de distance. Nous avons détaillé les conditions de navigation dans le dossier Windsurf et Kitesurf en début de guide. De nombreux clubs se sont installés à Psalidi, nous avons retenu une adresse conviviale et sérieuse, renommée auprès des professionnels :

- **Windzone** (+30 6939117475 ou +30 6979723193 - windzone-kos.gr) propose matériel et cours pour les deux sports.

SITAR COCKTAIL BAR

Akti Kountouriotou

✆ +30 2242 027942

Ouvert tous les jours de 19h à 4h du matin en saison. Comptez 10 € le cocktail.

Ce bar à cocktails est réputé pour la qualité de ses mélanges alcoolisés et pour son esthétique alambiquée, un brin surchargée et frisant parfois le ridicule. En effet, ici on ne se prend pas trop au sérieux, et c'est rafraîchissant. Agréablement situé sur le port de Kos-ville, on y vient en début de soirée pour prendre l'apéritif et pour regarder les passants, dans une ambiance décontractée et conviviale. Plus tard, à mesure que la nuit avance, les soirées prennent une tournure plus festive et le volume monte, en restant agréable. Une adresse appréciée de tous.

CINEMA ORFEAS

Place Elefterias et Fenaretis 3

✆ +30 22420 49748

www.cine-orfeas.gr

Projection tous les soirs en saison. Billets : 7 € (9 € pour les films en 3D).

Il y a deux adresses pour ce cinéma mythique de Kos-ville : l'adresse sur la place Elefterias est un cinéma classique, comme on en connaît chez nous, tandis que l'adresse sur Fenaretis est ce qu'on appelle un cinéma d'été en Grèce. Il s'agit d'un cinéma en plein air qui passe tous les films internationaux du moment en version originale sous-titrée (en grec évidemment). Vous pourrez prendre un verre au petit bar pour siroter tranquillement du vin ou une bière sous les étoiles, en profitant du grand écran et de la fraîcheur d'une nuit d'été.

PLAGES

Les plages proches du centre-ville sont presque impraticables en été, car surpeuplées. C'est notamment le cas du front de mer qui longe la ville vers le nord, dans la zone de Lambi où hôtels et transats se succèdent. Vers le sud-est de Kos-ville, les plages sont un peu moins encombrées :

- **Psalidi**, parfaite pour le kitesurf mais attention aux foules également (à 3 km)
- **Aghios Fokas**, réputée pour ses eaux claires mais évitez la section des *resorts* (à 8 km)
- **Embros Therma** avec sa source d'eau sulfureuse qui chauffe à 40 °C environ et ses beaux paysages (à 12 km)

MYLOS BEACH BAR

Lambi

✆ +30 2242 023235

Ouvert tous les jours en saison, de 9h à 5h du matin.

Le Mylos est une affaire qui roule toute la journée et presque toute la nuit, sur la plage de Lambi. En journée, il s'agit d'un bar de plage classique où vous trouverez transats et parasols, de quoi se restaurer, boire le café ou prendre un verre les pieds dans le sable. Les week-ends, et plus régulièrement en haute saison, des événements sont organisés, dont des concerts, la tête dans les étoiles. En été, la deuxième partie de soirée est surtout réservée à de grands DJ sets qui durent jusqu'au bout de la nuit et rassemblent des centaines de fêtards.

DODECANÈSE CENTRE

MASTIHARI

La côte nord qui s'étend de Kos-ville au port de Mastihari est une succession de longues plages de sable exposées au *meltemi* et de gros *resorts* et clubs de vacances *all inclusive*. Les stations balnéaires s'enchaînent à l'infini, dont les plus importantes sont Tigaki, Marmari et Mastihari. Le petit port de cette dernière fait la liaison avec Kalymnos et l'îlot de Pserimos. On peut également y pratiquer le windsurf et le kitesurf. Les options pour se restaurer convenablement ne courent pas les rues : la plupart des hôtels de la région ont leurs propres restaurants et les établissements sont tournés vers un tourisme de masse malheureusement peu enclin à la qualité.

PSERIMOS

L'îlot de Pserimos est relativement isolé et ne reçoit quasiment que des touristes en excursion à la journée depuis Mastihari ou Pothea (Kalymnos). Malheureusement, ce type de tourisme a ravagé l'îlot que nous ne recommandons plus : 5, 10, 15 fois par jour, les bateaux d'excursion et faux voiliers de pirates déversent une faune irrespectueuse sur la belle plage de sable fin du petit port d'Avlakia, maintenant pollué. Les plages sauvages ne sont plus entretenues par les locaux, uniquement occupés à faire quelques sous auprès des touristes, et sont envahies de déchets. Les tavernes du port sont les pires du Dodécanèse, et l'ambiance générale est triste à pleurer.

GOLDEN STAR €

Tigaki

✆ +30 22420 69291

www.goldenstarkos.com

Chambre double à partir de 115 € en demi-pension. Réservé aux adultes.

Un peu plus haut de gamme que la moyenne dans les environs et réservés aux adultes pour leur assurer repos et calme, ces studios et appartements offrent un confort absolu. Niché dans la vallée de Tigaki, cet établissement est situé à environ 1 km de la plage, loin du tohu-bohu touristique de la côte, ce qui plaira peut-être moins à ceux qui veulent avoir un accès direct à la mer. La quarantaine de chambres est bien équipée, avec cuisine et Internet. Piscine et prestations pratiques (location de voitures par exemple). Personnel agréable.

MASTICHARI BAY €

Mastihari

✆ +30 22420 59300

www.mastichanibayhotel.com

En été, chambre double à partir de 110 € en demi-pension.

Cet immense établissement (quelque 250 chambres) est géré par une famille grecque expatriée au Canada qui a souhaité revenir au pays. Au bord de l'eau, au milieu d'un grand jardin, vous aurez l'embarras du choix. Les prix varient en fonction de la vue. Piscine, deux restaurants. Les chambres familiales, pas tellement plus chères, disposent d'une vraie cuisine. Les chambres doubles standards disposent d'un coin salon. Sur le balcon ou la terrasse privée, vous pourrez profiter du soleil et admirer la flore méditerranéenne ou simplement le ciel étoilé la nuit.

COOK'S CLUB TIGAKI KOS €€

Tigaki

✆ +30 22420 69217

www.moremeni.gr/tigaki

Chambre double à partir de 110 € en été, petit-déjeuner inclus.

L'ex-Meni Beach Hotel propose des chambres offrant une vue sur les jardins bien entretenus ou sur la plage de Tigaki. Bel hôtel de taille moyenne proposant 64 chambres séduisantes et récemment rénovées dans un style simplement élégant. Mais on aime surtout l'architecture des lieux, la proximité de la plage et les deux bassins, dont un pour les enfants. Pour les amateurs, un très grand écran dans la salle commune pour les soirs de match... L'établissement possède également le restaurant Cantina Room ainsi que deux bars qui proposent de bons cocktails.

NEPTUNE HOTEL €€€

Mastihari

✆ +30 22420 58900

www.neptune.gr

Chambre double à partir de 170 € en été, petit-déjeuner compris.

Cet énorme complexe de luxe est situé à environ 5 km du village de Mastichari, directement sur la plage. Vous y trouverez tous les services haut de gamme attendus d'un tel établissement dont un excellent spa. Les enfants seront ravis du parc de jeux, et les adultes du parc de sculptures. Tous profiteront des multiples piscines et surtout de l'accès privé à la plage avec transats et parasols. Les nombreux magasins de la galerie marchande située près du bâtiment principal répondront aussi à vos besoins et offriront une large sélection de souvenirs et de cadeaux.

AMPELI €

Tigaki
✆ +30 22420 69682
www.ampelirestaurant.gr

Comptez 15 € par personne. Ouvert tous les jours de midi à minuit, en saison.

Cette taverne un peu en retrait de la plage propose une agréable terrasse arborée, ouvrant sur les champs et les vergers. On y vient pour sa carte généreuse de plats simples et faits maison, préparés autant que faire se peut à partir des produits du potager. Les boulettes de tomate à la menthe et à l'aneth sont très réussies. Malheureusement cette adresse est parfois un peu victime de son succès en pleine saison : il faudra alors prendre votre mal en patience car les serveurs peuvent être débordés et le service ralenti. Rien ne presse, prenez donc votre temps !

ESPEROS €

Tigaki
✆ +30 22420 69753

Comptez 15 € par personne. Ouvert tous les jours, de 10h à 23h, en saison.

Cette taverne en face de la plage est établie depuis plus de 25 ans. Vous y mangerez une cuisine plutôt réussie, qui offre les grands classiques de la gastronomie grecque - dont un bon *kleftiko* d'agneau - avec des options plus internationales, notamment thaïlandaises suite aux séjours successifs du chef en Thaïlande. Les végétariens seront ravis de la sélection à la carte, sans viande ni poisson. C'est également un établissement réputé pour ses copieux petits-déjeuners, souvent préparés pour les touristes nord-européens en tête, mais qui vaut le coup.

PYLI

Pyli est situé à 17 km de Kos-ville, à l'intérieur des terres. Surnommé « le royaume des tomates », ce village garde l'accès à une région montagneuse et préservée, sur les hauteurs du mont Dikeos qui culmine à près de 850 m. Les petits villages de montagne voisins tournés vers la chasse abritent des tavernes délicieuses dans des sites exceptionnels. Par temps clair, on voit bien au-delà de la côte en contrebas, jusqu'à l'île de Nissiros au sud, ou celle de Kalymnos au nord. Vous êtes ici dans le cœur authentique de l'île. On visitera Palio Pyli et les ruines de l'ancienne cité byzantine où l'on admire les restes d'un château du Xe siècle, en surplomb. L'ascension est facile, mais il peut faire chaud, et vous serez récompensé par des panoramas magnifiques. En contrebas, parmi les arbres de l'ancien village, vous verrez une église byzantine du XIe siècle et vous pourrez marquer une pause à l'agréable café Oria. En poursuivant sur des routes secondaires qui traversent des forêts de conifères, vous arriverez au village de Zia qui prend son nom de Zeus, vénéré dans un temple voisin dans l'Antiquité. Devenu assez touristique en saison, c'est un village de montagne où vous mangerez bien et d'où l'on admire un magnifique coucher du soleil. En pénétrant plus encore dans le centre isolé, la route vous mènera au village d'Asfendiou et sa divine taverne Kazino, avant de poursuivre jusqu'au village abandonné de Haihoutes, qui abrite un joli café dans un site incroyable, entouré de ruines.

OUZERIE PERICLES €€

Mastihari
✆ +30 22420 59197

Comptez 20 € par personne. Ouvert tous les jours, de midi à minuit en saison.

Cette ouzerie et taverne de poissons est parfaitement installée au niveau du petit port de Mastihari : idéale pour un repas avant d'embarquer pour Kalymnos. D'apparence touristique, l'établissement est également fréquenté par des locaux qui apprécient les délicieux plats de poissons frais. Attention cependant de bien demander s'ils ont été pêchés en pleine mer ou s'ils proviennent des fermes d'élevage piscicole de Kalymnos. Et, comme toujours, sélectionnez la bête en cuisine avant de vous faire confirmer les prix. Ceux-ci sont raisonnables.

HAIHOUTES KAFENEIO €

Village de Haihoutes
✆ +30 693 263 7905

Ouvert tous les jours sauf lundi, de 15h à minuit (à partir de 11h le sam. et 13h le dim.). Comptez 15 € par personne.

Au sein du village abandonné de Haihoutes, sur les pentes du mont Dikaios, ce petit *kafeneio* redonne vie aux ruines environnantes. C'est dans ce paysage unique, bien loin des foules touristiques des plages, que vous retrouverez un peu du cœur historique de l'île. Il se maintient, malgré tout, et s'accroche à ces petites tables où l'on prend le café en silence, où l'on partage un ouzo en riant, où l'on se réjouit de *mezzedes* délicieux et frais, où l'on écoute des sessions infinies de *rebetiko* sous les étoiles et où l'on oublie la nuit en rejoignant la danse.

TAVERNA DIKEOS €

Village de Zia

✆ +30 2242 069683

Ouvert tous les jours de 10h à 23h. Comptez 15 € par personne.

Certes, Dikeos n'offre pas la vue sur le coucher du soleil et la mer, à l'inverse d'autres tables dans le petit village de Zia. Pourtant, nous vous recommandons cette option plutôt que ses concurrents pour la qualité des produits utilisés en cuisine et pour la gentillesse de la famille qui tient les lieux. Tout est préparé maison, à l'ancienne, et pour des prix qui restent très raisonnables. Optez de préférence pour les grillades de viande et les plats de légumes : dans ce village de montagne, la mer n'est pas la première source de produits frais.

TAVERNA KAZINO €

Village d'Asfendiou

✆ +30 2242 030241

Ouvert vendredi et samedi, de 16h à 23h, et dimanche de 13h30 à 20h. Comptez 15 € par personne.

Cette calme taverne située dans le charmant village d'Asfendiou est peut-être l'une des meilleures de Kos. On aime les lieux qui respirent la tranquillité, le bâtiment ancien et ses hauts plafonds de bois, le soleil qui offre ses rayons dorés en fin de journée, la terrasse ombragée et sereine, le poêle auprès duquel on se dit qu'on reviendra se réchauffer l'hiver venu... et la cuisine, authentique et savoureuse, qui change selon les saisons. Une adresse comme on aimerait qu'il en reste plus sur l'île de Kos... Allez-y, mais restez discret !

TAVERNA ORIA €

Palio Pyli

✆ +30 698 176 4991

Ouvert tous les jours de 9h à 21h, en saison. Comptez 15 € par personne.

Une adresse comme on les aime ! Perdue dans les hauteurs et les ruines de Palio Pyli, cette petite taverne offre un cadre enchanteur et un charme exceptionnel. Depuis les quelques tables installées en extérieur, le regard plonge de l'autre côté du mont Dikaios : par temps clair, on voit l'île de Nissiros au loin. Le café sert de quoi petit-déjeuner, dont un très bon yaourt au miel local, et fait aussi office de taverne avec des plats un peu plus conséquents. Il n'y a pas réellement de menu : on vous servira ce qui est frais ce jour-là, tout simplement !

KEFALOS

Première capitale de Kos dans la période antique, l'ancienne Astypalaia fut détruite par un tremblement de terre, au IVe siècle av. J.-C. Aujourd'hui, Kefalos est un village noyé dans la verdure, surplombant la baie et le port de Kamari, en contrebas. Située à 45 km de Kos-ville, cette région est moins envahie par le tourisme de masse. Vous pourrez visiter les quelques ruines de l'antique Astypalaia mais la large baie invite surtout à la baignade et aux sports nautiques : vous y trouverez de belles plages, ainsi qu'un spot majeur de windsurf (kitesurf à proximité également, bien que moins réputé). Depuis le petit port de Kamari, des excusions à la journée sont organisées vers Nissiros.

KEFALOSBAY RESIDENCE €

Sur un promontoir au lieu-dit « Mousonas ».

✆ +30 22420 71011

www.kefalos-bay.com

Appartement pour deux à partir de 90 € par nuit en été. Séjour minimum de 7 nuits.

4 appartements confortablement meublés dans un domaine privé de 7 000 m² avec piscine, situé sur la colline entre le village de Kefalos et la station balnéaire de Kamari. La vue panoramique sur la baie est splendide. De la résidence, on accède à de belles plages, toujours ensoleillées et encore à l'abri des hordes touristiques. Le magnifique et vaste jardin et la piscine contenteront les plus casaniers. Les propriétaires sont adorables et disponibles. Ils vous aideront à découvrir la richesse du patrimoine culturel de l'île, et notamment du village de Kefalos.

KORDISTOS HOTEL €

✆ +30 22420 71151

www.kordistoshotel.com

Chambre double à partir de 90 € en été, petit-déjeuner inclus.

Directement sur la plage, cet établissement offre près de 40 chambres confortables avec réfrigérateur, balcon et belle vue sur la mer pour certaines. Elles mériteraient cependant d'être un peu rafraîchies pour offrir un décor plus moderne. Parmi les prestations, on notera la piscine avec hydromassage, le bassin pour enfants, le terrain de beach-volley pour les adultes et l'aire de jeux pour les plus jeunes. Sur la plage, des parasols et transats sont disponibles gratuitement pour les clients de l'hôtel. Pas cher et familial, à l'image de Kefalos.

PLAGES ★

Les plages autour de Kefalos sont les plus belles de l'île : plus calmes, moins bondées et plus claires qu'au nord de Kos, elles offrent des kilomètres de sable et une sérénité que l'on retrouve peu ailleurs. Les plus proches du village sont aussi les plus développées, avec tavernes et transats, mais plus vous vous éloignerez et plus vous aurez l'impression d'être seul au monde.

▶ **Dans la baie de Kefalos** à proprement parler, il faudra quitter la plage du village et remonter vers l'est pour trouver la jolie plage d'Aghios Stefanos et les ruines de son église byzantine (V-VIe siècles) qui donnent sur l'îlot de Kastri. Plus loin, la petite baie de Camel Beach peut vite se remplir. Au-delà, une large baie sablonneuse enchaîne les plages de Paradise Beach, Lagada, Psilos Gremos et Magic Beach. Elles sont également fréquentées, avec transats et tavernes, mais demeurent relativement préservées. Enfin, Exotic Beach, à l'extrême est de la baie, est moins visitée.

▶ **Les plages sur la côte occidentale** de la péninsule sont beaucoup moins accessibles et donc beaucoup moins encombrées. Agios Theologou, qui abrite une taverne de plage, jouit d'une mer particulièrement claire mais les vagues peuvent être impressionnantes selon le vent. En longeant la côte vers le sud, vous découvrirez une succession de petites criques isolées et calmes. Il n'y a pas d'infrastructures donc prévoyez de l'eau et un pique-nique. La plage de sable de Paradiso et sa petite paillote sont un vrai paradis perdu, préservé et solitaire, tout au bout de la route chaotique.

© GEORGE PAPAPOSTOLOU - SHUTTERSTOCK.COM

ZEUS HOTEL €

✆ +30 22420 71590

www.zeushotel.gr

Chambre double à partir de 65 € la nuit en été, petit-déjeuner inclus.

Un petit établissement familial, pas très cher et qui propose des prestations honnêtes, notamment depuis que les lieux ont été rénovés. Les chambres ont ainsi eu droit à un coup de frais : spacieuses et confortables, elles ont gagné en confort mais pas forcément en charme. L'hôtel est bien placé, près de la mer, dans la verdure, et à proximité des commerces et tavernes. Belle piscine. L'ensemble est sans prétention mais agréable, et l'accueil est chaleureux. Une option qui offre un bon rapport qualité-prix, ce qui n'est pas évident à trouver sur les côtes de Kos.

WHITE ROCK OF KOS €€€

✆ +30 22423 07160

www.whiterockofkos.gr

Chambre double avec vue sur mer à partir de 170 € en été, petit-déjeuner inclus. Wifi gratuit.

Cet hôtel de luxe se distingue des autres options de logement de la baie de Kefalos, plutôt habituée aux petits établissements familiaux et bon marché. Ici, seuls les adultes sont admis pour profiter du calme et de la sérénité des lieux. Les chambres, luxueuses et spacieuses, sont d'un confort absolu. Situé sur les hauteurs du village de Kefalos, les vues qui donnent jusqu'à Nissiros sont splendides et toutes les chambres en profitent, de même que la piscine. Une navette descend les clients au village mais il est conseillé d'avoir une voiture.

WINDSURF ET KITESURF

La baie de Kefalos abrite l'un des meilleurs spots de windsurf de Kos : vous retrouverez les détails de navigation dans notre dossier Windsurf et Kitesurf en début de guide. Une adresse fait référence pour des cours et stages professionnels et/ou pour louer du matériel de qualité. Le club propose également cours et équipement de kitesurf sur le spot de Kohilari, sur la côte nord de la péninsule de Kefalos, moins réputé que celui de Psalidi cependant.

▶ **Club Vetratoria** (+30 690 916 59 19 - greece.vetratoria.ru/en) : cours individuel ou en groupe de maxi 5 personnes.

KARDAMENA

Ancien village de pêcheurs, Kardamena est aujourd'hui une tranquille station balnéaire, malgré la proximité de l'aéroport. De longues plages de sable s'étalent sur plusieurs kilomètres et complètent agréablement le petit port de pêche d'où vous pourrez rejoindre l'île de Nissiros en excursion à la journée, ou pour un plus long séjour. Plusieurs caïques font l'aller-retour tous les jours en saison (comptez 1 heure de traversée). Ne manquez pas de grimper à la cité fortifiée d'Antimachia, établie par les Chevaliers de Saint-Jean au XIVe siècle : c'est un site exceptionnel, notamment pour admirer le soleil qui se couche sur des panoramas somptueux.

FORTERESSE D'ANTIMACHIA

Entrée libre, ouvert tout le temps.

Installée sur un haut plateau en surplomb de Kardamena, cette cité fortifiée fut construite par les Chevaliers de l'ordre de Saint-Jean au XIVe siècle. Elle fut pensée pour surveiller le détroit entre Kos et Nissiros et accueillir les populations du sud de l'île, en cas d'attaque ottomane. Ce qui fut le cas à plusieurs reprises, notamment lors du siège de 1457 : 25 000 habitants des environs trouvèrent refuge ici pendant près d'un mois. Aujourd'hui, on déambule dans les ruines de la cité et de ses églises, dans un paysage splendide, surtout en fin de journée.

KYMA ROOMS & SUITES €€

28th Oktobriou

✆ +30 22420 91442

www.kymarooms-suites.gr

Chambre double à partir de 110 € en été, sans le petit-déjeuner. Séjour minimum de 2 nuits. Wifi gratuit.

Ce dernier arrivé sur la plage de Kardamena a fait parler de lui, pour de bonnes raisons. Les propriétaires ont repris un petit bâtiment des années 1980 et l'ont radicalement transformé pour en faire un boutique-hôtel au style élégant et contemporain, tout en proposant des prix intéressants pour Kos. Les chambres sont tout confort, elles disposent toutes d'un balcon, la plupart avec vue sur la mer. Spacieuses et claires, elles sont très agréables. Au pied de l'hôtel, quelques transats et parasols sont installés pour les clients. Le service est impeccable.

ATLANTICA MIKRI POLI PARK €€€

✆ +30 22420 92287

www.atlanticahotels.com

En été, chambre double à partir de 150 €, petit-déjeuner inclus. Wifi gratuit. Possibilité de all inclusive.

Ce complexe hôtelier de 300 chambres (ex-Carda Beach) propose des prestations de qualité et des chambres confortables et plutôt raffinées, même si elles manquent un peu de charme et de personnalité. Les espaces publics sont spacieux et aérés et on apprécie les deux piscines. Comme l'hôtel est légèrement à l'écart du petit port de Kardamena et des tavernes et restaurants, possibilité de demi-pension ou de pension complète avec buffets copieux d'inspiration méditerranéenne et asiatique.

AVLI RESTAURANT €€

Place centrale

✆ +30 22420 92100

www.avlirestaurant.gr

Comptez 25 € par personne. Ouvert tous les jours de 17h à minuit, en saison.

Le restaurant Avli est une petite oasis implantée dans la cour d'une vieille maison : on apprécie le cadre, avant tout. Elle offre de la très bonne cuisine grecque et méditerranéenne, à des prix très raisonnables, d'où l'affluence qui peut exploser en pleine saison : nous vous recommandons de réserver en début de soirée. Sinon, mieux vaut s'y rendre tard afin d'échapper à la foule bien informée. Essayez un plat traditionnel, comme le *stamnas* d'agneau, cuit pendant plusieurs heures au four. Penchez-vous sur la longue liste des vins pour goûter à des cépages grecs.

LOVEMADE

✆ +30 2242 111375

Ouvert tous les jours de 7h à minuit, en saison.

Cet adorable café a été ouvert il y a quelques années par Polina qui voulait créer un lieu convivial et chaleureux où l'on puisse s'installer et parler des heures durant, autour d'un vrai bon *espresso freddo* ou d'une limonade maison, et partager un petit-déjeuner léger, un brunch complet ou un goûter gourmand. Le résultat est à la hauteur de ses espérances, avec un menu limité par les produits locaux et de saison, autant que possible. On s'y régale autant de sucré que de salé et on apprécie le dynamisme et la fraîcheur des lieux.

DODÉCANÈSE NORD

Les îles du nord partagent une même caractéristique fondamentale : ce sont des îles bienveillantes et douces, où le tourisme n'a pas trop affecté des modes de vie tranquilles, accueillants et ralentis. Kalymnos et Leros proposent des vacances actives, entre plongée sous-marine, randonnée et escalade, tandis que Lipsi est plus tournée vers la détente d'un séjour « siga siga », l'équivalent du farniente grec. Quant à Patmos, la reine du nord, elle rayonne sur les environs et au-delà : haut-lieu de pèlerinage chrétien, elle abrite le monastère de Saint-Jean-le-Théologien et la Grotte de l'Apocalypse, tous les deux listés au Patrimoine mondial de l'UNESCO. Les traditions locales sont tenaces dans ces îles septentrionales, et on assistera à certaines des plus grandes célébrations du Dodécanèse.

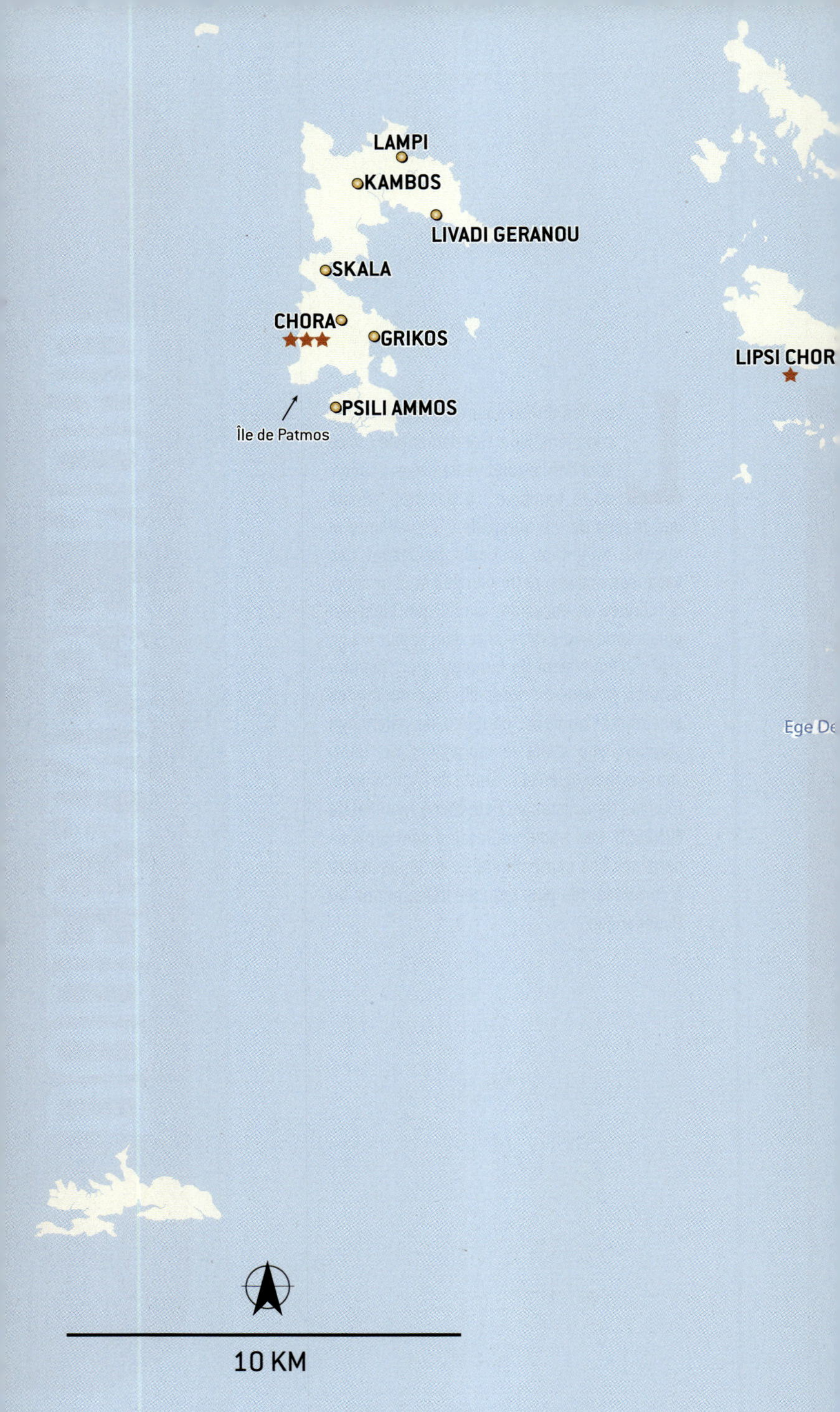
LAMPI
KAMBOS
LIVADI GERANOU
SKALA
CHORA
GRIKOS
PSILI AMMOS
Île de Patmos
LIPSI CHOR
Ege De
10 KM

Dodecanèse nord
e de Lipsi
RTHENIS
Île de Leros
AGIA MARINA
Kastro
LAKKI
Leros
XIROKAMBOS
EMPORIOS
Île de Kalymnos
MYRTIES
VATHI
Île de Pserimos
PANORMOS
POTHEA

PAGES
235

● ● KALYMNOS

Avec ses 110 km² et ses 16 200 habitants, l'île des pêcheurs d'éponges n'a pas encore été envahie par le tourisme de masse. Plutôt verte et montagneuse, Kalymnos est idéale pour des vacances actives. On y vient de tous les coins d'Europe pour grimper : ses parois rocheuses et ses cavités en hauteur attirent les amateurs d'escalade, notamment au moins d'octobre où se tient un festival de réputation internationale. Pour ceux qui préfèrent rester au niveau de la mer, Kalymnos offre de très belles plages et de jolis villages. Les familles se réjouiront de l'ambiance surannée des petites stations balnéaires de la côte ouest, d'autres aimeront se perdre dans les ruelles étroites de Pothea, le port où la vie semble grouiller, d'autres encore voudront explorer les routes impressionnantes qui serpentent entre mer et montagne au nord de l'île... Enfin, Kalymnos donne accès au magnifique îlot de Telendos où seuls quelques Robinsons voudront passer la nuit.

Kalymnos est habitée depuis le Néolithique et de manière continue pendant toute la période antique. Elle est christianisée très tôt, du fait de sa proximité avec Patmos où séjourna saint Jean et d'où rayonna le christianisme des premiers temps. Un grand nombre d'églises primitives sont encore visibles sur l'île, témoins de cet héritage. À la fin de la période byzantine, Kalymnos vécut plus ou moins la même destinée que les autres îles du Dodécanèse. Les Vénitiens s'y installent au XIIIe siècle puis les Chevaliers de l'Ordre de Saint-Jean, jusqu'à l'arrivée des Ottomans en 1522. En 1912, les Italiens l'occupent puis elle passe rapidement sous protectorat britannique à la fin de la Seconde Guerre mondiale avant d'être rattachée à la Grèce en 1948. Mais le moment marquant dans l'histoire récente de Kalymnos se situe à la fin du XIXe siècle. Jusqu'alors, Kalymnos est la capitale méditerranéenne de l'éponge. La filière, de la pêche à la commercialisation et au transport, fait la richesse de l'île mais commence à se tarir lorsque apparaissent les premiers scaphandriers. Ceux-ci permettent des séjours prolongés sous l'eau par rapport à la pêche traditionnelle, pratiquée en apnée. Les plongeurs, ravis des nouvelles méthodes de pêche, font fi des précautions de décompression et une « épidémie » d'accidents décime les populations. Entre 1896 et 1910, 10 000 pêcheurs seraient morts à Kalymnos, décourageant les passions pour l'éponge... L'apparition d'éponges synthétiques bon marché à partir des années 1950 annonce la fin d'une activité ancestrale. Aujourd'hui, seule une petite communauté de plongeurs d'éponges subsiste sur l'île.

●● LEROS

Avec ses 54 km² et ses 8 000 habitants, dont la plupart à Lakki, l'île est située à quelques kilomètres au nord de Kalymnos. Assez peu fréquentée par les touristes, elle représente un centre important pour les habitants des îles alentour, notamment au niveau administratif et médical. Mais elle a longtemps souffert d'une réputation défavorable et traîne une longue histoire douloureuse derrière elle, souvent le fruit de convoitises rivales. Les occupants antiques (les Peslages, les Doriens et les Perses), sont remplacés après l'époque byzantine par les Chevaliers de l'Ordre de Saint-Jean, qui s'établissent sur l'île avant les Ottomans. Mais ce sont les Italiens qui transforment radicalement l'île et son destin récent : ils construisent un nouveau port en assainissant les marécages autour de l'actuelle Lakki, qu'ils nomment Portolago, le meilleur exemple d'architecture rationaliste du Dodécanèse. La base navale, d'importance stratégique dans la Seconde Guerre mondiale, est le théâtre d'affrontements violents : bombardée sans discontinuer de septembre à novembre 1943, Leros est gravement touchée par les conflits. Cette bataille inspira d'ailleurs le roman d'Alistair MacLean puis le film de J. Lee Thompson *Les Canons de Navarone*. Après le rattachement à la Grèce, Leros est choisie pour abriter un asile psychiatrique aux conditions abondamment condamnées, puis devient un lieu d'assignation à résidence et d'exil pour prisonniers politiques, pendant la dictature de la Junte des Colonels. Aujourd'hui, l'île accueille un « hotspot » pour réfugiés, camp pour les migrants qui fuient le Moyen-Orient par les côtes turques. Celui-ci est souvent cité comme exemple dans des articles qui décrient les conditions déplorables des réfugiés de Leros. Pourtant, l'île possède de très belles plages et offre de multiples possibilités de vacances actives (plongée, randonnée). Vous pourrez y passer des séjours agréables, tout en vous imprégnant d'histoire, entre plages idéales dans la baie d'Alinda, villages pittoresques d'Agia Marina et Xirocambos, forteresse byzantine impressionnante, architecture rationaliste à Lakki ou dégustation de poissons frais face au coucher du soleil, vers la presqu'île d'Aghios Isidoros…

PAGES

Avec ses 16 km² et ses 800 habitants, Lipsi est l'île principale d'un archipel d'une vingtaine de petits cailloux, inhabités pour la plupart. Très tranquille, loin des circuits touristiques, elle peut se vanter d'offrir de belles plages et une ambiance intimiste et conviviale. Que vous restiez quelques jours ou plusieurs semaines, vous vous sentirez comme chez vous et ferez la connaissance des résidents et habitués, sur le port du village. D'après la mythologie, Lipsi serait la mythique île d'Ogygie où la nymphe Calypso, amoureuse, aurait retenu Ulysse contre son gré pendant 7 ans. Une fois sur place, on comprend l'origine de ce mythe car on reste comme prisonnier de cette île si belle.

Lipsi a sûrement été habitée depuis des temps anciens mais aucune trace archéologique ne permet de le certifier. Elle prend de l'importance au début de la christianisation des îles grecques, du fait de sa proximité avec Patmos, où séjourne saint Jean. Cette christianisation précoce explique la prégnance de la religion à Lipsi : vous verrez des églises – parfois très récentes – à chaque recoin de l'île. Celle-ci se peuple surtout en réaction à la domination ottomane dans la région : les chrétiens réticents et autres récalcitrants viennent s'isoler ici, dès la fin du XVIIe siècle. Elle connaît le même sort que les autres îles du Dodécanèse par la suite : l'arrivée des Italiens en 1912 et le rattachement à la Grèce en 1948. Aujourd'hui, c'est une petite île agricole, qui accueille le premier sanctuaire de dauphins nés en captivité au monde : le Aegean Marine Life Sanctuary (aegeansanctuary.com). Ce centre de réhabilitation des dauphins nés en captivité et de sauvegarde de la faune marine sauvage (tortues et phoques moines de Méditerranée) a ouvert en 2019, dans une baie tranquille du nord de l'île.

Patmos, la reine septentrionale du Dodécanèse, est une île montagneuse d'une superficie de 34 km² où près de 3 000 âmes résident à l'année. Surnommée la « Jérusalem de la mer Égée », c'est ici que saint Jean l'Évangéliste, en exil sur l'île, aurait eu la révélation de l'Apocalypse, vers 95 ap. J.-C. Dix siècles plus tard, l'empereur Alexis Comnène fait don de Patmos au moine Christodoulos pour y construire un monastère fortifié, à l'emplacement d'un ancien temple d'Artémis : le monastère de Saint-Jean-le-Théologien est aujourd'hui classé au Patrimoine mondial de l'Humanité par l'Unesco et veille toujours sur l'une des plus belles villes hautes du Dodécanèse. Haut lieu de pèlerinage chrétien, l'île est très marquée par la foi : des monastères, églises et ermitages ponctuent des paysages découpés, aux baies calmes. Les non-religieux y trouveront une ambiance décontractée unique, et une énergie presque mystique. Si l'île a connu un fort développement touristique au cours des dernières années, notamment de la part des touristes français qui prennent largement possession des lieux au mois de juillet et août, Patmos offre encore des plages tranquilles et des paysages solitaires. Il faudra privilégier les mois de mai-juin et septembre pour éviter les foules et profiter du côté « bohème chic », typique de l'île.

DODECANÈSE NORD

POTHEA ★

Avec son paysage contrasté et ses maisons ocre aux volets multicolores, la capitale de Kalymnos interpelle dès l'arrivée en bateau. La ville vit au rythme de ses résidents et de son port de pêche, qui abrite la plus large flotte de bateaux de pêche de toute la région. Le cœur de cette ville ne bat pas pour le tourisme et vous y observerez plein de situations authentiques et de petits événements couleur locale, que ce soit dans les cafés du port, au marché aux poissons le long des quais, ou dans les ruelles à l'arrière. On s'y balade en admirant les maisons néoclassiques des capitaines devenus riches au XIXe siècle ou les trésors antiques au musée archéologique. On s'étonne de l'hétéroclite place centrale, entre la mairie 1930, quartier général des Italiens pendant l'occupation fasciste, et la cathédrale Saint-Sauveur (1861) avec ses magnifiques sols en mosaïques de galets et son templon en marbre sculpté. On monte à l'assaut des montagnes qui encerclent le port, sur les hauteurs d'Horio, et on se remplit de la vue depuis la forteresse de Megalo Kastro. On se détend sur la petite plage cachée de Vlychadia, où l'on s'attable à l'une des meilleures tavernes de l'île…

Se loger

Pothea n'est pas forcément la base idéale pour profiter de Kalymnos : vous serez loin des plages et des sites naturels les plus intéressants de l'île. Ceci dit, la ville constitue une bonne escale pour les arrivées et les départs en bateau, avec de petits hôtels bon marché et sans prétention. Le front de mer est bordé de terrasses et de cafés-restaurants de qualité identique et peu passionnante, mais quelques bonnes options vous permettront de goûter à l'excellente chère de Kalymnos.

Tourisme

La mairie a développé un site Internet pour rassembler toutes les informations et visites de l'île : www.kalymnos-isl.gr.

Transports

Kalymnos est bien desservie par avion et ferry. L'aéroport est situé à 6 km, sur les hauteurs de Pothea, et est relié à la ville par un bus. Un ou deux vols quotidiens desservent Kalymnos selon la saison, au départ d'Athènes (une heure de vol). Blue Star Ferries effectue des rotations avec Athènes (environ 8 heures de traversée), Rhodes et les autres îles du Dodécanèse,environ 5 fois par semaine. Les catamarans de Dodekanisos Seaways proposent des liaisons quotidiennes avec le reste de l'archipel et la compagnie ANEK relie Kalymnos à Astipalaia, et au port de Mastihari, à Kos une à deux fois par semaine avec le *Nissos Kalymnos*. Enfin, un caïque local part tous les matins pour l'îlot de Pserimos depuis le quai devant la mairie, et rentre en fin d'après-midi, en saison (comptez 1 heure de traversée). Vous gagnerez à louer une voiture pour découvrir l'île. Évitez les scooters car les routes sont assez sinueuses et dangereuses dans le nord. Le bus pourra être pratique pour relier les plages de l'ouest depuis Pothea mais ils ne sont pas très fréquents (horaires affichés dans les stations). Enfin, vous pourrez commander un taxi en passant par le centre de réservation (+30 22430 50300).

DODÉCANÈSE NORD

© PANOSKARAPANAGIOTIS - ISTOCKPHOTO

Kalymnos.

FORTERESSE DE CHRYSOHERA

A la sortie de Pothea, à gauche en route vers Horio

Entrée libre, toujours ouvert.

Situé à environ 2,5 km du port, entre Horio et Pothea, ce château fut construit par les Chevaliers de l'ordre de Saint-Jean-de-Jérusalem au milieu du XVe siècle, sur des fondations byzantines. Les Kalymniotes recrutés de force pour la construction des édifices médiévaux se rebellèrent, remettant en question l'intérêt de cette nouvelle forteresse alors que le kastro préexistait dans Horio. Ils menèrent leur plainte à la cour de Rhodes qui jugea qu'en effet le gouverneur Fantino Querini était allé un peu loin dans son zèle... Mais la forteresse était déjà lancée et elle fut donc tranquillement achevée par les Kalymniotes. La petite cité fortifiée fut cependant abandonnée quelques décennies seulement après sa construction, ayant été largement endommagée par les attaques ottomanes successives.

A l'intérieur des murailles auxquelles on accède librement, on admire encore deux églises, dont l'église de la Panaghia Chrysohera, nommée « La Vierge aux mains d'or » en référence à une légende qui voudrait que de nombreuses pièces d'or aient été trouvées dans le sol de l'église. Ce qui est certain, c'est que de nombreuses tombes et des trésors funéraires mycéniens furent découverts dans les environs proches par les Britanniques à la fin du XIXe siècle. Comme à leur habitude, ils empochèrent les trouvailles qui sont aujourd'hui exposées au British Museum de Londres...

La vue qui s'offre sur Pothea et la mer depuis les hauteurs de la forteresse est splendide, notamment au lever du soleil pour les plus matinaux d'entre vous.

MEGALO KASTRO

Sur les hauteurs de Horio

Entrée libre. Ouvert tout le temps.

Sur un piton rocheux qui culmine à 255 m au-dessus de Horio, la forteresse de l'ancienne capitale de l'île domine la vallée et la baie de Pothea. Les murailles encerclent les ruines de la cité fortifiée sur une surface d'environ 3 hectares, où pouvaient loger jusqu'à 1 000 Kalymniotes à l'apogée de la cité médiévale. Des traces d'occupation humaine remontent au Néolithique mais les premières fortifications sont érigées à l'époque byzantine, autour du XIe siècle. Elles sont plus tard élargies et renforcées par les Chevaliers de l'ordre de Saint-Jean-de-Jérusalem, dès leur installation au XVe siècle, et tout au long de leur occupation de Kalymnos. Les Ottomans s'y installent à leur tout, après la défaite des Chevaliers, mais la cité est progressivement abandonnée autour du XVIIIe siècle pour le village de Horio, en contrebas. En effet, les raids de pirates se font moins nombreux et la population ne peut plus être contenue dans ces murs devenus trop étriqués.

Les ruines demeurent, majestueuses : aujourd'hui, il faut grimper 235 marches pour y accéder. Prévoyez de quoi vous protéger du soleil et de l'eau. Vous serez largement récompensé de cet effort car le kastro médiéval offre une vue splendide sur tous les environs et une ambiance hors du temps. On déambule parmi les restes de maisons médiévales à un ou deux étages, on visite les quelques églises qui ont été conservées, environ une dizaine, et qui sont ornées de belles fresques murales post-byzantines. Quelle expérience unique de monter ici au lever ou au coucher du soleil !

Forteresse de Chrysohera.

MUSÉE ARCHÉOLOGIQUE

Quartier Aghia Triada

✆ +30 22430 23113

http://odysseus.culture.gr

En été, ouvert tous les jours sauf le mardi, de 8h30 à 15h30. Fermé en hiver. Entrée 4 €.

Le musée archéologique regroupe une grande partie des trouvailles exceptionnelles découvertes dans les sols et les mers de Kalymnos : grâce à la tradition des plongeurs d'éponges, de nombreuses antiquités furent en effet sorties des eaux. Situé en partie dans l'impressionnante maison patricienne de la famille Vouvalis, le musée offre une plongée dans l'histoire millénaire de Kalymnos.

La belle villa fut construite sur les hauteurs de Pothea à la fin du XIXe siècle, au faîte de la richesse de l'île. On y visite encore certaines pièces, restées en l'état ou rénovées depuis le décès de la dernière propriétaire. Des archives photographiques et le mobilier d'époque permettent de mieux comprendre le mode de vie bourgeois au tournant du siècle, avant que le commerce de l'éponge ne périclite.

Dans l'aile contemporaine, le musée abrite une magnifique collection archéologique, remontant aux périodes hellénistique, classique et même archaïque (du VIIe av. J.-C. au Ier siècle apr. J.-C.). La salle la plus importante, par le volume des trouvailles, concerne le site du sanctuaire d'Apollon qui constituait le centre politique et religieux de l'antique Kalymnos. On y admire des statues de marbre, dont les restes d'une grande sculpture du dieu guérisseur, Asclépios. Parmi les trouvailles les plus précieuses, on citera la *Dame de Kalymnos*, magnifique statue de bronze représentant une femme drapée dans son *chiton*, en parfait état de conservation. Datant du IVe siècle av. J.-C., elle fut découverte par un pêcheur local dans les années 1990.

SANCTUAIRE D'APOLLON

Sur la route de Panormos

Entrée libre mais ouverture aléatoire et rare.

Malheureusement longé par la route Pothea-Panormos, ce site antique, lieu central du pouvoir politique et religieux, comprenait plusieurs temples, dont le temple principal dédié à Apollon, un autre à Asclépios, un théâtre et un gymnasium dont on observe les ruines aujourd'hui *(voir aussi le Musée archéologique)*. Les premiers chrétiens y construisirent deux basiliques au Ve siècle : l'église du Christ-de-Jérusalem et l'église Sainte-Sophie que vous pourrez admirer de loin car il y a fort à craindre que les grilles ne soient fermées au moment de votre passage...

ARCHONTIKO HOTEL €

A côté de l'office de tourisme, sur le port.

✆ +30 69428 38524

Chambre double à partir de 50 € en été. Ouvert toute l'année.

On aime ce petit hôtel propre et bien tenu, installé dans une maison néoclassique sur le port de Pothea. Situé au niveau de l'embarcadère des ferries, il est pratique si vous arrivez tard ou partez tôt le lendemain. Il propose 10 chambres simples mais agréables et calmes. Les parties communes sont meublées avec du beau mobilier d'époque qui rappelle la période faste de Kalymnos. Attardez-vous sur les photographies anciennes qui ornent les murs. L'hôtel offre une agréable cour intérieure pour faire une pause en journée et vous réserve un accueil chaleureux.

OLYMPIC HOTEL €

✆ +30 22430 51710

www.kalymnosolympic.gr

Chambre double à partir de 80 € en été, petit-déjeuner compris.

Incontournable hôtel sur le front de mer, l'Olympic est idéalement installé près du débarcadère de Pothea. Il propose des chambres convenables dont la plupart offrent la vue sur le port et la mer. On apprécie de pouvoir profiter du soleil qui se lève le matin. Ne vous attendez pas à du grand luxe, on est plutôt dans le côté petit hôtel de passage, mais il sera bien pratique pour prendre un ferry tôt le matin par exemple. D'autant que les petites chambres sont tout à fait confortables. Le petit-déjeuner est proposé dans un café voisin.

VILLA MELINA €

A côté du musée archéologique

✆ +30 22430 22682

villa-melina.com

Chambre double à partir de 65 € en été, petit-déjeuner compris. Ouvert toute l'année.

Cette superbe villa, construite par des Italiens dans les années 1920, est classée monument historique. Située à 10 minutes du port, dans une partie calme de Pothea, elle abrite un très agréable jardin avec piscine et offre une vue panoramique sur le port et les environs depuis sa belle terrasse. On apprécie le petit-déjeuner servi à l'ombre du jardin. Les chambres ont été aménagées avec charme, dans le respect des lieux, et offrent tout le confort moderne. Ambiance sereine et conviviale : les propriétaires se feront un plaisir de vous conseiller sur Kalymnos.

MAMOUZELOS TAVERNA €€

Au bout du port

✆ +30 2243 047809

Ouvert tous les jours pour le déjeuner et le dîner. Comptez 25 € par personne.

Ce restaurant de poissons et fruits de mer a quitté Linaria, sur la côte ouest, pour s'installer dans des locaux un brin plus chic, à l'extrémité du port de Pothea. C'est une bonne nouvelle pour la capitale de Kalymnos qui péchait un peu par son manque d'options gastronomiques. Cette table n'a rien perdu de sa qualité en déménageant : vous y goûterez de délicieux poissons frais, parfaitement préparés, dont de succulents carpaccios notamment. Quelques options de crustacés. Le service peut être un peu débordé en saison d'où un accueil parfois un peu bourru.

O SFOUGGARAS €

Plage de Vlychadia

✆ +30 2243 059914

Ouvert tous les jours de 9h à 22h. Comptez 15 € par personne.

A 5 km au sud de Pothea, la plage ombragée de Vlychadia est un coin de paradis qui cache une des meilleures tavernes de Kalymnos. Les locaux le disent : on y mange des *mezzedes* et des petits plats typiques tels qu'on les préparait jadis. Tout est d'une fraîcheur inégalée, notamment les poissons. Parmi les plats kalymniotes par excellence, ne manquez pas de goûter la *mermezeli* (version locale de la salade grecque), les *fila* (version locale des *dolmades*), les *xtapodokeftedes* (boulettes de poulpe) et enfin le *spinialo*, surprise de la mer à découvrir.

O PANTELIS €

✆ +30 22430 51508

Comptez 20 € par personne. Ouvert tous les jours, midi et soir.

Cette taverne est sûrement l'un des meilleurs restaurants de cuisine traditionnelle à Pothea. On y trouve de très bons poissons et fruits de mer, les plats de crevettes notamment, mais également de très bonnes viandes grillées et des légumes préparés à l'ancienne, comme les *okra* à la tomate. La carte des vins est sympathique, et bon marché. On aime les tables sur la petite placette légèrement en retrait du front de mer. Il peut y faire un peu chaud à midi, en été : préférez l'heure du dîner mais pensez à réserver en haute saison car les lieux sont très appréciés.

PÂTISSERIE MICHALARAS

En. Xristou

✆ +30 2243 029446

michalaras.business.site

Ouvert tous les jours de 9h à minuit.

Cette pâtisserie familiale vend des spécialités de Kalymnos, dont un *galaktoboureko* qui fait la réputation des lieux depuis des décennies. Certes, ce «gâteau de lait» fait de feuilles de pâte phyllo et de crème pâtissière n'est pas exclusif aux traditions culinaires de Kalymnos, mais les Kalymniotes ont leur propre recette traditionnelle. C'est ici qu'il faudra y goûter. Il est souvent accompagné d'une boule de glace et arrosé de sirop ou de miel. Vous pourrez également craquer pour les excellentes baklavas préparées sur place.

HISTOIRES DE PLONGÉE

Kalymnos est l'île des pêcheurs d'éponges : cet héritage habite largement les récits et pratiques culturelles de l'île, dont les chants et danses inspirées des cas de paralysie fréquents chez ces plongeurs, comme *O mechanikos*. Vous découvrirez des témoignages de ce passé dans le musée maritime de Pothea, qui expose d'anciens instruments de plongée. Passionnant récit autobiographique, *Pêcheurs d'éponges* de Yiannis Yerakis (éd. Cambourakis, 2020) détaille la misère des pêcheurs d'éponge de l'île au début du XXe siècle, les dangers rencontrés, la pression exercée par l'arrivée des scaphandres et le trafic d'enfants envoyés dans les usines de la Russie tsariste.

PLONGÉE SOUS-MARINE

La plongée est la reine historique des pratiques aquatiques à Kalymnos : la faune marine y est particulièrement riche et les fonds marins sont tapissés de vaisseaux naufragés, toutes époques confondues. La plongée est très réglementée : toute trouvaille archéologique doit être signalée aux autorités. La législation est en train d'être revisitée pour faciliter la création de musées sous-marins dans les eaux de l'île. Un club à noter, au sud de Pothia :

- **Kalymnos Diving Club** (+30 693 875 5896 - kalymnosdiving.com) : formations PADI, sorties et location de matériel.

PANORMOS

Le village de Panormos et les plages de Kantouni, Linaria et Platy Gialos forment un gros bourg tranquille, entouré de collines et baigné de verdure. Les deux premières plages sont séparées par un promontoire rocheux, tandis que Platy Gialos est située un peu plus au nord. Familiales, elles sont toutes trois très agréables et jouissent de magnifiques couchers de soleil vers l'ouest. Vous trouverez des petits studios avec kitchenette bon marché un peu partout dans la zone. Mention spéciale pour les agréables cafés-bars qui essaiment la côte par ici : s'il ne faut pas en attendre de grandes révélations gastronomiques, vous y serez parfaitement installé pour prendre l'apéritif.

ALKYONIS APARTMENTS €

Kantouni

✆ +30 22430 47209

Studio pour deux à partir de 40 € en été, sans le petit-déjeuner. Wifi gratuit.

Cet établissement familial est tenu avec chaleur par Evi, la propriétaire des lieux. C'est une bonne option pour les familles ou les visiteurs à petit budget qui veulent profiter du calme des jolies stations balnéaires de la côte ouest, sans forcément se ruiner. Les chambres ont vue sur la mer et les plages de Linaria et Kantouni sont à tout juste 5 minutes à pied. Très simples, mais confortables, elles sont pourvues d'une kitchenette et parfois d'un lit supplémentaire en mezzanine. On apprécie la grande terrasse commune qui offre une belle vue sur la mer.

HOTEL ELIES €

Panormos

✆ +30 22430 47890

www.hotelelies.gr

Chambre double 60 € en haute saison, sans petit-déjeuner. Wifi gratuit.

A 4 kilomètres du port de Pothea, dans le village de Panormos, cet établissement n'est pas situé à proximité directe de la plage mais à tout juste 700 mètres de Linaria. L'hôtel est couplé avec un centre de plongée et d'escalade, idéal pour les plus actifs d'entre vous. Avec une soixantaine de chambres, c'est l'un des plus grands hôtels de l'île, peu habituée aux complexes hôteliers. Chambres décentes, mais mieux vaut privilégier celles du deuxième étage avec une vue (un peu) plus intéressante. Wifi gratuit dans les parties communes de l'hôtel.

NORMA'S VILLAGE €

Panormos

✆ +30 22430 48739

normasvillage.gr

Studio pour deux à partir de 60 € en été, sans petit-déjeuner. Wifi gratuit.

Norma's Village est un ensemble hôtelier familial constitué de studios, appartements et maisonnettes complètement équipés. Bien qu'un peu en retrait des plages de Linaria et de Kantouni, il est situé quasiment au niveau de l'arrêt de bus de Panormos, ce qui s'avère pratique pour découvrir l'île. Parmi les prestations, on notera la grande piscine, le bassin pour enfants et la possibilité de se restaurer sur place, ce qui conviendra particulièrement aux familles. Des séjours en demi-pension sont possibles. Les chambres sont très simples mais confortables.

Le village traditionnel de Panormos.

PENSION PLATY GIALOS €

Platy Gialos

✆ +30 22430 47029

Chambre double à partir de 55 € en été, sans petit-déjeuner.

Cette petite pension familiale qui domine la plage de Platy Gialos est très agréable : les vues en surplomb de la baie sont splendides et c'est un enchantement de regarder le soleil se coucher vers l'ouest, depuis la grande terrasse. Les chambres sont correctes - très simples, ne vous attendez pas à du grand luxe ! - et certaines offrent un balcon qui ouvre sur la mer et la côte montagneuse. C'est l'extrême gentillesse des propriétaires qui fait de cette pension un lieu si attachant, où l'on reste souvent plus longtemps que prévu.

DOMUS €

Plage de Kantouni

✆ +30 22430 47760

Comptez 15 € par personne. Ouvert tous les jours, de 11h à 1h du matin.

Surplombant la plage de Kantouni, ce bar-restaurant a longtemps été un quartier général nocturne pour les fêtards de Kalymnos : Domus s'est un peu embourgeoisé et calmé depuis les années 1980, comme nous tous en somme ! Aujourd'hui, l'établissement est ouvert dès le matin pour le café et on y sert une bonne cuisine variée toute la journée, jusqu'à 23h. Les lieux ont gardé une petite touche festive plus tard en soirée. On y vient notamment pour prendre un cocktail ou un apéritif, à déguster face au soleil qui se couche sur la mer Egée.

TA LINARIA €

Plage de Linaria

✆ +30 22430 47464

Environ 15 € par personne. Ouvert tous les jours, midi et soir en saison.

A l'extrémité nord de la plage de Linaria, sur les quais qui bordent la baie, cette taverne sert de très bonnes grillades de poissons et de viandes, quasiment les pieds dans l'eau. Vous y trouverez tous les classiques de la cuisine locale et nationale, dans un cadre formidable. Comme toujours, le poisson frais peut être un peu plus onéreux que le reste et n'oubliez pas de vous faire confirmer le prix de la bête avant de valider la commande. Les *mezzedes* à partager seront une très bonne option pour un déjeuner léger, lors des chaudes journées d'été.

KAFES & ALATI €€

Plage de Linaria

✆ +30 22430 48771

En saison, ouvert tous les jours de midi à minuit. Comptez 20 € par personne.

Surplombant la plage de Linaria, c'est une option un peu branchée où l'on vient en famille et entre amis pour siroter un verre tout en dégustant de la cuisine venue d'ailleurs. En effet, vous ne trouverez pas vraiment de spécialités grecques dans cet établissement de bord de mer, mais plutôt des burgers et des pâtes à l'italienne. L'ensemble est servi dans un décor un peu *lounge* mais qui reste chaleureux et convivial, et qui jouit d'une vue magnifique. Une adresse que les locaux aiment beaucoup : les soirées de haute saison sont souvent bien remplies.

ROCK AND BLUES PUB

Kantouni

✆ +30 22430 47533

En saison, ouvert tous les jours de 13h au dernier client, tard dans la nuit.

Situé à l'entrée de la plage de Kantouni, ce café-bar n'a de pub que le nom et les fléchettes. C'est le lieu de rendez-vous des jeunes - et moins jeunes - de l'île pour prendre un cocktail ou un verre en soirée. Véritable institution depuis 1978, le Rock and Blues promet un moment de détente, dans le calme de la nuit kalymniote. Evidemment très bien placé pour profiter du coucher du soleil également. Les lieux offrent quelques options pour se restaurer, notamment un steak-sandwich assez réputé, mais ce ne sera pas votre meilleure option culinaire du coin.

WAVES BAR

Ouvert tous les jours en saison, de 11h à 22h.

Sur la plage de Platy Gialos, ce *beach bar* reçoit les vacanciers depuis 1980, avec une amabilité toujours renouvelée. En journée, on y boit des jus de fruits frais, on casse la croûte d'un snack léger et on profite des transats mis à la disposition des clients. En début de soirée, on s'installe pour prendre l'apéritif en regardant le soleil se coucher. Les parasols en palmiers, l'ambiance tiki bar et la décontraction générale contribuent au succès des lieux. On ne le taira pas plus longtemps : on y est bien, tout simplement. Concerts certains soirs.

MYRTIES ★

La plage de galets de Myrties abrite un petit port où des caïques font l'aller-retour vers l'îlot de Telendos, cône parfait planté dans la mer, qui s'offre partout au regard. Au nord, la large baie de Massouri abrite une belle plage de sable assez fréquentée en été. Les établissements en surplomb, hôtels de charme et tavernes excellentes sont plus onéreux qu'ailleurs, mais vous trouverez également des options bon marché : c'est ici que viennent les amateurs d'escalade, à proximité des parois légendaires de l'île (pensez à réserver à l'avance pendant le festival, en octobre). Enfin, Armeos est moins fréquentée mais jouit d'eaux translucides. Toute la zone offre des vues splendides sur Telendos, la mer et le coucher du soleil.

AFRODITI STUDIOS €

Massouri

✆ +30 22430 47420

www.kalymnos-afroditihotel.gr

Chambre double à partir de 50 € en été, sans le petit-déjeuner. Wifi gratuit.

Ce petit établissement est l'une des adresses préférées des grimpeurs qui viennent passer de longs séjours à proximité des voies d'escalade les plus prisées de Kalymnos et qui cherchent une option bon marché. Ces petits studios économiques sont tous équipés d'une kitchenette. Ils sont très simplement meublés mais d'une propreté indéniable et l'accueil y est chaleureux. Ils jouissent aussi d'un emplacement pratique et agréable : proches des tavernes, à 20 mètres d'un arrêt de bus et à 5 minutes de la plage de Massouri. Vue panoramique sur l'île de Telendos.

CARIAN HOTEL €€

Armeos

✆ +30 22430 47700

http://carianhotel.gr

Chambre double à partir de 110 € en été, petit-déjeuner inclus. Wifi gratuit.

Situé dans la zone touristique autour de Myrties, le Carian Hotel est l'une des seules options luxueuses de la région, voire de l'île ! Le style, contemporain et élégant, ne fait que renforcer l'impression de confort et de sérénité qui prime dans cet établissement de charme. La vue sur l'îlot de Telendos est exceptionnelle : préférez une chambre avec vue sur mer ou profitez-en depuis les grandes terrasses communes et la belle piscine. Les chambres sont spacieuses et modernes, tout confort. Profitez d'un moment au spa (en supplément) pour encore plus de détente.

H HOTEL ZEPHYROS €€

Myrties

✆ +30 22430 59905

http://halikoshotels.com

Chambre double à partir de 110 € en été, petit-déjeuner inclus. Wifi gratuit.

Un des derniers-nés de Myrties et des environs, l'hôtel Zephyros est un établissement de charme, proposant une vingtaine de chambres, toutes élégantes et modernes. Immaculées et spacieuses, elles offrent tout le confort que l'on est en droit d'espérer d'un nouvel hôtel qui tape dans une catégorie peu plus haut de gamme que la moyenne. Préférez, si vous le pouvez, les chambres avec vue sur mer car c'est un délice de profiter du panorama sur Telendos, avec le soleil couchant. L'accueil est chaleureux et le service professionnel et attentionné.

Myrties.

MASOURI BLU BOUTIQUE HOTEL €€

Massouri

+30 22430 47451

www.masouriblu.gr

Chambre double à partir de 100 € en été, petit-déjeuner inclus. Wifi gratuit.

Ce petit hôtel charmant donne sur la plage de Massouri et offre des vues magnifiques sur la mer et Telendos : idéal pour profiter du coucher du soleil ! Les chambres, spacieuses et immaculées, sont modernes et confortables, avec des options en suite, parfaitement adaptées aux familles. L'accueil est chaleureux et le service particulièrement attentionné. L'établissement jouit d'un emplacement idéal, directement sur la plage, où des transats sont à disposition des clients.

AVRA AIGAIOU €€

Massouri

+30 2243 048722

Ouvert tous les jours de 13h30 à 23h en saison. Comptez 20 €.

Ce restaurant installé en surplomb de la plage de Massouri est un concurrent direct de l'établissement voisin, Aegean Taverna. Les deux tavernes sont au coude à coude en ce qui concerne la qualité des produits cuisinés et des plats servis. Ceci étant dit, Avra Aigaiou propose une carte plus traditionnelle et une ambiance un peu moins chic, ce qui fait baisser les prix et augmenter les portions ! Les viandes sont succulentes, de même que les fruits de mer. Et la vue est tout aussi magnifique. Selon nous, une des meilleures options de l'île.

TSOPANAKOS €

Armeos

+30 22430 47929

Comptez 15 € par personne. Ouvert tous les jours, midi et soir en saison.

C'est un restaurant réputé à Kalymnos : on y mange une cuisine traditionnelle et locale dont le *mououri*, de l'agneau farci et rôti à feu doux pendant une dizaine d'heures. C'est une spécialité de l'île que l'on a de plus en plus de mal à trouver dans les restaurants. Ici, tous les ingrédients proviennent du potager et de la ferme du propriétaire, qui prépare également son propre pain. L'ensemble est cuisiné avec amour et servi dans un cadre exceptionnel avec vue sur Telendos et le large. La terrasse est vite remplie, notamment le soir pour le coucher du soleil.

ETHEREAL

Massouri

+30 22430 48781

Ouvert tous les jours, de 6h30 à 23h en saison.

Ce petit café situé à Massouri propose des jus de fruits frais et des smoothies (dont certains à base de fruits et légumes de Kalymnos exclusivement), ainsi que des petits-déjeuners complets et quelques plats bio, particulièrement adaptés aux grimpeurs et autres sportifs. Une approche «*healthy food*» très réussie. Vous trouverez aussi de bons feuilletés et de petits pains fourrés à emporter : très pratique pour une journée pique-nique, que ce soit à la plage ou sur les voies d'escalade. Les quelques tables du café se remplissent vite le matin en pleine saison.

AEGEAN TAVERN €€

Massouri

+30 2243 047146

Ouvert tous les jours en saison de 14h30 à 23h30. Comptez 30 € par personne.

Cette table est un peu plus qu'une simple taverne : certains Kalymniotes vont jusqu'à dire qu'il s'agit du meilleur restaurant de l'île. Ici, on propose les mêmes classiques qu'ailleurs, mais dans une version légèrement revisitée et modernisée (et un peu plus onéreuse). Tous les produits utilisés en cuisine sont d'une fraîcheur irréprochable et le service est sans faille. Sans oublier le cadre, bien évidemment enchanteur, avec la vue qui ouvre sur le large et la pyramide de Telendos. Gardez un peu d'appétit pour les *loukoumades* offerts en dessert, un régal !

GLAROS SNACK BAR

Massouri

+30 2243 047712

Ouvert tous les jours, à partir de 9h à minuit en saison.

Ce snack-bar-café est tenu par deux Britanniques, depuis plus de 20 ans. On peut donc y boire du thé au lait et manger un petit-déjeuner anglais le matin, à moins que vous ne préfériez un bon café froid et un menu végan. C'est surtout un établissement apprécié des grimpeurs qui s'y retrouvent après une journée d'escalade pour débriefer et décider de la journée à venir. Vous y trouverez toutes sortes d'informations météo et autres, utiles pour prévoir vos ascensions. Le cœur de la «*climbing community*» de Kalymnos. On apprécie l'agréable terrasse.

ESCALADE

Massouri ✆ +30 69836 74162
www.kalymnosclimbingguide.com
Comptez environ 500 € pour un stage de 5 jours tout inclus. Stages proposés entre mai et octobre.

Pratique reine de l'île, connue internationalement pour ses parois exceptionnelles, notamment autour de Myrties et de Massouri où vous trouverez l'équipement et l'encadrement nécessaires.

- **Le site de référence est climbkalymnos.com** : toutes les informations relatives à l'escalade, mises à jour quotidiennement.
- **Le Kalymnos Climbing Festival** a normalement lieu tous les ans autour de la mi-octobre. N'oubliez pas de réserver votre hébergement !
- **Le Français Simon Montmory** (*références ci-dessus*) a monté une école d'escalade, proposant stages et cours pour tous les niveaux.

EMPORIOS ★★

Au bout de la route du nord, Emporios est un petit bijou qui sommeille dans un décor majestueux. Entourée de montagnes aux cavités impressionnantes (possibilité d'escalade), cette bourgade de pêcheurs était durant l'Antiquité un important centre commercial. Aujourd'hui, c'est le calme le plus total et on apprécie ses plages tranquilles et ses paysages uniques. Des pêcheurs sans âge retapent leurs filets jaune safran, quelques touristes se prélassent en terrasse et la baie semble plantée en plein décor alpin. Pour un repos absolu, entre mer et montagne. Au nord d'Emporios, sur la côte nord-ouest de l'île et à 45 min de marche, se trouve Apitiki, une belle plage de galets méconnue et calme.

LA ROUTE DU NORD

La route de Massouri à Emporios est absolument magique, entre mer et montagne. D'une beauté sauvage, elle serpente, semble tomber à pic dans une eau tantôt outremer, tantôt turquoise, avant de se redresser droit sur l'horizon. De baies en criques, on ne quitte que rarement la silhouette de Telendos. Pour en profiter pleinement et s'arrêter quand bon vous semblera, le mieux est de louer une voiture. Cette zone se découvre aussi au départ d'Emporios.

- **En quittant Massouri, la petite bourgade d'Arginonta** apparaît dans un repli de la montagne. La baie aux eaux couleur émeraude est bordée de quelques maisons et d'une petite plage de galets peu fréquentée.
- **Un peu plus au nord, juste à la sortie de Skalia**, une bifurcation sur la droite vous amène dans la partie la plus isolée de Kalymnos : poursuivez la route goudronnée jusqu'au bout et vous tomberez sur **la plage de Palionisos,** sur la côte est de l'île. Il y a une taverne, Taverna Kalidonis, où vous mangerez bien. Pour vraiment avoir l'impression d'être seul au monde, vous pourrez emprunter un sentier qui part sur la gauche avant d'arriver à Palionisos et qui vous mènera à **Sykati** : un bras de mer turquoise et translucide, magnifiquement isolé.
- **De retour sur la route qui mène à Emporios, Kalamies** offre une petite crique tranquille avec une plage de galets ombragée par de grands tamaris, à l'ambiance un peu bohème. On doit cette atmosphère unique à l'agréable bar de plage : dans ce décor un peu fou, on se croirait sur une île des Caraïbes, dans un havre de pirates.

DODECANÈSE NORD

© PANOS KARAS - SHUTTERSTOCK.COM

Le village traditionnel d'Emporios.

HARRY'S PARADISE €

✆ +30 22430 40062
www.harrys-paradise.gr

Chambre double à partir de 60 € (petit-déjeuner 7,50 €). Comptez 20 € par personne pour le dîner.

Un peu en retrait de la plage, cette adresse est notre coup de cœur absolu, véritable paradis de sérénité installé dans un rafraîchissant jardin d'Eden. Les quelques chambres soignées et spacieuses offrent kitchenette et balcon. Le petit-déjeuner est ouvert à tous : on s'y régale de bons produits frais. Tout comme au déjeuner, où l'adorable maîtresse des lieux, Evdokia, prépare un plat unique, souvent végétarien et toujours savoureux. Quelques soirs par semaine, elle ouvre également sa table d'hôtes et on se régale alors de plats délicieusement cuisinés.

CAPTAIN KOSTAS €

✆ +30 2243 040005

Ouvert tous les jours, de 10h jusqu'à 23h en saison. Comptez 15 € par personne.

Cette taverne installée sur le front de mer d'Emporios est aimée des touristes et des locaux qui s'y retrouvent en famille lorsque la saison s'est enfin calmée, ou lorsqu'elle n'a pas encore vraiment débuté. On s'installe les pieds dans le sable ou sur la grande terrasse couverte, en surplomb, pour goûter à une bonne cuisine généreuse et traditionnelle, servie dans une ambiance décontractée. Les portions sont copieuses et les prix raisonnables. Optez pour les plats du jour, en priorité. En dessert, la maison offre de bons *loukoumades* imbibés de miel.

VATHI ★

Petit port naturel au fond d'un joli fjord, Vathi (ou Rina) est apprécié des navigateurs. C'est aussi la porte d'entrée à la seule vallée fertile de Kalymnos : l'arrière-pays cultive des agrumes, notamment des citrons et des mandarines. Là, des villages endormis, comme le petit village de Platanos, semblent hors du temps. De jolies églises byzantines parsèment les collines alentour et font l'objet d'agréables balades dans les environs. Vous pourrez faire une des plus belles randonnées de Kalymnos jusqu'au monastère de la Panaghia Kyra Psili, incrusté dans la roche. Le sentier grimpe pendant 30 minutes un peu ardues sur la fin mais vous serez récompensé par des vues sublimes sur le fjord et la vallée de Vathi. Les célébrations de la Dormition (15 août) donnent lieu à de magnifiques *panigyria* : n'hésitez pas à monter au monastère pour voir ce témoignage de ferveur unique. Niveau baignade, vous pourrez plonger dans les eaux claires du petit port mais de magnifiques criques sauvages sont également accessibles dans les environs. Pour les rejoindre, en revanche, il faudra passer par la mer. Deux options : le taxi-boat ou le kayak de mer, à louer au centre de kayak sur la baie (+30 22430 31132 - waternative.co/kalymnoskayak). Quelques tavernes ont éclos le long du port et il y a de rares possibilités de logement pour les amateurs de villages isolés, dont l'hôtel-restaurant Galini, aux chambres vraiment basiques mais fonctionnelles (www.galini-hotel-kalymnos.gr – +30 22430 31241).

DODECANÈSE NORD

Vathi.

AGIA MARINA

Le cœur de Leros a été relativement épargné par les destructions de la Seconde Guerre mondiale et aujourd'hui on profite de trois ambiances différentes dans les villages d'Agia Marina (le port néoclassique), Platanos (les hauteurs délaissées) et Panteli (le port de pêche endormi). Ces trois bourgs sont dominés par la colline Apitiki, que couronne le majestueux kastro médiéval. Agia Marina constitue une agréable base de vacances car vous pourrez circuler facilement vers les baies d'Alinda (au nord), Gourna (à l'ouest) et Panteli (au sud), qui regroupent la quasi-totalité des plages de l'île, ainsi que presque toutes les tavernes et les hôtels d'intérêt. A noter, à ce sujet, que les eaux de l'île sont très poissonneuses et la terre est fertile : on mange très bien à Leros, avec des produits frais, pêchés ou cultivés localement. La municipalité a mis en ligne un site complet, avec toutes les informations nécessaires pour organiser son séjour (www.leros.gr).

Transports

Leros est assez bien desservie en avion et par mer. L'aéroport se situe vers Parthenis, au nord d'Agia Marina. Olympic Air assure une liaison régulière avec Athènes (1 heure). Dodekanisos Seaways dessert le port d'Agia Marina et de Lakki : en saison, une liaison quotidienne est assurée avec le reste du Dodécanèse mais ne dessert pas les mêmes îles tous les jours (pour Rhodes, 3h30 de traversée environ). Les ferrys de Blue Star Ferries accostent uniquement à Lakki avec plusieurs liaisons par semaine entre Le Pirée (9 heures) et Rhodes (5 heures). Amarré dans le port d'Agia Marina, l'*Agios Georgios* propose des excursions et sorties en mer tous les jours vers Makronisi, Aspronisi, Marathi et Lipsi (+30 697 647 3086). Sur place, une route principale très empruntée dessert l'ensemble des villages et la plupart des plages. La marche n'est pas recommandée sur la route car elle assez dangereuse (pas de trottoirs) : le meilleur moyen de locomotion reste le scooter, vous trouverez des loueurs sur le port d'Agia Marina. Quelques bus municipaux marquent des arrêts réguliers entre Blefouti, tout au nord, et Xirokambos, au sud, en passant par Partheni, la baie d'Alinta, Agia Marina, Panteli et Lakki. Ils ne sont pas très fréquents, faisant environ 4 allers-retours en saison seulement. Le réseau de taxis est assez performant (centrale +30 22470 22550).

BAIE D'ALINTA

Tour Bellenis ouverte tous les jours sauf le lundi de 10h à 13h et de 18h à 20h en saison. Entrée 3 €.

La baie d'Alinta s'étend du port d'Agia Marina avec ses belles villas néoclassiques jusqu'à la plage secrète de Dio Liskaria, en passant par les villages de Krithoni et d'Alinta. Le kastro semble dominer toute la baie où les vacanciers se prélassent à la plage, dans des eaux peu profondes. A Alinta, on visite la Tour Bellenis, incroyable villa de 1925 transformée en musée, qui s'intéresse particulièrement à l'histoire contemporaine de Leros, entre batailles militaires de la Seconde Guerre mondiale et exil d'opposants politiques pendant la dictature des colonels.

BAIE DE GOURNA

Sur la côte ouest.

La baie de Gourna est située sur la côte ouest, de l'autre côté de l'île par rapport à la baie d'Alinta. La plage principale de Gourna est très peu profonde, idéale pour les plus jeunes et les familles qui aiment s'y rendre. Vous trouverez également tavernes et infrastructures balnéaires adaptées. Reliée à la terre par un passage qui semble flotter sur les flots, la jolie chapelle d'Agios Isodoros est seule reine sur son petit rocher sur la mer. Ne manquez pas de vous y rendre en fin de journée : le site est vraiment magique quand le soleil se couche vers l'ouest.

BAIE DE PANTELI

Le joli port de pêche de Panteli abrite une petite plage sympathique bien que très fréquentée en été. Vous pourrez y manger de bons poissons, les pieds dans l'eau, ou choisir de prendre de la hauteur sur la colline du kastro qui ceint l'arrière de la baie : ne manquez pas de monter aux moulins pour avoir une vue panoramique à 360°. En direction du sud, la baie s'étend entre les plages de Vromolithos, Tourkopigado et Vourlidia, en face du joli îlot d'Aghia Kyriaki. Elles offrent de belles possibilités de baignade même si elles sont assez fréquentées en saison.

KASTRO ★★

Kastro de 8h30 à 19h, musée byzantin le matin. Entrée 2 €. Moulin et musée folklorique de 9h à 13h et de 18h à 20h.

Sur la colline Apitiki qui domine Platanos, Panteli et Agia Marina, se dressent les restes de la forteresse byzantine. On y accède soit par la route (2 km), soit à pied (370 marches). La vue depuis le château est à couper le souffle : on voit les côtes de Kalymnos, de Lipsi et de Patmos par temps clair. Construite autour du XIe siècle sur les ruines d'une ancienne acropole, la cité fortifiée doit protéger les habitants de Leros des attaques, notamment pirates. Les Chevaliers de l'Ordre de Saint-Jean consolident les premières fortifications byzantines pour contrer les agressions ottomanes dès 1310. La forteresse est encore utilisée comme bastion de défense par les révolutionnaires grecs qui luttent pour l'indépendance contre l'Empire ottoman au début du XIXe siècle. Puis ce sont les Italiens qui décident d'utiliser ce château dans les années qui suivent la colonisation de 1912. Les troupes italiennes s'y replient au moment de la campagne de Leros pendant la Seconde Guerre mondiale : le fort est alors bombardé et endommagé. Ce n'est que récemment que les services archéologiques ont réussi à le rénover. On y voit notamment l'église de la Vierge qui date du XVIIe siècle et qui renferme une icône miraculeuse et un petit musée d'art byzantin qui expose des habits liturgiques et une belle bibliothèque. Depuis le kastro, vous ne pourrez pas rater les moulins à vent, particulièrement photogéniques. L'un d'entre eux a été transformé en petit musée folklorique qui présente l'habitat traditionnel de Leros.

LEROS ACTIVE

Agia Marina
✆ +30 22470 24590
www.lerosactive.com
Ouvert tous les jours en saison, de 9h à 13h30 et de 18h à 20h30.

Carolina Vaes a fondé une agence de voyage spécialisée dans les vacances actives et sportives il y a quelques années. Aujourd'hui, elle s'est associée à l'agence Leros Travel pour offrir une gamme complète de services, dont les classiques réservations de ferrys, d'hôtels, etc. Amoureuse de Leros et elle-même très sportive, elle connaît l'île, ses sentiers, sites de plongée et trésors cachés comme personne. Elle pourra vous concocter un programme sur mesure ou vous aider à réserver des sorties en mer ou des randonnées. C'est une mine d'informations sur Leros.

ALEA MARE HOTEL €

Alinta
✆ +30 22470 24612
www.aleamarehotel.com
Chambre double à partir de 85 € en été, petit-déjeuner inclus.

Ce petit hôtel situé sur la baie d'Alinta est installé directement sur la plage et offre donc de bien agréables vues : préférez les chambres avec vue sur mer si vous le pouvez. Les chambres sont simples et confortables, et jouissent toutes d'un balcon privatif spacieux. La gentillesse et la serviabilité du personnel constituent l'atout certain de cet établissement, ainsi que l'excellent petit-déjeuner servi à l'ombre d'une agréable terrasse. Devant l'hôtel, des transats et des parasols sont installés sur la plage, à la disposition des clients.

Agia Marina.

ANEMOS STUDIOS €

Panteli
✆ +30 697 303 8392
www.anemosleros.gr
Studio double à partir de 80 € en été, sans le petit-déjeuner. Wifi gratuit.

Ce charmant établissement est situé sur les hauteurs de la baie de Panteli, sur la colline que surmonte le château. Vous y trouverez quatre studios spacieux et très bien équipés, un appartement familial de 75 m² ainsi que des moulins rénovés et convertis en maisonnettes pouvant héberger deux adultes et un enfant, sur deux étages. L'ensemble est très joliment aménagé, dans un style traditionnel réussi qui ne fait pas l'impasse sur le confort. On mentionnera les vues incroyables dont jouissent toutes ces options. Attention : il faut grimper pour profiter des lieux !

ARCHONTIKO ANGELOU €

Alinta
✆ +30 22470 22749
www.hotel-angelou-leros.com
Chambre double standard à partir de 90 € en été, sans le petit-déjeuner.

Nous adorons cette bâtisse néoclassique située légèrement en retrait de la plage dans un océan de verdure. Les chambres et les parties communes sont meublées avec énormément de goût. L'hôtel a également été rénové en 2006 avec une sensibilité écologique et des panneaux solaires et l'air conditionné naturel (ou presque). Insonorisation en préservant les anciens parquets, matelas orthosomatiques... L'essence même d'un établissement de charme qui dégage quelque chose de suranné, type Belle Epoque. Les petits déjeuners de Marianna sont réputés sur toute l'île.

ASTERIAS €

Panteli
✆ +30 22470 26488
www.asteriasleros.com
Chambre double à partir de 60 € en été, sans le petit-déjeuner. Wifi gratuit.

Sur les hauteurs du port de Panteli, en contrebas des moulins à vent, ce ravissant établissement a été repris et rénové par des Britanniques en 2017. Le résultat est magnifique, les chambres et appartements sont spacieux et immaculés, la déco est contemporaine mais chaleureuse, et les vues sur la mer et les environs sont somptueuses. Les chambres doubles économiques, dotées d'un balcon privé, sont meublées dans un style insulaire simple, avec des œuvres d'art originales et un mobilier contemporain. Une très bonne adresse offrant un bon rapport qualité-prix.

MARILEN HOTEL €

Alinta
✆ +30 22470 24100
www.marilen.com
Studio pour 2 à partir de 70 € en été, petit-déjeuner inclus. Wifi gratuit.

Légèrement en retrait de la baie d'Alinta, à 10 minutes de la plage et des tavernes et restaurants, le Marilen Hotel est un petit complexe hôtelier qui propose des studios et appartements dans un environnement arboré, au calme, et surtout pour un rapport qualité-prix intéressant. La piscine sera appréciée, notamment des enfants. Les chambres sont agréables et propres, équipées d'une kitchenette. La décoration n'est pas forcément très travaillée et on ne nage pas en plein charme mais c'est une option économique agréable et adaptée aux familles.

NEFELI HOTEL €

Krithoni
✆ +30 22470 24611
https://hotel-4450.business.site
Studio pour deux à partir de 85 € en saison, petit-déjeuner inclus. Wifi gratuit.

L'un des plus agréables établissements de l'île, offrant un bon rapport qualité-prix. L'hôtel Nefeli propose des studios équipés d'une kitchenette et aménagés avec goût, dans un environnement arboré et calme, légèrement en retrait de la plage de Krithoni, sur la baie d'Alinta. Le service est chaleureux et professionnel. Toutes les chambres donnent sur le beau jardin, où vous pourrez faire une pause au frais en journée et venir boire un cocktail au bar en soirée. A noter également : l'excellent petit-déjeuner, à base de produits frais. Un bel hôtel de charme.

TONY'S BEACH STUDIOS €

Vromolithos
✆ +30 6940 873532
www.tonysbeach.com
Chambre double à partir de 75 € en été, petit-déjeuner en supplément. Wifi gratuit.

Situé dans la baie de Vromolithos, directement sur le front de mer, cet ensemble hôtelier bon marché existe depuis de nombreuses années et a su se renouveler au fil des ans. Tous les studios jouissent d'un balcon privatif avec vue sur la mer et l'îlot d'Aghia Kyriaki et sont équipés d'une kitchenette. L'établissement est particulièrement apprécié des familles : les enfants peuvent profiter de la piscine comme de la plage, juste devant l'hôtel, dans un environnement calme et sans voitures. Il faudra louer un véhicule cependant pour être mobile pendant votre séjour.

ALIDIAN BAY SUITES €€

Alinta

✆ +30 694 291 9177

Chambre double à partir de 100 € en été, petit-déjeuner inclus. Wifi gratuit.

Cet agréable hôtel est situé à l'extrémité de la belle baie d'Alinta, sur le front de mer, et jouit de ce fait de vues exceptionnelles sur la mer, le port d'Agia Marina et le kastro qui domine, au loin. Vu de l'extérieur, l'établissement n'est pas particulièrement charmant mais les chambres et les intérieurs ont été aménagés avec goût. On apprécie l'effort de déco, et le confort qui prime dans les chambres, spacieuses et impeccables. La piscine face à la plage offre une pause agréable : on pourra passer au bar qui sert boissons fraîches et snacks toute la journée.

MAVRAKIS €

Alinta

✆ +30 22470 23266

Comptez 15 € par personne. Ouvert tous les jours, midi et soir en saison.

Cette taverne dépend de l'Alinda Hotel, installé en face de la plage, au début de la baie. Elle est ouverte à tous et propose une bonne cuisine traditionnelle, généreuse et savoureuse. Vous y mangerez tous les classiques de la gastronomie grecque ainsi que de bons ragoûts et du poisson grillé à déguster sur la terrasse ombragée. En saison, des concerts de *rebetiko* accompagnent le dîner et se poursuivent parfois tard dans la soirée. Ce sera l'occasion de découvrir cette musique populaire grecque, et peut-être même de vous laisser aller à quelques pas de danse.

TA KROUPIA €

Agia Marina

✆ +30 22470 24204

Ouvert tous les jours de 9h à 2h du matin. Comptez 5 €.

Sur le petit port d'Agia Marina, Ta Kroupia est une institution depuis les années 1990 : vous y mangerez les meilleurs *souvlaki* de Leros. Attention, ici il y a un choix quasi infini, entre des options véganes ou végétariennes et des options forcément carnivores, du pain pita à base de maïs, de blé complet, ou encore la version multi-céréales... Il y aura de quoi satisfaire toutes les envies et les types de régimes. On y vient également pour prendre un verre ou un café en journée ou en soirée et regarder le monde qui défile tranquillement sur le petit port.

TO PIROFANI €

Panteli

✆ +30 2247 023896

Ouvert tous les jours de 10h à minuit en saison. Comptez 15 € par personne.

Cette taverne est installée sur la baie de Panteli, et offre quelques tables directement sur l'eau, à l'extrémité du petit port qui lui donne un joli cadre romantique, notamment en soirée. On y mange une cuisine savoureuse qui mélange recettes traditionnelles et approche un peu plus contemporaine. Leros oblige, la carte propose évidemment de très bons plats de fruits de mer et des poissons frais, parfaitement grillés (on n'oublie pas de vérifier le prix avant de passer commande !). Goûtez les *kataifi shrimps* : des crevettes enrobées de cheveux d'anges.

DIMITRIS O KARAFLAS €

✆ +30 22470 25626

Comptez 15 € par personne. Ouvert tous les jours, de 13h à minuit en saison.

Il s'agit de l'une des meilleures ouzeries et tavernes de poissons et fruits de mer de Leros. On prend place sur la terrasse qui surplombe la plage de Vromolithos, au-delà de la baie de Panteli, et on déguste de savoureux petits plats, dont un délicieux carpaccio de poulpe, à accompagner d'une *fava* fameuse et de grillades de poissons frais, en sirotant un bon ouzo. C'est un peu le paradis. Comme toujours avec le poisson frais, faites-vous confirmer le prix avant de passer commande : il est souvent raisonnable, mais mieux vaut éviter les mauvaises surprises.

TO STEKI €

Alinta

✆ +30 2247022413

Ouvert tous les jours de 9h à minuit. Comptez 15 € par personne.

Cette taverne sur la baie d'Alinta est le royaume de Dimitris depuis environ 20 ans, qui continue d'offrir le meilleur de la gastronomie à Leros, d'année en année. On choisit une des tables sous l'agréable terrasse ou celles qui sont installées directement sur la mer et on se laisse aller à ses suggestions, toujours savoureuses. Poissons frais, viandes grillées et plats végétariens : il y en a pour tous les goûts. Environ deux fois par semaine, des musiciens de *rebetiko* viennent jouer le soir. L'occasion de se plonger dans l'ambiance des tavernes d'antan.

MYLOS €€

Agia Marina
✆ +30 22470 24894
www.mylosexperience.gr
Comptez 25 € par personne. Ouvert tous les soirs pour le dîner. Réservation conseillée.

Ce restaurant - le meilleur de l'île - est un peu plus recherché qu'une taverne lambda et jouit d'un cadre vraiment enchanteur, au bout de la jetée d'Agia Marina, près de l'ancien moulin. Vous y serez installé face à la mer, avec vue sur le port et le château en surplomb. On y sert d'excellentes assiettes de fruits de mer et de superbes plats de poissons frais. Essayez notamment les oursins, les carpaccios de poulpe et les tartares de poisson du jour. Mention spéciale pour la carte des vins, très pointue. Le soir, mieux vaut réserver, car l'endroit est très couru.

O SOTOS €€

Drimonas
✆ +30 22470 24546
Comptez 25 € par personne. Ouvert tous les jours, de 10h à 1h du matin en saison.

Cette petite ouzerie du village de Drimonas, dans la baie de Gourna, est le lieu parfait pour manger du poisson frais, pêché directement par le propriétaire. On s'y installe pour faire une pause à l'ombre au cours d'une journée plage, mais le *must* est encore de venir pour le dîner : vous profiterez ainsi de la lumière dorée de fin de journée. L'ensemble est d'une simplicité absolue : quand la fraîcheur de la pêche est reine, elle prime sur le reste ! Ne vous formalisez pas du service, parfois un peu nonchalant, et prenez le temps de déguster ces trésors de la mer.

HARRIS BAR

Panteli
✆ +30 69368 28615
www.hotelharis.com
Ouvert tous les jours, de 17h30 à 2h du matin en saison.

Ce bar-restaurant est perché au-dessus de Panteli, sur la colline qui surplombe la baie. Installé au niveau des moulins à vent, sur la route qui mène au château, il jouit d'un emplacement unique... qui se mérite si vous êtes à pied, mais qui récompensera tous vos efforts ! En effet, la vue panoramique qui s'offre partout vaut bien le déplacement. Dernier-né des établissements qui valent le coup à Leros, il a ouvert ses portes à l'été 2021. Ne ratez pas les pâtisseries de la maison ou un délicieux cocktail en soirée : la vue ne cessera de vous éblouir.

TO PARADOSSIAKO

Agia Marina
✆ +30 22470 25500
Ouvert tous les jours de 7h30 à 23h.

Cette pâtisserie est un immanquable du port d'Agia Marina : vous ne pourrez pas la rater. Surtout ne vous privez pas d'une pause gourmande digne de ce nom, en optant soit pour des pâtisseries traditionnelles pleines de miel, soit pour des créations plus contemporaines qui font la part belle aux préparations à base de chocolat. Parmi les recettes traditionnelles, vous pourrez goûter aux spécialités de Leros, dont la ***patsavouropita***, la version locale d'une tarte au yaourt. N'hésitez pas à prendre le café sur les tables en terrasse : c'est un vrai bonheur !

TZOUMAS

Panteli
Ouvert tous les jours de 8h à minuit.

Ce *kafeneio* traditionnel est le plus ancien du village de Panteli : il a reçu un petit coup de jeune ces dernières années, mais il a su garder son charme d'antan malgré tout. Directement installé sur la petite plage de Panteli, on aime s'attabler les pieds dans le sable, face à la mer, ou autour du grand tamaris qui apporte une ombre bienvenue en été. Vous y passerez de longs moments à boire un café froid, ou une bière fraîche, autour de très bons *mezzedes* à partager. Quelques transats et parasols sont également disponibles pour faire bronzette.

VIA MARE PEPE

Agia Marina
✆ +30 69724 08581
Ouvert tous les jours de 8h à 1h du matin en saison.

Ce café-bar sur le front de mer et le port d'Agia Marina est particulièrement agréable pour prendre l'apéritif en fin de journée, face à la mer et dans la belle lumière finissante. Le soleil se fait alors moins chaud et on est ravi de lézarder pratiquement les pieds dans l'eau, sur les tables installées le long du quai. On y viendra également pour prendre son café le matin et voir le village se réveiller doucement, en optant pour les tables de la grande terrasse : confortablement installé, vous aurez alors une vue sur tous les allers et venues du port.

DODÉCANÈSE NORD

ZEPHYROS

Dio Liskaria

✆ +30 22470 25200

Ouvert tous les jours de 9h à 2h30 du matin, en saison.

Ce bar de plage très agréable est situé à l'extrémité nord de la baie d'Alinta, tout au bout de la route, sur la petite plage de Dio Liskaria. Là, une clientèle jeune et branchée se retrouve pour boire des cocktails de fruits frais en journée, pour se restaurer d'une bonne salade ou d'une sélection de *mezzedes* et pour boire un verre. Les végans et végétariens seront ravis des options adaptées à leur régime alimentaire et les amateurs de caféine se réjouiront de déguster le café maison, savamment concocté. Musique et DJ certains soirs.

PLONGÉE SOUS-MARINE

Il s'agit de l'activité reine de Leros : pas étonnant quand on connaît l'histoire tragique de cette base stratégique pendant la Seconde Guerre mondiale. Les fonds marins sont jonchés d'épaves de navires ayant été torpillés et coulés pendant la dure bataille de Leros, ainsi que d'avions de guerre. Le cas le plus célèbre est celui du destroyer *Reine Olga*, qui constitue un site unique de plongée aujourd'hui. Un club à noter pour vos sorties, formations PADI et location de matériel :

- **Hydrovius Diving Centre** (+30 22470 26025 - www.hydrovius.gr) situé à Krithoni.

PARTHENIS

Ce village du nord de l'île est situé juste à côté de l'aéroport. Les traces d'un temple dédié à Artémis y ont été découvertes mais il n'en reste que quelques blocs de pierre disséminés que l'on trouvera en prenant un chemin sur la gauche, à 400 m avant l'aéroport. Non loin, vous pourrez vous baigner dans la baie de Blefouti qui a le désavantage d'être longée par la route mais qui abrite une taverne. Pour plus de tranquillité et des eaux somptueuses, poursuivez vers la pointe nord et la plage d'Aghia Kioura, véritable lagon turquoise. En surplomb, ne manquez pas l'église Matrona Kioura qui recèle de touchantes fresques réalisées par des opposants politiques exilés à Leros.

LAKKI

Port principal de Leros, à 3,5 km au sud d'Agia Marina. En partie détruit par les bombardements de la Seconde Guerre mondiale au moment de la tragique bataille de Leros, Lakki fait toujours frémir les Grecs, pour qui ce nom reste associé aux aspects les plus sombres de leur histoire récente. Tout commence dans les années 1920 : figurant parmi les ports naturels les mieux protégés de Grèce, les marécages qui caractérisent la zone sont asséchés par les occupants italiens qui décident de créer une immense base navale afin d'accueillir la flotte fasciste en mer Egée. Mussolini fait appel à deux grands architectes italiens, déjà actifs sur l'île de Rhodes : Rodolfo Petracco et Armando Bernabiti. Ensemble, ils décident de créer une ville nouvelle, en suivant les principes de l'architecture rationaliste : utopie fasciste, Portolago sort de terre dans les années 1920 et 1930. Lorsque Leros est rattachée à la Grèce après la guerre, Portolago est rebaptisé Lakki. Mais pour son malheur, le port est désigné pour accueillir la « Colonie d'aliénés » de Leros, en 1958. Des patients psychiatriques sont internés dans des anciens baraquements militaires et détenus dans des conditions atroces, plus proches d'une prison que d'un asile. Dans les années 1960 et 1970, c'est encore Lakki et Leros qui sont choisis pour recevoir les prisonniers politiques, envoyés en exil par la dictature des Colonels… A la chute de la dictature, l'hôpital psychiatrique enchaîne les scandales, pour cause de maltraitance de ses patients, ce qui ne redore en ien le blason de Lakki.

La ville aujourd'hui

La ville peine toujours à remonter la pente : la crise des réfugiés a lourdement frappé Leros qui a mis en place un camp et un centre d'identification des migrants à proximité de l'hôpital. Pendant des années la zone a été largement saturée et a fait l'objet de critiques de toutes parts : les ONG humanitaires déplorant les conditions de vie des réfugiés, et les gouvernements soulignant la faillibilité du système d'enregistrement mis en place. Un nouveau centre a vu le jour en 2021, moins saturé pour le moment. Toujours est-il, les amateurs d'architecture apprécieront ses grandes avenues tirées au cordeau et ses bâtiments de l'époque fasciste, dont le cinéma, le marché ou l'église Agios Nikolaos. Lakki dispose également de quelques atouts : de bonnes petites tavernes et quelques plages agréables à proximité. En revanche, il est vrai qu'il n'est pas très agréable d'y loger car la ville dégage une ambiance un peu étrange. On a plus l'impression d'être dans un décor de film abandonné que dans un joli port grec.

Lakki.

CASERMA DES HERBES

Koulouki

✆ +30 22470 28015

www.caserma.gr

Visite guidée sur réservation uniquement (2h). Billet 5 €, incluant un snack et une boisson.

Dernier-né des points d'intérêt à Leros, nous sommes ravis de soutenir cette initiative unique dans le Dodécanèse. Une coopérative locale a restauré une ancienne baraque du temps de l'occupation fasciste, en retrait du port de Lakki, et organise des parcours sensoriels à la découverte des plantes médicinales et plantes aromatiques plantées dans les environs - ou à l'état sauvage. Une manière à la fois ludique et pertinente de découvrir la flore locale et ses bienfaits, ainsi que l'apiculture traditionnelle de Leros. Un tourisme alternatif qui va dans le bon sens.

MUSÉE DE LA GUERRE ★

Merikia

✆ +30 22470 22109

Ouvert tous les jours de 9h30 à 13h30. Entrée 3 €.

Leros a été très marquée par son histoire militaire avec l'arrivée des Italiens en 1912 qui transforment le port en vaste base navale. Lorsque les Italiens capitulent en septembre 1943, les Allemands tentent de prendre possession de l'île, stratégique dans la région. Mais l'armée britannique connaît l'importance de cette base et décide de lutter à son tour. Des tunnels et bunkers aménagés dans la roche deviennent des enjeux de première importance. Aujourd'hui, on peut encore visiter le tunnel de Merikia où sont exposés des témoignages de cette bataille historique.

PLAGES ★

A l'ouest de la baie de Lakki, la route se poursuit entre pinèdes et forêts d'eucalyptus plantés par les Italiens. Vous trouverez de très belles criques aux eaux émeraude et des plages quasiment désertes. Au-delà du Lime Bar, la plage de Merikia est très agréable avec ses petits cafés désuets mais nous vous conseillons de poursuivre sur la route jusqu'au cap Katsouni : vous découvrirez en chemin de petites criques solitaires et la plage de Kokkina, peut-être la plus belle de Leros. Vous pourrez vous y rendre à pied : il faut compter environ une heure de marche.

BIANCO BOUTIQUE HOTEL €

25th Martiou

✆ +30 22470 22460

www.biancohotel.gr

Chambre double à partir de 75 € en été, petit-déjeuner compris.

Lakki a succombé à la mode et abrite dorénavant son propre «boutique-hôtel», comprenez : un petit hôtel rénové ou neuf, qui s'essaie au design et offre une petite dizaine de chambres uniquement. Situé dans une rue parallèle au front de mer, l'hôtel est une option à la fois pratique et confortable si vous arrivez tard dans le port de Lakki, ou que vous partez tôt le matin. Les chambres sont modernes et calmes, mais on ne peut pas dire qu'elles soient très chaleureuses ou qu'elles aient beaucoup de charme... Une bonne adresse pour passer la nuit en transit donc.

AELLIA HOTEL & SUITES €€

+30 22470 26909
www.aelliahotel.gr
Chambre double à partir de 95 € en été, petit-déjeuner inclus. Wifi gratuit.

Cet établissement de charme a ouvert ses portes à l'été 2019, dans une rue calme de Lakki : tout neuf et resplendissant, il renouvelle l'offre hôtelière du port. Les chambres sont spacieuses, d'une propreté impeccable et joliment décorées : on apprécie l'effort fourni pour l'aménagement intérieur. Enfin un lieu au charme contemporain, à la fois convivial et tout confort ! La terrasse et le jardin sont agréables pour prendre le petit-déjeuner, préparé avec attention. Le personnel, très serviable, fait tout pour que les nouveaux clients se sentent bien.

LYXNARI €

+30 69553 42477
Ouvert tous les jours, pour le déjeuner et le dîner. Comptez 15 € par personne.

Cette taverne est l'une des plus réputées de Lakki : on y mange une délicieuse cuisine traditionnelle, préparée avec des ingrédients particulièrement frais. Les légumes proviennent du jardin potager des propriétaires et les poissons et fruits de mer sont pêchés du jour. Les végétariens et végans seront particulièrement ravis de la sélection de plats adaptés à leur régime : nous vous conseillons notamment l'*imam* d'aubergines. Que les carnivores parmi vous se rassurent : les viandes et poissons grillés sont également délicieux. Une bonne adresse.

TO PETRINO €

+30 22470 24807
Ouvert tous les jours, de 11h à 23h. Comptez 15 € par personne.

To Petrino est le meilleur restaurant de Lakki, et le meilleur restaurant de viande grillée de toute l'île. Les végétariens s'abstiendront de venir ici, tout comme les amateurs de produits de la mer et de poissons : ici, la viande est reine, servie à toutes les sauces ou simplement grillée. La qualité des produits est unique à Leros et mérite largement que l'on fasse le déplacement, même si le restaurant n'est pas en bord de mer et n'offre pas un cadre particulièrement sympathique. Attention, les portions sont copieuses : les petits appétits partageront les plats.

LIME BEACH BAR

Merikia
+30 69473 64886
Ouvert tous les jours de 10h à minuit en saison. Comptez 15 € pour manger.

Ce bar de plage est l'un des plus agréables de Leros. A l'entrée de la plage de Merikia, vous pourrez y prendre un verre en surplomb de la mer, confortablement installé, dans un cadre élégant et contemporain. De bons snacks sont également proposés en journée, dont des options véganes savoureuses. Quelques transats et parasols sont installés pour les clients en contrebas. On apprécie le cadre et l'emplacement, extrêmement calmes et agréables. Idéal pour faire une halte avant ou après la visite du Musée de la Guerre notamment.

XIROKAMBOS

Ce petit port du sud de Leros est situé dans une baie protégée, qui ouvre sur l'île de Kalymnos, si proche. Le village, qui abrite une poignée de maisons, est tranquille et vous y trouverez une jolie plage de sable et de galets, réputée pour le snorkeling. En longeant la baie sur la gauche, un chemin mène à la minuscule église de Panaghia Kavouradena, incrustée dans la roche. Installée en surplomb de criques cristallines, vous aurez la possibilité de vous baigner dans les environs. A l'intérieur, remarquez l'icône de la Vierge au Crabe qui donne son nom à la chapelle. On raconte qu'un pêcheur de crabes y trouva une icône miraculeuse : on y célèbre la nativité de la Vierge le 8 septembre. Venez voir ce petit bout du monde à l'heure du soleil couchant sur Kalymnos.

Se loger

Quelques bonnes tavernes sur place dont To Aloni qui propose une cuisine maison, riche en plats de poisson. La taverne Trechantiri, un peu en retrait du bord de mer, est également appréciée pour ses poissons frais aux prix raisonnables. En termes d'hébergement, il n'y a pas grand-chose à noter, au-delà de l'unique camping de l'île, avant l'entrée de la baie, qui propose des emplacements ombragés et qui comprend un restaurant et un club de plongée (www.campingleros.com). Plus confortable, l'hôtel Efstathia (+30 22470 24099 - chambre double à partir de 60 € en saison) est situé près de la plage, avec des studios organisés autour d'une piscine et un agréable jardin.

LIPSI CHORA - ΧΩΡΑ ★

Au premier abord, le village de Lipsi – qui rassemble quasiment toute la population et, par conséquent, toute l'activité de l'île – ne semble pas présenter d'intérêt particulier, au-delà des tavernes et pensions familiales de bord de mer. Mais il faut se laisser aller à ses ouzeries, à son petit port et à sa vie calme pour être finalement envoûté. Dans son joyeux isolement, la vie est rythmée par les arrivées et départs des bateaux. Toutes les plages de l'île sont facilement accessibles depuis le village. La municipalité a mis en place un site Internet touristique, très complet (www.lipsi.gov.gr ou lipsi.gr).

Transports

Assez difficilement accessible depuis Athènes ou Rhodes, Lipsi est bien connectée à ses voisines du Dodécanèse. Blue Star Ferries et Hellenic Seaways assurent deux ferries par semaine depuis le Pirée (traversée env. 8 heures), qui poursuivent vers Rhodes (env. 8h). Les hydroglisseurs de Dodekanisos Seaways desservent Lipsi au moins quatre fois par semaine en saison et assurent la liaison avec le reste de l'archipel. Enfin, le bateau local *Patmos Star* fait plusieurs allers-retours par semaine entre Patmos et Lipsi (50 minutes de traversée).

Sur place, il n'y a qu'une route asphaltée qui fait une boucle autour du port et dessert les plages de Platis Gialos, Kohlakura et Katsadia. Quasiment tous les déplacements se font à pied. Vous pourrez également louer un scooter (George +30 6948536418 - motorentlipsi.gr). Un mini-van relie le village aux plages de Platis Gialos, Katsadia et Kohlakura plusieurs fois par jour, en été.

PANAGIA TOU HAROU

Le 23 août, Lipsi célèbre son plus grand événement de l'année : les festivités de cette *panigyri* géante durent deux jours et rassemblent tous les habitants de l'île. Ceux-ci se rendent à l'église Panagia tou Harou pour rendre grâce à l'icône miraculeuse de la Vierge qui s'y trouve : chaque année, à date fixe, les lys séchés enfermés dans son cadre de verre refleurissent, comme par enchantement. Ce miracle est largement célébré : après les processions, parades et cérémonies religieuses de mise, visiteurs et résidents se retrouvent au village pour une journée et une nuit de fête sur le port, entre grands banquets, musiques et danses traditionnelles. Un grand moment à vivre.

EXCURSIONS EN BATEAU

Les îlots éparpillés d'Arki, Marathi, Aspronisi, Tiganakia ou encore Makronisi sont facilement accessibles en bateau depuis Lipsi. Ils offrent des eaux turquoise, des criques protégées. Vous y serez seul les trois quarts du temps, profitant d'un calme olympien. Vous pourrez les découvrir à bord du *Rena* qui part du port tous les matins vers 10h30 et revient à Lipsi en fin d'après-midi. C'est parfois un peu bruyant et moins intimiste que ne le voudraient ces lieux, mais c'est une très belle excursion si vous n'avez pas d'autre moyen de navigation.

DODÉCANÈSE NORD

© FRITZ16 - SHUTTERSTOCK.COM

Port de l'île de Lipsi.

KATSADIA

A 25 minutes à pied du port. Minibus en saison.

Plage de gros sable bordée d'arbres qui offrent une ombre bienvenue aux heures les plus chaudes de la journée. A gauche de la plage en regardant la mer, le café-restaurant Dilaila est un incontournable pour faire une pause en journée, boire un verre, déjeuner ou dîner. C'est une plage fréquentée, notamment par les familles car elle est facilement accessible (elle est desservie par le petit bus en saison). Une route de terre mène à la plage de Papandria, juste à l'est de Katsadia : il n'y a pas d'ombre et les nudistes aiment y venir car elle est moins fréquentée.

MONODENDRI

A une heure du port.

45 min à pied depuis le port. Pas de minibus.

Le nom de cette plage de galets et de larges rochers signifie « arbre unique ». Vous y trouvez, en effet, un arbre isolé faisant face à la mer. L'endroit est magnifique et solitaire mais pas idéal pour la baignade les jours de vent. A réserver pour les jours de calme plat donc : vous y serez alors comme seul au monde face aux éléments, ce qui fait souvent le bonheur des nudistes. La marche pour y parvenir est très agréable : il faut compter environ 45 minutes depuis le port, au-delà de la décharge publique, une indication vous mènera jusqu'au sentier.

KOHLAKURA ★

A 30 min à pied du port. Minibus en saison.

Depuis le village de Lipsi, vous pouvez rejoindre ce coin de l'île à pied en environ 30 minutes. Avant d'arriver, vous apercevrez sur votre droite l'église de Panaghia Harou qui daterait du XVIe siècle, célèbre pour l'icône de la Vierge fêtée le 23 août (voir encadré). Un peu plus loin, vous pourrez goûter et acheter les produits bio de Kostas Makris qui a repris depuis quelques années la ferme familiale.Plus loin, Kohlakura est une agréable plage de galets. Ombragée le matin, elle n'offre que peu d'ombre en journée mais les eaux y sont cristallines.

PLATIS GIALOS ★

Accessible par la seule route qui mène à la côte nord. Minibus en saison, 50 min à pied depuis le port.

Plage familiale située à 45 minutes du port. La marche en elle-même n'a que peu d'intérêt car on ne fait que suivre la route asphaltée mais les paysages sur les îlots qui se découpent au loin sont superbes. La petite plage de sable est splendide, bien que très fréquentée : il s'agit d'un superbe lagon turquoise où l'on a pied sur environ 50 m. L'eau est particulièrement claire et des tamaris apportent une ombre bienvenue sur la plage où se baladent des oies et canards. La taverne en surplomb constitue une pause agréable. Le petit bus la dessert en été.

LIENDOU

Dans le village.

Cette jolie plage de sable est située à 5 minutes du port, à la sortie du village. Elle est abritée de grands tamaris. Sa proximité et son accessibilité font d'elle la plage la plus visitée en été. C'est également la plage la plus appréciée des familles et des locaux qui ont peu de temps pour la baignade en pleine saison. La plage de Kampos, également agréable et ombragée, se trouve à 5 minutes à pied en suivant la route vers le nord, devant l'hôtel Nefeli (fermé en 2021). Elle offre les mêmes avantages que sa voisine mais est moins fréquentée.

VINS ET FROMAGES

Alfa Farm : tous les jours sauf dimanche de 8h à 14h30. Lipsi winery : dégustations sur réservation.

Lipsi est réputée pour ses initiatives agricoles et ses produits locaux de qualité. On se rendra à la fromagerie d'Alfa Farm, derrière les studios Aphroditi, pour acheter de délicats fromages de chèvre, vache et bufflonne, délicieusement parfumés au piment, au poivre ou nature. La Lipsi Winery (+30 22470 41192 - www. lipsiwinery.com) a remis la tradition vinicole locale et les cépages fokianos au goût du jour. On visite les caves et on déguste les vins, encore jeunes mais bons, sur les hauteurs du port. Les vignerons Manolis et Nikos avancent à pas de géants !

KIMISSI ★

Route asphaltée. Pas de minibus.

En arrivant par la route asphaltée, le col est dominé par un ensemble récent, dédié à des martyrs de la révolution. Puis la route sinue en pente raide jusqu'à la plage de Kimissi, gardée par une chapelle où coule une petite source. La plage est solitaire, souvent appréciée des nudistes. Un sentier empierré monte à l'ermitage où vivait un reclus jusqu'à sa mort. Montez pour voir le magnifique panorama qui s'offre sur les îlots alentour. Pour éviter la route asphaltée, vous pourrez prendre un sentier un peu au-delà de l'hôtel. Comptez 1h30 de marche.

STUDIOS PANORAMA €

✆ +30 22470 41279

Chambre double à partir de 50 € en été, sans le petit-déjeuner. Wifi gratuit.

En surplomb du débarcadère, ces chambres propres et sans prétention jouissent de petits balcons d'où vous pourrez voir la mer. L'ensemble est particulièrement bien situé, à la fois à proximité de l'animation du port, de la plage de Liendou et du débarcadère en cas d'arrivée tardive, ce qui est souvent le cas avec le ferry pour Lipsi. L'ameublement est simple mais suffisant, l'accueil est chaleureux et serviable : M. Thomas vous aidera à découvrir son île avec entrain. Une rénovation bienvenue des équipements a eu lieu au cours de l'année 2020.

HOTEL APHRODITI €

Plage de Liendou

aphroditi.traveleto.com

Studio à partir de 60 € en été, sans le petit-déjeuner.

Ce «grand» complexe de studios (grand à l'échelle de Lipsi, mais enfin c'est un petit établissement familial !) donne directement sur la plage de Liendou. Il bénéficie à ce titre d'un emplacement idéal, à la sortie du village, ce qui offre un compromis parfait pour être à proximité de l'animation du port, mais au calme et avec un accès direct à la plage. Les studios sont spacieux et disposent d'un grand balcon. Pas grand-chose à dire niveau déco : comme un peu partout à Lipsi, on est plutôt sur du fonctionnel, propre et agréable que sur du design pointu...

CALYPSO €

✆ +30 22470 41420

www.lipsihotels.gr

Comptez 15 € par pers. au restaurant. Chambre double à partir de 50 € l'été à l'hôtel, 40 € aux studios Calypso et Mina.

Le Calypso est une institution à Lipsi : à la fois hôtel, restaurant, supérette et café, c'est un passage obligé ! Et on ne s'en plaint pas car c'est un des meilleurs restaurants du port. Un signe qui ne trompe pas : la plupart des habitués italiens viennent manger ici, et on connaît leur amour des bons produits. Au menu, beaucoup de poisson et de fruits de mer mais aussi de très bons plats de pâtes, et des *antipasti* savoureux. Le matin, on se retrouve dans la partie café, à côté de la supérette, pour prendre un petit-déjeuner en regardant le port qui se réveille.

STUDIO ANGELA PORT €

✆ +30 22470 41177

www.lipsiangela.eu

Chambre double à partir de 55 € en été, sans le petit-déjeuner. Min. de 2 nuits. Wifi gratuit.

Angeliki a deux établissements où elle propose des studios : un dans le village, que nous ne vous recommandons moins (ensemble un peu vieillot), et un sur le port où vous pouvez réserver les yeux fermés. Les chambres avec kitchenette ont toutes vue sur le port, et ont été aménagées simplement mais joliment. Au rez-de-chaussée, vous pourrez prendre votre petit-déjeuner à l'agréable café, ouvert à tous. On s'y installe en terrasse en fin de journée pour boire l'apéritif avant de sortir sur le port. Les chambres sont confortables et propres.

DILAILA €

Katsadia

✆ +30 22470 41041

dilaila.gr

Comptez 15 € par personne. Ouvert tous les jours, de 10h à 23h en saison.

Le Dilaila c'est toute l'essence des vacances à Lipsi, concentrée en un seul endroit. Christodoulos y sert une cuisine savoureuse, préparée à base de produits locaux mais modernisée. On y sert à boire toute la journée et en soirée, dans une ambiance décontractée et chaleureuse. On y passe la journée à lire, à discuter, à être entre amis. A ne pas rater : les mythiques soirées Full Moon Party où l'île se retrouve pour danser face à la lune jusqu'au matin. En pleine saison, le service peut être long mais quel besoin de se presser ? Profitez, vous êtes à Lipsi !

OUZERIES €

Ouvert tous les jours de 10h au dernier client. Comptez autour de 10 € par personne.

Il y a trois ouzeries sur le port. C'est ici qu'on se retrouve pour boire un café en journée ou un verre en soirée en grignotant du poulpe grillé qui a séché là, au soleil, depuis le matin. C'est le cœur de la convivialité locale, vous ne pourrez - et ne devrez - pas y couper. Selon les soirées, on optera pour Niko's Place ou pour Aspraki qui a notre préférence pour dîner. Les traditionalistes choisiront le calme de l'ouzerie Sofoklis, un peu en retrait des quais, à l'abri du vent. C'est la seule qui reste ouverte toute l'année : les plus âgés y ont leur QG.

MANOLIS TASTES €€

© +30 22470 41065

www.manolistastes.com

Ouvert tous les jours de 10h à 23h en saison. Comptez 25 € par personne. Réservation recommandée.

Depuis des années, Manolis remplit son restaurant tous les soirs de la saison, et ce n'est pas seulement parce qu'il a le bagou nécessaire pour aller chercher les visiteurs sur leurs voiliers... Les habitués continuent également à monter dans les petites ruelles du village pour profiter d'un risotto généreux ou d'un poisson grillé. Ici, la cuisine est copieuse et conviviale, avec une ambition un peu plus recherchée que la moyenne. Venez tôt pour tenter d'avoir une table sur la terrasse située à l'étage de la villa historique.

PEFKO €

© +30 22470 41404

http://pefkolipsi.blogspot.gr

Ouvert tous les soirs pour le dîner. Comptez 15 € par personne.

La taverne To Pefko abrite une terrasse en surplomb du quai qui mène du port au débarcadère. On y vient surtout pour sa moussaka, la meilleure de l'île, et pour goûter à des plats traditionnels dont un bon *kleftiko* d'agneau cuit au four. Nikos est un hôte adorable : toujours ravi de discuter avec les habitués et les nouveaux clients, il est l'un des personnages attachants de Lipsi. Tout est bon, généreux et savoureux, donc n'hésitez pas à venir et à revenir. Vous y trouverez toujours la même qualité et le même accueil, d'année en année.

BOULANGERIE KAIRIS

© +30 22470 41150

Ouvert 24h/24. Wi-fi gratuit.

La «bakery» est le centre névralgique de Lipsi. Ouverte 24h/24, elle fait office de boulangerie, de glacier, de tabac, de café, de bar, de lieu de rendez-vous entre amis ou entre amants, de bureau pour les accros à Internet, de centre de renseignements pour tous les cancans de l'île... Bref, vous l'aurez compris, c'est une étape obligée de tout séjour à Lipsi. On y commence aussi bien la journée qu'on y finit la nuit... Les glaces et les desserts y sont assez réussis. Vous pourrez également acheter des feuilletés pour vos pique-niques sur la plage.

TAVERNE DE PLATIS GIALOS €

Plage de Platis Gialos

© +30 694 728 2395

Comptez 15 € par personne. Ouvert tous les jours, de 10h à 23h en été.

Sur la plage de Platis Gialos, la taverne est ouverte en saison. La terrasse est très agréable, sur les eaux turquoise de la plage. Elle offre une ombre appréciable et de quoi se rafraîchir et se sustenter au cours d'une journée de baignade. Vous y trouverez de la cuisine classique et sans surprise, typique des tavernes grecques, ce qui ne veut pas dire que les plats sont ordinaires : la taverne est réputée pour ses grillades de viande. Elles sont en effet succulentes, les bêtes étant élevées par les propriétaires des lieux.

KAKTOS COCKTAIL BAR

ΛΕΙΨΟΙ

© +30 699 510 9532

Ouvert tous les soirs en saison, à partir de 18h.

Le Kaktos Cocktail Bar est l'un des petits derniers à Lipsi : ouvert il y a quelques années, il a renouvelé l'offre des soirées sur l'île et se maintient depuis avec joie. La terrasse à la déco soignée constitue un agréable promontoire sur le port. L'emplacement est d'ailleurs idéal pour attendre l'arrivée du ferry. L'ambiance est jeune et décontractée, et le décor rappelle un peu l'esthétique *tiki*. Vous y dégusterez des cocktails inventifs, en partageant quelques petits plats et snacks. Certains soirs, un DJ prend possession des platines.

SKALA

Le port de Skala est bâti dans la baie centrale de Patmos, à la jonction entre les parties nord et sud de cette île à la topographie dentelée. Fondé au XIXe siècle, alors que la menace pirate est enfin dissipée, Skala accueille gaiement le voyageur avec ses maisons blanches et ses cours fleuries. Les principaux bâtiments administratifs sont édifiés par les Italiens au début du siècle dernier. On s'y balade dans des ruelles agréables, aux jolies boutiques d'esprit « chic et bohème ». Pour les adeptes d'icônes, une escale à Selene s'impose : vous y trouverez des icônes peintes à la main et un large choix de céramiques artisanales exposées dans un ancien hangar à bateaux de 1835 (+30 22470 31742).

Se loger

En raison de son caractère très central, Skala est le point de chute privilégié des vacanciers. Cette affluence nourrit l'animation du port, loin de la surveillance austère du monastère : Skala est le cœur vibrant de Patmos et c'est là que vous trouverez la plupart des restaurants, cafés et ouzeries de l'île. L'offre culinaire y est très riche et de bonne qualité, parmi les meilleures du Dodécanèse. Le soir, tout le monde sort dîner et vous pourrez poursuivre jusqu'à tard dans la nuit, sur la place centrale ou dans les rues alentour.

Transports

Patmos est située à équidistance d'Athènes et de Rhodes (environ 9 heures de traversée) ! On compte au moins deux liaisons en ferry par semaine entre Patmos et Le Pirée : les navires de Blue Star Ferries poursuivent jusqu'à Rhodes et desservent certaines îles du Dodécanèse au passage. Les catamarans de Dodekanisos Seaways assurent la liaison avec le reste de l'archipel et certaines îles du nord-Egée (Ikaria, Samos) quasiment tous les jours, en saison. Enfin, en été, des bateaux locaux partent pour Lipsi (*Patmos Star*, 50 minutes de traversée) ou les îlots d'Agathonissi, Arki et Marathi (excursion à la journée). Patmos est bien pourvue en infrastructures routières : vous pourrez vous rendre partout en scooter ou en voiture. Se déplacer à pied est plus compliqué du fait de la nature découpée et aride de l'île. Nous vous conseillons donc de louer un véhicule et vous isoler sur les criques sauvages qui font la beauté de l'île. Le réseau de bus est assez performant et les liaisons sont relativement fréquentes entre Skala, Chora, Kambos et Grikos (patmosbus.gr).

KASTELLI

Ouvert tous les jours. Entrée libre.

Sur les hauteurs de Skala, une colline domine les environs : c'est là que l'on trouve les ruines de l'antique acropole fortifiée de Patmos. Les premiers habitants de l'île s'y installèrent : les premières traces d'habitations remontent aux Doriens. Puis les lieux furent habités continuellement du VIIIe siècle av. J.-C au IVe siècle de notre ère. Aujourd'hui, il n'y a plus grand-chose hormis des fortifications de la période classique (IVe siècle av. J.-C.) mais la montée sur l'acropole promet une belle balade et surtout une vue exceptionnelle sur Patmos et la mer.

PLAGES

La plage de galets de **Meloi** est située à la sortie de Skala. On peut y aller à pied depuis le centre, il faut pour cela compter environ 20 minutes de marche. Ombragée, elle est fréquentée par les familles du fait de sa proximité avec Skala, d'autant qu'elle est protégée des vents. Une option pratique mais qui ne vaut pas les autres plages de l'île.

Plus au nord, **Agrolivadi** est une grande plage familiale de sable, bordée d'arbres, et assez fréquentée. C'est l'une des rares plages organisées de l'île : elle propose des transats, des pédalos, des kayaks...

OFFICE DE TOURISME

© +30 22470 31666

www.patmos.gr

Près de la place centrale. Ouvert tous les jours en été de 9h à 21h et le lundi jusqu'à 17h.

Vous y trouverez toutes sortes d'informations utiles, dont des cartes de l'île et les horaires de bus. En cas d'absence, adressez-vous aux agences touristiques sur le port, ou à la police touristique qui prend le relais avec la capitainerie pour les horaires de ferries. Pour vous aider à trouver une chambre, un véhicule ou un billet de ferry, vous pouvez vous tourner vers Astoria Travel (+30 22470 31205 - www.astoriatravel.com) ou Apollon Travel (+ 30 22470 31356 - www.apollontravel.gr), deux agences de voyages fiables, qui sont quasiment voisines.

CAPTAIN'S HOUSE HOTEL €

✆ +30 224 703 1793

www.captains-house.gr

Chambre double à partir de 70 €, petit-déjeuner 7 €. Wifi gratuit dans les parties communes.

Ce petit hôtel sur le port reçoit les vacanciers depuis de nombreuses années et on apprécie toujours l'accueil chaleureux et serviable qui s'y maintient d'année en année. Les quinze chambres sont simples mais confortables et proprettes : cinq d'entre elles offrent une vue sur la baie, les dix autres sont tournées vers la piscine et la cour intérieure. Le petit-déjeuner est servi sur la terrasse ou sur les quelques tables installées sur la plage : on apprécie la fraîcheur des feuilletés et des tartes proposés. Une adresse familiale, sans chichis et économique.

HOTEL BYZANCE €

✆ +30 22470 31052

www.byzancehotel.gr

Chambre double à partir de 65 € en été, petit-déjeuner compris.

Les deux bâtiments de l'hôtel abritent 25 chambres, studios et appartements en plein centre de Skala, quasiment à la sortie du débarcadère des ferries, ce qui s'avère bien pratique pour les arrivées dans la nuit... Malgré l'absence de vue depuis les chambres (à savoir pour les amoureux d'horizon), on apprécie la terrasse sur le toit qui permet de respirer un peu et de profiter des panoramas sur la mer. Les chambres sont spacieuses et très propres, les appartements disposent également d'une kitchenette. Le petit-déjeuner est réussi.

KALDERIMI STUDIOS €

✆ +30 22470 33008

http://kalderimi.com

Chambre double à partir de 60 € en été, sans le petit-déjeuner. Wifi gratuit.

Ces quelques studios sont situés sur les hauteurs de Skala, au pied du sentier empierré qui monte à la Cave de l'Apocalypse. L'ensemble offre des vues magnifiques sur la baie et le port en contrebas, et Chora et le monastère en surplomb. Respectueux de l'environnement, les propriétaires ont pensé les lieux pour qu'ils s'intègrent dans une démarche écologique. Les studios sont jolis et agréables, entre décoration rustique et ambiance charmante. Il est recommandé de louer un scooter ou une voiture pour être mobile si vous optez pour cet établissement coquet.

MARIA STUDIOS €

Kastelli

✆ +30 22470 31530

www.mariastudios.gr

Chambre double à partir de 65 € en été. Wifi gratuit.

Ces studios sont situés sur les hauteurs de Skala, dans le quartier en surplomb que l'on appelle Kastelli. Les studios sont simples mais confortables et d'une propreté irréprochable. Ils offrent également des vues magnifiques sur la mer et le port et disposent tous d'une petite kitchenette, pratique pour préparer un petit-déjeuner ou un repas léger en journée. L'accueil est chaleureux et les propriétaires Vassilis et Maria sont adorables. On apprécie le jardin intérieur qui apporte une ombre bienvenue dans les chaudes journées d'été. Un bon rapport qualité-prix.

Le port de Skala sur l'île de Patmos.

VILLA ZACHARO €

✆ +30 22470 31529

www.villa-zacharo.gr

Chambre double à 45 € en été, petit-déjeuner inclus. Ouvert toute l'année.

Cet établissement familial est situé en plein cœur de Skala, à une centaine de mètres du port, au niveau du supermarché AB et dans la rue qui monte vers le monastère de Saint-Jean : évitez les chambres sur rue en très haute saison, car elles peuvent être un peu bruyantes. On apprécie la propreté des chambres, la gentillesse des propriétaires et le rapport qualité-prix, quasiment imbattable dans Skala. Certaines chambres offrent de belles vues sur Chora et le monastère en surplomb. En bref : une option très économique, pas forcément hyper charmante mais propre.

PATMOS STUDIOS €€

Meloi

✆ +30 22470 31644

www.patmosexclusivevillas.gr

Studio et appartement pour 2 à partir de 120 € en été, sans le petit-déjeuner. Séjour de 2 nuits minimum. Wifi gratuit.

Ce joli ensemble de studios et appartements de charme se situe sur une colline à la sortie de Skala, en surplomb de la plage de Meloi. Établissement intimiste et calme, il offre un studio pour deux et deux appartements pouvant loger jusqu'à quatre personnes : n'hésitez pas à réserver à l'avance pour avoir la chance de rester dans l'une de ces trois options ! L'ensemble est joliment aménagé, dans un style épuré et traditionnel, les équipements sont de qualité et les studios jouissent de vues panoramiques sur la mer. La plage se situe à 5 minutes à pied.

PORTO SCOUTARI ROMANTIC HOTEL €€

Meloi

✆ +30 22470 33123

www.portoscoutari.com

Chambre double à partir de 105 € en été avec le petit déjeuner. Wifi gratuit.

Ce bel hôtel de charme est situé en contrebas de la route qui mène à Kambos, à quelques minutes du port de Skala en voiture. Les plages les plus proches sont à 5 minutes à pied. Installé dans 8 000 m² de jardin fleuri, vous serez ici au calme. L'hôtel propose des chambres tout confort et une décoration élégante, qui mêle mobilier ancien et épure contemporaine. Le service et la propreté sont irréprochables, le personnel est professionnel et attentionné. On apprécie la grande piscine.

BLUE BAY HOTEL €

✆ +30 22470 31165

www.bluebaypatmos.gr

Chambre double à partir de 60 € en été, petit-déjeuner compris. Wifi gratuit dans les parties communes.

L'emplacement du Blue Bay Hotel est idéal pour qui souhaite loger à proximité du port, tout en étant au calme, un peu à l'écart de l'animation. Dominant la baie, l'hôtel bénéficie d'une vue magnifique sur la mer et l'entrée du port. Les chambres sont confortables et correctement équipées, et on aime l'ambiance familiale de cet hôtel propret. Dimitris et toute l'équipe font en sorte de faciliter votre séjour : ils sont toujours à l'écoute et vous donneront des conseils sur l'île. En haute saison, évitez les chambres directement sur rue, un peu plus bruyantes.

PERNERA VEGAN RESTAURANT €

✆ +30 22470 31699

www.perneravegan.gr

En saison, ouvert tous les jours de midi à 23h. Comptez 15 € par personne.

Un jeune Grec et une jeune Turque se sont associés pour monter ce restaurant, un des derniers arrivés à Skala. Ils proposent des plats de fusion entre les recettes traditionnelles de leurs pays et apportent leur touche de modernité, en ligne avec le régime végan. Tout est frais : la cuisine n'utilise que des produits locaux, bio et de saison. Le concept respectueux de l'environnement est tenu jusqu'au bout : épicerie de commerce équitable, bouteilles en verre, papier recyclé. Le cadre est très agréable, dans une jolie cour arborée : une initiative à soutenir !

TO CHILIOMODI €

Prendre la deuxième ruelle à gauche dans la rue qui mène à Chora.

✆ +30 22470 34179

Comptez 15 € par personne. Ouvert tous les soirs de 18h à 23h30.

Dans cette ouzerie traditionnelle, le patron Theo déniche lui-même ses poissons : l'assortiment de poissons grillés s'avère un très bon choix tout comme la salade de poulpe, qui apportera une salutaire fraîcheur aux chaudes soirées d'été. Dans la petite ruelle, les tables s'agglutinent souvent autour de musiciens venus jouer là des airs traditionnels de *rebetiko*. On boit, on chante et on y mange bien, loin du bling bling. Simple, pas cher et vraiment sympathique : vous trouverez ici toute l'ambiance bienveillante de Skala et plus largement de Patmos.

TREHANTIRI TAVERNA €€

✆ +30 22470 34080

Comptez 25 € par personne. Ouvert tous les soirs, à partir de 19h.

A côté de la *gelateria* italienne, cette grande terrasse est l'une des adresses favorites des habitants de Skala : vous le remarquerez bien vite à l'affluence qui ne se dément pas, tous les soirs. On y mange des produits de la mer, poissons grillés et calamars frits, en dégustant des petites bouteilles d'ouzo. C'est une adresse très populaire, conviviale et pas touristique mais il faut donc s'attendre à des soirées combles et parfois un peu d'attente. C'est cela aussi la taverne traditionnelle ! Une des meilleures options de restauration dans les ruelles de Skala.

TZIVAERI €€

✆ +30 22470 31170

Comptez 25 € par personne. Ouvert tous les soirs à partir de 18h.

En longeant le port vers la sortie nord de Skala, vous trouverez ce très bon restaurant, à l'étage d'un joli bâtiment (ne pas confondre avec le restaurant du rez-de-chaussée). La terrasse est très agréable et la cuisine savoureuse : très demandé, nous vous conseillons de réserver le soir si vous souhaitez dîner sur la jolie terrasse et non dans la salle intérieure. Vous découvrirez des classiques de la gastronomie crétoise, en plus des plats plus habituels. Laissez-vous tenter par le porc épicé aux poivrons ou la traditionnelle *strapatsada* à base de tomates.

VOTRIS €€

✆ +30 6988 807376

Ouvert tous les soirs de 18h à 23h30. Comptez 30 € par personne. Réservation recommandée.

Le chef Theologos Kaniaros a monté ce restaurant gourmet, l'un des meilleurs de l'île et l'un des rares de Grèce à faire partie de l'association internationale Slow Food. Fidèle aux principes de ce mouvement, le chef ne travaille que les meilleurs produits locaux, d'une fraîcheur inégalée. Il revisite la cuisine traditionnelle grecque et y apporte une touche d'originalité, sans jamais sombrer dans une créativité prétentieuse ou pompeuse, à l'instar de certains chefs qui en oublient parfois la belle simplicité des bons produits. Une expérience à ne pas rater.

BAR PLAZA

Sur la place centrale

✆ +30 22470 31266

Ouvert tous les jours de 8h au dernier client.

Cette terrasse de la place principale de Skala est le café où l'on vient depuis toujours boire un frappé en journée ou un apéritif en soirée. On regarde passer les gens, on parle d'actualité, on refait le monde, on se retrouve d'été en été et de jour en jour... C'est l'un des hauts lieux de la sociabilité locale : en 2020, le café Plaza a fêté ses 100 ans d'existence. On aime y passer des heures, à regarder passer le temps. Le service est toujours aussi adorable, au fil des ans. En bref : il s'agit d'un incontournable de Patmos, en toute simplicité.

COFFEE ME

✆ +30 2247 031164

www.coffeeme-patmos.gr

Ouvert tous les jours de 8h à 20h (à partir de 10h le dimanche).

Cet agréable établissement situé dans une rue parallèle au port est connu pour son amour du café : ici, on prend très au sérieux la caféine et les différents moyens de préparer un café. On y sert les mélanges Mrs Rose, un torréfacteur réputé dans toute la Grèce. Si vous rêvez d'un *espresso freddo* mais que vous êtes à la plage, pas de souci ! Coffee Me livre les cafés sur toute l'île. Sur place, vous pourrez vous installer confortablement pour le petit-déjeuner, avec une viennoiserie ou un toast grec le matin. Quelques snacks sont également proposés.

HOUSTON

✆ +30 22470 31688
houston.gr
Ouvert tous les jours de 7h à 2h du matin, en saison.

Ce café sur la place principale de Skala est le plus ancien *kafeneio* de Patmos : ouvert à la fin du XIXe siècle, il est passé de main en main au sein de la famille Karali. Son nom nous vient de la ville du Texas où l'un des propriétaires, Andreas, avait émigré dans les années 1930. Depuis, le café s'est maintenu pour rester un lieu de rendez-vous incontournable de l'île. Les lieux ont été repris par la jeune génération : c'est toujours très agréable de s'y installer pour faire une pause ou pour prendre l'apéritif et regarder le monde passer.

MARECHIARO

Hochlaka
✆ +30 69456 76391
Comptez 4 € la glace. Ouvert tous les jours jusqu'à 2h du matin, en saison.

Vous trouverez ce glacier italien sur la route principale qui mène à la plage de Hochlaka, à côté de la taverne Trehantiri. De fabrication maison et traditionnelle, les glaces sont un régal et rafraîchissent un peu les palais dans les chaudes soirées d'été. Toute la communauté italienne s'y retrouve le soir après dîner, signe de la qualité des produits proposés ici. On déambule dans la fraîcheur des rues de Skala la nuit venue, un cône à la main, et ce sont tous les souvenirs d'enfance qui remontent. Andrea, le sympathique propriétaire, veille sur les lieux.

THE PATMIANS

✆ +30 694 436 8010
Ouvert tous les jours, jusqu'au dernier client en saison.

Le dernier-né des établissements sur la place principale de Skala a ouvert ses portes à la saison 2021. La bâtisse historique a été merveilleusement rénovée : on retrouve ici tous les matériaux et les volumes qui font la beauté architecturale de la ville. Ce café-bar est agréable en journée, pour boire le café ou prendre un bon brunch, mais on y vient surtout en soirée pour déguster les cocktails qui font la renommée des lieux. L'équipe - plus jeune que ses voisines du Plaza ou de Petrino - peine parfois pour répondre rapidement aux clients, mais rien ne presse !

CHORA ★★★

Chora est indissolublement liée aux débuts du christianisme : on visitera bien évidemment le monastère de Saint-Jean-le-Théologien et la Grotte de l'Apocalypse, tous deux listés au patrimoine mondial de l'UNESCO. Désertée par ses habitants, Chora est toujours la capitale de l'île, comme en témoigne la jolie place de la mairie. Il faut se perdre et déambuler sans but précis dans cette cité byzantine fortifiée pour saisir des instantanés, des visages, des silhouettes dans la pénombre d'une porte ouverte. Labyrinthique, mystérieuse, voire ensorcelée à la nuit tombée, Chora exsude une ambiance unique. Est-ce l'austérité imposante du monastère de Saint-Jean-le-Théologien ou les ruelles badigeonnées de chaux, aveuglantes et secrètes, qui donnent cette impression ? Il faudra s'y frotter de jour comme de nuit pour tenter de pénétrer le monde fermé de Chora. Les riches marchands et capitaines de l'île qui ont fait fortune ont construit ici des villas somptueuses à partir du XVIe siècle. Mais pour ne pas attirer les voleurs ou les envieux, les façades sont restées sobres, identiques à celles des résidents les plus défavorisés de la ville. On peut se rendre à Chora à pied par un ancien chemin byzantin empierré qui relie Skala à la Grotte de l'Apocalypse et au monastère. Attention, le sentier grimpe sérieusement et n'est pas ombragé. En été, les bus font la liaison entre Skala et Chora environ toutes les heures du matin au soir.

CÉLÉBRER PÂQUES À PATMOS

Les célébrations de Pâques, majeures partout en Grèce, sont particulièrement solennelles à Patmos, île religieuse par excellence. Le Jeudi saint, le pope du monastère de Saint-Jean-le-Théologien procède au lavement des pieds de 12 moines, sur la place de la mairie à Chora. Le Vendredi saint, les visiteurs sont accueillis au monastère pour participer à la cérémonie de la Déposition de la Croix et des processions de l'*epitafios* ont lieu dans tous les villages et églises. Le samedi soir, le monastère de Saint-Jean-le-Théologien ouvre ses portes pour la messe de célébration de la Résurrection. Enfin, le dimanche de Pâques, la liturgie est consacrée à la deuxième Résurrection.

ARXONTIKO SIMANTIRI

© +30 22470 31360

arxontikosimantiri.com

En saison, ouvert tous les jours de 9h à 14h et de 18h30 à 21h. 4 €.

Cette maison typique de Chora est bien cachée dans une ruelle de la ville blanche, entre la place de la mairie et le paisible monastère de nonnes Zoodogos Pigis. Depuis peu, elle est ouverte à la visite. Ici, vous découvrirez l'architecture et le mode de vie qui prévalaient dans ce coin de la ville parmi les riches notables du début du XVIIe siècle. Admirablement conservée, cette villa appartient à la même famille Simantiris depuis 1625 : originaire de Smyrne, en Asie Mineure, l'histoire de cette famille la mène à Patmos puis à Odessa et aux Etats-Unis.

COUVENT EVANGELISMOS ★

© +30 22470 31276

Ouvert à la visite tous les matins de 9h à 11h, sauf le vendredi.

Le couvent est situé au sud-ouest de Chora, à environ 15-20 minutes de marche. Aujourd'hui, il est habité par une quarantaine de religieuses. Dédié à l'Annonciation, il est initialement fondé par un moine crétois du monastère Saint-Jean-le-Théologien qui y établit une chapelle et un ermitage, en 1613. Ce n'est qu'en 1937 qu'un autre moine du monastère transforme les lieux en couvent, pour accueillir une communauté grandissante de nonnes. L'accès est libre dans la cour noyée de verdure et de bougainvilliers, qui offre un panorama superbe sur toute l'île.

GROTTE DE L'APOCALYPSE ★★

© +30 22470 31234

Ouvert tous les jours de 8h30 à 13h30, et les mardis, samedis et dimanches de 16h à 18h. Entrée 3 €.

La Grotte de l'Apocalypse se trouve à mi-chemin entre Skala et Chora. Un ancien sentier byzantin la relie au monastère de Saint-Jean-le-Théologien, à Chora. Vous pourrez l'emprunter mais évitez toutefois les heures les plus chaudes car il n'y a pas du tout d'ombre et le sentier grimpe ! Pour la visite, il faut être habillé correctement : accès en short ou en jupe courte interdit.

La grotte est d'une simplicité totale, épurée malgré quelques icônes chatoyantes : elle a été inscrite au patrimoine mondial de l'UNESCO en 1999 pour témoigner de l'importance religieuse des lieux, centre de pèlerinage de toute la chrétienté. En effet, selon la croyance chrétienne, saint Jean, exilé à Patmos par l'empereur romain Domitien, aurait eu la vision de l'Apocalypse et aurait parlé à Dieu dans cette grotte, en 95 après J.-C. Il y vivait reclus avec son disciple Prochore : la tradition chrétienne raconte que Jean lui dicta son *Evangile* et le *Livre des Révélations*, deux œuvres très sacrées de la chrétienté, dans la grotte.

Parmi les éléments notables, remarquez une icône qui illustre la vision de l'Apocalypse, reçue par Jean. Notez également les empreintes sur la roche qui sont attribuées à l'évangéliste lui-même. Sur le plafond rocheux, une triple fissure indiquerait la présence de Dieu. Depuis une petite ouverture, sorte de fenêtre sur le monde, on aperçoit la mer Egée et Skala, en contrebas. La vue est paradisiaque et il est difficile d'imaginer avoir une quelconque vision d'horreur ou de fin du monde dans ce cadre-là !

Site de la Grotte de l'Apocalypse, Patmos Chora.

© FREEARTIST

Chora, vue sur le monastère de Saint-Jean le Théologien.

MONASTÈRE DE SAINT-JEAN-LE-THÉOLOGIEN ★★★

✆ +30 22470 20800

www.patmosmonastery.gr

En saison, tous les jours 8h-13h30 et mardi, jeudi et samedi 16h-18h. 2 €.

Surplombant Chora et Skala, le monastère principal de Patmos est une véritable forteresse, impressionnante de majesté et d'austérité. Fondé en 1088 par saint Christodule, il demeure aujourd'hui un haut lieu de pèlerinage chrétien. En entrant dans la cour, remarquez, dans le superbe exonarthex à gauche, les peintures murales du XVIIe siècle qui illustrent *Les Miracles et Voyages de saint Jean*, histoires écrites par son disciple Prochoros. A droite de l'église principale, la chapelle de la Vierge est décorée de peintures murales du XIIe siècle, découvertes en 1956, lorsqu'un tremblement de terre fait craquer les murs. Dans l'une des cinq chapelles qui l'entourent se trouve la dépouille du fondateur Christodoulos. La majeure partie des trésors du monastère lui a été léguée par Catherine de Russie. La bibliothèque est impressionnante avec ses 13 000 manuscrits rares. Le musée recèle des trésors fabuleux : icônes, manuscrits enluminés, argenterie, chasubles, bijoux... Aujourd'hui, une trentaine de moines seulement vit sur place. Ne manquez pas aussi de jeter un coup d'œil dans l'ancien réfectoire (souvent fermé malheureusement) avec ses deux longues tables en maçonnerie recouvertes de marbre et ses superbes fresques du XIIIe siècle. Le monastère a été inscrit au patrimoine mondial de l'UNESCO en 1999, en même temps que la grotte de l'Apocalypse.

Important à savoir : pour la visite, il faut être habillé correctement. L'accès en short et en jupe courte est interdit.

ARCHONTARIKI SUITES €€€

Dans le centre du village.

✆ +30 22470 29368

www.archontariki-patmos.gr

Chambre double à partir de 150 € la nuit en été. Petit-déjeuner inclus.

Il n'y a quasiment aucune option de logement à Chora : cet établissement luxueux n'est malheureusement pas à la portée de tous mais les chanceux qui auront l'occasion d'y séjourner ne le regretteront pas. La maison ancienne propose cinq suites seulement, aménagées dans l'esprit bohème et chic qui est typique de Patmos. Parmi les suites, optez pour Amour, Espoir, Sagesse, Joie ou Foi... : chacune est unique et propose un confort exquis et une décoration élégante. Pour une expérience inoubliable, avec vue sur toute l'île et la mer partout en fond.

BOULANGERIE FEGGAROU

✆ +30 22470 34476

Ouvert tous les jours sauf dimanche, de 6h à 14h.

Cette boulangerie embaume les environs : laissez-vous guider jusqu'à elle pour déguster biscuits typiques de Patmos, feuilletés divers (salés ou sucrés), beignets et autres délicieuses préparations. Vous trouverez bien évidemment du bon pain frais, et quelques gâteaux. Pour les chaudes journées, optez pour les glaces. Une option délicieuse pour casser la croûte face à la mer, en s'isolant du monde en haute saison : pique-niquez dans les coins moins visités de Chora en prenant le temps de déguster les lieux et le calme, tout en régalant vos papilles.

Monastère de Saint-Jean-Le-Théologien à Patmos Chora.

BENETOS CHORA €

✆ +30 22470 34537

Ouvert tous les jours sauf lundi de 9h à 23h en saison. Comptez 10 € pour le brunch.

Petit frère du restaurant Benetos installé vers Grikos et réputé pour sa bonne chère, Benetos Chora est un joli établissement où l'on vient surtout pour le brunch et un café avec vue. Une équipe jeune, une carte moderne et qui cherche à mélanger options internationales avec produits locaux, et une déco réalisée avec attention sont les éléments qui font le succès des lieux. On regrette cependant les prix gonflés (à l'image des autres établissements de Chora), et l'ambiance branchée qui rappelle une esthétique un peu vue et revue.

STOA CAFE BAR

Plateia Agia Lesvias

✆ +30 2247 032226

Ouvert tous les soirs à partir de 18h et jusqu'à 3h du matin.

Ce bar installé dans une ancienne cave médiévale aux belles arcades de pierre est une institution des soirées à Chora. Les tables envahissent la place principale de la ville haute dès la fin de l'après-midi : on y vient pour boire le dernier frappé de la journée ou le premier ouzo de la soirée, à l'heure de l'apéritif. Puis, à mesure que la soirée avance, les tables se remplissent, les cocktails coulent à flots, la nuit tombe et le bar pulse aux sons des conversations entre amis, sur fond de musique grecque ou internationale.

JIMMY'S BALCONY €

Sous le monastère.

✆ +30 22470 32115

Comptez 20 € par personne. Ouvert tous les jours de 10h à minuit.

Juste en dessous du monastère, Jimmy's Balcony a longtemps été le seul café avec vue de Chora. Des tables sont installées dans cette ancienne demeure, typique de Chora, mais si l'on vient ici c'est surtout pour les tables installées en terrasse, sur le fameux «balcon». En effet, la vue sur Patmos, la mer et Skala est à couper le souffle. Les lieux se remplissent vite : on vous conseille de venir tôt le matin pour prendre le petit-déjeuner ou un jus frais, avant ou après la visite du monastère. Vous profiterez alors au mieux de la vue et de la tranquillité.

GRIKOS

Grikos est un petit port de pêche situé dans une baie protégée des vents. Aujourd'hui transformé en station balnéaire, il concentre surtout des infrastructures touristiques (petites pensions familiales, hôtels luxueux, tavernes traditionnelles et restaurants chics). Ce n'est pas l'endroit le plus charmant de Patmos mais il pourra constituer une base au calme pour découvrir le sud de l'île. A Grikos même, on se baigne sur une petite plage ombragée. Au sud, la plage de Petra s'étend au-delà d'un isthme qui mène à un rocher étonnant qui possèderait des pouvoirs de guérison du fait d'une activité magnétique. Les bons nageurs se rendront sur l'îlot de Tragonissi qui garde la baie.

LOZA €€

✆ +30 22470 32405

Comptez 25 € par personne. Ouvert tous les jours, midi et soir, en saison.

Situé sur les hauteurs de Chora, entre la place de la mairie et le parking où s'arrêtent cars et autobus, Loza offre une vue spectaculaire sur Skala et le nord de Patmos. En journée, le bleu de la mer se mêle à celui du ciel alors que la nuit, ce sont les lumières du port qui resplendissent. On y mange une cuisine un peu plus recherchée que dans une taverne traditionnelle, avec filets de bœuf, spaghettis aux fruits de mer... La clientèle est touristique et plutôt âgée pour dîner, tandis que les plus jeunes viennent ici boire un verre entre amis.

ATHINA HOTEL €

✆ +30 22470 29341

https://athina-hotel.business.site

Chambre double à partir de 65 € en saison, petit-déjeuner en supplément 5 €.

Ce petit hôtel familial a été rénové en 2020 et depuis ses chambres offrent tout le meilleur du confort et de la propreté, avec un effort de décoration notable dans les parties communes. Vous serez ici en surplomb de la baie de Grikos : pour quelques euros supplémentaires, préférez les chambres avec vue sur mer. L'accueil est chaleureux et convivial : n'hésitez pas à demander des conseils sur l'île aux propriétaires. Le petit-déjeuner est en supplément mais nous vous conseillons de choisir cette option : il est très réussi. Un bon rapport qualité-prix.

JOANNA HOTEL-APARTMENTS €

✆ +30 22470 31031

Chambre double à partir de 55 €, petit-déjeuner en supplément. Wifi gratuit.

Depuis de nombreuses années, les studios de cet établissement accueillent les visiteurs en quête d'un bon rapport qualité-prix à Grikos. La convivialité et la serviabilité des propriétaires leur assurent une clientèle d'habitués qui reviennent d'année en année. N'hésitez pas à demander des conseils à Mr. Theologos, il sera ravi de vous rendre service et peut également organiser une location de voiture au besoin (l'arrêt de bus de Grikos n'est pas loin). Les chambres sont d'une propreté impeccable et très confortables, avec vue sur la baie.

PATMOS AKTIS SUITES €€€

✆ +30 22470 32800

www.patmosaktis.gr

Chambre double à partir de 180 € en été, petit-déjeuner inclus. Wifi gratuit.

Cet établissement un peu *bling-bling* est situé sur la plage de Grikos. Temple du luxe, vous vous relaxerez dans un intérieur immaculé, à l'architecture contemporaine et au service professionnel. Les chambres sont spacieuses et confortables. Sur la plage, transats et parasols sont à la disposition des clients. Parmi les équipements à noter, une piscine et un spa (soins sur rendez-vous, en supplément). Vous trouverez également un restaurant gastronomique, l'Apocalypsis, une taverne traditionnelle (que l'on ne recommande pas forcément) et un bar au sein de l'hôtel.

PICO BELLO €

✆ +30 22470 33072

www.picobellohotel.gr

Studio pour deux à partir de 65 € en été, sans le petit-déjeuner. Wifi gratuit.

Ce joli ensemble de studios et appartements est idéalement situé à 50 mètres de la plage de Grikos. Immaculé, l'hôtel propose d'agréables studios équipés d'une kitchenette, confortables et vraiment spacieux, et à la propreté irréprochable. Les parties communes et les terrasses sont également très sympathiques, sans oublier l'accueil chaleureux que vous réservera Georgina, adorable propriétaire des lieux. Certainement le meilleur rapport qualité-prix de Grikos : simple et sans chichis mais accueillant et calme, le Pico Bello promet un séjour serein et réussi.

PETRA HOTEL & SUITES €€€

✆ +30 22470 34020

www.petrahotel-patmos.com

Chambre double à partir de 275 € en été, minimum de trois nuits requis. Petit-déjeuner inclus. Wifi gratuit.

Régulièrement cité comme l'un des plus beaux hôtels du Dodécanèse, le Petra Hotel & Suites ne dispose que d'une dizaine de chambres : un luxe exclusif qui se paie le prix fort... Les suites, situées à 2 minutes de la plage, sont très bien équipées, offrent un confort absolu et une vue splendide sur la baie de Grikos. L'hôtel a également une belle piscine autour de laquelle vous pourrez suivre des cours de yoga. Le petit-déjeuner de l'hôtel, servi sur la terrasse, est également de grande qualité. Pour un séjour luxe et bien-être.

9 MUSES €€€

Sapsila

✆ +30 22470 34079

9musespatmos.com

Chambre double à partir de 190 € en été, petit-déjeuner inclus. Wifi gratuit.

Ce ravissant établissement est situé sur les hauteurs de Spasila, lieu-dit assez luxueux qui se situe entre la sortie sud de Skala et Grikos, donc au nord de la baie. Les suites, chambres doubles et maisonnettes - une douzaine à peine au total - offrent toutes de splendides vues sur la mer. L'ensemble est magnifiquement décoré dans un style traditionnel de Patmos, associé à une touche d'épure contemporaine : un mélange reposant qui fait la part belle à la sobriété et à la qualité de l'ancien. L'ensemble abrite une piscine avec vue et transats.

KTIMA PETRA €

✆ +30 22470 33207

Comptez 15 € par personne. Ouvert tous les jours, midi et soir en saison.

Cette agréable taverne de plage est très joliment installée au sud de la baie de Grikos, dans un cadre enchanteur et verdoyant. Idéale pour faire un déjeuner léger ou pour une pause café au cours d'une journée plage dans les parages. La taverne est également ouverte le soir et propose alors une carte un peu plus conséquente. Les légumes sont cultivés par les propriétaires dans les potagers voisins et les fromages sont également produits par la maison. Service adorable et cuisine authentique : le soir, essayez notamment le chevreau au four, un régal !

STAMATIS €

Sur la plage

✆ +30 22470 31302

Comptez 15 € par personne. Ouvert tous les jours de 11h à minuit en saison.

Cette taverne ouverte toute l'année est une valeur sûre du village : installée depuis plus de trente ans, directement sur la plage de Grikos, elle a su maintenir des prix raisonnables et une qualité irréprochable, malgré la pression touristique grandissante. Vous y dégusterez de bons *mezzedes,* agréablement installé sur la terrasse, en regardant la mer et l'horizon. Ambiance familiale et décontractée, on y mange une bonne cuisine maison, honnête et savoureuse, qui reprend tous les classiques de la gastronomie grecque. Une des tavernes authentiques de l'île.

APOCALYPSIS €€

✆ +30 22470 32800

www.apocalypsis-patmos.gr

À partir de 35 € par personne. Ouvert tous les soirs, à partir de 19h30 en saison.

Il s'agit du restaurant de l'hôtel Patmos Aktis Suites. Fidèle à sa réputation, l'établissement propose une cuisine raffinée et recherchée, donc également plus onéreuse qu'ailleurs… Les produits sont d'excellente qualité, avec notamment du poisson frais, pêché dans les eaux poissonneuses de Leros. La très belle carte propose un mélange de plats grecs et internationaux. On apprécie particulièrement l'emplacement idyllique, directement sur la plage de Grikos, et le service, très professionnel. On aime moins la froideur des lieux, d'une blancheur angoissante.

BENETOS RESTAURANT €€

Sapsila

✆ +30 22470 33089

http://benetosrestaurant.com

Ouvert tous les soirs, sauf lundi, de 19h30 à minuit. Comptez 35 € par personne. Réservation recommandée.

Ce restaurant très respectable et respecté est installé dans la baie de Sapsila, au nord de Grikos, et jouit d'un emplacement sur la mer assez exceptionnel. On y vient pour dîner à l'une des meilleures tables de l'île. Les produits sont d'une fraîcheur irréprochable et la qualité de la cuisine ne se dément pas d'année en année, en plus du cadre romantique. On pourra également venir pour prendre un verre ou l'apéritif à l'agréable bar, dans un jardin arboré. Les *mezzedes* y sont vraiment excellents et c'est moins onéreux que le restaurant.

PSILI AMMOS

Psili Ammos est sans conteste la plus belle plage de Patmos, et elle se mérite. Il faut marcher environ 40 minutes sous le soleil, à travers un paysage chaotique et rocheux, pour accéder à ce paradis perdu. Évitez les heures les plus chaudes de la journée car il n'y a aucune ombre (vous n'aurez pas besoin de prévoir de vraies chaussures de marche, le sentier est très bien tracé mais évitez les tongs). L'effort en vaut la chandelle dès que l'on aperçoit la baie azurée en contrebas, avec sa longue plage de sable fin, d'une douceur incroyable. Ombragée de quelques tamaris, elle est exposée au vent en été et des vagues s'y forment parfois dans l'après-midi. Évitez de venir si le *meltemi* souffle très fort car le sable se transforme en autant de petits fouets qui lacèrent le corps. Avantage de l'exposition ouest cependant : vous y verrez de magnifiques couchers de soleil. La plage est assez fréquentée en été, notamment entre midi et 15h environ, lorsque le caïque dépose les touristes de Skala. Un conseil : venez tôt le matin pour en profiter tranquillement, avant les foules, ou restez pour le coucher du soleil (mais n'oubliez pas qu'il vous faudra faire le chemin de retour dans la lumière finissante). Le camping sauvage et le nudisme sont tolérés à une extrémité de la baie. De l'autre côté, une agréable taverne étale ses tables directement sur le sable. Elle est ouverte en saison uniquement et propose de bons *mezzedes*. Autre option restauration : au niveau de Diakoftis, dans le chantier naval, vous trouverez l'agréable restaurant Tarsanas, qui s'est associé au mythique George's Place depuis la fermeture de ce bar sur Kambos Bay.

Transports

La plage de Psili Ammos est accessible en caïque depuis Skala (départs tous les jours si le vent le permet, traversée 50 minutes environ), mais nous vous recommandons la marche depuis la baie de Diakofti (en voiture ou en scooter, bien suivre les panneaux d'indication : la route de Diakofti bifurque sur la gauche à l'embranchement après la sortie de Chora). Au niveau du chantier naval, empruntez la petite route qui tourne en épingle sur votre droite et garez-vous au-delà de la taverne. Au bout du chemin de terre, un sentier monte dans les rochers : passez la barrière et n'oubliez pas de la refermer derrière vous, pour que les troupeaux de chèvres ne s'échappent pas.

KAMBOS

Kambos est l'un des trois villages principaux de Patmos. Situé sur les hauteurs au nord de Skala, le village tranquille est le cœur agricole de l'île. On y loue quelques rares maisons de vacances. Sur la place de l'église, quelques cafés et tavernes accueillent les locaux. C'est le cas de la taverne Panagos qui propose une bonne cuisine traditionnelle, en service continu du matin au soir (+30 22470 031570) ou du sympathique Aroma Café qui reçoit un agréable air frais en journée (+30 22470 31402).

Les touristes préfèrent se rendre en contrebas, sur la baie de Kambos qui abrite une longue plage organisée, bordée de tavernes et proposant toutes sortes d'activités nautiques. Ombragée, elle dispose aussi de transats et de parasols, ce qui fera le bonheur des familles. Elle est malgré tout bien moins jolie que les autres plages et criques sauvages du nord. Après 40 ans de loyaux services, le mythique bar de plage George's Place a fermé ses portes pour rouvrir du côté du chantier naval, vers Diakoftis au sud de l'île. A sa place, le très branché Atmos Patmos a ouvert en 2021 (www.atmospatmos.com).

La baie de Lefkes est également facilement accessible depuis Kambos, au bout d'une route secondaire qui bifurque vers la côte ouest, avant l'entrée au village. En plein vent, elle n'est pas propice à la baignade mais offre le plus beau coucher de soleil de la région. On s'attable à la paillote saisonnière avec une bière et des fritures de petits poissons au moment de l'apéritif.

LAMPI

A la sortie de Kambos Bay, la route bifurque sur la gauche et rejoint la plage de Lampi et ses jolis galets protégés. Réfrénez vos ardeurs et ne les emportez pas en souvenir : les locaux essaient de préserver l'intégrité de la plage... Quelques arbres offrent une ombre agréable, tout comme la taverne, connue pour servir les meilleurs poissons de l'île. A ne pas manquer également, la taverne Leonidas, en surplomb de la plage, et son jardin vue sur mer. Vous y mangerez de très bonnes grillades, dont un *saganaki* de fromage réputé. Il y a quelques studios simples à louer dans cette partie de l'île, dont Patmos Lambi Studios, devant la plage (+30 697 410 1285).

LIVADIA GERANOU

A la sortie de la baie de Kambos, la route tourne à droite en pente raide, vers la pointe nord-est de Patmos. Les belles criques de galets sont à l'abri du vent et la route qui serpente le long de la côte est magnifique. Elle dessert d'abord la jolie baie de Vagia, qui offre des eaux translucides, plus fraîches qu'ailleurs. La plage principale est un peu ombragée, pas surpeuplée, mais si vous voulez plus de tranquillité encore, vous pourrez contourner les rochers pour rejoindre de petites criques adjacentes. Ne ratez pas le petit-déjeuner ou la pause goûter au Café Vagia, en surplomb de la plage. Vous y trouverez une belle terrasse ombragée dans un jardin fleuri et foisonnant, ainsi que de délicieuses pâtisseries à base de miel, préparées sur place.

En poursuivant la route un peu plus vers l'est, vous trouverez les deux plages jumelles de Didimes, réputées pour la clarté de leurs eaux. Elles peuvent être assez fréquentées en plein mois d'août. De grands tamaris offrent une ombre appréciable et le camping sauvage est toléré sur la crique de gauche. Sur la première crique, une paillote offre de quoi se restaurer. Un peu au-delà, dans la même baie, la petite plage de Liginou abrite un bar de plage, avec transats et parasols. Le joli restaurant Nautilus offre une agréable pause avec vue, en surplomb de la plage. Vous pourrez également y louer quelques chambres de charme (+30 2247 034349 - www.liginou-patmos.gr).

En reprenant la route côtière, Livadia Geranou abrite une large plage, relativement bien ombragée et aux eaux plus chaudes que Vagia et Didimes. Les bons nageurs atteindront assez facilement l'îlot Aghios Georgios et sa petite chapelle. Une taverne surplombe les lieux et offre une vue imprenable sur la mer Egée et les criques du nord-est de Patmos. Au-delà, la route mène à la baie sauvage de Geranou. Tout simplement superbe, elle serpente dans des paysages solitaires, rocailleux et dorés, parfois de manière vertigineuse. La route est plutôt bonne mais conduisez avec prudence car les nids de poule sont nombreux, et vous êtes ici dans le domaine des chèvres, qui n'ont pas l'habitude d'être dérangées. Au bout de la route, la baie de Geranou est surmontée d'une chapelle qui domine les environs et offre une vue magnifique. Accessibles à pied en moins de 10 minutes, les criques en contrebas sont totalement sauvages, quasiment pas ombragées, et vous y serez seul au monde.

ORGANISER SON SÉJOUR

Organiser un séjour dans le Dodécanèse est très simple : c'est une destination facile d'accès, sans complication particulière, et dont la tradition d'hospitalité ne se dément pas, malgré la pression grandissante du tourisme. Le Dodécanèse faisant partie de l'UE, la plupart des aspects logistiques et organisationnels sont facilités. C'est le cas de quasiment toutes les formalités administratives (papiers d'identité, permis divers, réglementations), ce qui retire déjà une bonne épine du pied à tous les voyageurs européens. Pour le reste, c'est une destination très sûre, avec très peu d'arnaques : les professionnels du tourisme vivent toute l'année sur les revenus d'une saison très courte et n'ont donc aucun intérêt à se jouer des touristes. Vous pouvez partir en toute tranquillité.

ORGANISER SON SÉJOUR

ARGENT

La Grèce fait partie, comme la France, de la zone euro. Vous n'aurez aucun problème pour dénicher une banque dans le Dodécanèse : sur chaque île habitée, vous trouverez au moins un distributeur de billets, parfois également une agence. Les banques sont généralement ouvertes de 8h30 à 13h ou 14h, du lundi au vendredi.

Attention cependant à garder toujours du liquide sur vous, notamment sur les petites îles où les distributeurs ne sont pas approvisionnés tout le temps : il suffit d'un dysfonctionnement quelconque ou d'une affluence soudaine (pour une fête par exemple) pour que l'unique distributeur de l'île soit soudainement vidé tandis que de nombreux établissements, qu'il s'agisse de tavernes ou studios chez l'habitant, ne prennent pas la carte bleue. Pour les paiements par carte bancaire, notez qu'ils sont gratuits partout, à l'inverse des retraits qui sont soumis à une commission de retrait d'environ 2-3 euros, selon les banques.

BUDGET / BONS PLANS

Malgré la progressive sortie de crise, le coût de la vie en Grèce reste globalement moins cher qu'en France. Les îles ont été moins touchées que la Grèce continentale car elles ont d'abord

© ADAM SMIGIELSKI - ISTOCKPHOTO.COM

été préservées d'un certain nombre d'impôts et ont bénéficié d'une TVA moins lourde pendant de longues années. Aujourd'hui, ceci a changé, ce qui rend la vie relativement plus chère sur les îles. D'autant que les insulaires n'ont que quelques mois par an pour toucher leurs revenus de l'année : la saison touristique connaît une incontournable flambée des prix.

Pour l'instant – et surtout hors saison –, le voyageur sera encore surpris par la douceur de certains prix dans les bars et les restaurants. Et dans les hôtels, il est encore possible de trouver une chambre à prix avantageux et négociable en dehors des mois de juillet et d'août, toujours saturés de touristes. Les prix sont assez variables en fonction des îles et, surtout, de la période. Il suffit parfois de décaler son séjour d'une semaine, vers le début du mois de juin ou vers la mi-septembre pour voir son budget fondre de 30 %.

Pour avoir une idée de budget par personne, en saison, il faut compter 90 € par jour en dormant chez l'habitant, 120 € par jour avec nuitée en auberge de charme et à partir de 150 € par jour si l'on choisit des hôtels plus luxueux.

PASSEPORT ET VISAS

Pour les ressortissants de l'Union européenne, une carte d'identité ou un passeport en cours de validité est suffisant. Pour les mineurs non accompagnés, une autorisation de sortie du territoire est exigée (formulaires dans les mairies ou commissariats de police). Il n'est pas demandé de visa pour les ressortissants canadiens si leur séjour est d'une durée inférieure à trois mois.

Avant de partir, pensez à photocopier tous les documents que vous emportez avec vous. En cas de perte ou de vol, les démarches de renouvellement seront ainsi beaucoup plus simples auprès des autorités consulaires.

Pour les ressortissants non européens, les démarches sont à effectuer auprès de l'ambassade de Grèce à Paris (17, rue Auguste Vacquerie – Paris 16ᵉ – 01 47 23 72 28 – www.mfa.gr/france) et du consulat général (23, rue de Galilée – Paris 16ᵉ – 01 47 20 40 64).

PERMIS DE CONDUIRE

Vous trouverez au moins un loueur de voiture et/ou deux-roues dans chaque île habitée du Dodécanèse. Pourtant certaines petites îles n'ont pas une offre très large : réservez votre véhicule à l'avance pour la haute saison !

INTERVIEW

L'ASSURANCE VOYAGE, LE BON RÉFLEXE POUR PARTIR L'ESPRIT TRANQUILLE

avec CATHERINE DIBOUES, responsable du marché voyage, loisir et mobilités chez Allianz Travel

En cas d'annulation de voyage, peut-on bénéficier d'un remboursement des frais engagés ?

L'assurance voyage propose une indemnisation lorsque l'on doit abandonner son projet de séjour pour une raison indépendante de sa volonté. Contrairement aux idées reçues, les assurances liées aux cartes bancaires ne proposent pas toutes une assurance annulation.

Que se passe-t-il en cas de retard de vol ?

Avec l'assurance voyage Allianz Travel, les frais supplémentaires liés à l'attente sont pris en charge, à partir de 2h de retard. Il peut s'agir des frais de restauration, de transport lors d'un changement d'aéroport ou d'une éventuelle nuit d'hôtel.

L'assurance voyage couvre-t-elle la perte ou le dommage des bagages ?

Allianz Travel indemnise les voyageurs en cas de bagages endommagés ou perdus par la compagnie aérienne. Cela comprend l'indemnisation du bagage et son contenu.

Quelles sont les destinations couvertes par votre zoning Europe svp ? Est-ce uniquement l'UE ou l'ensemble du continent européen ?

Les pays européens ont des accords avec l'administration française. Avant de partir, il faut demander la carte européenne d'assurance maladie. La sécurité sociale et la mutuelle prennent alors en charge les frais médicaux, selon leurs barèmes. Les frais médicaux étant majoritairement plus élevés qu'en France, l'assurance voyage permet de se voir remboursé du reste à charge.

En cas de souci de santé sur place, que faut-il faire ?

En cas de doute ou pour des symptômes légers, nous proposons un service de téléconsultation médicale, par téléphone et en visio, qui permet d'être conseillé et orienté par un professionnel ainsi que d'obtenir une ordonnance si besoin. Pour une situation plus grave, il est nécessaire d'appeler les urgences locales, dont les numéros sont disponibles sur notre application mobile. Une fois à l'hôpital et dans un état stable, on appelle Allianz Travel pour déclencher les procédures de prises en charge. Notre centre d'assistance fonctionne 24h/24, 7j/7.

ET VOUS,
QUI ÊTES-VOUS
EN VOYAGE ?
Assurez celui ou celle
que vous serez en voyage
www.allianz-voyage.fr - 01 73 29 06 10*
Allianz
Assureur Officiel
Allianz Travel
AWP FRANCE SAS - Siège social : 7, rue Dora Maar - CS 60001 - 93488 Saint-Ouen cedex - Société par Actions Simplifiée - au capital de 7 584 076,86 € - 490 381 753 RCS Bobigny - Siret : 490 381 753 00055 - Société de courtage d'assurances - immatriculée à l'Orias (www.orias.fr) - sous le n°07 026 669
*du lundi au vendredi de 9h à 19h et le samedi de 10h à 18h, sauf jours fériés. Octobre 2019
Photographie : Eric Vernazobres / Favorite production - Conception : Insign 2019

Un permis de conduire délivré par un pays de l'UE est reconnu dans toute l'UE : les permis de conduire français et belges sont reconnus en Grèce et seront acceptés par tous les loueurs, que ce soit pour une voiture ou un scooter. A noter cependant : le permis B classique français intégrait la conduite de scooters jusqu'aux (mais sans les inclure) scooters 125cc. Pourtant certains loueurs refuseront de vous laisser un scooter (même un 50cc) si vous n'avez pas un permis moto/scooter spécial ou que vous ne pouvez pas prouver que vous avez suivi la formation deux-roues dorénavant obligatoire en France. La législation nationale est assez floue à ce sujet mais un nombre grandissant de loueurs ne veulent plus prendre le risque.

SANTÉ

Rhodes et les îles du Dodécanèse ne présentent aucun risque majeur sur le plan sanitaire. Cependant, l'eau n'est pas potable et faites attention aux piqûres de moustiques, d'oursins et aux brûlures du soleil. Il est important de bien s'hydrater en été et de toujours partir avec une bouteille d'eau sur soi.
En cas de maladie grave, un réflexe : contacter le consulat de France. Il se chargera de vous aider, de vous accompagner et vous fournira la liste des médecins francophones. C'est aussi lui qui prévient la famille et qui décide du rapatriement. Pour connaître les urgences et établissements aux standards internationaux : consulter les sites www.diplomatie.gouv.fr et www.pasteur.fr

VACCINS OBLIGATOIRES

En période de crise sanitaire, vérifiez les conditions d'entrée et éventuels tests nécessaires sur le site de l'ambassade de France. Sinon, aucun vaccin n'est obligatoire, assurez-vous seulement que votre carnet de vaccination (DT Polio, etc.) est à jour.

SÉCURITÉ

La Grèce est l'un des pays les plus sûrs d'Europe. Le seul danger du quotidien auquel vous pouvez être confronté se trouve sur la route : les Grecs sont encore allergiques au port de la ceinture, du casque et adorent téléphoner en conduisant. A ceux qui se déplacent en voiture ou en deux roues, on recommandera donc la plus grande prudence sur les routes. Comme dans la plupart des grands pôles touristiques, mais beaucoup moins qu'ailleurs, les *pickpockets* sont en action dans les lieux les plus visités de Rhodes. Vérifiez donc les fermetures de vos sacs et évitez de mettre papiers d'identité, téléphone, portefeuille et sommes d'argent importantes dans la poche arrière de votre sac à dos. Sur les autres îles, vous n'aurez aucun souci à vous faire.
Enfin, l'archipel du Dodécanèse connaît une activité sismique non négligeable. En cas de séisme, référez-vous aux recommandations publiées par l'ambassade de France en Grèce, à passer en revue avant votre départ :

- **Si vous êtes à l'intérieur d'un bâtiment.** Restez-y et ne vous précipitez pas dehors. N'utilisez pas les ascenseurs. Si vous êtes dans un ascenseur au moment du séisme, tentez d'en sortir dès que possible. Abritez-vous sous une table, un bureau ou un autre meuble solide et agrippez-vous aux bords. Si vous êtes dans un couloir, mettez-vous en position accroupie le long d'un mur intérieur. Ne vous tenez pas dans l'embrasure d'une porte. Protégez votre tête et votre visage. Eloignez-vous des fenêtres, des cloisons de verre, des miroirs, des bibliothèques, des meubles en hauteur, des appareils d'éclairage.
- **Si vous êtes à l'extérieur .** Restez-y et dirigez-vous vers un endroit loin des fenêtres, des immeubles, des fils électriques ou des poteaux de téléphone. Les trottoirs qui longent des immeubles en hauteur sont particulièrement dangereux.
- **Si vous êtes dans un véhicule.** Restez dans votre voiture. Essayez de vous arrêter dans un endroit sûr sans bloquer la route. Eloignez–vous des ponts, des viaducs et des immeubles. N'essayez pas de sortir de votre voiture si des fils électriques sont tombés dessus. Attendez qu'on vous vienne en aide.

En tous les cas, restez calme et priez pour que « l'ébranleur du sol » vous laisse en paix pendant vos vacances !
De manière générale, pour connaître les dernières informations sur la sécurité sur place, consultez la rubrique « Conseils aux voyageurs » du site du ministère des Affaires étrangères: www.diplomatie.gouv.fr/voyageurs. Sachez cependant que le site dresse une liste exhaustive des dangers potentiels et que cela donne parfois une image un peu alarmiste de la situation réelle du pays.

DÉCALAGE HORAIRE

La Grèce est dans le fuseau horaire GMT + 2, c'est-à-dire qu'il y a une heure de décalage avec la France : quand il est midi à Paris, il est 13h à Athènes et dans le Dodécanèse, hiver comme été.

LANGUES PARLÉES

En Grèce, la langue officielle est le grec moderne. Les Grecs connaissent très bien les langues étrangères et c'est toujours un peu honteux pour nous, qui sommes si limités dans l'apprentissage des langues. Sur les îles, de nombreux Grecs maîtrisent l'anglais, au moins suffisamment pour communiquer dans le cœur de la saison touristique. Certains insulaires parlent également français, ou italien, selon le type de touristes qui séjournent habituellement sur l'île. Dans certains lieux peu fréquentés par les touristes, les langues étrangères ne sont pas toujours pratiquées cependant. Un petit effort linguistique vous ouvrira les portes en grand et facilitera les échanges.

COMMUNIQUER

Depuis juin 2017, lorsque vous utilisez votre téléphone portable français dans un pays membre de l'UE, vous ne payez pas la communication, que vous émettiez l'appel ou que vous le receviez. De même, le *roaming* (Internet sur votre téléphone) est gratuit dans l'UE. Faites simplement attention lorsque vous serez dans les îles du Dodécanèse car elles sont si proches des côtes turques pour certaines, qu'elles captent le réseau mobile turc. Dans ce cas-là, n'oubliez pas de désactiver vos données mobiles.

Les îles du Dodécanèse offrent une bonne couverture internet : la plupart des cafés et tavernes disposent du wifi gratuit, tout comme les hôtels et studios à louer. Pour ces derniers, vous aurez parfois quelque difficulté à capter le réseau wifi dans votre chambre mais les halls et pièces communes de ces établissements offrent toujours une connexion relativement stable et solide.

ELECTRICITÉ ET MESURES

La Grèce est branchée sur 220 volts CA, 50 Hz, comme le reste de l'Europe continentale. Les prises sont semblables aux prises françaises : pas besoin d'emporter un adaptateur dans vos valises.

BAGAGES

Même s'il ne s'agit que d'aller à la plage, un maillot de bain et une serviette ne sauront suffire en été : n'oubliez pas aussi couvre-chef, crème solaire et lunettes teintées, car le soleil tape particulièrement fort dans les îles du Dodécanèse. En été, les soirées, toujours chaudes, sont particulièrement agréables mais il y a souvent du vent et de l'humidité sur ces îles donc pensez à emporter un pull léger. Prévoyez en général des chaussures confortables et solides si vous voulez aller par les sentiers de pierre, notamment pour accéder à des criques isolées. En demi-saison, pensez à prendre une petite laine et éventuellement un coupe-vent pour se promener sur le pont lors des voyages en bateau. Pour les visites de sites religieux, prévoyez des habits couvrant épaules et genoux.

LES PHRASES CLÉS

Bonjour, je voudrais réserver un billet aller/retour pour…
Γεια σας, θα ήθελα ένα απλό/μετ' επιστροφής εισιτήριο για…

J'ai raté mon avion. Je voudrais échanger mon billet s'il vous plaît.
Έχασα την πτήση μου. Θα ήθελα να αλλάξω το εισιτήριό μου.

Mon vol est très en retard. Ma correspondance sera bien assurée ?
Η πτήση μου έχει μεγάλη καθυστέρηση. - Θα προλάβω την ανταπόκρισή μου;

Mes bagages ont été égarés, à qui dois-je m'adresser ?
Χάθηκαν οι αποσκευές μου, με ποιον πρέπει να μιλήσω;

Louez-vous des voitures avec chauffeur ?
Νοικιάζετε αυτοκίνητα με οδηγό;

Je n'ai presque plus d'essence. Où se trouve la station-service la plus proche ?
Η βενζίνη μου έχει σχεδόν τελειώσει. Ποιο είναι το πιο κοντινό βενζινάδικο;

S'Y RENDRE

Pour organiser vos déplacements, aucun besoin de passer par une agence internationale avant le départ : vous pourrez tout réserver vous-même, parfois même une fois sur place, notamment les billets de ferrys et caïques locaux (voir Se repérer/Se déplacer). Attention cependant si vous voyagez en pleine période de Pâques ou autour du 15 août : il faudra penser à réserver bien à l'avance. De même si vous souhaitez voyager avec votre véhicule et/ou réserver une place en cabine en haute saison : mieux vaut s'y prendre quelques semaines en amont pour éviter les déceptions. Hormis ces cas-là, un passager seul trouvera toujours une place sur un ferry. Pour les femmes seules, aucun danger particulier n'est à noter, sauf les déconvenues habituelles auxquelles la gente féminine est malheureusement confrontée partout en Europe. Dans le Dodécanèse plus qu'ailleurs, on vous laissera tranquille et vous pourrez voyager en toute sécurité.

AEGEAN AIRLINES

Aeroport Paris Charles de Gaulle Terminal 1
✆ +33 1 70 03 13 23
fr.aegeanair.com

Aegean Airlines est la plus importante compagnie aérienne grecque depuis son rachat d'Olympic Air en 2013. Membre du réseau Star Alliance, elle a régulièrement été récompensée « Meilleure Compagnie Régionale Europe ». Aegean dessert la ville d'Athènes toute l'année depuis Paris, Lyon et Marseille, 2 à 3 fois par jour au départ de Paris Roissy CDG Terminal 1. En saison s'ajoutent des vols directs vers Athènes au départ de Marseille, Lyon, Toulouse, Nice, Nantes, Bordeaux, Lille, ainsi que des liaisons vers Rhodes en vols directs.

RYANAIR

✆ 08 92 56 21 50
www.ryanair.com

C'est la ligne la plus économique vers le nord de la Grèce. Ses vols décollent de Beauvais, dans l'Oise, avec des navettes assurées en bus depuis Paris, Porte Maillot. On aime souvent ses prix attractifs, mais ses conditions de voyages un peu moins. Pour vous rendre à Thessalonique sans supplément, par exemple, il vous faudra maintenant voyager avec un sac qui se place sous le siège passager. Et le billet est non-remboursable. Mais ces conditions de transports mises à part, il faut reconnaître à Ryanair des rotations intéressantes à prix très doux.

EASYJET

✆ 09 77 40 77 70

Compagnie aérienne low cost.

La première compagnie aérienne « à petits prix » d'Europe relie en juin, juillet et août les aéroports de Paris-Orly à Rhodes. Comptez sur deux vols directs par semaine : mardi et samedi. A noter que les billets sont bon marché s'ils sont réservés plus de deux mois à l'avance. Si vous prévoyez d'enregistrer un bagage en soute, le supplément, lors de l'achat du billet, augmente s'il est payé à l'aéroport le jour du départ. Le plus simple : faire l'enregistrement en ligne, l'impression papier du billet ou passer par l'application mobile.

VUELING

✆ 08 99 23 24 00
www.vueling.com

Vueling, la compagnie *low cost* espagnole, relie Paris (Orly) à Rhodes en juillet par un vol hebdomadaire le mardi, et en août le trafic s'intensifie avec des vols tous les jours. Mais attention, ces derniers comptent systématiquement une escale à Rome ou à Barcelone. Le prix sans option permet de voyager avec un bagage à main et un petit sac mais, pour ne pas avoir à se limiter sur place, il est possible de retenir l'option « optima » (+ 40 € par personne) qui inclut un bagage de 25 kg, le choix des places et l'enregistrement instantané.

SÉJOURS ET CIRCUITS

L'offre est foisonnante dans le Dodécanèse : du séjour farniente sur une seule île à la croisière « *island hopping* », en passant par des séjours thématiques culturels ou sportifs, tout est envisageable ! Pour les séjours courts, vous retiendrez surtout les escapades sur Rhodes, avec visites culturelles dans la cité médiévale de Rhodes-ville et à Lindos, journées plages et excursion en bateau sur l'île de Symi. De nombreux tour-opérateurs généralistes proposent de telles formules, sur environ une semaine. Des agences thématiques proposent des séjours à la découverte de l'histoire et des coutumes locales, ou centrés sur la pratique d'un sport. On note ainsi quelques agences spécialisées dans le voyage religieux, proposant un séjour-pèlerinage à Patmos. Quant aux agences tournées vers la pratique sportive, on retiendra les séjours sports nautiques centrés sur la voile, le windsurf et le kitesurf, ainsi que des séjours randonnée et escalade.

ALMA VOYAGES

573, route de Toulouse
VILLENAVE-D'ORNON
✆ 05 56 87 58 46
www.alma-voyages.com
Ouvert du lundi au vendredi de 9h à 17h30 et le samedi de 9h à 12h.

Chez Alma Voyages, les conseillers connaissent parfaitement les destinations proposées et chaque client est suivi par un agent attitré ! Une large offre de voyages, avec émission de devis pour les voyages sur mesure, vous sera alors proposée. Alma Voyages pratique les meilleurs prix du marché et travaille notamment avec Kuoni, Beachcombers, Jet Tour, Marmara, Look Voyages... Si vous trouvez moins cher ailleurs, l'agence s'alignera sur ce tarif et vous bénéficierez en plus, d'un bon d'achat de 30 euros sur le prochain voyage... Catalogue sur le site Internet.

ARTS ET VIE

251, rue de Vaugirard - **PARIS** (15e)
✆ 01 40 43 20 21
www.artsetvie.com
Autres agences : Grenoble, Lyon, Marseille et Nice. Du lundi au vendredi de 9h à 12h30 et de 14h à 17h.

Arts et Vie, association culturelle de voyages et de loisirs, développe un tourisme ouvert au savoir et au bonheur de la découverte. L'esprit des voyages s'inscrit dans une tradition associative caractérisée par une ambiance conviviale, riche en rencontres, en arts et des civilisations du monde. Tous les voyages sont animés et conduits par des accompagnateurs passionnés, formés par l'association. Retenez le circuit de 12 jours dans le Dodécanèse, avec au programme la ville médiévale de Rhodes bien sûr, mais aussi Olympos ou Kalymnos et ses pêcheurs d'éponge.

ATHÉNA

204, route de Vourles
SAINT-GENIS-LAVAL
✆ 04 78 16 04 44

Spécialiste de la Grèce, Athéna est une association dont la vocation est de défendre et de promouvoir les langues grecque, latine et française à l'échelle internationale. Athéna propose des voyages éducatifs et des voyages pour adultes (en groupes et en individuels), mais également des circuits classiques, des séjours alliant détente et culture, des randonnées et des formules à la carte à travers la Grèce et ses îles. Un voyage de huit jours et sept nuits emmène les visiteurs faire le tour de l'île de Rhodes, avec une escapade à Symi.

CERCLE DES VOYAGES

31, avenue de l'Opéra - **PARIS** (1er)
✆ 01 40 15 15 11
www.cercledesvoyages.com
Ouvert du lundi au vendredi de 9h à 20h et le samedi de 10h à 18h30.

Les conseillers du Cercle des Voyages sont des spécialistes qui partageront avec vous leurs conseils et leurs petits secrets pour faire de votre voyage une expérience inoubliable et personnalisée. Confiez-leur vos habitudes de voyages, les différentes régions que vous souhaitez découvrir et élaborez ensemble un voyage sur mesure, qui vous ressemble. Leur agence en plein cœur de Paris vous accueille du lundi au samedi pour vous proposer des séjours, des circuits et des vols à prix économiques. Retenez par exemple le séjour « Rhodes l'Orientale en famille ».

CLIO

34, rue du Hameau
PARIS (15e)
✆ 01 53 68 82 82
www.clio.fr
Agence ouverte du lundi au vendredi de 10h à 18h, le samedi de 10h à 13h et de 14h à 16h.

En choisissant Clio, dont le nom est inspiré par la muse de l'histoire, partez à la découverte d'une conception du voyage originale et enrichissante. Le succès des voyages Clio est basé sur trois principes. Tracer un itinéraire pour vous faire découvrir les facettes d'un pays ou d'une région, vous apporter l'éclairage nécessaire pour mieux apprécier son histoire et son patrimoine. Constituer un petit groupe de personnes réunies par leur goût commun de la découverte culturelle. Optez pour le circuit Trésors du Dodécanèse, Rhodes, Kos, Patmos en 10 jours.

COMPTOIR DES VOYAGES

2-18, rue Saint-Victor
PARIS (5e)
✆ 01 53 10 30 15
www.comptoir.fr
Ouvert du lundi au samedi de 10h à 18h. Conseillers disponibles dès 10h par téléphone.

Comptoir des Voyages a comme concept de vendre une destination animée par de vrais spécialistes originaires ou ayant vécu dans le pays. Les Comptoirs ont chacun leur spécificité, mais sont tous spécialisés sur le voyage en individuel à la carte. Dans la région, on aura le choix entre un autotour de 8 jours et 7 nuits à l'arrière-saison à Rhodes, « Sur l'île du Dieu Soleil », ou bien un circuit de 11 jours se proposant de présenter une « Synthèse du Dodécanèse », en privilégiant trois îles riches de leurs différences : Rhodes, Patmos et Symi.

GRAND ANGLE

52, rue du Tortolon
AUTRANS-MÉAUDRE EN VERCORS
✆ 04 76 95 23 00
www.grandangle.fr
Du lundi au vendredi de 9h à 12h et de 14h à 17h. Voyage «l'Archipel de Stockholm» à 1 130 €.

Spécialiste de la randonnée, du trek et du raid, Grand Angle propose toutes sortes de randonnées : à pied, à cheval, à VTT, avec des mulets, des ânes ou des chameaux, accompagnées ou en liberté. Le tour-opérateur réalise aussi des voyages sur mesure selon les envies et les goûts des voyageurs. Toutefois, une randonnée en liberté et semi-itinérante sur l'île de Karpathos de 8 jours est au programme, cette dernière s'adresse aux randonneurs de niveau moyen et couvre les localités de Pigadia, Diafani, Olympos, Lefkos, Spoa et Mesochori.

HÉLIADES

✆ 0 892 23 15 23
www.heliades.fr
Appeler du lundi au vendredi de 9h à 19h et le samedi de 10h à 18h.

Héliades est le spécialiste de la Grèce : séjours en hôtels (plusieurs catégories), locations d'appartements, de studios ou de villas, week-ends à Athènes... Pour les circuits, plusieurs formules existent : ceux en « étoile », qui alternent visites et détente depuis votre hôtel ; les classiques, qui sont des itinéraires très complets et exclusifs ; et enfin les combinés, qui se font au départ de deux hôtels pour un bon équilibre entre détente et découverte. Egalement des circuits comme « L'Echappée rhodienne » en 8 jours. Départs possibles deuis Paris et la province.

INTERMÈDES

10, rue de Mézières
PARIS (6e)
✆ 01 45 61 90 90
www.intermedes.com
Du lundi au jeudi de 9h30 à 18h et le vendredi de 9h30 à 17h.

Intermèdes, c'est une autre façon de voir le monde. Avec son équipe de spécialistes passionnés par le voyage culturel au service de particuliers ou de groupes, cette agence vous conseillera un voyage accompagné d'un conférencier ou une croisière de qualité à dimension humaine ou encore un circuit original, mais aussi l'accompagnement sur les chemins de pèlerinage. Parmi l'offre d'Intermèdes, un séjour culturel de 6 jours, assuré en petit groupe de 8 à 20 personnes, pourra retenir votre attention sur l'île de Rhodes (et Symi !).

VOYAGEURS DU MONDE

55, rue Sainte-Anne - **PARIS** (2e) ✆ 01 88 33 06 93
www.voyageursdumonde.fr
Du lundi au samedi 9h30-19h. Agences dans toutes les grandes villes de France, à Bruxelles, Genève, Montréal et Québec.

Juste 1 800 m² consacrés aux voyages ! Depuis plus de trente ans, Voyageurs du Monde construit pour vous un univers totalement dédié au voyage sur mesure et en individuel, grâce aux conseils pointus transmis par des spécialistes qualifiés sur leur destination de cœur ou d'origine. Vous bénéficiez de leur aide pour la préparation du voyage, mais aussi durant toute la durée du voyage sur place. Tous les circuits peuvent être effectués avec des enfants, car tout est question de rythme. Dans l'archipel, retenez « Rhodes et Symi, palais et plages du Dodécanèse ».

GO VOYAGES

www.govoyages.com

Go Voyages propose un très grand choix de vols secs, charters et réguliers au meilleur prix au départ et à destination des plus grandes villes. 155 000 itinéraires de vols, 665 compagnies aériennes et plus de 2 millions d'hôtels dans 40 000 destinations... Possibilité également d'acheter des packages sur mesure « vol + hôtel » et des coffrets cadeaux. Sans oublier le grand choix de promotions sur tous les produits et la location de voitures. La réservation est simple et rapide, le choix multiple et les prix très compétitifs.

EASYVOYAGE

✆ 08 99 19 98 79

www.easyvoyage.com

Le concept peut se résumer en trois mots : s'informer, comparer et réserver. Des infos pratiques sur plusieurs destinations en ligne (saisonnalité, visa, agenda...) vous permettent de penser plus efficacement votre voyage. Après avoir choisi votre destination selon votre profil (famille, budget...), le site vous offre la possibilité d'interroger plusieurs sites à la fois concernant les vols, les séjours ou les circuits. Grâce à ce moteur performant, vous pouvez réserver directement sur plusieurs bases de réservation (Lastminute, Go Voyages et bien d'autres).

LEROS ACTIVE

Agia Marina - **AGIA MARINA**

✆ +30 22470 24590

www.lerosactive.com

Ouvert tous les jours en saison, de 9h à 13h30 et de 18h à 20h30.

Carolina Vaes a fondé une agence de voyage spécialisée dans les vacances actives et sportives il y a quelques années. Aujourd'hui, elle s'est associée à l'agence Leros Travel pour offrir une gamme complète de services, dont les classiques réservations de ferrys, d'hôtels, etc. Amoureuse de Leros et elle-même très sportive, elle connaît l'île, ses sentiers, sites de plongée et trésors cachés comme personne. Elle pourra vous concocter un programme sur mesure ou vous aider à réserver des sorties en mer ou des randonnées. C'est une mine d'informations sur Leros.

JETCOST

www.jetcost.com

Jetcost compare les prix des billets d'avion et trouve le vol le moins cher parmi les offres et les promotions des compagnies aériennes régulières et *low cost*. Le site est également un comparateur d'hébergements, de loueurs d'automobiles et de séjours, circuits et croisières. L'interface du site Internet est très simple d'utilisation. Après avoir lancé la recherche, on peut affiner les résultats en fonction de ses choix afin de trouver le vol le plus intéressant, la durée du trajet, les éventuelles escales ou encore l'aéroport d'arrivée.

NISSIA HOLIDAYS

NIMBORIO

✆ +44 1455 289 421

www.nissiaholidays.com

Cette agence, basée en Angleterre, est parmi celles qui proposent le plus de maisons à la location chaque année. Très professionnelle et spécialisée sur l'île de Halki, elle gère des villas, studios et appartements tout confort, au style agréable et pouvant accueillir entre 3 et 7 personnes. La plupart bénéficient d'un accès direct ou d'une vue sur la mer. L'agence pourra vous renseigner sur toutes les activités à faire sur l'île et fait le travail d'un office de tourisme. C'est réellement un contact incontournable pour se loger et séjourner à Halki.

QUOTATRIP

www.quotatrip.com

Voyages sur mesure.

QuotaTrip est une nouvelle plateforme de réservation de voyage en ligne qui met en relation des voyageurs à la recherche d'expériences authentiques et uniques et des agences de voyages locales sélectionnées pour leurs compétences et leur sérieux. Le réseau de QuotaTrip couvre près de 200 destinations dans le monde entier. Le but de ce rapprochement est simple : proposer un séjour entièrement personnalisé aux utilisateurs. QuotaTrip promet ainsi l'assurance d'un voyage serein, sur mesure, sans intermédiaires et sans frais supplémentaires.

INTERVIEW

LE VOYAGE-SUR-MESURE

AVEC STEVEN LE CHEVALIER ET MATHIEU VALLY DE QUOTATRIP

Quel est le concept de l'agence QuotaTrip ?

Quotatrip est la première plateforme de mise en relation entre voyageurs et agences locales. Grâce à elle, les voyageurs peuvent enfin échanger en direct avec des agences qui sont sur place et concevoir un voyage unique, au meilleur prix et 100% personnalisé.

Pourquoi voyager avec des agences locales ?

À l'inverse des agences traditionnelles, les agences locales sont des expertes de la destination choisie. Ce sont aussi les mieux placées pour concevoir des séjours qui sortent des sentiers battus. Elles sont ainsi en mesure de répondre à l'ensemble des envies, le voyageur rentre dans l'univers de l'equi-tourisme = le tourisme sans intermédiaire.

Quels sont les autres avantages pour les voyageurs ?

Il y a une multitude d'avantages. Cela permet notamment de ne pas voyager comme tout le monde, d'organiser de manière simple et rapide un séjour sur mesure et au meilleur prix. Fini les mauvaises surprises, les voyageurs posent toutes les questions qu'ils souhaitent et bénéficient d'un accompagnement sur mesure, de la conception du projet jusqu'à sa réalisation en toute sécurité car les agences référencées sont sélectionnées et recommandées par les journalistes des guides du Petitfute en toute impartialité.

Les démarches sont-elle simples à effectuer ?

Les sites de voyage en ligne font perdre beaucoup de temps aux internautes sans pour autant répondre entièrement à leurs désirs. QuotaTrip propose un formulaire simple et rapide qui permet de décrire les souhaits, les envies et les besoins. L'internaute reçoit aussitôt gratuitement et sans engagement les offres de trois ou quatre agences locales avec qui il peut ensuite échanger afin de personnaliser son projet grâce à la messagerie mise en place.

Quelles sont les destinations proposées ?

Notre plateforme propose plus de 21 000 projets de voyage sur plus de 100 destinations à travers le monde. De l'Amérique latine en passant par l'Asie et l'Afrique, nos mille agences partenaires sont là pour répondre à vos projets de voyage.

Décrivez votre projet de voyage. Échangez en direct avec les agences locales et partez au meilleur prix.

Plus d'informations : *quotatrip.com*

© D.R

© D.R

© D.R

SE LOGER

Au cours de la saison 2021, le Dodécanèse a accueilli plus d'1 million de touristes, un record qui ne cesse d'augmenter d'année en année. L'infrastructure touristique est conséquente partout et vous trouverez un hébergement qui correspond à votre budget, malgré des prix à la hausse. Il existe 3 saisons touristiques sur les îles du Dodécanèse : la basse saison de mi-avril à fin mai et en octobre, la moyenne saison en juin et septembre, la haute saison en juillet-août. Les prix de l'hébergement peuvent varier du simple au double sur certaines îles entre basse et haute saison. En haute saison, il est absolument nécessaire de réserver, surtout au mois d'août. Les prix sont contrôlés par l'Office national du tourisme (EOT) en fonction de la catégorie de l'hébergement (de une à cinq étoiles). Ne vous fiez pas aveuglément à ces catégories, qui n'expriment souvent qu'un niveau d'équipement plutôt que la qualité intrinsèque de l'établissement.

HÔTELS €

Il existe différents types d'hôtels dans le Dodécanèse : les grands *resorts*, parfois *all inclusive*, sont concentrés sur les îles de Rhodes et Kos, ailleurs vous trouverez des hôtels familiaux de petite ou moyenne taille. De plus en plus, la tendance est aux petits hôtels de charme, souvent appelés *boutique hotels*, où un effort de décoration et de confort est fait, s'accompagnant souvent de prix gonflés par rapport aux hôtels familiaux classiques. Ceux-ci ont lancé des rénovations souvent bienvenues ces dernières années, et la tendance devrait se poursuivre.

AUBERGES DE JEUNESSE €

Il existe très peu d'auberges de jeunesse dans les îles du Dodécanèse : elles sont principalement - voire exclusivement - concentrées sur l'île principale de Rhodes. Autre obstacle pour les amateurs de ce type d'hébergement : les auberges de la région ne font pas partie du réseau Hostelling International et ne sont donc pas tenues d'en respecter les standards. Néanmoins, elles restent souvent le moyen le plus économique pour passer la nuit, à l'exclusion du camping, largement plus pratiqué dans ces îles, que ce soit de manière officielle ou officieuse.

STUDIOS ET DOMATIA €

Pendant des décennies, les *domatia* (l'hébergement chez l'habitant) étaient souvent la seule option dans le Dodécanèse. Aujourd'hui cette pratique s'est institutionnalisée en studios indépendants, aménagés par les locaux dans des bâtiments plus ou moins grands. L'ensemble s'est professionnalisé mais les caractéristiques restent variées. Il s'agit en général d'une chambre double, équipée d'une salle de bains privative et d'une kitchenette, sans offre de petit-déjeuner. Ce type de logement présente une solution plus économique que la chambre d'hôtel classique.

CAMPING €

Le camping est une pratique bien développée. A priori, le camping sauvage est interdit mais cette règle générale ne s'applique pas partout. En réalité, chaque île décide de tolérer ou non les campeurs sur ses plages en été. Lorsqu'il est accepté, le camping sauvage est restreint à certaines zones : dans le Dodécanèse, quelques plages de Tilos, Nissiros, Patmos ou encore Karpathos sont ouvertes au *free camping*. Ailleurs, comme à Astypalaia ou à Leros, des campings payants et officiels proposent leurs emplacements, souvent ombragés et à proximité d'une plage.

SE DÉPLACER

Le Dodécanèse est inégalement desservi : les îles les plus visitées bénéficient de connections régulières en ferry et en avion mais la majorité des îles demeurent hors des grands flux touristiques. Ceci a contribué à préserver l'archipel du tourisme de masse, hors Rhodes et Kos. Ces deux îles abritent des aéroports aux connections internationales, dont quelques vols directs depuis la France en saison. Pour voyager d'île en île, il faudra emprunter les ferries et hydroglisseurs qui desservent l'ensemble de l'archipel. Une fois sur place, la géographie de chaque île dictera le mode de transport le plus adapté. Le réseau de bus n'est pas très développé, voire inexistant, hormis sur les grandes îles de Rhodes, Kos et Karpathos. Pour plus de liberté, la voiture et le scooter sont sans doute les moyens de locomotion les plus efficaces mais ne seront pas nécessaires sur les plus petites îles où vous pourrez marcher dans des paysages préservés.

AEGEAN AIRLINES

Athens International Airport Eleftherios Venizelos
ATHÈNES
✆ +30 210 626 1000
fr.aegeanair.com

Aegean Airlines, la compagnie nationale, dessert au départ d'Athènes de très nombreuses îles grecques comme l'île de Chios, de Corfou, Cythère, Ikaria, Kalymnos, Karpathos, Kassos, Kos, La Canée, Leros, Milos, Mykonos, Naxos, Rhodes, Samos, mais aussi Thessalonique, Ionnina et bien d'autres localités intérieures, toujours plus nombreuses chaque année. L'avion est une solution de transport de plus en plus plébiscitée par les Grecs car l'avion est bien souvent plus rapide que les ferrys et étonnamment pas plus onéreux. Pensez-y !

BSP AUTO

✆ 01 86 26 90 80
www.bsp-auto.com

Site comparatif accessible 24h/24.

Il s'agit là d'un prestataire qui vous assure les meilleurs tarifs de location aux conditions les plus avantageuses auprès des grands loueurs de véhicules dans les gares, aéroports et les centres-villes du monde entier. Le kilométrage illimité et les assurances sont souvent compris dans le prix. Avec BSP Auto, vous pouvez réserver dès maintenant et payer seulement cinq jours avant la prise de votre véhicule. Autre bonus du courtier BSP : pas de frais de dossier ni d'annulation (jusqu'à la veille). La moins chère des options zéro franchise.

SEA DREAMS

46 Grigoriou Lambraki - **RHODES VILLE**
✆ +30 22410 74235
www.seadreams.gr

27 € la croisière à la journée vers Symi, 32 € pour Marmaris. Départ du port de Rhodes à 9h, retour à 18h30.

Plus qu'une simple compagnie de navettes maritimes, cette entreprise familiale créée en 1960 propose aux voyageurs une véritable découverte touristique de la région. Le trajet depuis Rhodes vers Symi (avec escales à Gialos et Panormitis), ou bien vers la côte turque de Marmaris, sera l'occasion pour les guides polyglottes embarqués à bord de dispenser de véritables visites guidées de ce coin de mer Egée, de son histoire et de son environnement. Les traversées sont assurées en saison, de début mai à octobre et partent du port touristique de Rhodes.

MARATHON

7 Anthoula Zervou.
RHODES VILLE
✆ +30 22410 70320
www.marathonrentacar.gr

À Rhodes, cette agence - l'une des plus importantes de l'île - peut se targuer d'une flotte de plus de 500 véhicules, disponibles dans 15 agences, partout dans l'île. Sans surprise, un large choix est donc offert ici, du cabriolet à la camionnette en passant par la jeep 4x4 ou la voiture de sport. Bon accueil et prix très raisonnables. Livraison, récupération et remplacement du véhicule n'importe où dans l'île (notamment à l'aéroport) car l'agence possède des bureaux un peu partout : Kiotari, Lardos, Pefki, Kolymbia, Faliraki et Lindos.

S'INFORMER

Vous trouverez toute la presse internationale à Rhodes et dans certaines îles les plus visitées, comme Kos ou Patmos, souvent avec un jour d'écart. En revanche, dans les petites îles isolées ou moins touchées par le tourisme, il faudra faire sans votre quotidien papier et vous référez aux versions électroniques de vos journaux préférés. La couverture internet étant bonne dans la plupart des îles du Dodécanèse, vous ne devriez avoir aucun mal à trouver les informations en ligne, dans votre langue.

Pour la presse locale, sachez que l'on trouve quelques médias grecs anglophones dans les îles, notamment le grand quotidien *Kathimerini* qui publie une version anglaise synthétique de ses articles du jour. Là encore, vous ne la trouverez que dans les îles les plus visitées. Sinon, voici quelques sites internet locaux et incontournables qui vous donneront une mine d'informations culturelles et pratiques sur le Dodécanèse.

DISCOVER GREECE

www.discovergreece.com

Ce site Internet est une mine d'informations pour tous les voyageurs qui optent pour la Grèce, et plus spécifiquement pour le Dodécanèse. Une fois n'est pas coutume : ce site complet est également disponible en français, en plus des versions grecques et anglaises habituelles. Vous aurez ici accès à des articles découverte, avec la possibilité de réserver directement en ligne certaines activités culturelles ou sportives, comme des excursions, dégustations ou visites guidées. L'ensemble est plaisant et facile à utiliser pour prévoir un séjour réussi avant de partir.

ODYSSEUS

odysseus.culture.gr

Le site officiel du ministère de la Culture grec liste l'ensemble des sites archéologiques, bâtiments historiques et musées nationaux et propose une information complète (en grec et en anglais) concernant les conditions de visite, les prix d'entrée et autres éléments pratiques. D'intérêt particulier, le site Odysseus donne un aperçu assez complet de chaque site et de sa valeur historique et culturelle : autant d'informations qui manquent parfois sur place. Nous vous conseillons donc de lire les descriptions savantes proposées ici avant la visite.

GREECE IS

www.greece-is.com

Un très beau site Internet, très complet et en anglais, qui va au-delà du simple blog de voyage. Il s'agit à la fois d'un magazine *lifestyle* en version papier, qui propose régulièrement des dossiers spéciaux, dont un sur le Dodécanèse (édition 2018) et un autre sur l'île de Kastellorizo (édition 2020) et un blog au contenu régulièrement mis à jour en version électronique. L'ensemble est très riche et propose un contenu de qualité pour découvrir la région en profondeur. Le magazine papier est disponible gratuitement, parfois distribué sur les îles ou sur commande.

VISIT GREECE

www.visitgreece.gr

Il s'agit du site Internet officiel de l'office de tourisme grec. Très beau et très bien fait, il décrit en anglais et en détail toutes les destinations touristiques du pays, notamment l'archipel du Dodécanèse. Au-delà de donner envie de visiter ces îles, ce site donne également une foule d'informations pratiques et utiles concernant les transports entre les îles notamment (horaires et réservations des ferries) ou sur place. Vous pourrez également télécharger l'application Visit Greece sur votre smartphone pour connaître toutes les nouveautés en temps réel.

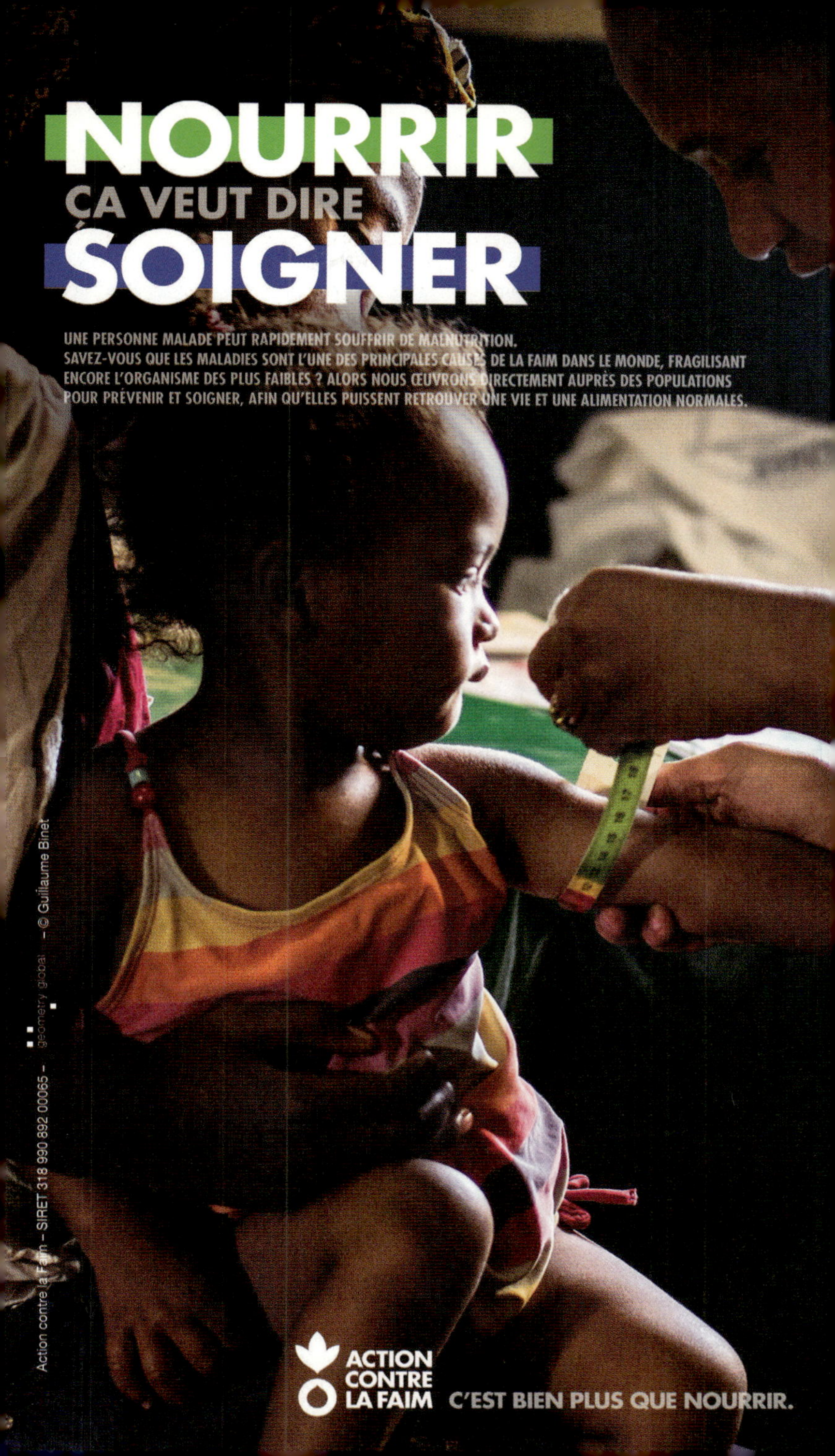
NOURRIR
ÇA VEUT DIRE
SOIGNER
UNE PERSONNE MALADE PEUT RAPIDEMENT SOUFFRIR DE MALNUTRITION.
SAVEZ-VOUS QUE LES MALADIES SONT L'UNE DES PRINCIPALES CAUSES DE LA FAIM DANS LE MONDE, FRAGILISANT ENCORE L'ORGANISME DES PLUS FAIBLES ? ALORS NOUS ŒUVRONS DIRECTEMENT AUPRÈS DES POPULATIONS POUR PRÉVENIR ET SOIGNER, AFIN QU'ELLES PUISSENT RETROUVER UNE VIE ET UNE ALIMENTATION NORMALES.
ACTION CONTRE LA FAIM
C'EST BIEN PLUS QUE NOURRIR.
Action contre la Faim - SIRET 318 990 892 00065 - geometry global - © Guillaume Binet

INDEX

EDITION

Directeurs de collection et auteurs : Dominique AUZIAS et Jean-Paul LABOURDETTE

Auteurs : Joanna DUNIS, Héloïse LEUSSIER, Cléo VERSTREPEN, Baptiste THARREAU, Juliette COURTOIS, Mathias DESHOURS, Benoît HOCQUET, Romain RISSO, Anne Claire DUCHOSSOY, Maxime DRAY, Jean-Paul LABOURDETTE, Dominique AUZIAS et alter

Directeur Editorial : Stéphan SZEREMETA

Rédaction Monde : Laure CHATAIGNON, Morgane VESLIN, Pierre-Yves SOUCHET, Natalia COLLIER

Rédaction France : Briséis CREAC'H-MENUT, Mélanie COTTARD, Audrey VEDOVOTTO, Nicolas WODARCZAK

FABRICATION

Maquette et Montage : Romain AUDREN, Julie BORDES, Delphine PAGANO

Iconographie et Cartographie : Anne DIOT, Julien DOUCET

WEB ET NUMERIQUE

Directeur Web : Louis GENEAU de LAMARLIERE

Développeurs : Guillaume BARBET, Adeline CAUX et Roland SPOUTIL

Intégrateur Web : Mickael LATTES, Antoine DION

Webdesigner : Caroline LAFFAITEUR

Community Traffic Manager : Alice BARBIER, Mariana BURLAMAQUI et Noémie LE SAUX

DIRECTION COMMERCIALE

Directeur commercial : Guillaume VORBURGER

Coordinatrice des Régies commerciales : Manon GUERIN assistée de Jonas HESOL

Account Manager Marketplace : Leila ROUGEOT assistée de Lola FAVRE-MOT

Responsable Régies locales : Michel GRANSEIGNE

Responsables Développement régie inter : Jean-Marc FARAGUET, Guillaume LABOUREUR et Camille ESMIEU

Chefs de Publicité Régie nationale : Caroline AUBRY, François BRIANCON-MARJOLLET, Perrine DE CARNE MARCEIN, Jonathan TOUTOUX, Amélie NOEL,

Régie RHODES / DODÉCANÈSE : Maurin GUILLERMOU

DIFFUSION ET PROMOTION

Directrice des Ventes : Bénédicte MOULET assistée d'Aissatou DIOP

Responsable des ventes : Jean-Pierre GHEZ assisté de Nelly BRION

Relations Presse-Partenariats : Jean-Mary MARCHAL

ADMINISTRATION

Président : Jean-Paul LABOURDETTE

Directrice des Ressources Humaines : Dina BOURDEAU assistée de Sandra DOS REIS et Eva BAELEN

Directrice Administrative et Financière : Valérie DECOTTIGNIES

Comptabilité : Guillaume PETIT, Aminata BAGAYOKO, Jeannine DEMIRDJIAN

Recouvrement : Fabien BONNAN assisté de Sandra BRIJLALL

Responsable informatique : Elie NZUZI-LEBA

PETIT FUTÉ RHODES/DODÉCANÈSE

LES NOUVELLES EDITIONS DE L'UNIVERSITE
18, rue des Volontaires - 75015 Paris.
✆ 01 53 69 70 00 - Fax 01 42 73 15 24
Internet : www.petitfute.com
SAS au capital de 1 000 000 € - RC PARIS B 309 769 966
Couverture : Iles de Symi
© Freeartist - iStockPhoto.com
Impression : CORLET IMPRIMEUR - 14110 Condé-en-Normandie
Achevé d'imprimer : février 2022
Dépôt légal : 02/04/2022
ISBN : 9782305077338

Pour nous contacter par email, indiquez le nom de famille en minuscule suivi de @petitfute.com
Pour le courrier des lecteurs : info@petitfute.com

IMPRIMÉ EN FRANCE